四川大學中國俗文化研究所《新國學》編輯委員會

新國學

第九卷

四川出版集團
巴蜀書社

中國·成都

目　録

"且字"考：命字文化變遷視野下的觀察

姚永輝

中國古代的稱謂紛繁，它們有時既是社會個體成員的符號表徵，也是社會不同群體、個人之間關係的反映，更是中國古代禮儀文化的具體載體。"稱名"或"稱字"，是稱謂系統中基本的兩種形式，兩者各有其不同的結構和使用規則。

《禮記·檀弓》云："幼名，冠字。"孔疏云："生若無名，不可分別，故始生三月而加名，故云幼名也。"又云："冠字者，人年二十，有為人父之道，朋友等類，不可復呼其名，故冠而加字。"[①]在古代的人際交往中，"稱字"相對於"稱名"，使用頻率更高。依據先秦禮書，除君父等可直呼其名之外，幾乎其餘的人都須稱對方之"字"，以示尊敬其父母所命之名。命字原則與其基本結構形式，在《儀禮·士冠禮》中有明確記載，三加冠後，賓為冠者字辭曰："禮儀既備，令月吉日，昭告爾字。爰字孔嘉，髦士攸宜。宜之於假，永受保之，曰伯某甫。"[②]然而，考察實際稱謂，卻並不能完全對應"伯（仲、叔、季）某甫"的結構形式，如稱孔丘字，就有"仲尼"或"尼甫（父）"兩說。筆者認為，就命字形式而言，冠而字之，所命為單言字，就稱字

---

① 《禮記正義》卷七，上海：上海古籍出版社，1997 年影印阮刻《十三經注疏》本，第 1286 頁。

② 《儀禮注疏》卷三，上海：上海古籍出版社，1997 年影印阮刻《十三經注疏》本，第 957 頁。

形式而言,卻有稱"正字"和稱"且字"之别。舉例而言,孔丘字"尼",稱呼其正字為"仲尼",稱呼其"且字"則是"尼甫(父)"。從賈公彥等人開始,人們對"且字"及其用法聚訟紛紜,儼然已成一樁公案。相較之下,段玉裁的解釋較為明晰①。本文試圖在考釋前代諸説的基礎上,略探"且字"的主要結構形式與使用語境,考察"且字"在命字文化的遷演中發生了怎樣的變異。

一、"且字"及其主要結構形式與使用語境

(一)何谓"且字"

"且字"之説最早見於鄭玄、何休的經注文,凡十一處,即《儀禮》四處,《禮記》四處,《春秋公羊傳》三處,具體如下:

司正升相旅,曰某子受酬。(《儀禮·鄉飲酒禮》)

鄭注云:"某者,衆賓姓也。同姓則以伯仲别之,又同則以且字别之。"②

命曰:"哀子某,為其父某甫筮宅。"(《儀禮·士喪禮》)

鄭注云:"某甫,且字也。若言山甫、孔甫矣。"③

適爾皇祖某甫。(《儀禮·士虞禮》)

鄭注云:"某甫,皇祖字也。若言尼甫。"④

主人曰:"孝孫某,來日丁亥,用薦歲事於皇祖伯某,以某妃配某氏,尚饗!(《儀禮·少牢饋食禮》)

鄭注云:"伯某,且字也。大夫或因字以為謚。"⑤

魯哀公誄孔丘曰:"天不遺耆老,莫相予位焉。烏呼哀哉,

① 段玉裁撰,鍾敬華校點《經韻樓集》,上海:上海古籍出版社,2008年版,第31頁。
② 《儀禮注疏》卷一〇,第988頁。
③ 《儀禮注疏》卷三七,第1142頁。
④ 《儀禮注疏》卷四三,第1174頁。
⑤ 《儀禮注疏》卷四八,第1201頁。

尼甫!"(《禮記·檀弓》)

鄭注云:"因且字以為之謚。"①

陽童某甫。(《禮記·雜記》)

鄭注云:"某甫,且字也。"②

臨諸侯,畛於鬼神,曰:"有天王某甫。"(《禮記·曲禮》)

鄭注云:"某甫,且字也。"③

其死曰:"孟子卒。"(《禮記·坊記》)

鄭注云:"孟子,蓋其且字。"④

天王使宰渠伯糾來聘。(《春秋公羊傳·桓公四年》)

何休注:據劉卷卒,氏采,不名且字。⑤

王札子殺召伯、毛伯。(《春秋公羊傳·宣公十五年》)

何休注:"札者,冠且字也。"⑥

劉卷卒。(《春秋公羊傳·定公四年》)

何休注:"劉卷,氏采,不名,且字。"⑦

鄭玄、何休在注解中指出句中"且字"所在,對"且字"本身卻語焉不詳。何謂"且"?《説文》云:"且,薦也。"段注云:"凡承藉於下曰且,凡冠而字,只有一字耳,必五十而後以伯仲,故下一字所以承藉伯仲也。"⑧又,段注《説文》之"甫"云:"五十以伯仲乃謂之字。以下一字為伯、仲、叔、季之薦,故曰且字也。甫則非字,凡男子皆

① 《禮記正義》卷八,第1294頁。

② 《禮記正義》卷四一,第1553頁。

③ 《禮記正義》卷四,第1260頁。

④ 《禮記正義》卷五一,第1622頁。

⑤ 《春秋公羊傳》卷四,上海:上海古籍出版社,1997年影印阮刻《十三經注疏》本,第2215頁。

⑥ 《春秋公羊傳》卷一六,第2286頁。

⑦ 《春秋公羊傳》卷二五,第2336頁。

⑧ 《儀禮注疏》卷三,第958頁。

得稱之。"[1]換言之,"伯某甫","伯"是排行,"甫"是對男子的美稱,而段氏所言"承藉伯仲"者,正是"伯某甫"之"某"字。男子二十冠而字,就命字形式而言,所命為單言字,即"伯某甫"之"某",但就稱字形式而言,五十歲後冠以排行,即"伯某甫",那麼二十歲後五十歲前,未冠以排行的時候,就只能稱"承藉伯仲"之——"某",單獨稱"某"不便,故又以多種搭配形式輔助稱之,如"某甫"。

段玉裁所説且字暗含兩義。第一、"且"字。指"伯某甫"之"某",它是具有"承藉伯仲"功能的獨立語言單位;第二、"且字"。指區別於正字的另一種稱謂法。簡單地説,之所以把"某甫"稱為區別於正字的且字,是因為"某"在正字"伯某甫"的結構中具有承藉伯仲的功能。以孔子為例,單字"尼",稱正字為"仲尼(甫、父)",稱且字則為"尼甫(父)"。

事實上,依據現有文獻,從唐代至明清,關於"且字"及其用法就從未曾達到共識,賈公彦和孔穎達各執一端的觀點則是引發論爭的根源。賈公彦云:"《檀弓》云'五十以伯仲,周道也',是呼伯仲之時,則兼二十字而言。若孔子生於周代,從周禮呼'尼甫',至五十去'甫'以'尼'配'仲',而呼之曰'仲尼'是也。"[2]賈公彦認為二十歲後五十歲前,稱其且字"某甫",五十歲後,稱其正字"伯某甫"。孔穎達所持观点則與賈公彦有較大差異,云:"人年二十……冠而加字。年至五十,耆艾轉尊,又舍其二十之字,直以伯仲别之。至死而加謚。……二十之时,虽云伯仲,皆配'某甫'而言。五十之时,直呼伯仲耳。"[3]孔穎達認為在其二十歲後五十歲前就可稱之"伯某甫",五十歲後轉尊,取消"某甫",只能稱呼對方伯仲。

賈公彦與孔穎達的分歧,後世屢有論議。如朱熹就贊同孔穎

① 《説文解字注》,第128頁。
② 《儀禮注疏》卷三,第958頁。
③ 《禮記正義》卷七,第1286頁。

達的説法,《儀禮經傳通解》卷一云:"《檀弓》孔疏云:人年二十,冠而加字,如曰伯某甫者,年至五十,耆艾轉尊,則又舍其某字,而直以伯仲别之,與此賈疏不同,疑孔説是。"①王應麟也注意到關於且字的論爭,云:"二十為字,未呼伯仲,至五十乃加而呼之,此《儀禮》賈疏也;二十已有'伯某甫',仲、叔、季,雖云伯仲,皆配'某甫'而言,至五十直呼伯仲,此《禮記》孔疏也。朱文公曰:疑孔疏是。"②與朱熹不同,孫希旦支持賈公彦,認為:"五十以伯仲,賈、孔之説不同,蓋賈氏為是。"③

段玉裁的觀點更接近賈公彦,淩曙在《群書問答》中指出:"誠如孔説,則徒以伯仲,將何以區别人耶?"④可謂直刺孔説要害。

(二)"且字"的主要結構形式與使用語境

據前文所舉經注文,"且字"的結構形式可歸納為以下幾種:

① 朱熹等《儀禮經傳通解》卷一,影印文淵閣《四庫全書》第131册,臺北:臺灣商務印書館1982—1983年版,第22頁。

② 王應麟撰,翁元圻等注,樂保群、田松青、吕宗力校點《困學紀聞》卷五,上海:上海古籍出版社,2008年版,第578頁。

③ 孫希旦撰,沈嘯寰、王星賢點校《禮記集解》卷八,北京:中華書局,1989年版,第207頁。

④ 淩曙《群書問答》,《叢書集成續編》第24册,上海:上海書店出版社,1995年版,第286頁。

"某甫"、"伯某"("伯"為敬老之稱,非排行[①])、"氏、采＋某"(如劉卷)、"身份＋某"(如王札子)。其實,只要未冠以排行,大多可視作稱其"且字",先秦时期,"某甫(父)"、"氏、采＋某"這兩種結構形式最為常見,稱呼對方"且字"之時,結構靈活、形式鬆散,除了根據經注文推出的幾種結構形式之外,"且字"還可與其他美稱搭配稱呼,如"子(男子美稱)＋某"等。

除依據被稱呼人的年齡,或稱其"且字",或稱其"正字"的基本規則之外,結合經注文,還可歸納出以下三種"且字"的使用語境。[②]

第一、稱呼已故之人,多用於祭典等儀式,或用於避諱等。

《春秋左氏傳・桓公六年》傳云:"周人以諱事神。名,終將諱之。"[③]周人對於已故之人"以鬼神之道待之,故不稱其名"[④],稱其"且字",鄭玄所云"尊神不名"正是此意。如稱呼亡故的長者,如《儀禮・士喪禮》:"哀子某,為其父某甫筮宅。"命蓍者代主人發佈

---

① 案:《儀禮・少牢饋食禮》之"用薦歲事於皇祖伯某",鄭注云:"伯某,且字也。"賈疏云:"以某在伯下,若其在子上者,某是伯、仲、叔、季,以某且字,不得在子上故也。"胡培翬云:"此經云'伯某'即'伯某甫',省文也。注云'且字',蓋稱'伯某'之'某'為且字爾。"(胡培翬《儀禮正義》卷三七,上海:商務印書館 1934 年版,第 70 頁)賈、胡二人説法相類。但若如賈、胡二人之説,"伯某"是"排行＋且字"的搭配,何以鄭玄籠統以"且字"釋之,而不單獨言明"某"是為"且字"呢?我們可參照其他經注文本來解釋。《春秋公羊傳・桓公四年》傳云:"其稱宰渠伯糾何?下大夫也。"何休注云:"稱伯者,上敬老也。"此處"伯糾"的搭配形式是"敬老之稱＋且字",與"某甫"等都同為"且字"加上某種美稱的結構形式,何休的注文為理解鄭注提供了極好的參照,以之來解"伯某,且字",注文文意可通。因此,筆者仍把"伯某"視為稱呼"且字"時的搭配形式之一,而不採納賈公彦和胡培翬的説解。

② 案:當然,我們必須要注意的是,早在秦漢時代,有關"且字"記載就已至為簡略,而實際的運用通常較文獻記載更為複雜,因不同等級身份、場合往往可能有更多具體的使用細則。

③ 《春秋左傳正義》卷六,第 1751 頁。

④ 孫希旦撰,沈嘯寰、王星賢點校《禮記集解》卷二七,第 1055 頁。

命筮辭時,稱呼其亡父的且字——"某甫"。《儀禮·士虞禮》行再虞禮之時,祝告死者和先祖合而安之,云:"適爾皇祖某甫。"稱呼死者先祖的且字——"某甫"。《儀禮·少牢饋食禮》主人致命筮辭云:"用薦歲事於皇祖伯某。"稱呼先祖的且字——"伯某"。稱呼未成年便已亡故的庶子,如《禮記·雜記》:"陽童某甫。"鄭注云:"陽童,謂庶殤也。"[①]雖未行冠禮取字,但尊神不名,故為之造字,亦稱"某甫"。

除典禮中因"尊神不名"稱"且字"之外,有時,"且字"也用於避諱。如稱呼亡故的諸侯夫人,《禮記·坊記》:"其死曰孟子卒。"鄭注云:"吳,大伯之後,魯同姓也。昭公取焉,去'姬'曰'吳'而已,至其死,亦略云'孟子卒',不書'夫人某氏薨'。'孟子'蓋其且字。"孔疏云:"若其不諱,當云'夫人姬氏薨',以諱取同姓,而云'孟子卒'。孟子是夫人之且字。沒其氏,書其且字,又沒其薨而略言'卒'而已,皆為同姓諱之。"又云:"若既笄而字,當云伯叔季,若伯姬、季姬。今云孟子,故知'且字'也。"[②]

此外,賈公彥認為,正祭(首日之祭)時應稱皇祖為"伯某"[③],若遇告祭和非常祭時,則應稱"某甫"。前者如《儀禮·少牢饋食禮》之"皇祖伯某",後者如《儀禮·聘禮》"賜饔"一節,主國國君派卿到賓館向別國使者送去活牲等,使者行筮尸祭,尊神求福,屬告祭,僕為祝云:"薦嘉禮於皇祖某甫。"[④]對於無謚號的士而言,正祭稱"某子"(非且字,如伯子、仲子等),如若遇告請之祭則稱其且字"某甫"。

第二、稱呼生者,以表尊敬。

---

① 案:上述四條例的出處頁碼標注見前文,此處略。

② 《禮記正義》卷五一,第 1622 頁。

③ 案:但賈氏將"伯某"之"伯"視作排行,並不贊同,參考前注。

④ 《儀禮注疏》卷二四,第 1071 頁。

如《禮記・曲禮》中天子駕臨諸侯國,祈告鬼神,不親自去,祝往致辭時稱天子為:“天王某甫。”

第三、稱呼生者,以區别同姓且同排行者。

這是鄭玄在注文中唯一談到“且字”的具體語用之處。《儀禮・鄉飲酒禮》云:“司正升相旅,曰某子受酬。”鄭注云:“某者,衆賓姓也。同姓則以伯仲别之,又同則以且字别之。”

(三)“且字”考辨對於文獻校勘的意義

“且字”在鄭玄、何休的經注文中曾提及,但因語焉不詳,後世之人多不明其意,因此致使文字錯訛,含混難明,對“且字”展開考辨,可正訛字、去衍文、補脱字等。[①]

第一、正訛字。如《春秋公羊傳・桓公四年》:“夏,天王使宰渠伯糾來聘。”何休注云:“據劉卷卒,氏采,不名,且字。”徐彦疏云:“劉是其采,卷是名也。”根據何休注,“卷是名也”的“名”應為“字”。[②]《春秋公羊傳・定公四年》之何注“言劉卷者,主起以大夫卒之,屈於天子也”,徐彦疏云:“言劉卷,其但字者,正欲起大夫卒之,屈於天子故也。”[③]“但”為“且”的訛字。《儀禮・鄉飲酒禮》:“司正升相旅,曰:‘某子受酬。’受酬者降席。”鄭玄注云:“又同則以且字别之。”[④]李如圭《儀禮集釋》“且字”作“某字”[⑤],朱熹《儀禮經傳通解》文淵閣《四庫》本作“其字”[⑥],敖繼公《儀禮集説》作“其字”[⑦],後三者顯然有誤。

---

① 案:段玉裁《且字考》中提及多條,筆者在此基礎上又有所補充。

② 《春秋公羊傳》卷四,第 2215 頁。

③ 《春秋公羊傳》卷二五,第 2337 頁。

④ 《儀禮注疏》卷一〇,第 988 頁。

⑤ 李如圭《儀禮集釋》卷四,《叢書集成初編》,第 1001 册,第 102 頁。

⑥ 《儀禮經傳通解》卷七,文淵閣《四庫全書》第 131 册,第 137 頁。

⑦ 敖繼公《儀禮集説》卷四,《通志堂經解》第 14 册,揚州:廣陵古籍刻印社,1993 年版,第 62 頁。

第二、去衍文。如《春秋公羊傳·桓公四年》:"夏,天王使宰渠伯糾來聘。"何休注云:"(宰渠伯糾)繫官氏名且字。"又云:"渠為氏,糾為字,伯為敬長。"①顯而易見,"繫官氏名且字",衍一"名"字,否則與下文何注"老臣不名,宰渠伯糾是也"相牴牾。段玉裁云:"此由淺人不解'且字'之恉,因添'名'字於此,謂'渠'是名,'糾'是字,名而又字,故曰'名且字',而不省明言'不名'也,且二百四十年中有一人名、字兼書者乎?"②

第三、補脱字。如《儀禮·士虞禮》之"適爾皇祖某甫",鄭注云:"某甫,皇祖字也。若言尼甫。"③此處似有脱文,據鄭玄注文例,應為"某甫,皇祖且字也",脱"且"字。各本訛為"某甫,皇祖字"。何以知之?賈公彥在説明正祭和告祭的稱呼之别時,曾引證此例云:"若士告請之祭,則稱且字。故《士虞》記云:'適爾皇祖某甫。'是也。"④

除了文獻校勘方面的意義之外,更重要的是,當我們把視線拉長,將"且字"放置於命字文化變遷的視野下考察時,不僅看到"且字"從稱字形式到命字形式的轉變,還窺探到命字功能和意義的變化,以及它對人們解釋"字"意(尤其是那些以"且字"結構命字的類型)所産生的影響。

二、命字文化的變遷對"且字"的影響

區分"且字"與"正字",是周禮别於殷禮的特徵之一。賈公彥云:"殷質,二十為字之時,兼伯、仲、叔、季呼之;周文,二十為字之時,未呼伯、仲,至五十乃加而呼之。"⑤换句話説,稱呼"且字"是以

① 《春秋公羊傳》卷四,第 2215 頁。

② 《經韻樓集》卷二,第 34 頁。

③ 《儀禮注疏》卷四三,第 1174 頁。

④ 《儀禮注疏》卷四八,第 1201 頁。

⑤ 《儀禮注疏》卷三,第 958 頁。

施行周禮為背景和依託的。春秋戰國時期"禮崩樂壞","且字"和"正字"的功能區分自然也越來越模糊,秦漢以降,隨著命字文化的遷演,"且字"又出現了怎樣的變異?

第一、秦漢以降,在實際運用中,雖然已沒有稱"且字"與"正字"之別,但稱"且字"時所慣用的結構形式(二十字+美稱)、稱正字時所用如"伯某甫(父)"(排行+二十字+美稱)、"伯某"(排行+二十字)的結構形式,依然為人們所用,並由稱字形式逐漸過渡到命字形式。洪邁注意到東漢以後,命字由單言到雙言、甚至多言的轉變,他在《容齋五筆》卷一"古人字只一言"中云:"古之人命字,一而已矣。……迨東漢以下,則不盡然。"[1]今人蕭遙天則更將時間提前到西漢中葉,認為命單言字之風到此便漸成絶響[2],袁庭棟也認為"東漢以後,絶大部分命字都是二言"[3]。當雙言字漸趨流行之後,這些原本結構鬆散靈活的稱字形式也被漸漸固定下來。諸如"伯某"、"仲某"、"子某"等,在歷代日益繁多的命字形式中佔據著較為主要的地位,而"某甫(父)"或"伯某甫(父)"的命字率則呈現出由低漸高的趨勢。及宋,以"某甫(父)"命字者已相當多,如王安石字"介甫",其兄弟也皆以"某甫"形式命字。然而,在王安石與朋友的詩文酬唱中,卻又不難發現除"介甫"外,還有稱其"介卿"的情況,因此,從南宋開始,就有王安石字"介甫"或"介卿"的爭論。近来,侯體健君查閱年譜和其他詩文記錄,又以費袞《梁谿漫志》卷三"范淳父字"條所記為主要證據,推斷"王安石字介,臨時輔以'甫'、'卿'諸字"[4]。筆者認為,宋人多字並行的情況較為常見,這種取多字的情況,與人們越來越重視命字的表德功能有關(後文將

① 洪邁《容齋隨筆》,北京:中華書局,2005年版,第842頁。

② 蕭遙天《中國人名研究》,北京:新世界出版社,2007年版,第75頁。

③ 袁庭棟《古人稱謂》,成都:四川教育出版社,1994年版,第57頁。

④ 案:有關前人對王安石字的不同意見,其具體内容見侯體健《"王安石字介"說》,《古典文學知識》2008年第2期,第114—119頁。

展開論述),有時即便取了新字,原字也並非棄而不用。王安石實則既字"介卿",亦字"介甫",命字結構乃是從先秦稱呼"且字"的形式承襲而來,只是及宋時,已演變為較為穩定的雙言字。王安石為其亡兄王安仁所寫《亡兄王常甫墓誌銘》中明確提到"諱安仁字常甫"①,這説明宋人視"某甫"為雙言字,已然為常態。由此,也可回應解釋侯體健君所提到的為何"依學理而言,我們自然可以説王安石字介",但同時"又不得不承認,這樣的説法是不符合約定俗成"②的深層原因。

第二、秦漢以降,人們在"敬其名"的基礎上增强了字的表德功能。《西京雜記》梁孝王云:"臣聞《禮》,二十而冠,冠而字,字以表德。"③又,《顔氏家訓·風操》:"古者,名以正體,字以表德。"④正是因為命字功能在重心上由"敬其名"漸漸偏向"表其德",所以"字"的意義有越來越内化的趨勢,人們越來越傾向於在命字中注入自身的道德追求、宗教信仰等豐富的元素,如談玄論道的魏晉時期流行"道某"、"玄某"、"大某"的命字形式,隋唐,屈突無為字無不為,王維字摩詰等,以字彰顯主人濃烈的個性色彩;宋人常在命字中表達對聖賢之道的追慕,如宋人喜用"某中"、"某仁"、"某哲"、"某臣"等,尤尚老態字,如"某老"、"某翁"、"某叟"、"某甫(父)"等成為主流命字形式,明人在承繼宋人的基礎上,增加了"士某"、"心某"、"方某"的形式的命字率;清人好以亭、臺、樓、閣、齋、堂、庭、庵、山、川、田、園、村、水、月等為字,意境清幽雅致,蘊含著豐富的哲理意味,如"雪琴"、"雨亭"、"介亭"、"午橋"、"水村"等。⑤

① 王安石《臨川先生文集》卷九六,北京:中華書局,1959年版,第987頁。
② 侯體健《"王安石字介"説》,第119頁。
③ 葛洪《西京雜記》卷四,北京:中華書局,1985年版,第29頁。
④ 顔之推撰,王利器集解《顔氏家訓集解》卷六,北京:中華書局,1993年版,第92頁。
⑤ 參見籍秀琴《中國人的字與社會文化背景——宋明兩代與清代命字比較》,《首都師範大學學報》(社會科學版),1994年第4期,第85—93頁。

由於人們重視在命字中展現自己的價值觀念與品位意趣,因此對先前命字不滿意,還可請飽學之士改之,對方將撰寫書函或字説文告知所命字的意義;朋友臨行贈别,有時也通過闡述對方的字義來表達對朋友的相知相惜等。宋代以後,這種字説、字辭文的流行,正是命字功能轉向内在的典型表現。

吊詭的是,雖然"某甫(父)"或"伯某甫(父)"由稱字形式漸漸變為命字形式,但在字説類文章中卻仍然保留了古之命字以單言字——"某"來體現意義的方式,司馬光、歐陽修、黄庭堅、真德秀(尤以黄氏為最)等都撰有多篇字説,通常重點解釋"某",對於"甫"則不説或一語帶過。此外,由於受到前述命字功能轉向内在的影響,人們在解釋"某甫"類型的字時,增强了對"某"的意義闡述,往往以數百字或更長的篇幅,引經據典、展開詮釋。具體例文在宋人文集中比比皆是,如黄庭堅《洪氏四甥字序》、真德秀《吕敬伯敬仲字説》、《張仁父字序》等,兹不贅述。

三、結論

根據目前已掌握的文獻,漢代經注文中首現"且字"説,但因語焉不詳,致使後世治禮者對"且字"的用法聚訟紛紜,相對而言,段玉裁的解釋較為明晰。本文結合段玉裁的觀點,梳理出先秦字文化中"命字"和"稱字"兩套系統,認為先秦時期,命字形式通常為單言字,稱字形式則有"正字"與"且字"之别。但是需要注意的是,段説雖較諸家更勝,但也未能如惲毓鼎在《惲毓鼎澄齋日記》所誇贊可"析自來説禮家之疑"①,事實上,段玉裁在解釋經注之"(吳)孟子"為且字之時,就不能完全令人信服。因此,本文在概括結構形式時,亦將"孟子"條排除在外,暫存疑,寄本文能拋磚引玉。此外,

① 惲毓鼎《味腴室讀書日記》,《惲毓鼎澄齋日記》第1册,杭州:浙江古籍出版社,2004年版,第32—33頁。

秦漢以降,命字在結構和功能兩方面有著較為重要的轉變,一方面,隨著雙言字、多言字的流行,先秦時期原本結構靈活鬆散的稱字形式("且字"結構)逐漸被命字形式吸納;另一方面,字的社會功能和意義漸趨内在,由"敬其名"偏向"表其德",人們在洋洋灑灑闡述"某甫"字義時,卻又受到它原本是且字結構演化而來的影響,傾向於釋"某",對"甫"則不言或簡單帶過。

由上述討論,我們還可見出,對命字文化展開研究,小可體悟個人之情趣品位、自我或長輩友朋的期許,大可尋繹時代風尚、社會思潮的變遷。然而,惜乎目前學界對該論題的探討主要集中於古漢語研究等領域,涉及文化史者,則缺乏對背景展開更為深入的探究。"横看成嶺側成峰,遠近高低各不同",若轉換視角看命字,不僅能使舊材料重新煥發出新光彩,還能促使我們將研究觸角伸至社會史、思想史、觀念史等更為廣泛的領域。

第一、材料新用。上世紀以來,學界編纂了大量的人名索引,如《二十四史紀傳人名索引》、《室名别名字號索引》等,這些耗費了研究者不少心力而編成的資料,為研究命字提供了各種豐富而直觀的信息,是分析命字形式組合變化的絶好媒介,但長期以來,都只作為工具書使用,而非研究對象。此外,研究者對歷朝歷代的經學論著關注不夠,當經學家以彼時代的立場去解讀經典的時候,所期待的絶非僅僅是文字本身的分析,更重要的是考其源流、通古今之變,因此他們常常援引彼時代的禮儀制度、習俗作類比,保留了許多彼時代命字的資料,這些都亟待用新的眼光去發掘。

第二、拓寬縱向與横向的觀照,既要通古今之變,也要將研究對象放置於特定時代的背景中考察,充分洞察彼時代各種複雜現象之間的聯繫與牽制。

就縱向而言,從先秦至明清,我們能清楚看到在不同社會文化的滋養下,命字形式被不斷篩選淘汰、擴充重組,通過解析這些複雜的"方程式",那些被歷史之筆層層塗刷、淡去、隱沒的背景也將隨之而漸露真顔;此外,尤其需要注意的是,命字原是冠禮中的儀節之一,以禮制為依託,因此在探討該論題的時候,要充分考慮到兩個問題:其一、"禮不下庶人"和"禮下庶人"的制度變遷;其二、命字與冠禮的分合關係,冠禮從唐代開始就有漸弱的趨勢,但命字卻從未間斷,且呈現出增强和多變的態勢,直到晚清民國時期纔有了較大的變化。

就横向而言,人們交際中的稱謂習俗往往受制於不同時代的社會文化,呈現出複雜多變的面貌。從"敬其名"到"敬其字",不僅體現了字表德功能增强以及意義上逐漸内化的趨勢,更提醒著我們,以稱謂來分析人物的尊卑關係,必須要將其還原於特定時代中去理解和思考,如漢晉以來,卑者和平交都呼尊者為足下,以示尊敬,至宋則變為自高而侮人稱足下,如若刻舟求劍,不對該時代稱謂習俗的變化展開深入分析,就可能導致將侮稱理解為敬稱,從而造成對語境的消極誤讀;此外,還要注意同一時代,命字和其他事實之間的連帶關係,如宗教信仰、官方規定等,或者將與字緊密相聯的名、號等作對比分析,事實上,三者各自所代表的意義既相互呼應、補充——呈現單線的意義關係,還另有相互轉化的一面,如由字入名,由字入號,由號入名等,這其中都包蘊著豐富有趣的訊息。

自上世紀前半葉,命字文化漸趨衰落,在近現代的特殊時空背景下,"指名道姓"成為新思想、新風尚的表徵。雖然命字禮俗已漸行漸遠,但有些其他的尊稱形式卻被保留延續。近年來,隨著網路博客文化的興起,在稱謂中又興起以稱呼對方的網名為尊稱的風尚。一定程度上説,這體現了百年來文化的斷裂、接續與變異。

作者單位:西華師範大學文學院;清華大學歷史系

宋之問《浣紗篇贈陸上人》與唐代社會文化

何劍平

越女顔如花，越王聞浣紗。國微不自寵，獻作吴宫娃。山藪半潛匿，苧蘿更蒙遮。一行霸句踐，再顧傾夫差。豔色奪常人，效顰亦相誇。一朝還舊都，靚妝尋若耶。鳥驚入松網，魚畏沉荷花。始覺冶容妄，方悟群心邪。欽子秉幽意，世人共稱嗟。願言託君懷，倘類蓬生麻。家住雷門曲，高閣淩飛霞。淋漓翠羽帳，旖旎采雲車。春風豔楚舞，秋月纏胡笳。自昔專嬌愛，褻玩唯矜奢。達本知空寂，棄彼猶泥沙。永割偏執性，自長薰修牙。攜妾不障道，來止妾西家。

宋之问的這篇作品題為《浣紗篇贈陸上人》，載在《文苑英華》卷二一九，《唐詩紀事》卷一一，《全唐詩》卷五一。從文學角度看，此詩以西施浣紗為題材，分為前後兩部分，第一部分自首句至“方悟群心邪”，迴顧了吴越春秋史及鋪叙西施實事，自“欽子秉幽意”以下為第二部分，以浣紗女子口吻先描寫了自己的居處及嬌奢生活，最後表達了歸依陸上人的心境，構思巧妙，完全不同於以往相關主題之作品，説它是文人與僧人交往詩中之佳構，當不為過。這就使人不得不正視它的歷史存在。此外，明清詩歌評論家皆認為宋之問此詩與佛教禪理相關。如鍾惺、譚元春在《唐詩歸》卷三對此詩的評説：“鍾云：《浣紗篇贈陸上人》，題便妙矣。忽説出一段禪理，了無牽合，直是胸中圓透，拈著便是。〇譚云：將美色點化上人,是從來祖師好法門。大悟頭,消人鈍根。"[1]《唐詩選脈會通評林》引周啟琦説:"從禪理摸出色空妙悟,識力斬新,歷六朝幾人能著此眼,幾人能下此手?"清代賀裳《載酒園詩話》卷一《詩歸》就鍾、譚選評宋之問《浣紗篇贈陸上人》認為,宋之問"人雖險競,於禪乘似多夙根"云云。那麼,家世有崇道傳統的唐初大詩人宋之問竟究和佛教禪理有著何種深刻的關係,這也不能不逗發我們對這首詩的興趣。為了探明這些現象背後暗藏的文化信息,本文試作如下發掘。

一、作品的創作時間與陸上人

關於此詩之作年,清代賀裳《載酒園詩話》卷一《詩歸》就鍾、譚選評宋之問《浣紗篇贈陸上人》發表了自己的看法,他説:

> (此詩)明是寄託之詞無疑。按宋龍門奪袍,昆明入選,自誇"三入文史林,兩拜神仙署",生平頗亦赫奕。後以轉結安樂,太平嫉之,下遷越州長史。史稱其"頗力為政,窮歷剡溪山,置酒賦詩"。此詩必作於越中,當是偶逢名僧,追念往事,所謂"不向空門何處消"也[2]。

賀裳認為此詩乃寄託之詞,作於越州。但他未能提供任何文獻依據,多揣測之詞,故不足為信。較為可信的是宋人姚寬的研究。他在《西溪叢語》卷上錄此詩首十六句,云:"因觀《唐景龍文館記》宋之問《分題[3]得浣紗篇》云(略)。"《景龍文館記》,乃唐人武平一著,《新唐書》卷五八《藝文志二》著錄為十卷。《直齋書錄解題》

① 《唐詩歸》,鍾惺、譚元春輯,明萬曆四十五年(1617)刻本。

② 《清詩話續編》一,郭紹虞編選,富壽蓀校點,上海:上海古籍出版社,1983年版,第273頁。

③ 所謂分題者,嚴羽《滄浪詩話・詩體》注云:"古人分題,或各賦一物,如云送某人分題得某物也,或曰探題。"參郭紹虞《滄浪詩話校釋》,北京:人民文學出版社,1961年版,第74頁。

卷七説:"《景龍文館記》八卷。唐修文館學士武甄平一撰。中宗初置學士以後館中雜事,及諸學士應制、倡和篇什雜文之屬。亦頗記中宗君臣宴褻無度,以及暴崩。其後三卷,為諸學士傳。今闕二卷。平一,以字行。"武平一嘗於景龍二年,兼修文館直學士[①]。據《唐會要》卷六四及《新唐書》卷二〇二《文藝中·李適傳》,唐中宗景龍二年(708)五月,始於修文館置大學士四員、學士八員、直學士十二員,象四時、八節、十二月。李適為學士,宋之問時為户部員外郎,與武平一等並入修文館為直學士。又據之問《祭禹廟文》及《全唐詩》卷一〇八韋述(又作張諤詩)《廣陵送别宋員外佐越鄭舍人還京》,之問於景龍三年秋赴越州長史任。據此知《浣紗篇贈陸上人》詩當為宋之問與同時學士分題唱和之作,後又被與之同任修文館學士的武平一載入其所著《景龍文館記》之中。陶敏認為當作於景龍二年五月至三年秋間,良是[②]。至於陸上人生平事蹟,由於載記闕略,不得而知。

二、"攜妾不障道"的釋典依據

前文説到,此詩自"欽子秉幽意"以下,詩人化作浣紗女子口吻表現了願與陸上人共住修道之願望,詩的最後兩句是"攜妾不障道,來止妾西家"。這兩句表面看似謔語,但它是言有物、意有指的。因為"攜妾不障道"一句並非任何唐代詩人皆可寫出,它向我們透露出宋之問對佛教義理的熟悉。在這裏,"攜妾不障道"之"妾"字即西施,它代表美色。色乃五欲之一,此句意指陸上人攜帶美色並不妨礙修道,可以接納作為五欲之一的美色。宋之問此句

① 《新唐書》卷一一九《武平一傳》。北京:中華書局點校本,1975 年 2 月第 1 版,第 4293 頁。

② 參《沈佺期宋之問簡譜》,陶敏、易淑瓊《沈佺期宋之問集校注》下册,北京:中華書局,2001 年版;陶敏《〈景龍文館記〉考》,《文史》1999 年第 3 輯。

實在關涉到佛教戒律經常討論的一個話題,此即受五欲是否妨礙修道的問題,此一問題在原始佛教和後來大乘佛教的戒律中均有闡述。在原始律藏中,反復提及一則關於阿利吒比丘誹謗佛經的故事。例如東晉天竺三藏佛陀跋陀羅共法顯譯《摩訶僧祇律》卷一七《明單提九十二事法之六》説佛住舍衛城時,有比丘,字阿梨吒,在僧團中作如是説:我知佛説法,其有犯婬欲非障道法。諸比丘聞,欲除阿梨吒惡見,慇懃勸戒説:阿梨吒,莫作如是語,莫謗佛,佛以無數方便説法,皆為教人斷除愛欲,出離一切諸結縛,行婬欲是障道法,若犯婬欲即是障道法,佛從未有犯婬欲不障道的説法。由於阿梨吒比丘堅持惡見,諸比丘只好將此事告訴佛。佛呵責阿梨吒比丘,並告諸比丘:世尊説習婬欲實是障道之法,若有比丘或比丘尼認為世尊説習婬欲不能障道,此是謗世尊之惡見,作為僧伽成員,應當勸諫其捨離邪見,若堅持惡見不捨者,僧衆應作舉羯磨。再不捨者,將被擯(逐)出僧團。這一故事極為有名,也見於《摩訶僧祇律》卷一八《明單提九十二事法之七》、卷二五《明雜誦跋渠法之三》、《摩訶僧祇比丘尼戒本》、《四分律》卷一七《九十單提法之七》、卷二五《一百七十八單提法之二》、卷四五《呵責揵度之餘》、《五分律》卷八《初分墮法》、《十誦律》卷一五《九十波逸提之七》、《十誦比丘波羅提木叉戒本》、《十誦比丘尼波羅提木叉戒本一卷》、《薩婆多毘尼毘婆沙》卷八(失譯人名今附秦錄)《九十事第五十五》、《善見律毘婆沙》卷一六、卷一八、《毘尼母經》卷二(失譯人名今附秦錄)、卷七等,敘事略同,但《摩訶僧祇律》卷一八《明單提九十二事法之七》將阿利吒比丘換成"爾時阿利吒有沙彌,字法與",《五分律》卷八《初分墮法》則將阿利吒比丘變成"跋難陀有二沙彌,生惡邪見"云云,無論如何,這則故事説明,行五欲是障道還是不障道,一直是佛戒中的重要問題。原始佛教戒律對此的基本觀點是:世尊説習婬欲實是障道之法。而在此後的大乘經論中,則對阿利吒比丘這一事件有不同的看法和解説。如《大智度論》卷九三《釋

淨佛國土品第八十二之餘》如是説:

問曰:若爾者,毘尼中何以一比丘言:我知佛法義,受五欲不妨道,是比丘應呵乃至三不止擯出。答曰:佛法有二種:小乘大乘。小乘中薄福之人,三毒偏多。如《婆差經》中佛説:我白衣弟子非一非二乃至出五百人,受赤栴檀塗身,及受好香花,妻子共臥,使令奴婢而斷三結,得須陀洹,盡三結薄三毒,得斯陀含。是阿梨吒比丘聞是事即言:雖受五欲而不妨道。不知是事,佛為誰説,佛為白衣故説,此比丘持著出家法中説。

《大智度論》言佛法有二種:大乘與小乘。所謂受五欲而不妨修道者,是佛為白衣弟子所説。阿利吒比丘不解佛意,將其安置於出家法中,故而遭到佛的訶責[①]。《大智論》此段問答對受欲對象作了區分和强調。《成實論》卷一《四無畏品第三》所謂"又佛説諸欲是障道法,有人雖受,亦能得道。又比尼中所説遮法,有人毁壞,亦能得道。小智疑佛,不知障法"云云,雖也表現了對受欲對象的模糊區分,但無疑對有人受欲亦能得道之説進行了肯定評價。此後雖受五欲而不障道之記載廣泛見於大乘經論中。例如有以下七條證據:

1.《諸法無行經》卷下(後秦弘始年羅什譯)記載一位名曰喜根的菩薩比丘,"不壞威儀不捨世法",在"普皆利根、樂聞深論"的衆人前説如是諸偈:"貪欲是涅槃,恚癡亦如是。如此三事中,有無量佛道。若有人分别,貪欲瞋恚癡,是人去佛遠,譬如天與地。菩提與貪欲,是一而非二。皆入一法門,平等無有異。"[②]這段資料説明,喜根法師對具大乘根性的衆人教以諸法實相,所謂一切法性即貪欲之性,貪欲性即是諸法性,瞋恚性即是諸法性,愚癡性即是諸

① 又見胡吉藏《大品經義疏》卷一〇《淨土品第八十二》,《卍新纂續藏經》第24册,第335頁下。

② 《大正藏》第15册,第759頁中。

法性。以此方便教化衆生,衆生所行皆是一相,各不相是非。貪欲之實性,即是佛法性。佛法之實性,亦是貪欲性。是二法一相,所謂是無相。

2.《佛説首楞嚴三昧經》卷下(後秦鳩摩羅什譯)記載一位名叫魔界行不污的菩薩,現於魔宫,為令魔界中"深著婬欲"、"起染愛心"的二百天女隨順其教,即時化作"色貌端嚴"的二百天子,與諸天女共相娱樂,使其"所願得滿,婬欲意息",最後皆發深心,愛敬佛法。佛陀認為,此魔界行不污菩薩雖示現行於魔界,而能"不為魔行所污,與諸天女現相娱樂,而實不受婬欲惡法"。此即現入魔宫而身不離於佛會,現行魔界,遊戲娱樂而以佛法教化衆生。

3.《大般涅槃經》卷三四《迦葉菩薩品第十二之二》:"善男子,我經中説我諸弟子受諸香花金銀寶物妻子奴婢八不淨物獲得正道,得正道已亦不捨離。我諸弟子聞是説已,不解我意,定言如來説受五欲不妨聖道。又我一時復作是説:在家之人得正道者,無有是處。善男子,我諸弟子聞是説已,不解我意。唱言:如來説受五欲定遮正道。"這條資料説明佛經中説到佛弟子受妻子奴婢等八不淨物可獲得正道,但此教理常被諸弟子誤解為受五欲不妨礙聖道。

4.《維摩詰所説經》卷下《佛道品第八》:"示受於五欲,亦復現行禪。令魔心憒亂,不能得其便。火中生蓮華,是可謂希有。在欲而行禪,希有亦如是。或現作婬女,引諸好色者。先以欲鉤牽,後令入佛道。"這一條資料盡歎菩薩的變應之德,説明了兩個問題:其一,作為修行者,菩薩雖示現受於五欲(在家宅中與妻子俱),但未曾暫捨菩提之心,雖在居家作諸事業,未曾暫捨一切智心。一切諸有所作,心常迴向薩婆若道,於菩薩清淨道,無所障礙。其二,作為施化者,美色作為欲望的對象同時也是菩薩引衆生入佛道的一種善權方便。正如天台山幽溪沙門傳燈《維摩詰所説經無我疏》卷九所謂:"欲鉤者,菩薩以欲而為香餌,以鉤衆生之邪思,入於佛智也。蓋衆生所嗜,惟在於欲,苟先以離欲而劇化之,是拂其性,而拒教矣。是以先順其欲而鈎之,漸以誘之,令終入於佛智而後已也。”①

5.《妙法蓮華經》卷七《觀世音普門品第二十五》引佛告無盡意菩薩語:“(若有國土衆生)應以長者居士宰官婆羅門婦女身得度者,(觀世音菩薩)即現婦女身而為説法。”此語旨在説明施化者(觀世音菩薩)為順應隨從衆生,可以變化成婦女身來攝化度衆。

6.《大方廣佛華嚴經》卷五七《離世間品第三十八之五》言及菩薩有十種莊嚴道,中云:“雖有人、天眷屬圍遶,百千綵女歌舞侍從,未曾暫捨禪定解脱及諸三昧,是為第四莊嚴道。與一切衆生受諸欲樂共相娛樂,乃至未曾於一念間捨離菩薩平等三昧,是為第五莊嚴道。”這條資料説明外現為有綵女侍從,内不捨禪定修持被視為菩薩十種莊嚴道之一。

7.《大方廣佛華嚴經》卷六八《入法界品第三十九之九》載善財童子詣險難國寶莊嚴城中,參訪婆須蜜多女,問菩薩云何學菩薩行、修菩薩道事(另,同本異譯的西秦沙門聖堅譯《佛説羅摩伽經》卷上以及東晉佛馱跋陀羅譯《大方廣佛華嚴經》卷五〇《入法界品第三十四之七》均載此),婆須蜜多女告言:

> 善男子!我得菩薩解脱,名:離貪欲際,隨其欲樂而為現身。若天見我,我為天女,形貌、光明殊勝無比;如是乃至人、非人等而見我者,我即為現人、非人女,隨其樂欲皆令得見。若有衆生欲意所纏,來詣我所,我為説法,彼聞法已,則離貪欲,得菩薩無著境界三昧;若有衆生暫見於我,則離貪欲,得菩薩歡喜三昧;若有衆生暫與我語,則離貪欲,得菩薩無礙音聲三昧;若有衆生暫執我手,則離貪欲,得菩薩遍往一切佛剎三昧;若有衆生暫昇我座,則離貪欲,得菩薩解脱光明三昧;若有衆生暫觀於我,則離貪欲,得菩薩寂静莊嚴三昧;若有衆生見我頻申,則離貪欲,得菩薩摧伏外道三昧;若有衆生見我目瞬,

① 《卍新纂續藏經》第19册,第696頁中。

則離貪欲,得菩薩佛境界光明三昧;若有衆生抱持於我,則離貪欲,得菩薩攝一切衆生恒不捨離三昧;若有衆生唼我脣吻,則離貪欲,得菩薩增長一切衆生福德藏三昧。凡有衆生親近於我,一切皆得住離貪際,入菩薩一切智地現前無礙解脱。

這裏,婆須密多女為善財童子説離貪慾際法門,所謂"隨其欲樂而為現身",美色最終使衆生捨離貪欲,進入無礙解脱,此成為導利衆生之順化方式。

綜合以上,我們可以得出一個結論:對中國文化影響極深的大乘經論《涅槃經》、《維摩詰經》、《妙法蓮華經》、《華嚴經》等皆有關於修菩薩行受五欲是否妨礙聖道的論述。這些論述涉及以下主要內容:(一)五欲不障道之教理須觀衆生根性傳授,否則易生誤解。(二)女色可作為度衆的手段和方略。隋天台智者大師對上述相類教理進行整理,從戒律的角度將美色度衆法門概括為圓人所行"非欲之欲,以欲止欲"的染愛法門——"究竟持不淫戒"[①]。(三)作為在俗修菩薩行者,可受女色得聖道,但須具備"外同其塵而内服道味"的淨戒精神。以上所引大乘佛教典籍,皆在唐前已得傳譯,在唐世流傳甚廣,其中菩薩受五欲不障聖道的內容必為當時士大夫極感興趣的內容。宋之問詩的尾聯兩句正與上引諸經之旨相符合。也就是説,宋之問的"攜妾不障道"有借佛教經典之教義的依據。夫不障道義,應當出於大乘佛經之學説。宋之問能寫出這樣的詩句,説明他不僅對佛界爭論的五欲障道不障道的論題相當熟悉,且具有相當之佛學素養,我們這樣説,是因為宋之問還有與此相關的人生經歷可以為證。

① 參隋天台智者大師説、門人灌頂錄《金光明經文句》卷一,《大正藏》第39册,第50頁下。

三、宋之問與《浣紗篇》相關的經歷

宋之問所處的唐世，正值武則天和中宗朝，釋道並舉成為一時風尚，宋之問崇信道教，並對佛教也有著良好的修養。

宋之問的家世本有著崇尚道教的傳統，如《嵩南九里舊鵲村作》(《永樂大典》卷三五八〇)說"家世事靈嶽，嵒棲安敢渝。……明主本尚道，黃屋均蓬壺"，作於延和元年秋的《始安秋日》也說"世業事黃老，妙年孤隱淪"，皆可證。據《舊唐書》卷一九一《孫思邈傳》，其父宋令文晚年向道，師事道士孫思邈，據《陸渾南桃花湯》詩(《詩淵》第 2242 頁)，知宋之問妻亦為道教門徒。宋之問本人對道教有極深興趣。早年曾居嵩山、陸渾。據《元和郡縣圖志》卷五，嵩高山，在河南府登封縣北八里，亦名外方山。又云東曰太室，西曰少室，嵩高總名，也即中岳。陸渾山，俗名方山，在河南府伊闕縣西五十五里。此二地是唐世著名的釋道修習隱居之處，寺院道觀林立。宋之問或因其父晚年尚道而卜宅二地，故對此二地有極深情結，這在其貶謫前後的詩中都有表現。前者如寫於天授二年(691)的《憶嵩山陸渾舊宅》(《詩淵》第 3529 頁)說："好仙宅二室，愛藥居陸渾。……少秉陽許意，遭逢明聖恩。"《嵩山天門歌》(《文苑英華》卷三四二)："吾亦不知其靈怪如此，願遊杳冥兮見羽人。"《春泉洗藥》(《文苑英華》卷三二七)："今日遊何處，春泉洗藥歸。悠然紫芝曲，晝掩白雲扉。魚樂偏尋藻，人閑屢採薇。此中無俗事，身世兩相違。"《奉勅從太平公主遊九龍潭尋安平王宴別序》(《文苑英華》卷七〇九)："下官少懷微尚，早事靈丘。踐疇昔之桃源，留不能去。"後者如《入瀧州江》(《文苑英華》卷二九〇)："余本巖栖客，悠哉慕玉京。……鏡愁玄髮改，心負紫芝榮。"《郡宅中齋》(《文苑英華》卷三一七)："訟寢歸四明，齡頽親九轉。微尚本江海，少留豈交戰。"《發端州初入西江》(《文苑英華》卷二九〇，《全唐詩》卷五三)："疇日三山意，於兹萬緒睽。金陵有仙館，即事尋丹梯。"這些詩或寫到了採藥的閒適生活,或透露了詩人的一些重要信息:宋之問所居之陸渾舊宅乃採藥之良好去處,他居陸渾蓋有雙重目的:一是為此處便於採藥之故;二是之問年少即有好仙隱居之志,修道巖栖或乃詩人之宿願。除此之外,早年居嵩山時(高宗朝至武后垂拱初),宋之問曾師嵩陽觀道教上清派之第十一代宗師潘師正,並與其弟子韓法昭、司馬承禎交遊往還,有《卧聽嵩山鐘》(《詩淵》第 1435 頁)、《冬宵引贈司馬承禎》、《寄天台司馬道士》、《使至嵩山尋杜四不遇慨然復傷田洗馬韓觀主因以題壁贈杜侯》等詩為證。通過這些詩可以看出,宋之問受道教薰陶之深,且有虔敬之信仰。

然而,在本文中引發我們興趣的是宋之問與佛教相關的事蹟。宋之問之能創作《浣紗篇》一詩並不在於他在道教方面的卓識,而完全得益於他本人的佛學修養。他青年時代及其晚年所居之地域環境都給他提供了接觸和了解佛教文化的多種因緣機會。概而言之,有以下三方面因素構成了此詩產生的歷史條件。

對佛理的興趣(聽講和閱讀)可視為《浣紗篇》產生的第一個條件。唐代士大夫雖不像魏晉六朝學士文人對佛教理論的造詣,但對玄理名相的興趣習尚還是在與僧徒過從交遊中承襲下來。當時大乘佛教的重要典籍主要是通過寺院僧人和佛教各宗派的講授中在士大夫文人中傳播。宋之問雖談不上真正奉佛,但在河南登封任職時,他就已經表現出對佛理的興趣,《雨從箕山來》(《文苑英華》卷一五三,《全唐詩》卷五一)可為顯例:

> 雨從箕山來,倏與飄風度。晴明西峰日,綠縟南溪樹。此時客精廬,幸蒙真僧顧。深入清淨理,妙斷往來趣。意得兩契如,言盡共忘喻。觀花寂不動,聞鳥懸可悟。

箕山，在今河南登封東南[1]。此為宋之問感受佛理之深切體驗，表現了詩人對義理的熱衷。由此可以推知，宋之問在河南登封任職時常去周遭寺院聽講。這種習慣一直保持到後期。如宋之問被貶越州時，嘗在景龍四年間與僧人鑒師往還，作《見南山夕陽召鑒師不至》（《文苑英華》卷二七九）、《湖中別鑒上人》（《全唐詩》卷五三）、《題鑒上人房二首》（《全唐詩》卷五三）。其中《湖中別鑒上人》詩說："願與道林近，在意逍遙篇。自有靈佳寺，何用沃洲禪。"在此，宋之問將自己與鑒師的交遊擬比為支遁和王羲之，表明彼此之間有許多談名理的過從和流連。

這種對佛理的興趣還表現在之問以佛經事典來表現自己的素養。種種跡象表明，前文所論的幾部大乘佛教典籍，宋之問都可謂熟稔已久。

（一）《法華經》和《涅槃經》。睿宗景雲元年（710），宋之問改越州長史，途經浙江杭州，過越州山陰縣南秦望山，巡遊了著名法華寺，據李邕《秦望山法華寺碑》（《金石補正》卷五五），該寺於東晉義熙十二年由釋曇翼法師所建。《文苑英華》卷二三三收錄宋之問兩首《遊法華寺》詩，作於景龍三年冬或四年初。其中一首尤引人注意，詩云：

高岫擬耆闍，真乘引妙車。空中結樓殿，意表出雲霞。後果傳三足，前因感六牙。宴林薰寶樹，水溜滴金沙。寒谷梅猶淺，温庭橘未華。臺香紅藥亂，塔影綠篁遮。果漸輪王族，緣超梵帝家。晨行踏忍草，夜誦得靈花。江郡將何匹，天都亦未加。朝來沿泛所，應是逐僊槎。

① 《史記》卷六一《伯夷列傳》："太史公曰：余登箕山，其上蓋有許由冢云。"《正義》："皇甫謐《高士傳》云：'許由字武仲。堯聞致天下而讓焉，乃退而遁於中嶽潁水之陽，箕山之下隱。……許由歿，葬此山，亦名許由山。'在洛州陽城縣南十三里。"北京：中華書局點校本，1959 年 9 月第 1 版，第 2122 頁。

由詩“高岫擬耆闍,真乘引妙車”及“晨行踏忍草,夜誦得靈花”,可知其皆應用了佛教事典。“真乘引妙車”一語顯而易見是出於《妙法蓮華經》卷二《譬喻品》的“三車”之喻。“忍草”亦為一著名譬喻,出於《涅槃經》。北涼天竺三藏曇無讖譯《大般涅槃經》卷八《如來性品第四之五》、卷二七《師子吼菩薩品第十一之一》、卷二九《師子吼菩薩品第十一之三》三處皆談及忍草這一譬喻。如卷二七《師子吼菩薩品第十一之一》言:

善男子,雪山有草,名為忍辱。牛若食者,則出醍醐。更有異草,牛若食者,則無醍醐。雖無醍醐,不可説言雪山之中無忍辱草。佛性亦爾。

關於靈華,實為“靈瑞華”之縮略詞,出《正法華經》,為優曇華之舊譯①,在此,宋之問蓋以忍草、靈華以譬世間希有之佛法,只要長夜守護,總有頓悟佛性之機。這首詩頗有代表性,説明宋之問對當時盛行的兩部佛典中之譬喻都甚熟悉,相同的例證(精熟《法華經》之證)還見於睿宗景雲元年六月,之問被貶往欽州(廣西)時過韶州,蓋於景雲二年所作的《遊韶州廣果寺》(《文苑英華》卷二三三,《全唐詩》卷五二),詩云:“莫愁歸路遠,門外有三車。”

(二)《維摩詰經》。神龍二年(706)寫的歎文《為太平公主五郎病癒設齋歎佛文》(《文苑英華》卷四七二,《全唐文》卷二四一),中云“回供純陁之國,求饌香積之宮;……天女散花,綴山林之草樹”,

① 光宅寺釋法雲《法華義記》卷三、胡吉藏《法華義疏》卷三《方便品第二之一》、隋慧遠述《大般涅槃經義記》卷一(之上)具言之。如光宅寺釋法雲撰《法華義記》卷三:“今言如是妙法,諸佛如來時乃説之,如優曇鉢華,時一現耳。此是第一歎法希有。優曇華是外國語,此間言靈瑞華,唯有轉輪聖王出世有此華,故知此華希有。此經如是也。”胡吉藏撰《法華義疏》卷三《方便品第二之一》:“如優曇鉢華時一現耳者,此譬上時乃説之言也。河西道朗云:此言靈瑞華,又云空起華。天竺有樹而無其華,若輪王出世此華則現,明衆生若應聞一乘教成法輪王者,諸佛世尊乃説是經,故靈瑞華為輪王之相,法華為成佛之徵。”

所謂“香積”、“天女散華”皆化用世所習誦的《維摩詰經》之《香積佛品》、《觀衆生品》的事典。

由此可見,宋之問對這三部大乘佛典有過閲讀或聽講的經驗,故在詩歌方面用作詩文的材料。前文所論,《法華經》、《維摩詰經》在唐代知識分子中最為流行,前者有菩薩行者(觀世音菩薩)可以示為婦女身來攝化度衆的事例,後者有“在欲而行禪”的菩薩行和“或現作婬女”的染愛法門,宋之問對這些教理當不陌生。

除了閲讀或聽講《法華經》、《維摩詰經》、《涅槃經》這三部重要典籍外,宋之問對其他佛教典籍的了解,很可能是通過與佛教宗派的交往中獲悉的。宋之問所處時代,正值禪宗北宗學説宣傳極盛之時,禪宗尤其是北宗説法,尤好援引宗經以外的大乘佛經敷揚引喻,闡發教義,從而使這些經典中的佛教理論也得到傳播。因此,宋之問和禪宗的交往成為《浣紗篇》產生的另一個不可忽略的條件。

據現有文獻,宋之問一生交往的僧侶共有四位,此即神秀、慧能、鑒師及本詩題所言之陸上人。其中前二位皆禪宗重要領袖人物。與神秀的接觸始於宋之問在洛陽預修《三教珠英》陪從遊幸之時。這一時期,正值武則天敬重禪宗的重要時期。久視元年(700),則天遣使招荊州玉泉寺神秀禪師至東都[①],當時洛陽僧侶託宋之問作表上奏,認為要表示信衆對神秀的崇敬之情,應“緇徒野宿,法事郊迎”,請依“焚香”、“散花”之法式往龍門迎秀禪師入都。引人注意的是,宋之問在表中贊神秀禪師“契無生之理,傳東山妙法”,這意味著,宋之問對北宗禪派承傳情況的瞭然。此表題為《為洛下諸僧請法式迎秀禪師表》(《文苑英華》卷六〇六、《全唐文》卷二四〇),當撰於久視元年。作為北宗著名禪師,神秀備受禮

① 《歷代法寶記》、《八瓊室金石補正》卷五〇載張説《唐玉泉寺大通禪師碑銘》,並見《全唐文》卷二三一。

遇,被推為"兩京法主,三帝國師",《舊唐書》卷一九一《神秀傳》記神秀為則天所貴重,説:"肩輿上殿,親加跪禮,敕當陽山置度門寺以旌其德。時王公以下及京都士庶,聞風爭來謁見,望塵拜伏,日以萬數"。據此,可以想見當時衣冠仕子咸附秀禪師諮稟佛義。當時在洛陽預修《三教珠英》並陪則天遊宴的宋之問無疑謁見過神秀禪師,並極有條件接觸當時的北宗禪。這在其於先天中往返桂、廣二州時所撰《宿清遠峽山寺》(《文苑英華》卷二三三)云"説法初聞鳥,看心欲定猿"之"看心"語可以得到證明。此"看心"一語實與北宗所倡禪觀存在著某種契合,這種契合很難説是出於偶然,只能解釋為宋之問了解北宗禪。

除了接觸北宗禪的著名領袖神秀,宋之問還和南宗的慧能有一段因緣。景雲元年(710)流欽州途中,至韶州謁能禪師,作《自衡陽至韶州謁能禪師》詩(《文苑英華》卷二一九,《全唐詩》卷五一)。《宋高僧傳》卷八《唐韶州今南華寺慧能傳》所謂"朝達名公所重有若宋之問謁能,著長篇"云云,當即指此《謁能禪師》詩。此詩表明:一、宋之問嘗親詣韶陽謁見慧能禪師,二、"願以有漏軀,聿熏無生惠"反映詩人歸依釋教的心情。三、"坐禪羅浮中,尋異窮海裔"則意味著之問被貶時嘗在廣東一帶習禪,這似使他獲得精神支柱,不復介意漫長的歸期。宋之問何以要參訪慧能?有一部分原因是當時則天、中宗朝對慧能的敬重。據《歷代法寶記》,長壽元年(692)二月二十日,"勅使冠郎中張昌期往韶州曹溪,請能禪師。能禪師託病不去。則天后至萬歲通天元年(696),使往再請能禪師,能禪師既不來,請上代達摩祖師伝信袈裟,朕於内道場供養。能禪師依請,即擎達摩祖師伝信袈裟與勅使。使迴得信袈裟。則天見得伝信袈裟來,甚喜悦,於内道場供養。"[①]王維《能禪師碑》(《王右

① 參見柳田聖山《禅の語錄3・初期の禅史Ⅱ——歷代法宝記》(日本筑摩書房1976年6月出版)中所收校注本,第129頁。

丞集》卷之二十五)也說:"則天太后、孝和皇帝,並敕書勸諭,徵赴京城。禪師子牟之心,敢忘鳳闕。遠公之足,不過虎溪。固以此辭,竟不奉詔。"又據真人元開《唐大和上東征傳》,則天嘗為慧能禪師在韶州造法泉寺①,當時身在洛陽的宋之問對這些敬法活動當有極深印象。宋之問又嘗為武平一所撰頌揚慧能禪師的銘贊作書,可見其對慧能的仰慕由來已久。此外,宋之問被貶往欽州時過韶州,嘗於景雲二年赴欽州途中作《遊韶州廣果寺》(《文苑英華》卷二三三,《全唐詩》卷五二),《西溪叢語》卷上說:"能大師傳法衣處在曹溪寶林寺……神龍中改為廣果寺。"可見,廣果寺為南禪新學說之發祥地。

另一個值得注意的現象是,《華嚴經》在則天朝的重譯和講習以及北宗禪師對《華嚴經》的重視。武則天時代,《華嚴經》的傳譯和講習盛況空前。據《開元釋教錄》卷九,僅武則天朝即有四次譯事,其序次是:垂拱元年,中印度僧日照於西太原寺歸寧院譯《大方廣佛華嚴經續入法界品》一卷;永昌元年、天授二年,于闐國沙門提雲般若譯《大方廣佛華嚴經不思議佛境界分》一卷、《大方廣佛華嚴經修慈分》一卷;天后證聖元年(695)至聖曆二年(699),于闐三藏實叉難陀等譯《大方廣佛華嚴經》八十卷。據智昇《續古今譯經圖紀》,實叉難陀於證聖元年(695)奉敕重譯《花嚴經》的地點即在東都大內遍空寺,參預者有華嚴宗的實際創始人法藏。天后親臨法座,創製序文。本年七月,則天加金輪聖神皇帝尊號,當時宋之問正在洛陽為官,多預宮中遊宴之事。其《早秋上陽宮侍宴序》(《文苑英華》卷七〇九)、《上陽宮侍宴應制得林字》(《全唐詩》卷五二)即作於是年,前者提到武后金輪皇帝這一尊號,而此一稱號恰好取自大乘急進派之經典《大雲經》有關以女身受記為轉輪聖王成佛之

① [日]真人元開著、汪向榮校注《唐大和上東征傳》,北京:中華書局,2000年版,第74頁。

教義[①]。

至於《華嚴經》的講説,亦在則天、中宗朝,臻於極盛,武則天極力提倡,並御製《聽華嚴詩并序》[②],聽講《華嚴》達致未曾有過的高潮。當時長安大薦福寺和東都佛授記寺等都成為《華嚴經》的傳法中心[③],也是唐代士大夫文人經常過訪之處。中宗、睿宗請常在薦福寺講經的法藏為菩薩戒師,宋之問有《奉和幸大薦福寺(寺即中宗舊宅)》(《文苑英華》卷一七八)、《奉和薦福寺應制》(《文苑英華》卷一七八),據《唐詩紀事》卷九及《舊唐書》卷七《中宗本紀》,皆作於景龍二年至三年之間,乃中宗幸薦福寺,宋之問陪幸撰作。由《奉和薦福寺應制》"梵筵光聖邸"之語可知,把僧徒講筵安排為遊寺中的重要項目,即遊寺和聽講是相連續的宗教活動。可見,《華嚴經》在洛陽和長安講説極盛的時期,宋之問先在洛州參軍任,後又在洛陽預修《三教珠英》,常陪幸佛寺聽講。置身於佛教文化的傳播中心,作為"兩朝賜顏色,二紀陪遊宴"[④]的文學侍臣,宋之問對《華嚴經》譯事及本經講説應較其他文人有更多了解的機緣,我們這樣説,是因為還有另一個佐證——宋之問所結識的以神秀、普寂為代表的北宗一係也是《華嚴經》的大力弘傳者。見載於北京圖書館藏生 24、斯 735、斯 1002、斯 7961、斯 2503、伯 2058、伯 2270、伯 2836 等卷的《大乘五方便》,被認為是記述北宗神秀法係的禪法著作,依五種智慧大乘經解説北宗對覺悟解脱和禪法的主張,其中,《法華經》、《維摩詰經》、《華嚴經》這三部重要典籍皆在其列。唐代淨覺禪師《楞伽師資記》(敦煌寫本斯 2054 號)的神秀傳中載

① 陳寅恪《武曌與佛教》,載《金明館業稿二編》,三聯書店 2001 年版,第 167 頁。

② 《大正藏》第 51 册,第 164 頁上。

③ 秘書少監閻朝隱撰《大唐大薦福寺故大德康藏法師之碑》及崔致遠《唐大薦福寺故寺主翻經大德法藏和尚傳》。《宋高僧傳》卷五《周洛京佛授記寺法藏傳》。

④ 宋之問《桂州三月三日》,載《文苑英華》卷一五七。《文苑英華》,[宋]李昉等編,北京:中華書局影印本 1996 年 5 月第 1 版,第 744 頁。

有神秀禪法言論中所援引的佛經,其中與我們討論直接相關的就有《涅槃經》和《華嚴經》。《太平廣記》卷九四"華嚴和尚"條引《原化記》説普寂"於嵩山嶽寺與弟子百餘人,方講《華嚴經》",最澄《内證佛法相承血脈譜并序》(《傳教大師全集》第一)"達磨大師付法相承師師血脈譜"中有"大唐大光福寺道璿和上"之傳記論及中土禪宗傳法世係,説普寂"本在嵩山流傳禪法,人衆多歸,故有敕請入東都,常在華嚴寺傳法,故曰華嚴尊者"①,這些資料傳達了這樣的信息:一、普寂和尚本在河南嵩山嶽寺傳授禪法,後來被皇帝請入東都華嚴寺傳法;二、《華嚴經》是當時北宗禪師重視的典籍。李邕《嵩岳寺碑》(《文苑英華》卷八五八,《全唐文》卷二六三)記中宗孝和皇帝詔於嵩岳寺南輔山之頂"追為大通秀禪師造十三級浮圖"事,儲光羲《至嶽寺即大通大照禪師塔上溫上人》(《全唐詩》卷一三六)所謂"二尊此成道,禪宇遙相望",可知,岳寺是北宗神秀、普寂修道之所,為北宗的傳法重鎮,且距宋之問早年所居之地不遠。此外一個最重要的理由是,宋之問參與《三教珠英》的編纂在聖曆中,嘗於聖曆二年(699),從則天幸嵩山②,作有《岳寺應制》詩(《文苑英華》卷一七八),據李邕《大照禪師碑》(《全唐文》卷二六二)及《嵩嶽寺碑》(《文苑英華》卷八五八,《全唐文》卷二六三),普寂於長安年間(701—704),度編嵩山岳寺。在開元十三年(723)應詔住洛陽敬愛寺之前,一直在岳寺傳法和修行,宋之問可謂適逢其時。由此不難推見,宋之問除了熟悉《法華經》、《維摩詰經》這兩部大乘佛教典籍外,當還對則天皇后敬重的《華嚴經》義理有所聞知。有證據表明,前文所論的婆須密多女所説離貪慾際法門曾被唐代俗講僧

① 又見《元亨釋書》卷一六《唐道璿傳》。新從五臺山佛光寺附近發現的《唐東都同德寺故大德方便和尚塔銘並序》載無名和尚"初依北祖華嚴,從漸而入;後訪南宗荷澤,自頓而證","北祖華嚴"是指禪宗北宗所奉之祖普寂。錄文據楊曾文《〈唐同德寺無名和尚塔銘並序〉的發現及其學術價值》,《佛學研究》2000 年第 9 期。

② 《新唐書·則天皇后紀》,北京:中華書局點校本,1975 年 2 月第 1 版,第 99 頁。

在講經文中作為典型例證以説明五境(色聲香味觸)本空不障人道果之理①,以此而推,它亦必會引起涉佛不深如宋之問之類上層文人的興趣。這也應該是《浣紗篇》能充分體現禪理思致的一個重要歷史條件。

綜繁上述所論,從思想文化的傳播方面看,宋之問生值則天武后、唐中宗特重佛法的時期,當時盛行於北方京邑的華嚴學和勃興於南北方的禪學風行天下,講習佛經之風盛行,對中國文化深具影響力的《法華》、《維摩》、《涅槃》、《華嚴》等大乘經經由寺院傳授給士大夫文人和普通民衆,促進了大乘佛學教義和中土各宗派學説在朝野的流佈。作為侍臣,宋之問常扈從帝王遊幸佛教聖跡,其中,嵩山岳寺是北宗禪的傳法中心,長安大薦福寺是傳播華嚴學的聖地,宋之問最先受到寺院新學説之環境氣氛的感發,一生中寫過不少具有特別時代性的佛教應制詩及寺院巡禮詩,又與當時禪宗領袖北宗神秀和南宗慧能都有所接觸,這使詩人對當時新興的禪宗較其他文人有更多深入了解的機會,由《遊稱心寺》所謂"釋事懷三隱,清襟謁四禪",可知宋之問通曉禪法。再者,從宋之問所撰詩文可看出,他對當時在唐代知識分子中廣為流行幾部大乘經典都很熟知,已具足相當的佛教義理之素養,而且他本人的詩,也都提供了確鑿的證據,表明他受過佛教義理深刻的影響,對障道不障道的教義及其爭論應該非常感興趣,且必有直接或間接得以聞見之可能性,我們這樣説,是因為宋之問所處的唐世還出現在此教義影

① 斯六五五一號《佛説阿彌陀經講經文》在説明五境本空不障人道果時引證《花嚴經》説:"善哉(財)童子,參善諸(知)識,逢一婬女,婬女告童子曰:'我有一法,能度衆生。一切男子煩惱輕者手觸我身,便成佛果;煩惱稍重者,來抱我身,共我口子,便成佛果;煩惱極重者,共我宿卧,便成道果。'故知以觸為佛事。此身(聲)香味觸,悟其空性,即與真如不別;迷其空理,即是六塵煩惱。"張廣達、榮新江認為這篇講經文的完稿時間,似應在五代後唐、後晉交替之際,即九三〇年前後。見《有關西州回鶻的一篇漢文文獻》,載《北京大學學報》1989 年第 2 期。

響下的具體實踐和宗教傳説。

四、女身攝化主試修行者的宗教傳説與唐代僧侣的社會生活

宋之問之能創作《浣紗篇贈陸上人》,除了自身具備相當佛學修養外,當時初唐社會出現的一些社會現象也對詩人產生過影響。前文所論對中國文化影響極深的大乘經論《涅槃經》、《維摩詰經》、《妙法蓮華經》、《華嚴經》等皆有關於修菩薩行受五欲是否妨礙聖道的教理論述。這一教理在菩薩現身凡俗的諸多方便法門中得到發展:菩薩为饒益所化有情,能方便善巧,順應世俗之需,示受五欲,有父母妻子,飲酒食肉,但能於五欲中深生厭離,實不為五欲過失所染,最終能反常合道。而與此密切相關的在俗菩薩受女色得聖道之説以及菩薩以女色度衆法門,受到中土緇素的廣泛關注,並導致一些僧人的日常修持和行化發生變化。由佛門信徒編輯的關於染愛法門——菩薩以女身攝化主試修行者的宗教傳説以及關於在俗修菩薩行受女色得聖道的雜傳記載亦大量見於反映南北朝至唐代佛教的文獻。如:

釋慧嵬栖處山谷,修禪定之業,時天甚寒雪,有一女子來求寄宿,"姿媚柔雅",自稱天女,以嵬上人有德,天遣之來以相慰喻。談説欲言,勸動其意。嵬執志貞確,一心無擾。乃謂女曰:"吾心若死灰,無以革囊見試。"女遂陵雲而逝。(《高僧傳》卷一一《晉長安釋慧嵬傳》)

唐高祖武德中,"法琳道人飲酒食肉,不擇交遊,至有妻子",後"唐高祖納道士言,將滅佛法",法琳則能與高祖力爭,使佛法得全,被稱為"護法菩薩"。(《太平廣記》卷九一《異僧五》"法琳"條引《感通記》)

釋元曉"嘗與湘法師入唐,慕奘三藏慈恩之門,厥緣既差,息心遊往。無何,發言狂悖,示跡乖疎,同居士入酒肆倡家,若誌公持金刀鐵錫,或製疏以講雜華,或撫琴以樂祠宇,或閭閻寓宿,或山水坐

禪,任意隨機,都無定檢”。(《宋高僧傳》卷四《唐新羅國黃龍寺元曉傳》)

努肹夫得、怛怛朴朴二人剃髮為僧,隱於白月山無等谷修無上道。景龍三年己酉四月八日,有一女子,“姿儀殊妙”,到努肹夫得所居之南庵請寄宿,因自答曰“聞賢士(夫得)志願深重,德行高堅,將欲助成菩提。”夫得鑒於“隨順衆生亦菩薩行之一”,“乃迎揖庵中而置之”,後女子謂夫得曰:“我是觀音菩薩,來助大師成大菩提。”言迄不現。(《三國遺事》卷三《塔像第四》“南白月二聖”條)

釋曇翼東遊會稽,因至秦望山,遂伐石誅茅,為住山計。專誦《法華》,僅於一紀。一日將曛,有一女子身被彩服,手携筠籠,内有白豕一隻,立於師前求託一宿。師稱嫌疑,堅却不從。女子雨淚哀鳴。師以慈悲方便為本,讓以草牀。翌晨,女出庭際,以彩服化祥雲,豕變白象,蒜化雙蓮,女子足躡蓮華,跨象乘雲而謂曰:“我普賢菩薩也,以汝不久當歸我衆,特來相試。觀汝心中,如水中月不可污染。”言訖縹緲而去。(李邕《秦望山法華寺碑并序》,《金石補正》卷五五》;《法華靈驗傳》卷上)

日本求法僧最澄習天台宗,兼弘北宗禪,於延暦二十四年(805)回國後於《一心金剛戒體秘決下》闡釋圓頓戒行説“過去諸佛及賢聖,挾子接妾,引導開示,不捨家而徧化衆生。……並是圓頓戒行,一心遍應相也”①。

第二例中的“法琳道人”和第三例中的“釋元曉”都屬唐代異僧,元曉師的行止恰與他對大乘戒律之理解相表裏,如其著《梵網經菩薩戒本私記》卷上“第三不婬戒”所謂:“達機菩薩故應現婬男身得度者,即現婬男婬女身,能令之度故。如《文殊師利巡行經》中廣説,大菩薩者無然故,亦無不然故。《淨名經佛道品》中云,若菩

① 《傳教大師全集》第一,比叡山專修院編纂,大正十五年七月版,第480頁。

薩行非道,是菩薩通達佛道故。"[①]元曉心目中的大菩薩(達機菩薩),即"在家菩薩不斷正婬",其教理依據即《維摩詰經》中所謂"行於非道通達佛道者"。因此可以理解,當時信徒普遍認為:這類奇異僧人儘管為化他而常以破戒之反常行止顯化,而究其本質則合乎佛道,因為他們最終都成功完成行化、達致合於聖道之目的。例四、例五明確顯示了以女身攝化以考驗修行者的宗教傳說在初唐的流傳,若作細緻分判,則例四以《妙法蓮華經觀世音菩薩普門品》為其教理依據,例五則以《妙法蓮華經普賢菩薩勸發品》為其教理依據。二者皆言及修行者能圓融處理突發事件,經受常人無法經受的考驗。值得注意的是:努肹夫得修行的宗教傳説發生在景龍三年,新羅聖德王八年,即709年。而有關普賢菩薩以女子示現以試誘釋曇翼的故事在唐代開元以前已流傳於浙江一帶。前文所論,睿宗景雲元年(710),宋之問過越州山陰縣南秦望山,巡遊了著名法華寺,並於景龍三年冬或四年初連作兩首《遊法華寺》詩,這不是偶然的現象。只能解釋為法華寺的始建者釋僧翼的修行故事吸引了作者。這類菩薩以女身示現以考驗修行者的宗教傳說應在宋之問巡禮法華寺之前已流傳於衆口[②]。它導源於魏晉南北朝時魔鬼波旬誘惑僧侶的釋典,隨著印度大乘佛教典籍在中國聲譽漸隆,菩薩以女身主試修行者的宗教傳説成為常談,蓋在初唐為僧俗普遍接受,到中唐,經天台宗解説,與此密切相關的不障道學説通過求法僧傳入日本。

與菩薩以婦女攝化信仰相伴而生的社會現象是,中土一些修行境界不高的信衆在理解、消化"不障道"等大乘經典教義時由於

① 趙明基編《元曉大師全集》,寶蓮閣發行,西紀1978年6月。

② 李紳於大和八年任浙東觀察使時在越中所作《題法華寺五言二十韻》,首四句亦提及普賢菩薩以女身示現以考驗釋曇翼這一靈異傳説:"花界無生地,慈宮有相天。化娥騰寶像,留影閟金仙。"並注云:"寺内因普賢見身於持經僧前,因此置寺。"參盧燕平《李紳集校注》,北京:中華書局,2009年11月第1版,第65頁。

著於形跡而闇於深理,未能體悟經論之大旨,結果"反用正言",產生邪執。也即說一些修行者對大乘戒律陷於"不究深義、執於名字"的所謂依於言不依義的誤讀。從現有資料看,早在唐前,這一誤讀即已存在於僧俗之間。如以下記載:

——北周建德六年(577)十一月四日至大象元年五月二十八日期間,任道林法師上表諫毀佛法,並與周武帝就飲酒食肉的問題進行論議①,周武帝在詔中說:"大士懷道,要由妙解;至人高達,貴其不執。……居酒臥肉之中,寧能有罪?帶婦懷兒而遊,豈言生過?故使太子取婦得道,周陀以捨妻沈淪,淨名以處俗高達,身子以出家愚執。是故善者未可成善,惡者何足言惡,禁酒斷肉之奇,殊乖大道。"

——天台智顗《維摩經玄疏》卷一論及《維摩詰經》"淫怒癡性即是解脫"教理,說"今末世學問坐禪之人聞此大乘方等經說淫怒癡性即是解脫","執此即名謂真解脫",這種認識不過是名字即,而非理即義,實有"不究深義"之過②。

——《續高僧傳》卷二五《陳攝山栖霞寺釋慧峯傳》記釋慧峯弘宣《十誦律》,有僧"學正法而大、小乘相乖",致有"今學大乘,如何講律"的疑問③。

——《續高僧傳》卷二五《唐京師律藏寺釋通達傳》言唐初不肖之夫妄解大乘學之教理,"言行矛楯,及至飲噉,無異俗人。"④

——《續高僧傳》卷二二《唐京師普光寺釋玄琬傳》記唐武德初:"像季澆漓,多輕戒律。"

這些誤讀的特徵極其顯著,且在六朝時期頗具代表性:他們大

① 《周高祖巡鄴除殄佛法有前僧任道林上表請開法事》,載於《廣弘明集》卷一〇《辯惑篇第二之六》。

② 《大正藏》第38册,第520頁上。

③ 《大正藏》第50册,第651頁下。

④ 《大正藏》第50册,第655頁中。

都執著名字，認為受五欲不乖大道，重解輕行，消弭善惡之别，成為後來"惟解而無行"、"專虚而不實"風氣的肇始者。以上這一誤讀現象在唐開元年間禪宗初興時期達到高潮。有兩方面的表現：一、不重義學。於此，道宣《續高僧傳》卷二〇《習禪論》也有論説：

> 頃世定士，多削義門，隨聞道聽，即而依學。……吐言來誚，往往繁焉。……執以為是，餘學並非。……正經罕讀，瞥聞一句，即謂司南，唱言五住久傾，十地將滿，法性早見，佛智已明。此並約境住心，妄言澄靜。……相命禪宗，未閑禪字。如斯般輩，其量甚多，致使講徒例輕此類。故世諺曰：無知之叟，義指禪師。①

可見：禪宗初興之時，坐禪者所表現出的輕視義學（諸如習定者不明慧戒、不習經論等）的趨向，遭到佛界義學沙門之輕視及社會之非議。按道宣自序稱《續高僧傳》"始梁之初運，終唐貞觀十有九年，一百四十四載"。事實上，《續高僧傳》時間截止於麟德二年。道宣所言應為當時實情。

二是戒律鬆弛。道宣《續高僧傳》卷二二《明律論》嘗言及之。道宣對當世妄解大乘教理而不識戒行即大乘學的學道之法有所揭示，他説：

> 故世中迷學，其流四焉。試略舉之。想當迷責樂大乘者，志尚浮虚，情專貪附，故有排委戒網，捐縱威儀。見奉律者，輕為小乘。毁淨戒者，重為大道。……訶折排拉，如捐草土，皆由行缺於身，塵染綱領，恥己不逮於清達，慢己有累於嚴制，遂即迴情學大，開展心胸，陵轢聲聞，褒揚菩薩。②

道宣此言，雖非直接針對禪宗而發，但顯然對當世僧人妄解大乘教理而致輕視戒律之趨向頗為不滿，斥其為"愛大憎小，為迷一

① 《大正藏》第50册，第597頁上—中。
② 《大正藏》第50册，第621頁中—下。

也”。類似的意見還見於義淨《南海寄歸内法傳》卷一“受齋軌則”章言及中土輕視戒律之僧侶,說:“直指空門,將為佛意,寧知諸戒非佛意焉?一貴一輕,出乎臆斷。門徒遂相踵習,判不窺看戒經,寫得兩卷空門,便謂理包三藏。……理合大小雙修,方順慈尊之訓。……空法信是非虛,律典何因見慢?”這些意見都出現在唐開元之前,為我們了解道宣、義淨時代中國佛教之嬗變情況——《浣紗篇贈陸上人》產生的背景——提供了參照。

誤解大乘之學,助長了戒律的鬆弛,濫僧頻出。而宋之問所置身的唐初社會,確亦出現一些溺於流俗,不能遵奉戒行的僧徒,奢言貪欲為佛種,濫稱大乘,“純令入惡,順欲順情,遍造衆惡”[①]。如聖曆三年(700)狄仁傑上疏諫則天將造大像事,言今僧衆中有“身自納妻,謂無彼我,皆託佛法,詿誤生人”者[②],唐睿宗景雲二年(711)七月,左拾遺辛替否上疏言今出家者有“殖貨營生,仗親樹黨,畜妻養子”等“致人以毀道”事[③],開元十二年(724)五月《禁僧道不守戒律詔》(《全唐文》卷二九)說“邇聞道僧不守戒律,或公訟私競,或飲酒食肉,非處行宿”,唐鄭能《番禺雜記》:廣中僧有室家者謂之“火宅僧”。又唐時“蜀先主祠旁有猱村,其民剔髮若浮屠者,畜妻子自如”[④]。《太平廣記》卷一三四《僧審言》(出《儆戒錄》)記雲頂山慈雲寺寺主僧審言“飲酒食肉,畜養妻子,無所不為”事。陸長源《僧常滿、智真等於倡家飲酒烹宰雞鵝判》(《全唐文》卷五一〇,《雲溪友議》卷下)亦說:

① 唐毘陵沙門湛然述《止觀輔行傳弘決》卷二之一。《大正藏》第46册,第209頁下。

② 《舊唐書》卷八九《狄仁傑傳》。北京:中華書局點校本,1975年5月第1版,第2893頁。

③ 《唐會要》卷四八《議釋教下》“寺”條。上海:上海古籍出版社,2006年12月新1版,第997頁。

④ 《新唐書》卷一八〇《李德裕傳》。北京:中華書局點校本,1975年2月第1版,第5332頁。

且口説如來之教，在處貪財；身著無垢之衣，終朝食肉。苦行未同迦葉，自謂頭陀；神通何有淨名，入諸淫舍。犯爾嚴戒，黷我明刑。

辛替否，景龍中為左拾遺，《唐詩紀事》卷一二載其《慈恩寺九日應制》詩一首，為宋之問同時人，且同屬景龍應制羣臣之一員，其所言僧侶有"畜妻養子"事，則宋之問詩中所詠自非空穴來風(或亦有事實之依據)，實具有特別時代性。以上社會現象説明，對於善解佛理者，行婬欲不障於道；不善解者，言惡不障道，遂為某些出家在家衆破戒違律的理論依據，同時亦為一些戒律不修的庸僧追求俗利提供了開脱之理論，最終反為惡害①，成為世人譏刺的事例。

染欲是否障道教理在社會上的另一個表現是：被僧侶用於詩歌創作。早在南朝齊梁時期，僧侶即將詩歌作為宣傳"佛教道法"開悟群迷的化俗工具，以佛教徒身份創作佛教内容的詩——佛教哲理詩。其目的是"以詩為佛事"，所謂"為義作，為法作，為方便智作，為解脱性作，不為詩而作"②，其具體作詩方法為"先以詩句牽，後令入佛智"。在宋之問所處的唐世，一些僧侶即嘗試用文人習用的各種詩歌形式包括民間説唱體式的仿作形式(《十二時》、《行路難》等)來宣揚大乘佛教思想，而染欲不障道或者説五欲貪嗔是道的思想成為被弘宣的主題。例如被判為產生於開元初年標誌唐初禪宗初起時之產物的《大乘贊》十首及《十二時頌》等作品，即在詩裏宣揚這類内容③。如《十四科頌》"靜亂不二"説："了達婬慾性空，鑊湯鑪炭自冷。"《十四科頌》之"斷除不二"説："五欲貪瞋是佛，

① 《大般涅槃經》卷八《如來性品第四之五》："善男子，方等經者，猶如甘露，亦如毒藥。……服消則為藥，不消則為毒。方等亦如是，智者為甘露，愚不知佛性，服之則成毒。"

② 白居易《題道宗上人十韻并序》，見《白居易集》卷二一。顧學頡校點，北京：中華書局，1979 年第 1 版，第 471 頁。

③ 《唐代白話詩派研究》，項楚等著，成都：巴蜀書社，2005 年版，第 72 頁。

地獄不異天堂。"而衆惡為佛種之教理在傅大士《行路難二十篇》裏亦屢見被化用和提倡。如第六章《明心性無染》曰:"余事貪淫為佛事,更無三毒横相侵。若求出離還沉沒,分别出沒還復沉。"第九章《明無斷煩惱》曰:"諸佛如來住何處,併在貪淫愛欲中。今勸斷貪淫愛欲,但是方便化童蒙。貪欲本相真清淨,假説空名名亦空。"第十四章《明三空無性》曰:"不壞於身隨一相,不斷貪淫而不居。"第十八章《明不思議佛母》曰:"君不見愛欲貪淫諸佛母,諸佛世尊貪欲兒。……無量癡心本是道,三毒四倒不思議。"這些詩是佛教義理詩,以"通述佛理"(五欲貪嗔是道)為要旨,世俗的内容較為淡化。其實質則是利用這種方法來引攝世人趨向佛法。皎然《觀李中丞洪二美人唱歌軋箏歌》(《晝上人集》卷七)説:"君有佳人當禪伴,於中不廢學無生。愛君天然性寡欲,家貧祿薄常知足。"宋陶穀《清異錄》卷上"梵嫂"條云"相國寺星辰院比丘澄暉,以艷倡為妻"、"又沒頭髮浪子、有房室如來"等,雖時代較晚,亦是遺風。據此,可知染欲是否障道教理影響於唐代詩歌及僧侶社會生活之深遠。

宋之問對上述這一社會文化現象當有所聞見,而由大乘佛教衍生出來誑誘後人的所謂"小乘則作欲障道,大乘則一切不妨"①之説法亦必當引起宋之問之類文人的關注,因取之入詩,以發其感觸。

五、《浣紗篇贈陸上人》詩在中國文學中出現的意義

宋之問的《浣紗篇贈陸上人》詩是一首贈答詩,同時也是一篇文人與僧人交遊之作中的名篇。這首詩的一個主要特點是將西施浣紗主題和文人與僧人交遊主題巧妙融為一體,在形式和内容上都有所創新,不僅在唐人作品未有先例,而且在唐以後的詩歌中也

① 大宋餘杭沙門元照述《四分律含注戒本疏行宗記》四上之一。《卍新纂續藏經》第40册,第137頁上。

一無繼響。

人所共知，自漢末支謙、康僧會開啟了僧人與文人交往的序幕，二者的關係就未曾間斷。許詢與支道林的山陰講經[①]，謝靈運著《辯宗論》(《廣弘明集》卷一八)對竺道生佛性説的重申，都被視為名士與名僧交往的佳例。柳宗元《送文暢上人登五臺遂遊河朔序》(《柳宗元集》卷二五)所説"吾輩常希靈運、明遠之文雅"，即表達了唐人對六朝文人、僧侶交遊的景仰之情。但那時雙方的交流多為佛教義理的研討，故而表現在贈答詩上也具此類特色。文人寫給沙門贈答詩的蓋以晉穆帝時名士張君祖與名僧竺法頵、康僧淵之間的贈答詩為較早[②]。《廣弘明集》卷三〇載其《詠懷詩三首》、《贈沙門竺法頵三首》、《答康僧淵》。沙門竺法頵將遠還西山，張君祖作詩以贈，因亦嘲之。而康僧淵亦有《代答張君祖並序》。在這些詩裏，張君祖對維摩詰居士教理有深刻的體悟，表述了自己對出隱的看法。《詠懷詩三首》之一云："何必翫幽閑，清衿表離俗。"《贈沙門竺法頵三首》説："止觀著無無，還淨滯空空。外物豈大悲，獨往非玄同。不見舍利弗，受屈維摩公"，"苟能夷沖心，所憩靡不淨。萬物可逍遙，何必棲形影。勉尋大乘軌，練神超勇猛。"康僧淵代法頵作《代答張君祖詩並序》，中云："大慈順變通，化育曷常停。幽閑自有所，豈與菩薩並。摩詰風微指，權道多所成。悠悠滿天下，孰識秋露情?"張君祖又作《答康僧淵詩》，説："衆妙常所晞，維摩余所賞。苟未體善權，與子同髣髴。悠悠誠滿域，所遺在廢想。"康僧淵再作《又答張君祖》，末云："居士成有黨，顧眄非疇親。借問守常徒，何以知反真。"從二者的論辯詩裏可以看出，沙門和名

① 《高僧傳》卷四《晉剡沃洲山支遁傳》。參見湯用彤校注《高僧傳》，北京：中華書局，1992年10月第1版，第161頁。

② 詳唐竇臮《述書賦》注，載《法書要錄》卷五，[唐]張彥遠撰，范祥雍點校，北京：人民美術出版社，1964年版，第184頁。

士在對待出世和入世的看法上是頗不相同的。張君祖深染維摩詰教理,勸勉竺法頵無需以獨往山林的方式以表示離俗,如此不僅不能大悲行化,而且還著無滯空,宜遵循大乘軌範,不礙於形跡,體會大乘教理的善權方便。很明顯,這些贈答詩的義理味較濃,不具形象性。宋之問的《浣紗篇贈陸上人》明顯繼承了六朝以還這一類文人與僧人交遊的贈答詩的傳統,但無論在形式和內容上已具有明顯的創新意義。具體表現在:

一是脱離了傳統的寫法,變文人與僧人贈答體為美女西施與高僧的贈答形式,也就是説將西施文學主題納入到贈答詩中。據研究,在唐代,以美女西施為主角來抒發情感的詩頗豐富,西施主題甚受唐代文人寶重①。王昌齡有《浣紗女》(《全唐詩》卷一四三),王維有《西施詠》,樓穎有《西施石》,李白有《西施》、《送祝八之江東,賦得浣紗石》、《浣紗石上女》等,即説明唐人以西施遺事為一通常練習詩文之題目。總括而言,這些詩大都以吳越的歷史為線索,歌頌了西施的美貌並抒發了美貌易逝的感慨。宋之問採用西施主題寫贈答應與當時文人創作有關。因為據《詩淵》第 63 頁所載,除贈陸上人外,宋之問還有一首題為《西施浣紗篇》詩,也抒發了一種美麗無常的感觸,與唐詩中西施主題的傳統創作沒有什麼不同。但是宋之問《浣紗篇贈陸上人》這首詩的創作卻與上述西施相關的唐人詩作迥然相異。就詩的形式而言,它開創了文人與僧人交遊贈答詩的新形式,此即將美女西施的文學主題納入到贈答詩中來,以美女與高僧的問答(男女問答方式)來結構詩篇。自首句"越女顏如花"至"方悟群心邪"為第一段落,以第三人稱方式敘寫西施因緣故事,自"欽子秉幽意"以下詩人化作西施本身,分三層向陸上人表達:一是對上人的欽慕和歸依之情;二是介紹了自己的居處及其奢侈生活,並覺悟到所有這些都是空寂無常的,自己不會

① 陳曉虎《唐人筆下的西施形象》,《江淮論壇》2004 年第 1 期。

對此產生貪著和偏執。三是自己具有慧根,願與道人共住修道,因為美色艷姬並不妨礙修道。鍾惺在《唐詩歸》第三卷"初唐三"説:"自'欽子'以下皆作浣紗女歸依口氣,上人身分儘高矣,此映帶之妙。"此對詩的結構所作的分析可謂恰當。總之,後一段詩人全以浣紗女子口吻表達了歸依陸上人的心境,宣傳了五欲不障道的大乘學説。前文説到,唐世僧侶利用由民間歌曲改製而成的《十二時》等歌辭體式,創作《十二時頌》,宣傳"貪欲即道"的大乘佛理,從而使《十二時》等民間通俗歌調進入佛教偈贊,但這些詩以"通述佛理"為要旨,較之宋之問的詩,缺乏形象生動,因是之故,之問的詩不僅在有關西施的文學主題中堪稱獨創,即使置諸佛教義理詩中也是獨樹一幟。這種以問答方式串聯詩歌的寫法與僧徒創作的佛教詩歌同聲相應。斯 2672 號等寫本所載的"禪師與少女問答故事"即為顯例。

二是對西施下落的故事傳説有所增衍。在唐代,有關西施下落的傳説故事有三種,一是吳亡後西施隨范蠡而去,此見載杜牧《杜秋娘詩》及南唐陸光微《吳地記》引《越絶書》。二是傳説西施在吳亡後,即被沉湖(江)而死,如《修文殿御覽》引《吳越春秋》:"吳亡後,越浮西施於江,令隨鴟夷以終。"《墨子·親士》説:"是故比干之殪,其抗也;孟賁之殺,其勇也;西施之沈,其美也;吳起之裂,其事也。"三是吳亡後,西施返越,曾重歸故里。此即以宋之問《贈陸上人》詩和《窮怪録》中之《劉導》(《太平廣記》卷三二六)為代表。前者所謂"一朝還舊都,靚妝尋若耶"句,後者記西施對劉導説:"妾本浣紗之女,吳王之姬,君固知之矣。為越所遷,妾落他人之手。吳王殁後,復居故國。今吳王已耄,不任妾等。"則暗示了西子復還會稽這一故事情節,此完全不同於以往關於西施的傳説。這説明宋之問《浣紗篇贈陸上人》在情節上的創作上受到其他的經典或者民間流傳故事的影響。

清人以為唐有此傳説,恐未必然,"文人賦詠,本非史家紀述,故有意無意間逐漸附會修飾”①。然此情節或亦與詩人自身經歷有關。《文苑英華》卷二〇一載宋之問《江南曲》:“妾住越城南,離居不自堪。採花驚曙鳥,摘葉餧春蠶。懶結茱萸帶,愁安玳瑁簪。侍臣消瘦盡,日暮碧江潭。”此詩當作越州,以美女(妾)之離居與己(侍臣)之被放逐作了比較。

六、小　結

宋之問《浣紗篇贈陸上人》,作於景龍二年五月至三年秋間,乃宋之問貶瀧州參軍遇赦北歸後的作品。它的内容與形式,都為認識唐代文化提供了極可寶貴的線索。它説明:

宋之問以傳統《浣紗篇》為主題並借佛教經典之教義及其潛相影響的宗教傳説為依據,寄寓了聲色不障道的佛學義理,此即入於世間,示受五欲,同為俗事,遍行利生之中,乃至示行染法,未曾一念染污之心。所謂不壞禪心,而能隨俗。此是清淨無染禪。反映在宋之問的詩裹即“攜妾不障道”的通俗表現。此種説法不僅是佛教經論易起諍論的話題,也是僧俗極為關注的問題。宋之問將之表現在詩裹,完全取決於它所產生的文化土壤。從思想源流上看,它的創作與印度輸入並對中國文化階層產生深刻影響的大乘佛典教理有直接關係,這些教理經當時新興禪宗的弘傳,在士大夫中廣為流傳。

作為侍臣,宋之問具有優越的接受佛教文化的條件和途徑。宋之問幼年時雖受其家庭環境道教之薰習,但早年所居之嵩山等地為禪宗北宗的發祥地,復值北宗禪宣傳極盛之時,接觸過北宗領袖神秀;流欽州時又至韶州謁見南宗慧能禪師,他對新興禪法有相當了解,並受到新禪宗學説之環境氣氛的感發,在貶謫前後都有去寺院聽講的習慣,又熟悉當時流行的大乘經典、宗教傳説及佛寺

① 陳寅恪《元白詩箋證稿》之第一章《長恨歌》,北京:三聯書店 2001 年版,第 13 頁。

靈跡,出於興趣,將唐世文人共同習作詩文之西施題目經過改進增創(增入重歸故里情節),並與贈答詩之體裁融為一體,艷姬清唱不障聖道,識力斬新,超越古人,後無繼者。

另外有一點也可視作相關文獻的,即宋之問所在的唐世,則天后的革唐為周事件,其突出表現是頒行《大雲經》於全國的宣傳及造勢。該經於則天后天授元年(690)制頒於天下,屬於大乘急進派之經典,值得注意的是,其卷四《大雲初分如來涅槃健度第三十六》所謂佛告淨光天女之語——"汝於彼佛暫得一聞大涅槃經。以是因緣,今得天身。值我出世,復聞深義。捨是天形,即以女身當王國土,得轉輪王所統領處四分之一。……汝於爾時實是菩薩,為化衆生,現受女身"——强調和推重菩薩以女身示現,不僅為證明武后以女性而為帝王統治之合法提供了依據,而且使菩薩"為化衆生,現受女身"之教義深入人心,從而推動了菩薩以女身攝化主試修行者等宗教故事的編撰及其傳播,這也在某種程度上構成了《浣紗篇贈陸上人》的背景因素。

作者單位:四川大學中國俗文化研究所

晚清展示文化相關文獻評介

(臺灣)賴鈺匀

一、引　言

展示文化是晚清(1984－1910)重要的文化現象之一,與清末的重要思潮與實際運動息息相關。前此,學者對於晚清展示文化的研究,已累積到一定程度。然而,尚未對於展示文化的總體面貌和與之相關的知識群體,進行廣泛而深入地研究。筆者目前的研究方向,是在前賢的研究成果上,對於晚清展示文化在晚清的發生、流變與意義進行通盤的理解,並且以個案研究的方式,勾勒出晚清知識群體與展示文化的關係,避免鑿空立說。

之所以選擇展示文化作為研究主題,除了展示文化本身是重要的文化現象以外,也與筆者長期以來關注知識群體在中西文化的交流中所做的努力有關。衆所周知,當代的史學視野,對於中西交流現象,已經由單向的接受論、或是衝擊回應論,轉向了協作層次。在此視野下,史家更加注重在實際的歷史時空與限制下,中國的知識群體如何透過各種方式——包括汲取自身歷史傳統中的資材——與西方的文化溝通協調。因此,在進行該主題研究時,筆者從兩個方面開展,首先是展示文化這一文化現象本身。其次則是在歷史中的"人",即是晚清推動、發展展示文化的主體:"知識群體"。一個文化現象的歷史性的存在,並非是一張固著的畫片,而是一個錯綜複雜的脈絡,不斷交換著變動的真實場景,人在其中,起了怎樣的作用。在劇烈的世變中,人怎樣應世、如何順勢或逆勢地推動實際的文化活動,借以回應或是追求超乎實際文化活動層次以外的目標。本文作為筆者研究計劃的一部分,首先將對展示文化的內涵與範圍先進行說明,接著評介晚清展示文化相關文獻,最後在文獻回顧的基礎上,進而補充現行研究文獻的缺環,並嘗試延展出可行的研究方向。

"展示文化"一詞學界目前尚無明確的定義,然而,現行對於晚清展示文化的研究,幾乎都集中於各種展覽活動,以及新式印刷技術傳播知識的現象。可以說,在現行的研究成果中,研究者將展示文化理解為:"所有經過安排策劃的展示活動,並且借由媒體的傳播與複製,脱離時空的限制,擴展在社會中的影響力"。"展示"作為一種文化活動,透過晚清知識分子有意的安排與引介,進入晚清的知識話語圈,並透過各種報刊或專著文章的宣傳,快速地在晚清知識分子圈與一般民衆之間傳開。借由實際操作展會和設立博物館,展示文化進入了一般社會大衆的生活,成為公衆教育的一部分,負擔著新式知識傳播與輔助教育的責任。博物館或是展會的設立,雖然直接肇因於晚清士大夫與知識份子在海外的見聞與追摹西方的心理因素,但這並非是一個單純的"衝擊——回應"模式再現,而是呼應中國士大夫的賞鑒傳統,繼續延伸出的一種文化活動。細考中國士大夫的賞鑒傳統與收藏文化,可知中國知識分子已形成一套賞鑒的行為模式,這套賞鑒模式,首先是對於文物的考訂,這類考訂工作除了案頭的文獻考證外,也透過"雅集"的半公開場合進行對實物的觀覽研究,最後透過出版活動擴散到更大的知識圈中,這種行為模式成為晚清展示文化興起的重要因素之一。

二、對晚清展示文化相關研究文獻的介紹

正如前文所提到,"展示"是晚清重要的文化現象,而展示的內涵包羅豐富。綜觀當代展示文化的研究成果,可依研究對象,將研究文獻分為兩類:一為歷史上的展覽活動與實際的展示場所,包括

博覽會、博物館、城市中各種展會、賽會與文物陳列所等。二是則兼及展會再複製的媒介與出版品為研究物件。而上述兩類的展示文化研究,往往與重要的歷史思潮與社會背景研究相連,有著各自不同的敘事觀點與研究視角。

(一)具體展會與展示場所

第一部分的文獻回顧,將針對具體展會與展示場所的研究成果進行回顧與述評。其中關於博覽會的研究是一大宗。特別是中國第一次舉辦的博覽會——南洋勸業會,以及積極參與的國際博覽會——聖路易博覽會。學者對於這兩次博覽會的研究可謂成果斐然。此外,亦有基於民國初年文物陳列所的關注,進而稍微涉獵晚清的公共博物館與展示機構的研究。在此先述及對於博覽會的研究。必須特別提出的是,由於 2004 年到 2010 年之間,有三篇重要的關於博覽會研究的述評出版①,這三篇述評質、量俱豐,然而由於主題為博覽會,包羅較廣,與本文所說的展示文化的範疇並不完全類似,因此這三篇述評中所囊括的文獻,本文並不擬一一述及,以下要回顧與評介的研究文獻,主要是特別具有開創性、並專與展示文化有關的部分。同時,雖有三篇巨幅的述評在前,但與本文觀照點並不完全相同,因此,本文仍可能以不同的切入視角來省視相同的文獻。

根據馬敏的研究,中文學界對於博覽會的研究,是伴隨著商會史的研究而展開的。正是在整理天津商會檔案與蘇州商會檔案的過程中,中國史學界開始注意到"商會對近代博覽會的參與以及中

① 謝輝《中國近代博覽會史研究述評》,《中國社會經濟史研究》2004 年第 3 期。洪振强《民族主義與中國近代博覽會事業(1851—1937)》,博士學位論文,華中師範大學,2006 年,"緒論"。馬敏《中國近代博覽會史研究的回顧與思考》,《歷史研究》2010 年第 2 期。

國與近代博覽會(包括世博會)的歷史聯繫。"[1]在二十世紀八十年代,關於研究博覽會最早的論文,是馬敏發表於1985年的《清末第一次南洋勸業會述評》以及稍後發表於1988年的《中國走向世界的新步幅清末商品賽會活動述評》,到了二十世紀九十年代迄今,馬敏陸續發表了《中國近代博覽會事業與科技、文化傳播》、《寓樂於會:近代博覽會與大衆娛樂》、《中國近代博覽會史研究的回顧與思考》並主編《博覽會與近代中國》約八十萬字的論文集,該論文集可説是總結了近三十年來中國大陸、臺灣地區、日本以及歐美學界研究博覽會的成果。這一系列研究顯示出馬敏長期關注浸淫展覽會研究的成果已由個案研究,拓展為一個文化圖景。在早期研究中,馬敏利用商會檔案與博覽會資料集,研究的重點在於勸業會所展出的商品種類、參加的商會團體以及評獎的結果,最後以收支不平衡的觀點來反映出南洋勸業會並不十分成功的結果,但同時也注意到,評獎結果對於當時的工商業進步——特别是民族工業的進步,起了正面的推動作用。史學界文化史與大衆文化研究的視角,也進一步被融攝到博覽會研究中,馬敏的《中國近代博覽會事業與科技、文化傳播》、《寓樂於會:近代博覽會與大衆娛樂》便反映了此一研究視角的成果,其中,科技是萬國博覽會文化創始期的核心,此後雖然隨著時代變遷與主辦國的更移而有不同的主題偏向,但科技始終是重要的主題之一。而文化傳播則大大地延伸了博覽會的社會效應,使得博覽會能夠超越實際舉辦的地點,發揮更大的社會影響力、成為市民或知識階層之間談論的話題。而《寓樂於會:近代博覽會與大衆娛樂》則從大衆娛樂的角度,透過城市生活中的"逸樂"文化呈現出近代博覽會豐富的面目,除了近態展示以外,中國的近代博覽會既延續著由迎神賽會以降的庶民娛樂傳統,也取徑於西方與日本的博覽會,以動態的方式呈現了强烈的娛樂

① 馬敏《中國近代博覽會史研究的回顧與思考》,《歷史研究》2010年第2期。

性。可以説,馬敏的研究,實際上是國内博覽會研究由草創而茁壯的一個具體縮影,在研究視角上,也由經濟社會史的角度,加入了文化史、外交史、科技史等多重視野。

這種由一元而走向多元的研究視角,並非是一個單一現象,同樣的變化,也同時或稍早地發生在中國臺灣、日本與歐美學界。

在二十世紀八十年代初,由臺灣中央研究院近代史研究所所主持的一系列關於"中國現代化的區域研究"計劃,便以分省分區的方式研究中國近代化的代表人物與事件,其中,便已涉及博覽會的研究。稍後,古偉瀛首先利用清末外交檔案"各國賽會公會案"進行研究,分析晚清政府參加世界博覽會的過程,認為晚清參與博覽會的心態,從原先的"炫奇"、"賽珍"的角度,而走向了"交流"、"商戰"。[1] 趙佑志利用同一批材料,討論晚清中國政府對於博覽會的態度如何由疑懼轉而接受,透過賽品參展的税務税則問題、物產的保密問題與參賽成本問題,顯示出清廷逐漸開放的態度。趙文的主要貢獻,除了以具體的外交折衝顯示出晚清政府的心態以外,更在於將每一次受邀參展的賽會、籌辦機構、經費運用狀況以及參加的群體或個人做了梳理,如此,透過不同群體和籌辦機構之間的離合衝突,以及經費支絀分擔的狀況,更可見出晚清參與國外各種賽會的具體情況,趙文將清政府參與博覽會的態度大致分為消極與積極兩種,由於最初缺乏一定的章程、以及後來博覽會種類繁多,總署無法完全負擔等原因,其消極與積極的態度,未必是以線性的時間軸為序,年代越往後越積極,而是依照賽會的規模和重

① 古偉瀛《從"炫奇"、"賽珍"到"交流"、"商戰":中國近代對外關係的一個側面》,《思與言》,1986 年第 3 期。

要性為考量。① 另外,趙文也已經注意到與日本的內國勸業會進行初步的比較,並且注意到在博覽會實際上成為中、日外交角力的戰場之一。雖然這一部分的比較尚不十分徹底,但卻提供了一個對照比較的視野。② 趙文研究的時期是 1860 到 1911 南洋勸業會舉辦為止,換言之,在南洋勸業會以前,中國對於博覽會的認知正逐步地建立。正如吳方正《上海格致書院與"博覽會"的經驗》所指出的:"自 1860 至 1910 年止,南洋勸業博覽會不能被視為空轉五十年後從天而降,因此,上述五十年期間所有關於博覽會的認識與誤解、阻擋、嘗試與挫折、那些不稱為博覽會的展示、想辦沒辦成的博覽會等,都成為中國真正第一次舉辦博覽會的準備、熱身與前驅。"③吳方正的關注點,主要是在於當時籌畫早期博覽會的西人社群,透過公文檔案、報刊與格致書院董事會的史料與各種決策和努力,呈現當時中國嘗試創辦博覽會時的歷史過程。雖然該書院以西人群體為主,但由於中國士大夫的參與與投資,因此也使得這個過程富有中西互相衝突與融攝的戲劇性張力。吳文亦以比照參照的角度,援引了郭嵩燾與劉錫鴻的出使日記,表明了當時外交官對於此一博覽會的態度,而其著重點仍在於格致書院與其相關群體的主導性。相較之下,青山治世的研究更重視使西日記這批材料的運用,他以外交史的角度切入,從《倫敦與巴黎日記》中追溯第

① 根據趙文的歸納,總署總共收到八十次的邀請,"決定積極參加的僅十三次,大致集中在兩個時段,即:1873—1884 年參加六次,1900—1911 年參加七次。"又"總署決定積極參加的博覽會,依其籌辦機關的不同,可分為海關主導型、使館主導型、特使團型、外務部・商部主導型四類。其大致是以 1905 年列日博覽會為分界,之前多屬前三者,以後則改為最後者。"趙佑志《躍上國際舞臺:清季中國參加萬國博覽會之研究(1866—1911)》,《臺灣師範大學歷史學報》1997 年,第 25 期,第 25 頁。

② 趙佑志《躍上國際舞臺:清季中國參加萬國博覽會之研究(1866—1911)》,《臺灣師範大學歷史學報》1997 年,第 25 期,第 34 頁。

③ 吳方正《上海格致書院與"博覽會"的經驗》,臺北:《臺灣中央研究院近代史研究所集刊》,2006 年 3 月,第 51 期,第 2 頁。

一任駐英法大使郭嵩燾對於西方博覽會的認知,並認肯郭嵩燾對於近代博覽會事業發軔的貢獻。[①] 王正華對於 1904 年聖路易博覽會的研究,雖然同樣具有外交史的視角,但最終是偏重於透過陳列品的安排、視線的安排等視覺文化的角度,處理晚清政府如何透過萬國博覽會呈現自身,並逐步理解萬國博覽會的內涵。[②]

此外,日本學者對於十九世紀世界博覽會與日本"内國勸業會"的研究,亦可作為他山之石。吉田光邦氏編著的《萬國博覽會の研究》[③],從史實的角度,研究十九世紀日本的知識人與官員對於萬國博覽會的觀覽心得,以及如何在内國勸業會上,實踐、複製與仿效萬國博覽會,並且將博覽會的奬賞制度與近現代化過程中重要科技發明與專利制度結合,成為推動日本十九世紀現代化的重要因素。作為與清朝關係密切的鄰國,幾乎同時期開始向西方求取富强之道,十九世紀的日本對於"展示"與現代化之路的敏鋭以及深刻,值得作為史料上一個比照對參的物件。相對於吉田氏實證性的歷史研究,吉見俊哉以"近代化的視線"透析十九世紀的日本在建立民族國家(或帝國化)的過程中,如何透過國家的視線(Gaze),將權力落實於一般人民的視線當中。在國家與國民的論述上,這種權力式的研究角度,是否也適合對應於同時期清朝的環境,則很有討論的空間,特別是對照晚清到民國之間,文人的紀錄以及觀覽的心得,似乎可以感受到,一種國家權力與中國傳統士紳

① 青山氏的文章共有兩篇,截至本文發表前,有《晚清郭嵩燾與上海博覽會計劃》一篇,收錄於《百年潮》,2010 年第 11 期。另有一篇會議論文即將出版論文集,目前尚無確切書名。見青山治世《19 世紀後期博覽會知識的接納及舉辦博覽會的設想》,第三屆近代中外關係史國際學術研討會,廣州:中山大學,2010 年 8 月 12—13 日。

② 王正華《呈現"中國":晚清參與 1904 年美國聖路易萬國博覽會之研究》,黄克武主編《畫中有話:近代中國的視覺表述與文化構圖》,臺北:臺灣中央研究院近代史研究所,2003 年。

③ 吉田光邦編《万国博覧会の研究》,京都:思文閣出版,1986 年。

之間的互動,與十九世紀日本純粹以國家之力進行展示行為,大異其趣。可以説,作為分别引介展示文化到中、日兩國的知識群體的組成,也具有相當的差異性,因此造成了展示文化在中日呈現了不同的面目與意涵。透過日本學者所應用的檔案史料、出使日記以及詳盡的報章出版品和圖畫檔案來描繪十九世紀的"博覽會時代",[①]在史料的運用以及視點的觀照上,具有相當的啟發性與史料價值。

以上的研究文獻所針對的是晚清以來,最引人注目的文化場所之一:博覽會,此外,也有對於與博覽會關係相當密切的博物館研究,以及討論博物館與博覽會關係的文獻,也值得注意。由於晚清博物館的設立,既有外國人所創辦、亦有本國人所創辦,且往往並非作為獨立的研究主題,而是與相應的人物或是事件一起研究,因此,原始文獻較為分散,研究文獻的數量也略遜於博覽會研究。具體可參照周秀琴《世博會與博物館:演繹與思考》[②],該書是中文學界較為全面探討博物館與博覽會關係的專著。此外,作為中國近代史上第一個由國人自行籌設的博物館,國內對於南通博物院的研究也有一定數量的成果集結於《南通博物苑百年院慶紀念文集》[③]當中。

(二)展示文化再複製的媒介與出版品

第二部分的研究文獻是以展示文化再複製的媒介與出版品為研究對象。王正華對於文物陳列所以及葛凱(Karl Gerth)對於國

---

① 日本學者有不少逕稱十九世紀為博覽會的時代,此處行文即借用此詞語,例如吉見俊哉著,蘇碩斌、李衣雲、林文凱、陳韻如譯《博覽會的政治學》,臺北:群學出版社,2009 年版,第 18 頁。

② 周秀琴《世博會與博物館:演繹與思考》,上海:上海教育出版社,2010 年。

③ 王倚海主編《南通博物苑百年院慶紀念文集》,北京:文物出版社,2005 年。

貨運動的研究,都注意到展示文化與國族意識的關係。葛凱的研究[①]以晚清到民國初年的各種展覽會為研究物件,他特別關注展會的展品內容以及安排方式,並旁及與展覽相關的廣告文宣,將展示活動作為國貨運動的一個實際載體,從中凸顯展示文化與國族意識的關係。王正華的研究著眼於國族意識在清末民初之間的細微變化,他認為清末十年正是變動最激烈的時代,在衆多變化中,他特別重視民族主義興起的意義,而"國族意識就在其中貫穿流過,雖不是有系統的發展,但所在痕跡歷歷分明。"[②]因此,他借由《國粹學報》與"文物陳列所"作為探討展示文化的史實基礎,探討"古物"這一觀念如何在社會文化的層次中成為一個可成類分析的文化範疇。並且將古物保存與古物展示的議題與晚清的國族意識互相繫連,從而認為展示文化正是架構現實世界與國粹思潮的重要橋樑。

王正華的研究也對於展示文化的內涵做了界定,他認為展示文化的內涵包含了新式攝影技術的引進,使得古物的複製成為可能。其次則是都市中的展覽盛行,使得古物的展出隨時可見。並且他還認為廣告文化亦是展示文化密切相關的一環,從廣告文化的宣揚自我與展示自身之長的特色來看,正是展示文化對於中國社會文化影響的展現。[③]

同樣運用《國粹學報》來審視晚清展示文化的,還有程美寶對於《國粹學報》中博物學知識的研究。相較於王正華與葛凱聚焦於展示文化與國族意識的關係,程美寶的研究更重視中國傳統學術

① 葛凱著,黃振萍譯《製造中國:消費文化與民族國家的創建》,北京:北京大學出版社,2007。

② 王正華《清末民初"古物"的發現、展示文化與國族意識》,臺北:故宮博物院:"玩古·賞新——明清的賞玩文化"國際學術研討會,第20頁。

③ 王正華《清末民初"古物"的發現、展示文化與國族意識》,臺北:故宮博物院:"玩古·賞新——明清的賞玩文化"國際學術研討會,第29頁。

自身的結構調整問題,亦即"在清末的學科結構重整與專業分工未明的過程中,原來只具備傳統經史之學訓練的文人,如何在具體的方法上實踐他們所認識的西學。"①程美寶的著眼點在於傳統知識份子面對西方衝擊時自身調整回應的方式,如何將西學融入所謂的國粹或國學的框架中。程美寶在西學與傳統國學中找到的接點是博物學,他認為《國粹學報》中以博物圖畫為中心並結合文字圖像資料所構成的博物學知識,是國學保存會會員所僅有的對於西方科學知識與技能的一種實踐。他的研究特別重視作畫者的博物學知識由何而來,博物繪畫的技巧來源和中西不同的繪畫技法之間有何離合異同關係,並且從西學融攝入國學中的視角,探討清末民初中國文人的自我期望與定位問題。在研究中,他注意到為《國粹學報》的作畫者蔡守,蔡守既具備傳統的經史訓練,亦有接觸西學的經驗,蔡守的博物圖畫,有著明顯的西洋圖鑒的痕跡,對博物圖像求真也求美的態度,與西洋博物學的圖像傳統相當一致。蔡守的博物學知識來源除了書本以外,還有博物院的實際觀覽體察,程美寶認為蔡守最有可能觀覽的博物館,當為"上海的徐家匯博物院或亞洲文會博物院,也有可能是鄰近的南通博物院。"②換言之,程美寶的研究途徑是由知識份子對西洋文化的調整與回應,進一步探索西洋文化在中國知識圈傳播的過程。這一探索雖然約略觸碰到博物館實際的展示行動,但是並未能夠確定蔡守這類文人在博物館的具體活動。在《複製知識——論〈國粹學報〉博物圖畫的資料來源及其採用之印刷技術》中,程美寶探討外來文化如何透過多重複製的過程傳播,借由考察《國粹學報》上博物繪圖的出處,將

① 程美寶《晚清國學大潮中的博物學知識——論〈國粹學報〉中的博物圖畫》,《社會科學》2006年第8期,第18頁。

② 程美寶《晚清國學大潮中的博物學知識——論〈國粹學報〉中的博物圖畫》,《社會科學》2006年第8期,第22頁。

繪圖者獲取外文資料的途徑與閱讀能力做了進一步的説明,作者特别强調,當時新式的西式印刷技術能夠大量而精准地複製實物,傳播文化知識的速度因而更有效率與説服力。葛凱、王正華與程美寶的研究推進了晚清展示文化的研究領域,將展示文化與晚清社會變遷與思潮互相連結,特别是國族意識的議題,普遍受到論者的關注,而知識結構的調整則是晚清知識人面對西方知識體系的必經過程。

三、對上述研究文獻的檢討

從上述對於展示文化的文獻回顧,可發現仍有一些缺環。首先是對於展示文化的内涵界定仍然不夠清楚,對於晚清展示文化的界定,隨著研究者不同的關注點而有不同的側重點,葛凱注意的是展品内容、安排方式以及相應的廣告文宣,注意實際展場和媒體之間互相呼應、互相承載著國貨運動的實際内容,可見國族意識在社會各領域發生的作用。王正華則以實物展示為中心,兼及新式印刷技術在再現古物上的功能,程美寶則更集中在借由新式技術達到知識再複製的過程,以及知識傳播的結果,這些理解可以説從不同面向探究了展示文化的内涵,但筆者認為仍需要一個更清晰的定義去規範展示文化的内涵,尤其應該落實到晚清的話語圈和實際的文化活動中去立體地理解展示文化。例如在晚清的話語圈中,"古物"、"博物"、"美術"、"國寶"等術語經常是互相雜用、混用的,王正華雖然注意到這一點,但是並未能夠將這些術語細緻地還原到文本脈絡中,進行明白的辨析,[①]然而筆者認為,透過史料去析辨這些詞語至關重要,透過這些詞語的使用的語境以及實際操作於媒體或展示空間上的狀態,研究者對於展示文化的理解纔不

① 王正華《清末民初"古物"的發現、展示文化與國族意識》,臺北:故宫博物院:"玩古・賞新——明清的賞玩文化"國際學術研討會,第 21 頁。

至於流於空泛。

其次,雖然王正華與程美寶的研究都涉及到文物陳列所或是博物館等實際的展示場所,王正華的研究更以清末民初文人的著作證明了知識人參觀博物館的活動和意見,但是以上著作都並未詳述"博物館"作為一個外來概念,其自身的內容與歧異性。特別是博物館如何由概念轉變為實際的公衆文化場合,這一點在前人研究中並未注意,王正華所根據的史料主要是民國初年的史料,當時博物館與展會的數量雖然有限,但畢竟已經成為公衆(尤其是市民)文化生活的一部分,這並不能充分理解博物館由概念而落實的關鍵點何在。但如果我們將時段上溯到晚清光緒年間,從現存的各種出使日記、海外遊記、晚清筆記日記和文人著作中,便可發現,和其他所有借鑒西方的文化概念一樣,博物館或博覽會一詞的內涵有非常豐富的意義與轉變過程,值得進一步探討。

第三,程美寶嘗試處理兩個問題,一是知識體系變動中,傳統與西方的知識結構橋接協調(Negotiation)的問題。二是某類知識份子群體對國粹與西學的態度。然而程美寶的文章裏,雖然試圖透過蔡守的博物圖畫理解整個國學保存會面對國粹和西學的態度,但或許受限於史料,並沒有完整地描述國學保存會這個群體,而是較凸顯蔡守個人接收知識的歷程。因此從其文中並不容易理解該社群的認同核心以及這個社群在中西之間的態度。

第四,日本學者對於十九世紀博覽會的研究,也給予筆者相當的啟示。而區別則是,吉見俊哉的切入點是以現代化的視線為經,將西歐與美國所有的博覽會視為一互相影響、某方面有傳承、某方面有競爭而又具一定整體性的視覺文化現象來觀察(較强調延續性,容易讓人覺得西歐是一整體)。透過不同主體的視覺線索,以及不同時期的功能"生產""消費"的(線性)"演進",來表明博覽會的進程。吉見氏强調在政府或是資本家的强力介入的前提下,以及權力如何被編織於文化機構中的理論,將博覽會作為了博物館以及其他具有視覺展示性場所的原型。因此,在吉見氏的論述中,不强調這些場所的"區分",而是同質性。而吉見氏的著作通盤以現代化的觀點審視博覽會、博物館等展示文化機構,也與筆者從歷史學切入的角度不盡相同。這並非是基於對於史料的取材不同,而是因為吉見氏作為社會學家的本色使然;透過閱讀史料以及相關文獻,筆者認為在晚清的特殊時空脈絡下,有識之士對於不同的展示場所之所以使用不同的名詞,是因為在接受的過程中,對於這些不同場所之間的界線和判准存在著曖昧未清的意識,因此反應在名詞使用上。到後來,對於博物館的認識更加清楚,也就隨之將工藝、美術、博物、文物等詞彙做了趨近於現代的定義。其中含混或模糊的地方,其實正是晚清展示文化豐富内涵之所在。

最後,或許是受限於所見的史料,目前的研究文獻,多半針對晚清中國歷史上的博覽會或博物館等展示機構,而未能引入同時期其他國家的情形作為比較對象,這點其實相當可惜。雖然已有研究者注意到博覽會這一文化現象的西方影響因素,但是卻鮮少利用到日本的材料或是以日本作為比較對象。在西洋的展覽會中,同時作為被"觀看"並放在同一平臺上被"比較"的中日兩國,在這樣實際的外交競逐中,事實上,反過來刺激晚清的官員做了許多相關的努力。另外,明治維新以來,亦步亦趨地跟隨西方腳步的日本,留下了大量的赴外參訪萬國博覽會的報告書、新聞報道、官方與私人遊記以及研究著作等,這些資料不只是針對日本的情況,其中也旁涉許多中日同時參加博覽會時的實際情況,是一批尚未被充分利用,也尚未作為進入比較視野的資料。

四、結論:從晚清展示文化的文獻回顧中所延伸的問題

從前人的研究出發,筆者以為要更充分地理解晚清展示文化與社會變遷的關係,首先必須重新厘清各種術語的意涵與複雜的互用關係,將這些術語還原到歷史的時空裏,以便清晰地定義展示

文化的內涵。並且將前人所收集的史料，進一步上溯至光緒年間，透過博覽會、博物館等概念的變化與落實，認清展示文化在晚清興起時的面目。此外，可以選取一個知識社群做具體的實證研究，透過這個社群成員間確實的互動去理解該社群的認同核心，這個社群具備怎樣的知識傳統，他們如何理解西方“展示”這一類的行為？對於展示文化在晚清的籌畫與落實又有怎樣的貢獻？基於這樣的考量，筆者將在未來的文章中，進一步延伸出如何選擇出一個這樣的知識群體，該知識群體又有怎樣的經驗和能力接受、理解、詮釋並落實這些展示機構。

作者單位:清華大學歷史系

《莊子》“懸解”諸家注平議

李 瑄

“懸解”是《莊子》針對生死問題而提出的重要範疇。“內七篇”之《養生主》云：“適來，夫子時也；適去，夫子順也。安時而處順，哀樂不能入也，古者謂是帝之懸解。”《大宗師》云：“且夫得者，時也；失者，順也；安時而處順，哀樂不能入也。此古之所謂懸解也。”兩處“來去”、“得失”都是指“生死”而言，“懸解”針對著世人悦生惡死的普遍現象。能否去除對生的依戀，對死的恐懼，是人能否擺脱塵世的困縛，最終實現與道為一的關鍵。

“懸解”受到了歷代注莊家們的重視。據嚴靈峰先生《無求備齋莊子集成》初編、續編收錄歷代注本來看，大部分都對其加以訓釋。由於這些注家的思想背景不同，在這個問題上各家說法不一。本文就此擇其要者，作一評述。

一

以“適性”來闡釋“懸解”。這種觀點始自郭象。在目前傳世的《莊子》衆多注本中，保存完整的最早注本是郭象《莊子注》，它對後世的影響也最大。

郭象注“懸解”云：

> 以有繫者為懸，則無繫者懸解也，懸解而性命之情得矣。此養生之要也。①

① 郭慶藩《莊子集釋》本，北京：中華書局，1982年版，以下郭象《莊子注》均用此本。

只簡單地説"無繫者懸解",並説懸解而可得"性命之情"。

郭象對人生的理解,和莊子是有差異的,他的注莊,是通過莊子來闡發自己的人生哲學。所以後人説"郭象注莊子,乃莊子注郭象耳。"①

來看他關於生死的論述:"(來)時自生也;(去)理當死也。"(《養生主》注)"夫死生之變,猶春秋冬夏四時行耳。故死生之狀雖異,其於各安所遇,一也。"(《齊物論》注)"自生"言生命無所依託而來;"各安所遇"要人們順應各自的環境,這又來自他關於"性分"的看法。他謂"吾生也有涯"即"所稟之分各有極也",又説"養生非求過分""天性所受,各有本分,不可逃,亦不可加",這就是説,一個人的死生,是由其"分"所決定的,人沒有辦法改變這個本分,只能順應它,任其自然,此即"達生之情者不務生之所無以為,達命之情者不務命之所無奈何也,全其自然而已"(上均見《養生主》注),"生時樂生,則死時樂死矣,死生雖異,其於各得所願一也,則何繫哉!"(《齊物論》注)只有這樣,纔有可能得"性命之情"。

但郭象的"性命之情"並不僅就生死而言,"無繫"也並不僅僅指不束縛於死生所帶來的哀樂。他的"性分"包括了主觀的性情與客觀的環境,他的"適性"即把客觀環境看作必然的,合理的,在其允許的範圍内最大程度地釋放性情。因為現實的必然性、合理性,所以無須哀樂;因為性情"已經"得到的舒展,所以可以滿足。他的"性命之情"是無不可的,實際上已經取消了價值判斷:"夫利於彼者或害於此,而天下之彼我無窮,則是非之竟無常。故唯莫之辯而任其自是,然後蕩然俱得。"(同上)"萬物萬形,各止其分,不引彼以同我,乃成大耳。"(《天地》注)他的"無繫——懸解"是通過價值判斷的取消,安於性分,各適其是,也就沒有煩惱。他的"無繫"已經

① 馮夢禎《南華真經注序》,歸有光、文震孟《南華經評注》,嚴靈峰輯《無求備齋莊子集成續編》第 19 册,臺北:藝文印書館 1965 影印本。

超出了生死問題,擴而至一切束縛,但仍以生死為其中最要緊。

後世的注莊者,所依據的都是郭象注本的《莊子》,在義理上也多少受其影響。除成玄英以外,與郭注義理相通的注本,明顯集中於明代萬曆時期。這可以從李贄、焦竑、沈一貫等人注莊中對"懸解"及生死問題的闡説表現出來。

李贄的《莊子解》[1]偏於選擇《莊子》切合己心之處給予闡發,因此,他沒有對"懸解"作出直接的解釋,然而,在許多地方,他還是談到了這個問題。

他似乎比其他解莊者都更深刻地感受到人生的種種困縛煩惱,他説:"天地間一大是非耳。"(《莊子解·齊物論》)這裏所説的是非,是包括儒家倫常在内的:"仁義禮樂皆外也","大道搖盪恣睢,轉徙無窮,而以仁義是非割裂封域之,是自黥鼻也"(《莊子解·大宗師》),"藏人要人者,不可也;經式義度者,不可也"(《莊子解·應帝王》)。明白了這一點,再來看他關於"知其不得已而託之以養中,則忘生而亦忘死矣"(《莊子解·人間世》)的議論,就不至發生誤解。這裏所謂"中"與他解《養生主》"督者,人心未發之中,而吾所以生之主也"的含義是一致的,但顯然不是《中庸》與宋儒所説的"天下之大本"。聯繫他的"童心説"來看,這個"中"應當是指人類初生之時未受蒙蔽、未被污染的童心、真心、本心。

從這裏推導下去,可以見到李贄與郭象的相似之處,二者都同樣要舒展本然之我。然而在李贄,既然順應本心即可懸解,因此"道理不存,聞見不立",無需外在的天理人倫來對人進行約束,只要順應人的真實本心,就可獲得自治。他説:

> 夫鳥鼠至無知也,猶能高飛深穴以避患害,況於人乎?正而後行,無不以吾之所行者為正也,確乎能其事,無不斷斷乎事吾之所能也而已矣者,言人各自治不遺餘力也。夫人能内

① 嚴靈峰輯《無求備齋老子集成》初編第11册。

自治矣，尚何待聖人之治，豈非欲以治外乎？若又出經以式之，出義以度之，是舍其所能，强其所不能，猶涉海鑿河而使蚊負山，難之難者也。豈非欺己欺人之甚歟？（《莊子解·應帝王》）

人生既不需要聖賢明王之治，也不需要道德經典之規範，這些都是從外强加給人的，並非人本身所有，因此不是人所需要的，亦不是人所樂於承受的，對於人來講，只是“强其所不能”。人應當能夠“自治”，“自治”亦即“自適”。“士貴為己，務自適。如不自適而適人之適，雖伯夷、叔齊同為淫僻；不知為己，惟務為人，雖堯舜同為塵垢秕糠。”①

就“自適”來看，李贄與郭象是相同的，《莊子解》也的確受到了郭注的影響，然而二者在具體内容上又是有差異的。郭象之“適性”説以調和名教與自然的矛盾為務，因此他把倫常教條也看作性分之内的必然去順應，不去過問和干預人間的是非。李贄卻是針對現實中名教的虚偽而不平，他的心中始終有一個價值判斷。在解放人的自然本性、情感、欲望上，二者是相同的，但李贄强調“絶假純真，最初一念之本心”②卻表明了他仍然無法丟棄對人之本性的追問，他不像郭象那樣有一個存在即合理的答案，他仍然在尋找一個價值依歸，厭世而又不能超世，因此，他遠比郭象為痛苦。

與李贄同時的焦竑，也深受郭象注莊的影響，其《莊子翼》③所引諸家中，猶以郭注為重，每段之下，必列為首位而全引之，可見對其重視程度遠在諸家之上。其釋“懸解”首引郭注，又引呂惠卿、林希逸注，但呂、林二家都是扣緊生死立論，焦竑卻又説：“彼知見者亦人之樊也，非至人則惡能懸解之？”（《莊子翼·養生主·筆乘》）

① 《答周二魯》，《焚書》增補一，北京：中華書局，1975年版，第258頁。

② 《童心説》，《焚書》卷三，第96頁。

③ 嚴靈峰輯《無求備齋老子集成》續編第10、11册。

以擺脱知見對人的束縛為懸解,可見其理解仍本著郭注"以有繫者為懸,則無繫者懸解也",而其以"自知、自見"為知見之反對,則顯然是來自郭象。焦竑《莊子翼·養生主·筆乘》云:"夫天之生人,自有知見,而人不得以偶之,此天之使也。苟不知知之自知,見之自見,又為知見以益之,則有與而屬之人矣。"郭象云:"世不知知之自知,因欲為知以知之;不見見之自見,因欲為見以見之。"(《人間世》注)"自知、自見"是郭象"自生"理論的延伸,其實質不外"各安其分、各適其性"。

沈一貫的注解則根本是郭注的發揮。"玄通合變,不厭其生,不悲其死,安時而處順,哀樂無所措其間矣,古者謂之帝之懸解。蓋有繫為懸,無繫為解,有生有死為懸,無生無死為解,懸解而性命之情得矣。"(《莊子通[①]·養生主》)"有繫為懸,虛繫為解"、"懸解而性命之情得矣"都是郭象的原話,"有生有死為懸,無生無死為解"是根據《莊子》原文而作的闡發,把"有繫、無繫"又拉回到生死問題上來。而"無生無死"實指"安於生死之分":"夫老子之生,適爾來生,時自生也;老子之死,適爾去死,理當死也"(同上),"彼其執滯凡情,妄見生死,而不自知其哀慟之過,是乃逃遁天然之性,違背固有之情,忘其所受之分,而馳騖於憂樂之境。雖楚戮未加,而性情已困,古者謂之遁天之刑也"(同上),而這些説法,不過是把郭象的話略加變化而已。[②]

李贄、焦竑、沈一貫是大致同時的人,他們在"懸解"注釋上受郭象影響,反映出明代萬曆中後期士人對生死的看法與郭象大有呼應之處,而他們擺脱現實束縛,"適性"生存的要求,與郭象的時

① 嚴靈峰輯《無求備齋老子集成》續編第 9 册。

② "時自生也"、"理當死也"均為郭注原話。自生、自適,是郭象解決生死問題的理論,見前文。"馳騖於憂樂之境。雖楚戮未加,而性情已困"是郭象的原話,"天然之性""所受之分"來自郭象關於性分的看法:"天性所受,各有本分,不可逃,亦不可加。"(《養生主》注)

代的士人,也是相似的[①]。

二

用佛家"空幻"觀念來看待世界、理解生死,從而解釋"懸解"。

以佛解莊的注家們有一個共同點,就是都在進行著會通三教的努力,或者這和佛學在中國傳統思想界中一直面臨著異端的危險,而服膺佛學的士人則試圖將其匯入儒道思想有關。因此,這一類的注釋通常用佛家的一些基本觀念如"空""幻",而輔以儒家學說來理解和闡說莊子。

成玄英是全面援佛解莊的第一人。成玄英的思想成分頗雜,他是道家重玄學派的代表人物,其《莊子疏》[②]中,亦表現出對儒家聖賢與倫常的尊重與維護。在"懸解"問題上,他主要是根據佛教義理來對其進行闡釋的。

《養生主》"懸解"疏云:

> 為生死所繫者為懸,則無死無生者懸解也。夫死生不能繫,憂樂不能入者,而遠古聖人謂是天然之解脱也。

"無生無死",在成玄英的注莊中,可以從兩方面來理解。首先,它意謂著順應自然之生死,不因之而憂樂。"適爾生來,皆應時而降誕;蕭然死去,亦順理而返真耳。安於生時,則不厭於生;處於死順,則不惡於死。"(《養生主》疏)"氣聚而生,生為我時;氣散而死,死為我順。既冥變化,故不以悦惡存懷。"(《大宗師》疏)這一理解從《莊子》本文而來,與其願意相近。

但關於"無生無死",成玄英還有另一種説法:他在《養生主》秦失弔喪下疏云:"此蓋莊生寓言耳,而老君為大道之祖,為天地萬物

① 羅宗强先生對這個問題有深入論述,見《袁宏道〈廣莊〉與郭象〈莊子注〉之關係》,日本大阪市立大學《中國學志》2002年"謙"之號。

② 郭慶藩《莊子集釋》本,北京:中華書局,1982年版。

之宗,豈有生死哉!故託此言聖人亦有死生,以明死生之理也。”這裏説老子無生死,顯然已經不是一般意義上的不以生死掛懷,而另有宗教的意謂了,而這一思想,應當是受佛教“不生不滅”觀念的影響。《養生主》疏云:

> 謂此死者未曾滅,謂此生者未曾生。既死既生,能入於無死無生,故體於法,無生滅也。法既不生不滅,而情亦何欣何惡耶!任之而無不適也。
>
> 夫道之為物,拯濟無方,雖復不滅不生,亦而生而滅,是以迎無窮之生,送無量之死也。

佛教的不生不滅,是因緣的不生不滅,它並不單就生死問題而言,它是佛教中觀學派用以看待人生境相總的原則,是《中論》“八不”的首條,《中論》云:“不生不滅已總破一切法。”這是因為世間一切法皆因緣生,“以大乘法説因緣相,所謂一切法不生不滅不一不異等,畢竟空無所有。”(《中論·因緣品》)《大智度論》卷二二云:“觀無常即是觀空因緣。如觀色念念無常。即知為空……空即是無生無滅,無生無滅及生滅其實是一。”萬法處於因緣當中,生滅不住而無自性,是為空,空則既無生,亦無滅。

但佛教的不生不滅亦是“涅槃”,此又説及生死。《中論·觀法品》云:“無生亦無滅,寂滅如涅槃。一切實非實,亦實亦非實。非實非非實,是名諸佛法。”《大智度論》卷二二亦云:“一切法不生不滅一相所謂無相,無相即寂滅涅槃。”涅槃是超脱了一切束縛,從覺悟真實中得到了真正的解脱,它是寂滅,也是不生不滅。成玄英或者從此中得到啟發,賦予道教宗主老子類此的無生無死的性質。

《莊子疏》以郭象的《莊子注》為根據,其中對於生死的看法也受到了郭注的影響。如下例:

> 故知生也有涯,豈唯彭祖去己一毫不可企及,於是均椿菌,混彭殤,各止其分而性命安矣。(《逍遙遊》疏)
>
> 夫稟受形性,各有涯量,不可改愚以為智,安得易醜以為

> 妍！是故形性一成，終不中途亡失，適可守其分内，待盡天年矣。(《齊物論》疏)
>
> 夫生也受形之載，稟之自然，愚智修短，各有涯分。而知止守分，不蕩於外者，養生之妙也。(《養生主》疏)

以個體的生死為性分之所定，安於性分則無需憂樂。這是郭象的看法，已見上文。成玄英看來接受了這個看法。

但他又大量地引用佛理來否定物性的真實。物我是虛幻，境相是虛幻，《齊物論》疏："真君即前之真宰也。言取捨之心，青黄等色，本無自性，緣合而成，不自不他，非無非有，故假設疑問，以明無有真君也"，"六合之内，謂蒼生所稟之性分。夫云云取捨，皆起妄情，尋責根源，並同虛有"，性分亦是虛幻。

這兩種觀點，成玄英利用"重玄"的思維方法把它們統一了起來。"一者絶有，二者絶無，三者非有非無，故謂之三絶也。夫玄冥之境，雖妙未極，故至乎三絶，方造重玄也。"(《大宗師》疏)重玄即不可執著，既不執著於有(物性)，亦不執著於無(空無虛幻)，故而"雙遣"，"雙照"，"和光同塵"，順物自性：

> 夫聖人無心，有感斯應，故能緝理萬邦，和平九土。雖復凝神四子，端拱而坐汾陽；統御萬機，窅然而喪天下。斯蓋即本即跡，即體即用，空有雙照，動寂一時。是以姑射不異汾陽，山林豈殊黄屋！(《逍遥遊》疏)
>
> 夫達道之士，無作無心，故能因是非而無是非，循彼我而無彼我。我因循而已，豈措情哉！
>
> 夫諸法空幻，何獨名言！是知無即非無，有即非有，有無名數，當體皆寂。既不從無以適有，豈復自有以適有耶！故無所措意於往來，因循物性而已矣。(上見《齊物論》疏)

"重玄"出自《老子》"玄之又玄"，魏孫登已論及之，而成玄英的重玄理論，實與中觀學論"中道"暗通。《中論·觀四諦品》中有偈頌："因緣所生法，我説即是空，亦為是假名，亦是中道義。"以世界為因緣和合所生,故其實乃空,是為真空;但顯現於境相,故以假名說法。《中論·觀四諦品》所云:“衆緣具足和合而物生。是物屬衆因緣故無自性。無自性故空。空亦復空。但為引導衆生故。以假名説。”即此意。“中道”,即本著空而不離假,不可執著於一邊。

成玄英所謂“一者絶有”,正是基於他對“諸法空幻”的認識;“二者絶無”,是在知曉了空幻的真相之後卻並不離棄這個世界;而他説“非有非無”,是指對空、有皆不可偏執,“無即非無,有即非有”。這樣看來,成玄英“即本即跡,即體即用,空有雙照”的“因循”,與僧肇《不真空論》所説“是以聖人乘真心而理順,則無滯而不通,審一氣以觀化,故所遇而順適”的“中道”不是恰好相通麽?

因此,成玄英的“因循物性”與郭象雖然在表現形式上一樣,在本質上畢竟不同了。他是在照破了世界的虛幻,明白了空無真實之後的物我雙遣、動寂一時,是“無所措意”,故而因循。而郭象卻是全盤承認現實的必然,並無超越的觀照,是“自有以適有”。應該説,在邏輯的最終結果上,成玄英取得了與郭象的一致,但在理論實質上,矛盾卻仍然存在。

可以看出,成玄英的注莊,接受了各家的影響,調和著各家的矛盾,而其理論基礎,更多的還是來自佛學。

成玄英以後,尤其是明代中後期,援佛入莊的注家數量很多,他們幾乎都在進行著調和三教的努力,但多流於附會和拼湊,其理論水準,實難以和成疏並肩。

陸長庚《南華真經副墨》,力圖融合儒釋道,以“窮理盡性以至於命”來比附莊子[①],並既稱莊子為“《道德經》之注疏”,又説“故予嘗謂震旦之有南華,竺西之貝典也。”(《南華真經副墨序》)《四庫提要》説陸長庚《南華真經副墨》:“大旨謂南華祖述《道德》,又即佛氏

① 《南華真經副墨》序云:“明於本度,繫於末數,理之所以窮也,性之所以盡也,命之所以至也。”(嚴靈峰《無求備齋莊子集成續編》第8册,第4頁。)

不二法門,蓋欲合老釋為一家。”在“懸解”的解釋以及對生死問題的解決中,他主要借用了佛家的“空幻”觀與道家的“道”通為一的思想。

他解“帝之懸解”曰:

> 今人但以生死繫念,於是生而慶,死而哭,不知此直世情,非道情也。死生一來去耳,適來,夫子時也,適去,夫子順也。……一來一去,安時而處順,則哀樂之情自不能入也,此便是至人生死無變於己者,如此則帝之懸解矣。帝謂天帝,懸如倒懸之懸,困縛之義,帝亦未嘗以死生懸人,人自縛之,翻疑為帝。無變於己,則帝之懸自解矣。《南華真經副墨·養生主》

所謂“世情”者,繫於生死,世俗哀樂之情。陸長庚認為世情當解的最重要原因即為“帝亦未嘗以死生懸人,人自縛之”,死生本無,哀樂乃庸人自擾,這一解釋來自佛家觀世法。他在《德充符》注中說:“彼知吾身之與天地,其在道中同為一物,幻妄不常,皆非實相。”死生本是幻相,自無需為之哀樂,明白此理,則懸可解。

所謂“道情”者,以道觀之,哀樂不能入也。這是與莊子“死生亦大矣,而不得與之變,雖天地覆墜,亦將不與之遺。審乎無假而不與物遷,命物之化而守其宗也”的真人之生死一致的。他又云:“將求名而自要者尚且如是,又況守宗正性之人,能保其未始有始之始者?其徵也,將不能一生死而命物化乎哉?”(《南華真經副墨·德充符》)則非常明確地説能“保其未始有始之始者”——即得道者之真人——則能一死生。

陸長庚常常在本體論中混説佛道,如以“性體真空”“性空真體”説“未始有始也者”,説“大宗師”:“若夫所謂性體真空,性空真體,審乎無假,不受變滅,超然獨存,故不與物而有遷化。既不與之遷,又焉得而與之變?又焉得而遺其變乎?不惟不隨物化,又能主張萬化,執其樞紐,守其根宗,故曰命物之化而守其宗。宗即所謂‘大宗師’,未始有始也者之謂也。”(同上)由此也可看出他會通佛道的努力。

《南華真經副墨》在明代後期影響很大,注莊者大都受其影響,采摭其義者數十家,而如陳深《莊子品節》,於要緊處多節抄《副墨》,或取其義而變换文辭。這一現象應當是同明代後期儒釋道合流的社會思潮分不開的,而《副墨》,恰恰是此思潮的產物,並且突出地成為它的代表。

晚明援佛解莊的重要注家還有釋德清等人,德清用"看破形骸"來闡釋"懸解",與其他解莊者用"空幻"來解釋世界實質是一樣的,援佛入莊的注家,如吳言箴、吳伯與也都如此。

三

自蘇軾、王安石把莊子納入儒學的範圍,宋人對莊子的注解,大都有尊孔崇儒的一面,但北宋注莊家還是多能從莊子本身出發,少有硬拿儒學闡説莊子的。褚伯秀《南華真經義海纂微》集宋注十二家①,對"懸解"的解釋大都平實,如吕惠卿謂:"生之來不能知,則得者時也,其去不能御,則失者順也。安時處順,哀樂不能入,則無所懸,此所以為解也。"王雱説:"命無繫著則憂患不能累其生,故曰帝之懸解也。"都是以順應生死之自然而無所憂樂為解説,無悖於莊子的原義。故《四庫提要》稱雱注:"就莊子以解莊子,而不附合於儒理,亦為以道家之言還之道家,不至混二氏於孔門"②。

以理學為理論背景來注釋莊子,在基本命題上將其儒學化,林希逸是其代表。

林希逸認為《莊子》之"大綱領、大宗旨未嘗與聖人異"(《莊子鬳齋口義·發題》),他基本上是站在理學的立場上來解説莊子的,

① 除下文提到的吕惠卿、王雱、林希逸外,還有林疑獨、陳祥道、陳景元、劉概、吳儔、趙以夫、李士表、王旦、范元應注。趙注已見上文。

② 《四庫全書》林希逸《莊子口義》提要,影印《四庫》本。

其釋"懸解"為：

> 懸者，心有繫著也；帝者，天也。知天理之自然，則天帝不能以死生繫著我矣，言雖天亦無奈我何也，故曰帝之懸解。(《莊子鬳齋口義·養生主》)

懸解即死生不能繫著我心。而林希逸認為，要做到這一點，首先就要在道德修養上提高境界，做到"不動心"："蓋欲人知其自然而然者，於死生無所動其心，而後可以養生也。夫子，有道者稱之辭也。言天地之間有道之士，其來也，亦適然而來，其去也，亦適然而去，但當隨其時而順之。既知其來去之適然，則來亦不足為樂，去亦不足為哀。不能入者，言不能動其心也。"(同上)

"不動心"從孟子來，孟子說"我四十而不動心"，這是一種"持其志，無暴其氣"(《孟子·公孫丑》)，正氣浩然而心志堅定的狀態，是通過道德人格的充塞而形成的"至大至剛"的大丈夫氣概。其要在"配道與義""集義所生"，是明白了道義所在之後的慷慨。宋儒因以"不動心"為道德修養的目標。程頤說："君子莫大於正其氣，欲正其氣，莫若正其志。其志既正，則雖熱不煩，雖寒不栗，無所怒，無所喜，無所取，去就猶是，死生猶是，夫是之謂不動心。"(《河南程氏遺書》卷第二十五)他更强調"正志"，即明確人生選擇，確立道德人格，進一步説，即明白"天理"所在之後實現的意志堅毅與心境安定。朱子也說："無所不知，知其不善之必不可為，故意誠。意既誠，則好樂自不足以動其心，故心正。"《朱子語類卷第十五》他是從《大學》格物、致知、正心、誠意的角度去理解"不動心"的，其落腳處還在"明明德"。林希逸抬出"天理之自然"為人生極則，以"不動心"解釋"懸解"，顯然本著程朱修身理論而來。

莊子的"安時而處順，哀樂不能入"與儒家的"不動心"顯然是不同的。莊子無心無情，是"喪我""坐忘"而"形如槁木，心如死灰"，超然於世事之外；而儒家的不動心，是在世事之中，分别了善惡，堅定了道德選擇之後的狀態。莊子的"懸解"是以"道"為指向，而宋儒的"不動心",則以"天理之自然"為因果。

自《鬳齋口義》之後,以儒解莊的很多,這一類注家都是站在儒家的立場上,試圖調和莊儒的矛盾,他們愛好莊子的辯證能力與超脱精神,但其注釋的最終意圖,是將莊子納入儒學的範圍,他們的注莊,是終不離道德倫常的。

明清之際的注莊,如劉士璉、屈復、王夫之、方以智、錢澄之、宣穎等,多是儒家立場。在這些注本對"懸解"的闡説中,尤為值得注意的是王夫之的《莊子解》①:

> 老聃所以死而不能解其懸者,亦未能無厚而近名也。……天懸刑以懸小人,懸名以懸君子。一受其懸,雖死而猶縈縶之不已;而不知固有間也,不待釋而自不懸也。然懸於刑者,人知畏之;懸於名者,人不知解。避刑之情厚,而即入於名。

他把"懸解"與"為善無近名,為惡無近刑"聯繫起來,並且强調了"名"之不易解,這顯然已經離開了生死的討論,而涉及士人修身的實際問題了。他相當注意求名之心給士人帶來的危害,故而在解莊中强調:"名者,天之所刑也。"(《莊子解・養生主》)他認為"名"是導致亂世的重要原因:"亂世者,善惡相軋之積。惡之軋善也方酷,而善復挾其有用之材,以軋惡而取其名。名之所在,即刑之所懸矣。"(《莊子解・人間世》)"是非者,名而已矣。是者,名之榮也;非者,名之辱也。雖桀紂未有安於名之辱者,而逢比以其心之所是,盛氣以淩之,使欲求一逃於辱名之徑而不可得。心既逆而氣復相持以不下,則豈徒災於逢比之身哉?逢比死而桀紂之惡益甚,夏殷之亡益速。水火之禍,可勝言邪!叢枝、胥敖、有扈且與堯禹爭名,堯禹不假借三國以名,而用兵不止。然則欲免於爭名之累者,是非之辨其可執為繩墨乎?"(同上)名之為害也甚如是乎?他的結

① 《船山全書》第13册,長沙:嶽麓書社,1996年版。

論,恐怕直接針對著明末士人好名而好爭是非。

王夫之對"懸解"的具體化,反映出他對士人處世立身問題思考的深化,這一"個人化"的深究,應當與他處於國家傾亡之際的反思有關,這樣的反思,在明亡之時,也是士人們所共有的。

以上只是對莊子"懸解"及其注解的一次簡單梳理,實際上莊子注家衆多,單是嚴靈峰《無求備齋莊子集成初編、續編》所輯就有百八十餘家,而在同一家中,各種思想也往往錯綜雜糅,難以一一歸類,本文不過擇其要者,就具體問題的討論與其思想的主導方面進行了分類,從這個簡單的分類來看,一部《莊子》的闡釋史,實可以透露出各時代思潮的主流與變化。

作者單位:四川大學中國俗文化研究所

支遁"即色空"義探微

伍曉蔓

東晉般若學興盛。般若,指觀照空理的智慧,般若思想興起於印度南方,為大乘空宗之學。其經典東漢末期傳入中國,支婁迦讖譯十卷、三十品《道行般若經》,後人稱為《小品》,為《般若經》的最早譯本。三國時期,魏僧人朱士行遠求梵文《般若經》九十章於于闐,後譯為《放光般若經》、《光贊般若經》兩種,是為《大品》。般若談論色空,與玄學思想相契,魏晉以來極為流行。東晉出現數家般若學派,有本無、本無異、即色、識含、幻化、心無、緣會等七種,後人稱為"六家七宗"。[①] "六家七宗"資料多亡佚,前輩學者頗有鉤沉,但猶有可述者。本文專論"即色宗"一家,就"即色空"義的提出,其理論資源,它和其他派系的鬥爭,及其與玄學的關係等問題展開,庶幾加深對"即色空"義的認識;並於管窺之中,略見東晉般若學派的風采。

一、"即色空"義的提出

支遁(313－366),字道林,本姓關氏,陳留人,一說河東林慮人。他二十五歲出家,曾遊於京師,為僧俗所欽敬,後隱於剡山。他是東晉著名的佛教理論家、"即色宗"的領袖,亦是清談家、玄言詩人。"即色空"義是支遁主要的佛學思想,在其《妙觀章》、《即色

① 見曇濟《六家七宗論》,元康《肇論疏》引,《續藏經》第 96 册,第 44 頁上,臺北:新文豐出版社,1995 年版。

遊玄論》中有述。從現存文獻,我們猶可窺見《即色遊玄論》的創作緣起。

《出三藏記集》卷一二錄《法論目錄》,著錄此論,曰:"支道林。王敬和問,支答。"[①]王敬和即王洽,為篤信佛教的東晉名士。王洽之問,載《廣弘明集》卷二八:

> 今本無之談,旨略例坦然,每經明之,可謂衆矣。然造精之言誠難為。允理詣其極,通之未易。豈可以通之不易,因廣異同之説,遂令空有之談,紛然大殊。後學遲疑莫知所擬。今《道行指歸》通叙色空,甚有清致。然未詳經文為有明旨耶,或得之於象外,觸類而長之乎?今衆經甚多,或取譬不遠,豈無一言昭然易喻?[②]

王洽的疑問,針對當時般若學派衆多,"後學遲疑莫知所擬"的情況,專為支遁著作《道行指歸》而發。他認為該文通叙色空間的關係,提出般若理論,甚有清致,只是此義不見衆經中有明文,未免令人疑惑。對王洽的提問,支遁答曰:

> 吾以為:"即色是空,非色滅空",此斯言至矣。何者?夫色之性,色[不自有][③],雖色而空,如知不自知,雖知恒寂也。[④]

"即色是空,非色滅空",不出於東晉衆經,當是支遁《道行指歸》中語。《道行指歸》已佚,顧名思義,乃闡釋《道行般若經》的理論著作。該經談論色空,言"色之本無"[⑤],支遁在此基礎上提出"即色

① 《出三藏記集》卷一二《法論目錄》,北京:中華書局,1995年版,第429頁。後文凡引用該書,版本不另行標出。

② 《廣弘明集》卷二八《與林法師書》,《大正藏》第52册,第323頁上。

③ 原文無此三字,依《妙觀章》(《世説新語·文學》注引)補。

④ 慧達《肇論疏》引支遁《即色論》,《續藏經》第150册,第429頁上,臺北:新文豐出版社,1994年版。這段論述與安澄《中論疏記》引《山門玄義》述《于》略同,可知《肇論疏》所引《即色論》即《即色遊玄論》。

⑤ 《道行般若經》卷五,《大正藏》第八册,第449頁下。

是空,非色滅空”,又在《即色遊玄論》中做了進一步解釋。這便是“即色空”義的提出過程。從王洽、支遁問答内容來看,“即色空”義以《道行般若經》為經義資源,但它不是對《道行般若經》的簡單引述,而是“得之於象外,觸類而長之”的發揮和闡釋。和魏晉時期玄學家在《老子》、《莊子》注中提出自己的觀點一樣,《道行指歸》亦是有獨創性的佛學理論建構。故此後支遁再論“即色空”義,即直接以《即色遊玄論》為題,明確標出自己的觀點。

二、大、小品之爭

在“空有之談,紛然大殊”、數家爭鳴的東晉般若思想中,支遁“即色空”義以《道行般若經》,即《小品經》作為經義資源,可謂獨標一格。因為一般認為《小品》出於《大品》,《大品》乃是本品,《小品》對《大品》處於從屬地位。東晉多數般若學家,如本無宗的釋道安、本無異宗的竺法深、識含宗的于法開,皆善《大品》;獨支遁以講《小品》聞名。于法開與支遁有一次著名的爭鬥,即圍繞大、小品的優劣展開:

> (開)每與支道林爭即色空義,廬江何默申明開難,高平郤超宣述林解,並傳於世。開有弟子法威……開嘗使威出都,經過山陰,支遁正講小品。開語威言,道林講,比汝至,當至某品中,示語攻難數十番。云:“此中舊難通。”威既至郡,正值遁講,果如開言,往復多番,遁遂屈,因厲聲曰:“君何足復受人寄載來耶?”①

于法開是“識含宗”的領袖,他與支遁的爭論,反映了兩個般若學派的派系鬥爭。在上引這次爭論中,于法開“每與支道林爭即色空義”,他教弟子攻難支遁的,是《小品》之“舊難通”處,亦即釋道安

① (梁)釋慧皎撰、湯用彤校注《高僧傳》卷四《于法開傳》,北京:中華書局,1992年版,第167頁。

《道行經序》所説"然經即抄撮,合成章指,音殊俗異,譯人口傳,自非三達,胡能一一得本緣故乎?由是《道行》頗有首尾隱者。古賢論之,往往有滯"[①]處,這是尋找《小品》本來的缺陷。攻擊"即色空"義,從其所依據的經典入手,無疑是一種徹底而省力的辦法。

既以《小品經》作為自己的理論來源,則支遁對"即色空"義的捍衛,也首先落實在對《小品經》的捍衛上。他有《大小品對比要抄序》,該文以"明乎小大之不異"[②]立論,卻處處為《小品》張目。在文中,針對"先學共傳云,佛去世後,從《大品》之中抄出《小品》"[③]的觀點,支遁反駁道:

> 不同之功,由之萬品,神悟遲速,莫不緣分。分闇則功重,言積而後悟;質明則神朗,觸理則玄暢。輕之與重,未始非分。是以聖人之為教,不以輕重而廢分,分易而存輕。故群品所以悟,分功所以成,必須重以運通,因其宜以接分。此為悟者之功重,非聖教之有煩。令統所以約,教功所以全,必待統以適性,約文以領玄。領玄則易通,因任則易從。而物未悟二本之不異,統致乎同宗,便以言數為大小,源流為精粗。文約謂之小,文殷謂之大,順常之為通,因變之為舞,守數之為得,領統之為失。而彼揩文之徒,羈見束教,頂著《阿含》,神匱分淺,才不經宗,儒墨大道,域定聖人,志局文句,詰教難權。謂崇要為達諒,領統為傷宗,須徵驗以明實,效應則疑伏。是以至人順群情以徵理,取驗乎沸油;明《小品》之體本,塞群疑幽滯。因物之徵驗,故示驗以應之。[④]

對經典的理解,取決於人們的悟性。"質明"者領會《小品》,"分闇"

① 《出三藏記集》卷七《道行經序》,第264頁。
② 《出三藏記集》卷八《大小品對比要抄序》,第301頁。
③ 《出三藏記集》卷八《大小品對比要抄序》,第299頁。
④ 《出三藏記集》卷八《大小品對比要抄序》,第300頁。

者領會《大品》,而那些"揩文之徒",從文本字數的多少來判斷大、小品的優劣,不明白與《大品》的順常、守數相比,《小品》乃統致、領統。故下文他提出:"夫大、小品者,出於本品。"[①]推翻《小品》自《大品》中抄出的説法,從而否定了《小品》對《大品》的從屬地位。此序在抑《小品》而揚《大品》的時代環境裏,借玄同大、小品為《小品》張目,並用玄學"言意之辨"方法論與佛家宗統之説,推《小品》為"體本",表明了支遁對《小品》的崇尚。文中對"揩文之徒"的批評,正是針對于法開等人而發。從這裏可見東晉般若學派爭論之一鱗半爪:即色、識含之爭,落實到思想淵源、經典所本,又是大、小品之爭。如漢代經學今、古文之爭一樣,大、品之爭,所爭在經典優劣本身,更在本派淵源之正。

三、"即色遊玄"釋義

"即色空"義在《道行指歸》中提出,又在《即色遊玄論》中得到進一步論述。"道行指歸"標明了"即色空"義的佛典背景,"即色遊玄"則提示它還具備玄學語源:"即色"為佛門奧義,而"遊"與"玄",一出於《莊子》,指逍遙之遊;一出於《老子》,指神秘的本體世界。"即色遊玄"這個提法,帶有玄佛合流的時代色彩。何謂"即色遊玄"?今存《即色論》殘章上沒有具體的解釋,但我們還是可以從支遁其他著述裏領會其含義。《大小品對比要抄序》云:

> 無名無始,道之體也;無可不可,聖人之慎也。苟慎理以應動,則不得不寄言。宜明所以寄,宜暢所以言。理冥則言廢,忘覺則智全。若存無以求寂,希智以忘心,智不足以盡無,寂不足以冥神。何則?故有存於所存,有無於所無。存乎存者,非其存也;希乎無者,非其無也。何則?徒知無之為無,莫知所以無;知存之為存,莫知所以存。希無以忘無,故非無之

① 《出三藏記集》卷八《大小品對比要抄序》,第302頁。

所無,寄存以忘存,故非存之所存。莫若無其所以無,忘其所以存。忘其所以存,則無存於所存;遺其所以無,則忘無於所無。忘無故妙存,妙存故盡無,盡無則忘玄,忘玄故無心。然後二跡無寄,無有冥盡。是以諸佛因般若之無始,明萬物之自然;衆生之道喪,溺精神乎深淵。悟群俗以妙道,漸積損以至無,設玄德以廣教,守谷神以存虛,齊衆首於玄同,還群靈乎本無。①

以上論述了“還群靈乎本無”的途徑,為“忘無故妙存,妙存故盡無,盡無則忘玄,忘玄故無心。然後二跡無寄,無有冥盡”。所謂“二跡”,指“跡”與“所以跡”,出自《莊子·天運》:

老子曰:“幸矣子不遇治世之君也! 夫六經,先王之陳跡也,豈其所以跡哉! 今子之所言,猶跡也。夫跡,履之所出,而跡豈履哉!”②

“跡”是現象,“所以跡”是本體,在支遁看來,透過現象來看本體還不是正確的哲學態度。正確的方法,是“無其所以無,忘其所以存”,空掉本體,忘卻存在,然後達到“二跡無寄,無有冥盡”的境地。與“存無以求寂,希智以忘心”的哲學思辨態度相反,支遁提倡的是“忘無故妙存,妙存故盡無,盡無則忘玄,忘玄故無心。然後二跡無寄,無有冥盡”,一種神秘的心齋坐忘方式,以求“寂”能“冥神”,達到“浪神遊宗”③的境地。筆者以為,這就是“即色遊玄”——將現象(跡)本體(所以跡)分離後,穿透現象之有(色)而遊於本體之無(空、玄)的精神境界。支遁《妙觀章》云:

夫色之性也,不自有色。色不自有,雖色而空,故曰色即

---

① 《出三藏記集》卷八《大小品對比要抄序》,第 299 頁。
② 郭慶藩集釋《莊子集釋》卷五下,北京:中華書局,2004 年版,中册,第 532 頁。
③ 《出三藏記集》卷八《大小品對比要抄序》,第 303 頁。

為空,色復異空。[①]

現象(色)非空,但其本性為空,因本性為空,故雖有而空,這就是"即色空"義的主要思想。後僧肇批駁此論,認為"夫言色者,但當色即色,豈待色色而後為色哉?"[②]僧肇的批評指出了支遁理論的特點:"即色空"義從色之性和色之色兩個方面來看色,割裂現象和本體,並非"當色即色"。既然不能"當色即色",則支遁的"即色空",實則是一個空的過程,這個過程就是"即色遊玄"。支遁的俗家弟子孫綽有《遊天台山賦》,言即色而空的境界云:

> 悟遣有之不盡,覺涉無之有間。泯色空以合跡,忽即有而得玄。[③]

觀物之"色"、"空",又泯而合之;分事物為現象與本體後,穿透現象而遊於本體,這就是"即有而得玄"。這段話,是對"即色"——"遊玄"從而達到空觀這一過程的描述,可視為支遁思想的注腳。

四、與"逍遙新義"的關係

在東晉人心目中,支遁是一位名僧,亦是一位名士;是般若學家,也是玄學家的代表。他針對向秀、郭象《莊子·逍遙遊》注提出的"逍遙新義",得到士人的廣泛認同,成為東晉玄學理論的主要建樹。此"逍遙新義",實即"即色遊玄"義的另一種表述。《世說新語·文學》云:

> 《莊子·逍遙》篇,舊是難處,諸名賢所可鑽味,而不能拔理於郭、向之外。支道林在白馬寺中,將馮太常共語,因及《逍遙》。支卓然標新理於二家之表,立異議於衆賢之外,皆是諸

① 劉義慶撰、劉孝標注、余嘉錫箋注《世説新語箋注》卷四注引《妙觀章》,上海:上海古籍出版社,1993 年版,第 222 頁。後文凡引用該書,版本不另行標出。

② 僧肇《肇論·不真空論》,《續藏經》第 96 册,第 32 頁上,臺北:新文豐出版社,1995 年版。

③ 《六臣注文選》卷一一,上海:上海古籍出版社,1993 年版,第 250 頁下。

名賢尋味之所不得。後遂用支理。[1]

劉孝標注曰：

向子期、郭子玄《逍遙義》曰："夫大鵬之上九萬，尺鷃之起榆枋，小大雖差，各任其性。苟當其分，逍遙一也。然物之芸芸，同資有待，得其所待，然後逍遙耳。唯聖人與物冥而循大變，為能無待而常通，豈獨自通而已。又從有待者不失其所待；不失，則同於大通矣。"支氏《逍遙論》曰："夫逍遙者，明至人之心也。莊生建言大道，而寄指鵬、鷃。鵬以營生之路曠，故失適於體外；鷃以在近而笑遠，有矜伐於心內。至人乘天正而高興，遊無窮於放浪，物物而不物於物，則逍然不我得，玄感不為，不疾而速，則遙然靡不適。此所以為逍遙也。若夫有欲當其所足，足於所足，快然有似天真。猶饑者一飽，渴者一盈，豈忘烝嘗於糗糧，絶觴爵於醪醴哉？苟非至足，豈所以逍遙乎？"此向、郭注之所未盡。[2]

支遁新義和向、郭舊義的區別，關涉到如何看待性分（"分"）和物累（"待"）的問題。向、郭以為：只有聖人是可以沒有物累而通於天地之性的，芸芸衆生，各有性分，亦免不了物累；所謂逍遥，就是順從自然的性分，滿足自己的物質欲望。支遁直指"至人之心"，以衆生平等為基本的出世解脱道思想，否定了所謂"自然之分"的説法；基於色空觀的般若思想，否定了物欲的滿足。他認為，以逍遥為自性的"至足"，應"忘烝嘗於糗糧，絶觴爵於醪醴"，不假外求。他描述的"至人乘天正而高興，遊無窮於放浪，物物而不物於物，則逍然不我得，玄感不為，不疾而速，則遥然靡不適"的狀態，在現象界中靠"遊無窮於放浪"的方式達到本體之無的境界，實際上是對"即色遊玄"的生動表述。他還在詩中描述過這種境界：

① 《世説新語箋注》卷四，第 220 頁。

② 《世説新語箋注》卷四，第 220 頁。

重玄在何許?采真遊理間。苟簡為我養,逍遙使我閑。寥亮心神瑩,含虛映自然。①

在真實不虛偽的理中之遊中,可以到達"玄中之玄"的境地。因"色不自有,雖色而空"、"知不自知,雖知恒寂",故詩人放棄世俗思慮,恒遊於逍遙之虛,苟簡之田,在寥亮的心神中,映照本無的自然——此即"即色遊玄"。詩中大量使用老莊的辭彙("重玄"、"采真"、"苟簡"、"逍遙"),又標以色空觀的般若體驗,體現著般若學與玄學的相互格義。

可以這麼概括支遁的理論:"即色遊玄,此所以為逍遙也。"汲取老莊的"遊"、"玄"、"跡"、"所以跡"概念入般若學理論,又以般若學的色空觀對老莊思想予以改造,是支遁"即色遊玄"理論和"逍遙新義"的主題思想。"即色空"義熔鑄了這一主題,反映了東晉時期玄佛合流的時代特色。

作者單位:四川大學中國俗文化研究所

① 《廣弘明集》卷三〇《詠懷詩五首》(其一),《大正藏》第52册,第362頁下—363頁上。

密宗流傳四川的重要文獻

——唐侯圭《東山觀音記》略釋

黃陽興

唐代四川是密宗信仰的重要傳播地，筆者多年來翻檢宗教、藝術、歷史、文學等各方面材料，以期獲得對中晚唐密宗的新認識。近來發現《全唐文》卷八〇六侯圭《東山觀音記》一文中記載了密宗僧人洪照入川弘法的諸多事蹟，透露了東川首府梓州一地佛教傳播的信息，而研究四川密宗歷史、藝術的學者卻又多未引述，絕大多數學者關注點都集中在惠果的兩部灌頂弟子成都府惟上（或曰"尚"）與晚唐五代柳本尊居士的研究上。只有趙長松先生《三臺東山摩崖遺存是唐代密宗道場》一文做了簡要分析[①]，李巳生先生《川密造像藝術初探》一文中也略提到洪照[②]，而其他佛教藝術史、歷史學家則多未能考究於此，《巴蜀佛教碑文集成》一書亦漏收侯氏該文[③]。本文即致力於考釋侯圭《東山觀音記》一文所反映的相

① 參見《四川文物》1998 年第 3 期，第 67—71 頁。趙氏此文尚存在諸多誤解和懸而未決的問題，本文將於注釋中詳細辨明，簡稱"趙氏文"。

② 李文簡略敘述了唐宋元明清歷代四川密教藝術的相關問題。李巳生教授引文如下："永和七年(837)，曾在河南金闕(穀)寺出家受灌頂的洪照師入蜀，住綿州大安寺，其門人修持三密，設壇降魔，真言驅邪，咒水治病救人，於山崖造鬼子母尊龕。"(參見《中華佛學學報》(臺北中華佛學研究所編)，第 19 期，2006 年，第 415 頁)事實上，這段概述存在好些誤區，未能辨識洪照出家乃是五臺山金閣寺，而且將洪照設降魔壇、真言治病的弘法事蹟誤會成是"其門人"，從中可以看出李氏並未理解洪照的真實來歷及其梓州傳法的情況，只是參考了趙氏的論述。

③ 龍顯昭編《巴蜀佛教碑文集成》，成都：巴蜀書社，2004 年版。

關問題,並揭示該文是密宗入川的重要文獻。先謹據中華書局,1983年影印本《全唐文》卷八〇六錄其文如下:

廣明初,梓州浮圖祠大小共十二。慧義居其北,兜率當其南,牛頭據其西,正觀距其東。上臨絶壁,下瞰長江。青靄屬天,纖塵莫及。巉岩險峭,孤標勢盛,諸寺讓焉。自儀鳳元年置,本號清居,尋改真觀。凡一百六十七年,會昌中,例從毀廢。大中時,内大德僧知元①,與工部李侍郎同議興復。功業未就,屬蠻獠倡狂,將犯西蜀。有三藏僧洪照,召諸寺僧智海等,於舊基置降魔壇,號曰'無能'。節度使尚書獨孤公因給牒,置院利人,信施洊至,飛木輓石,僦徒募工,樹立新規,因循舊跡。制未周歲而及半,創觀音像堂三間,南邊佛舍五間,山頭大閣三層七間,房廊厨庫門廡十五間。皆盡雕飾之妙,宏壯之麗。瞻仰崇峻,依歸者萬計。舊傳塼墖十三層,歲久傾欹,忽遇風雷,遲明卻正,時以龍神扶掖之異,今餘其址。又有石龕四五,兼鬼子母,下臨方泉。里巷以高禖之饗,祈禱者衆,頗有靈異。故李公溪石前身之説,詩碑尚在。洪照姓鄭氏,虢州盧氏人。幼詣清涼金閣寺②鏡公處出家,竹林寺用公處具戒。壯歲就興善寺則公處受灌頂五部大法,明五天梵字。太和七年游蜀,初住綿州大安寺。洎返初服,再從剃落。因隸綿州開元寺,置上方轉輪經藏。十年秋,川主尚書韋公請居慧義般舟院,因得重新正觀焉。常以真言袪邪逐祟,咒水治病救人,不可勝數。咸通十三年夏六月,委化於般舟舊座。壽七十八,臘五十五,建方墳於東山。梓州諸寺山院陳跡,慧義則有庾開

① 筆者案:"元"原從"玄",因避康熙帝"玄燁"名諱而改,故知此"内大德"僧乃是悟達國師眉山知玄。

② 中華書局影印文淵閣《四庫》本錄文原為"金闕寺",筆者考清涼五臺山無此寺院,並根據洪照求密宗大法行歷,此必為名寺"金閣寺"無疑,蓋"闕"字本是不明何字故云,抑或為歷代刻印抄寫舛誤所致。

府、王子安、李北海、趙蕤處士碑，牛頭則有閭邱博士均、嚴員外碑，南禪院、應天院則有李員外商隱、淨光徹[①]大碑，圓梵寺、兜率寺則有崔相國、楊相國記，靈泉院法社龕則有王校書魯記，皆雄詞健筆，抉異挑奇，相繼馳名於諸夏矣。惟正觀舊無紀述。照公門人從文，清標正直，勤苦修持，承襲岩棲，宗依明教，亦得其三密心印。乘間錄精宇之興廢，先師之行業，劇懸崖五尺請書。圭辭不獲命，書曰：舊真觀寺，今觀音院。元始其意，照成其志，文終其事。辛丑歲正月二十七日丙子刻。

一、侯圭生平事蹟考略

侯圭是晚唐著名文士，與當時文學名家黄滔、羅隱、李洞等相唱和，尤其以寫賦聞名一时，曾得到晚唐士子的追捧。懿宗咸通年間曾任國子監博士，據唐朝官制，国子监下设国子、太学、四门、律學、算學、书學等六学，各学皆立博士。黄滔是晚唐與韋莊、羅隱、杜荀鶴並名的詩人[②]，咸通十三年(872)曾干謁侯圭，其《侯博士圭啟》文曰：

> 博士負擲地鴻名，標掞天勢，吐揚雄之五藏，陋班固之兩京。故其接踵望塵，駢肩執刺，爭為秤掛，互作鏡窺。或聞由也升堂，賜之入室。是則千門改觀，萬户飛聲。若瑤璧之飾來，類金絲而振作。所謂功侔造化，言繫慘舒。作詞林培植之家，為陸海梯航之主。必當不私其一顧，誤彼衆聞。[③]

黄滔干謁之詞充分地表達了對侯圭的贊頌，從側面也可説明侯圭

① “淨光徹”即晚唐名僧僧徹，赐号“淨光大师”，悟達國師知玄的弟子，主持晚唐懿宗時法門寺最後一次佛指骨供養事宜，兼善碑頌詩歌，後隨僖宗入蜀。可參見(宋)贊寧《宋高僧傳》卷六《唐京兆大安國寺僧徹傳》，王邦維點校，北京：中華書局，1978年版，第133－134頁。

② (明)胡震亨《唐音癸籤》卷八，上海：上海古籍出版社，1981年版。

③ 《唐黄御史文集》卷七，《四部叢刊》初編本影印明萬曆年間刊本。

博士任上深得士人的愛戴,以賦聞名。故著名詩人羅隱《寄侯博士》詩云:"規諫揚雄賦,邅迴賈誼官。久貧還往少,孤立轉遷難。清鏡流年急,高槐旅舍寒。侏儒亦何有,飽食向長安。"①

廣明元年(880)年底,黄巢兵進長安,侯圭隨僖宗入蜀,曾受徵拜中書舍人之職。侯圭《東山觀音院記》稱"廣明初,梓州浮圖祠大小共十二",後署時間"辛丑歲正月二十七日丙子刻",查此"辛丑歲"當為廣明二年(881),説明侯氏已於廣明間入蜀。中和四年(884),黄滔入蜀至成都,聽聞侯圭任中書舍人,甚为欢喜,遂作《喜侯舍人蜀中新命三首》,其詩云:

> 八都詞客漫喧然,誰解飛揚誥誓間。五色彩毫裁鳳詔,九重天子豁龍顔。巴山月在趨朝去,錦水煙生入閣還。謀及中興多少事,莫愁明月不收關。
>
> 卻搜文學起吾唐,暫失都城亦未妨。錦里幸為丹鳳闕,幕賓徵出紫微郎。來時走馬隨中使,到日援毫定外方。若以掌言看諫獵,相如從此病輝光。
>
> 賈誼才承宣室召,左思唯預秘書流。賦家達者無過此,翰苑今朝是獨遊。立被御爐煙氣逼,吟經棧閣雨聲秋。内人未識江淹筆,竟問當時不早求。②

上面三首詩無疑是在高度赞扬侯圭的文采風流,将侯氏誉為國家棟樑,詩賦才华可與司馬相如、賈誼、左思比肩,而且政治才能遠高於前輩。

據彭萬隆先生考證,侯圭徵入中書舍人後不久卽掛冠而去,以"鳳閣之難處"歸隱東川梓橦山。據侯氏《割鴻溝賦》有云:

> 强者功淺,弱者機深,空欲限溝洫之迢遞,閉關河之阻尋。

① 《羅隱集校注》之《甲乙集》卷五,潘慧惠校注,杭州:浙江古籍出版社,1995年版,第159-160頁。

② 前揭《唐黄御史文集》卷三。

分地理不分天理，割波心不割人心。及夫垓下之劍不還，江上之師莫過。始知鳳閣之難處，徒想鴻溝之獨割，至今京索之原，古津空闊。[1]

侯圭目睹朝中互相傾軋之勢，而自抒“鳳閣難處”之情。彭文又引《益州名畫録》卷上載常重胤的中和院寫真，中書舍人充翰林學者中無侯圭之名。據嚴耕望先生考證，“此畫年代不能早過中和四年秋，不能遲過光啟元年春”[2]。最後得出結論云：“若侯圭此間仍在任，必寫之無疑。從黄滔詩‘吟經劍閣雨聲秋’句，合而觀之，則知侯圭本年秋入徵中舍，旋掛冠而去。”[3]此説似可成立。

光啟元年（885）秋，朝廷再徵拜侯圭為吏、户、禮、兵、刑、工六部中某部“侍郎”，而侯氏“有新命不起”，沒有接受新任之職，而是隱居於梓橦山。此據黄滔《寄梓橦山侯侍郎》一詩可知：

漢宫行廟略，簪笏落民間。直道三湘水，高情四皓山。賜衣僧脱去，奏表主批還。地得松蘿塢，泉通雨雪灣。東門添故事，南省缺新班（有新命不起）。片石秋從露，幽窗夜不關。夢餘蟾隱映，吟次鳥綿蠻。可惜相如作，當時事悉閑。[4]

侯圭此時的意向是“高情四皓山”，志在隱居，因此使得“東門添故事，南省缺新班”。黄滔對侯圭此舉似乎有些惋惜，故有“可惜相如作，此時事悉閑”之句。

根據光啟年間李洞《戲贈侯常侍》、《吊侯圭常侍》詩歌之題名可知，朝廷並未因侯氏拒絶“新命”而加以怪罪，倒是給了更高的禮

① （清）董誥等編《全唐文》卷八〇六，北京：中華書局，1983 年影印本，第 8473－8474 頁。

② 嚴耕望《唐僕尚丞郎考》卷六《尚書右僕射》，北京：中華書局，1986 年版，第 394－395 頁。

③ 侯圭與黄滔之交往多參見彭萬隆《黄滔行年考》，載彭氏《唐五代詩考論》，杭州：浙江大學出版社，2006 年版，第 365－378 頁。

④ 《唐黄御史文集》卷四。

遇,並徵拜"散騎常侍"。據唐朝官制,門下省者稱左散騎常侍、中書省者稱右散騎常侍,雖然無實際的職權,但卻是尊貴之官,例多用作大臣們的兼職。[①] 侯圭受此"常侍"之職,證明朝廷是相當看重其聲望的。李洞《戲贈侯常侍》詩云:"葛洪卷與江淹賦,名動天邊傲石居。兩蜀詞人多載後,同君卻諱馬相如。"[②]詩中極力稱贊侯圭的賦蜀中極為知名,聲望掩過司馬相如。大概侯氏最後以"常侍"致仕,不久即過世了。故李洞有《吊侯圭常侍》詩曰:"我重君能賦,君褒我解詩。三堂一拜遇,四海兩心知。影掛僧挑燭,名傳鶴拂碑。涪江吊孤塚,片月下峨嵋。"[③]由此可見,侯圭與李洞著實有一段深厚的感情,對李洞的詩歌很是贊賞,互為傾慕。據詩中"涪江吊孤塚,片月下峨嵋"句可知,侯氏最後葬於東川涪江一帶。侯、李兩位詩人之交往亦可謂晚唐文壇佳話。

侯圭一生以擅賦、接引文士而知名,與羅隱、李洞、黃滔等相往來,居蜀時對當地的文學事業發展起到了相當大的推動作用,名士皆比之漢賦名家司馬相如。侯圭著有《江都賦》一卷,已佚。[④] 今文僅存《割鴻溝賦》、《東山觀音記》兩篇,具載於《全唐文》卷八〇六中。侯氏此文是應密宗僧洪照門徒從文之請而撰,主要是為宣揚洪照創製觀音院及其弘密事蹟。侯圭撰寫此文比擬諸大家之作,云梓州諸寺皆有名家作文,如慧義寺有庾信、王勃、李邕、趙蕤的碑文,牛頭寺有閭邱均、嚴員外[⑤]碑文,南禪院、應天院則李商隱、淨

① 如盛唐詩人高適,據《舊唐書》卷一一一《高適傳》記載,廣德二年(764)正月,代宗詔高適還京,授刑部侍郎,轉散騎常侍,傳中稱"有唐以來,詩人之達者,唯適而已"。略考侯氏官歷可發現其與高適甚為相似,一個以詩聞,一個以賦名,都任官"侍郎"並轉"常侍"。

② (清)彭定求等編《全唐詩》卷七二三,北京:中華書局,1960年版,第8302頁。

③ 《全唐詩》卷七二一,第8280頁。

④ 《宋史》卷二〇八《藝文(七)》。

⑤ 筆者亦未能詳明此"嚴員外"具體指誰,待方家考證。

光大師僧徹碑文,圓梵寺、兜率寺則崔相國、楊相國的記文[①],靈泉院法社龕則有王魯的記文,“皆雄詞健筆,抉異挑奇,相繼馳名於諸夏矣”,唯獨觀音院沒有名家記文,因此侯圭慷慨以撰。

二、虢州洪照求法大興善寺

侯圭《東山觀音院》記載的是河南虢州出身的僧人洪照入川弘揚密宗的事蹟。據侯氏文記載推算,洪照生於德宗貞元十一年(795),曾先後入五臺山金閣寺、竹林寺與長安大興善寺學習密宗。其文曰:

> (洪照)幼詣清涼金閣寺鏡公處出家,竹林寺用公處具戒,壯歲就興善寺則公處受灌頂五部大法、明王五天梵字。

稍查僧史可知,金閣寺、大興善寺都是著名的密宗灌頂傳法以及曼荼羅持念道場所在地,密宗僧徒衆多。另外,文中提到的五臺山竹林寺也與密宗關係極大。

盛唐以來,善無畏、金剛智、不空於長安、洛陽等地弘揚密教,一個新的佛教學派——密宗逐漸形成。中唐肅宗、代宗時期,由於獲得皇室的鼎力支持,以不空為首的密宗及其僧團的發展處於黃

---

① “崔相國”疑指大中十二年(858)任東川節度使兼梓州刺史的崔慎由,官至宰相。《舊唐書》卷一八《宣宗紀》載大中十二年正月詔:“乙太中大夫、守中書侍郎、兼禮部尚書、同平章事、監修國史、上柱國、賜紫金魚袋崔慎由檢校禮部尚書、梓州刺史、御史大夫、劍南東川節度副大使、知節度事,代韋有翼,以有翼為吏部侍郎。”而“楊相國”則很可能是大和七年至九年(833—835)出任東川節度使的楊嗣復,官至宰相。《舊唐書》卷一七(下)《文宗紀(下)》載大和七年七月乙巳“以左丞楊嗣復檢校禮部尚書、充劍南東川節度使”大和九年三月“庚申,以劍南東川節度使楊嗣復檢校户部尚書、兼成都尹、西川節度使”。楊、崔皆進士及第,有文名,兩唐書皆有傳記,並列入《新唐書·宰相世系表》。圓梵寺、兜率寺的記文大概是崔、楊兩人東川節度使任上應該寺僧人所請而作。

金時期。① 永泰二年(766),不空上表呈請願舍衣鉢於五臺山建造金閣寺,極力弘揚文殊菩薩信仰,並説:

> 夫以文殊聖跡聖者為主,結構金閣非陛下而誰。棟樑者大廈是依,股肱者元首所託,共成一體,和協萬邦。金閣斯崇,非夫宰輔贊成,軍客匡助,百寮咸續,千官共崇,則何以表君臣之美,以光金閣之大也。②

此一提議得到了代宗的批准與鼎力支持。大曆元年(766)開始修建,並"宣十節度使助緣"③。大曆二年(767),經不空奏請由其灌頂弟子含光主持營建五臺山金閣寺並檢校督造。該寺投入鉅資,極盡豪華,經五年始成,奉敕大開持念曼荼羅道場。時任宰相的王縉給予了鼎力相助。據《舊唐書》卷一一八《王縉傳》載:

> 五臺山有金閣寺,鑄銅為瓦,塗金於上,照耀山谷。縉為宰相,給中書符牒,令五臺山僧數十人分行郡縣,聚徒講説,以求貨利。

以此資助金閣寺的修建,最後該寺確實耗費鉅資,氣勢恢弘,極盡豪華。繼含光之後,不空的另一位灌頂弟子慧曉又住金閣寺道場修功德。開成五年(840)日本求法僧圓仁來到金閣寺時,對該寺文殊閣、持念曼荼羅道場、普賢堂等多處密宗繪畫、造像等都贊

---

① 不空僧團於中唐時期弘法的大致情況可參考呂建福《中國密教史》,北京:中國社會科學出版社,1995 年版,第 246—311 頁。

② (唐)圓照編《代宗朝贈司空大辨正廣智三藏和上表制集》卷二《請舍衣鉢助僧道環修金閣寺制》,《大正藏》第 52 册,第 834 頁上。

③ 《宋高僧傳》卷二一《唐五臺山清涼寺道義傳》,第 538 頁。

歎不已[①]。由此可想見不空及其弟子門對五臺山密宗發展的重視。[②] 從以上文獻記載可知,金閣寺是一座專門的密宗寺院,它使五臺山成為另一個弘揚唐代密宗的重鎮,也是僧侶朝聖巡禮五臺觀瞻的大寺,更值得注意的是,文殊菩薩信仰的流行與確立正是借助密宗的極力宣揚推動方始完成。[③] 洪照幼時便"詣清涼金閣寺鏡公處出家",此處的"鏡公"不知是哪位僧人,但應該是位密宗僧人無疑。

又據圓仁記載,竹林寺當時共有六院:律院、庫院、花嚴院、法花院、閣院、佛殿院。而其中"花嚴院堂中有金剛界曼荼羅一鋪",戒律院有"諸曼荼羅,彩畫精妙"[④],由此可以説明竹林寺與密宗的深厚關係,當時不空僧團致力於五臺上諸寺的建設,大力推廣密教,竹林寺無疑是有密宗的傳法者居住該寺,顯密兼修。按其年推

① 《入唐求法巡禮行記校注》卷三,[日]圓仁撰,白化文、李鼎霞、許德楠修訂校注,周一良審閱,石家莊:花山文藝出版社,1992年版,第299、300頁。圓仁登文殊閣瞻禮略云:"壁屋簷椽柱無處不畫,内外莊嚴,盡世珍異。……次上第二層,禮金剛頂瑜伽五佛像。斯之不空三藏為國所造,依天竺那爛陀寺様作,每佛各有二協士,並於板壇上列置。次登第三層,禮頂輪王瑜伽會五佛金像,每佛各一協士菩薩。二菩薩作合掌像在佛面前,向南立。佛菩薩手印容貌與第二層像各異。粉壁内面畫諸尊曼荼羅,填色未了,是亦不空三藏為國所造。"又云:"次開持念曼荼羅道場,禮拜尊像。此則不空三藏弟子含光為令李家昌運長遠,奉敕持念修法之道場。……次開普賢堂,禮普賢菩薩像,三像並立,背上安置一菩薩像。堂内外庄严彩画屡刻,不可具言。七寶金函,珍珠繡佛——以線串真珠繡著絹上——功績奇妙,自餘諸物不暇具錄。"由此足见密宗经营金阁寺之用心。

② 可參考[日]千葉照観《不空の密教と金閣寺》,《印度學佛教學研究》第35卷第2期,1987年,第674—676页。

③ 中晚唐时期,因五臺山成为文殊信仰聖地,僧侶朝聖、求法於五臺絡繹不絶,形成了一股潮流,文獻及僧傳中記載甚多,知玄卽是其中之一。又如天台中興名僧湛然曾率僧團巡禮五臺,並至金閣寺與含光相會。"時天台宗學湛然,解了禪觀,深得智者膏腴,嘗與江淮僧四十餘人入清涼境界。湛然與光相見,問西域傳法之事。"(《宋高僧傳》卷二七《唐京兆大興善寺含光傳》,第678頁)

④ 《入唐求法巡禮行記》卷二,第271頁。

算,洪照於竹林寺受具足戒當在憲宗元和十三年(818),而"用公"目前似無法資料可考證。

由此因緣,洪照遂能負笈長安,至當時密宗祖庭大興善寺灌頂道場學習,繼續求法之路。洪照於大興善寺"則公處受灌頂五部大法,明五天梵字"①,大興善寺是不空的翻經道場,同時又建有密宗灌頂道場。五部大法灌頂卽密宗曼荼羅灌頂時所謂以佛、金剛、蓮花、寶、羯磨五部而授之者,學習梵文則是為了能更準確地念誦真言陀羅尼,這是密宗學者必須熟練掌握的一門功課,又名為"悉壇學"(siddham)②。

為洪照授密宗五部灌頂的"則公"正是不空與惠果共同的灌頂弟子大興善寺惠則。據海雲《金胎兩界師資相承圖》可知,惠則接受了同門惠果金剛界和胎藏界兩部密宗大法的灌頂。惠果是不空的六大弟子之一,於青龍寺東塔院另立灌頂道場,大弘密宗,日本求法僧多於此學習密宗,著名者如空海法師卽師從惠果,回日本後建立真言宗,成為影響日本佛教最重要的宗派之一。據海雲《兩部大法相稱師資付法記》卷上記載,惠果傳法者甚多,惠則卽是其中之一:

> 所傳金剛界法者,則有大興善寺傳灌頂教同學惠應阿闍梨、惠則阿闍梨、成都府惟尚、汴淋辨弘、新羅國僧惠日、日本國僧空海、青龍寺義滿、義明、義操、義照、義愍、義政、義一、俗居士靈般(已上十四人皆傳授大教次阿闍梨位)。③

顯然,惠則接受了不空、惠果一系密宗法門灌頂。貞元、元和年間,

---

① 趙氏文誤句讀為"五部大法明",並解釋為佛教所謂"五明"卽聲明、工巧明、醫明、因明、内明,實在是種大曲解。

② 隨著密教的興起,學習梵文也成為一時之風。可參見周一良《中國的梵文研究》,載周氏《唐代密宗》,錢文忠譯,上海:遠東出版社,第 141－156 頁。梵文在中國的傳播亦可參考周廣榮《梵語〈悉曇章〉在中國的傳播與影響》一書(北京:宗教文化出版社,2004 年版)

③ 《大正藏》第 51 册,第 784 頁中。

除惠朗、惠果等灌頂國師之外，密宗僧的勢力依然高居上層，此由權德輿《唐大興善寺故大宏教大辯正三藏和尚影堂碣銘(並序)》一文可知：

大師(筆者按：即'不空')之弟子曰沙門含光、曇貞、覺超、惠應、子鄰、潛真、惠覺等，或為肅宗灌頂阿闍梨清涼山功德使，或為內道場三教大德，或為僧錄，皆偉然龍象，為法棟樑。①

洪照北上長安求密宗法門亦是情理之事，這一點頗似中晚唐時期日本"入唐八家"求法僧最澄、空海、常曉、圓仁、圓珍、圓載、惠運、宗睿等都急迫地要往長安求到密宗大法。由此可見，洪照從出家、受具到灌頂學五部大法，都與密宗有關，秉承了京城不空密宗僧團的正統法脈。

四、洪照入蜀弘揚密宗

學得密宗大法後，洪照於唐文宗太和七年(833)遊蜀，最初住綿州大安寺，會昌法難時被迫還俗。不久，唐宣宗復興佛教，於是再披僧衣，隸綿州開元寺，置上方轉輪經藏，今重慶大足北山佛灣石刻第136號即是南宋"轉輪經藏窟"，或許亦與此有因緣。大中十年(856)，大概名聲日高，因此新任東川節度使韋有翼邀請洪照至梓州慧義寺般舟院弘法。

慧義寺是中晚唐四川比較著名的禪宗大寺，北周時期建立，原名安昌寺，則天皇帝時改慧義寺。初唐王勃作梓州寺院碑文多篇，其中《梓州慧義寺碑銘並序》一文，氣象渾厚，音律協暢，極盡駢文

① 《權載之文集》卷二八，《四部丛刊》(初編)影印大兴朱氏刊本。相關研究可參見[日]岩崎日出男《〈唐大興善寺故大弘教大辯正三藏和尚影堂碣銘并序〉について——その史料的位置付けと價値を中心として》，《東洋の思想と宗教》第21期，2004年3月，第25—43页。

之華麗,已詳述其淵源[①]。盛中唐以來成為著名的禪宗寺院,《北山錄》作者中唐禪僧神清卽出自該寺。據李商隱大中七年(853)所作《梓州慧義精舍南禪院四證堂碑銘》文,該寺南禪院曾"圖益州靜無相大師、保唐無住大師與洪州道一大師、西堂知藏大師四真形於屋壁"[②],故號"四證堂"。會昌滅佛期間作為東川唯一存留的佛寺。[③] 據侯圭文載:

> (大中)十年秋,川主尚書韋公請居慧義般舟院,因得重新正觀焉。常以真言祛邪逐祟,咒水治病救人,不可勝數。[④]

邀請洪照的"川主尚書韋公"卽是大中十年至十二年(856—858)任東川節度使的韋有翼,可見密宗僧人備受軍事貴族們的支持。[⑤] 因此纔有緣於原梓州真觀寺舊基創製觀音院。

據侯氏文,觀音院之前身是真觀寺,建於儀鳳元年(676),本號清居寺,不久改為真觀寺,凡歷一百六十七年,會昌滅佛,例從毀

① 《王子安集注》卷一八,(清)蔣清翊注,上海:上海古籍出版社,1995 年版,第 583—593 頁。

② 劉學鍇,余恕誠《李商隱文編年校注》第五册,北京:中華書局,2002 年版,第 2068 頁。

③ 左啟《〈梓州慧義精舍南禪院四證堂〉相關問題考述》,《四川文物》2005 年第 5 期,第 54—57、79 頁。文中有考證慧義寺之沿革。

④ 因洪照太和七年(833)遊蜀,趙氏文誤以為此"十年秋"為 837 年,這一推算完全錯誤。首先,從數學計算上一看卽知有誤;其次,唐文宗到太和九年後卽改元為"開成"年號,按 837 年當為"開成二年";再次,韋有翼任東川節度使是自大中十年(參見吳廷燮《唐方鎮年表》卷六《劍南東川》,北京:中華書局,1980 年版,第 1009 頁);復次,侯氏文曰"洎返初服,再從剃落",很明顯是經歷會昌滅佛之難被迫還俗,至宣宗復興佛教再披僧衣。故趙氏的判斷實誤。且洪照卒年咸通十三年乃 872 年而非 873 年。

⑤ 《新唐書》卷六八《方鎮表(五)》"至德二載"下云:"置劍南東川節度使,領梓、遂、綿、劍、龍、閬、普、陵、瀘、榮、資、簡等十二州,治梓州"。又至乾元二年(759)又增領昌州、渝州、合州三州。於是,梓州逐漸成為蜀中第二大政治、經濟、文化中心,與西川節度使治所益州並名。事實上,東川節度使最初治所是在綿州,"劍南自玄宗還京後,於綿、益二州各置一節度"(參見《舊唐書》卷一一一《高適傳》)。又曾一度治於遂州(參見《舊唐書》卷一四七《李叔明傳》),後移治梓州。

廢。大中年間,内大德僧悟達國師知玄與工部李侍郎同議興復佛教,据嚴耕望先生考證,此“工部李侍郎”很可能是咸通初年任工侍的李從晦[①],又李從晦與裴休善,裴氏是宣宗時宰相,尤為信奉佛教,與知玄交善,並致力於興復,故李從晦議興佛教亦屬事理。梓州一地佛教寺院也相繼重建,但功業未就,一場戰爭卻來臨了。咸通年間,南昭大舉侵犯西蜀。大中十三年(859)世隆繼任南詔王,此後乃大舉攻唐。據《資治通鑒》卷二五三《唐紀六九》廣明元年載,時宰相盧攜、豆盧琢議論言:

> 自咸通以來,蠻(南昭)兩陷安南、邕管,一入黔中,四犯西川,天下疲弊,踰十五年。租賦太半不入京師,三使、内庫由茲虚竭。戰士死於瘴癘,百姓困為盜賊,致中原榛杞,皆蠻故也。

據文可知,南昭曾四度進犯西川,成為唐末西南邊疆之大患。洪照正是於咸通初召請西蜀梓州諸寺僧侶智海等於真觀寺舊基建降魔壇,密咒之降伏妖魔、禳災祈福的功用是密宗所以流行的一大原因。據侯氏文載:

> 屬蠻獠倡狂,將犯西蜀。有三藏僧洪照,召諸寺僧智海等,於舊基置降魔壇,號曰‘無能’。節度使尚書獨孤公因給牒,置院利人。

該“節度使尚書獨孤公”即是咸通七年至十一年間(866—870)任劍南東川節度使的獨孤雲。[②] 洪照在四川傳密具有相當影響,其建“無能”降魔壇之舉也受到軍事貴族們的關注,於是獨孤雲給予公牒,支持其置院弘密。

---

① 嚴耕望先生考曰:“‘蠻獠倡狂’當指南昭而言。南昭與唐之邦交至宣宗崩後始破裂,其入寇始於大中三年冬末或咸通元年春,然皆在安南一帶,此謂‘將犯西蜀’,當指寇嶲州攻邛崍關而言。此事,《通鑒》書於咸通二年秋冬。又獨孤雲為東川節度在咸通中葉。則此記雖冒言大中,實咸通初也。工部李侍郎者蓋即從晦歟?”(《唐僕尚丞郎表》卷二二《尚書工部侍郎》,第1087頁)

② 《唐代方鎮年表》卷六《劍南東川》,第1011—1012頁。

事實上,建道場祈福息災、降伏妖魔正是密宗法門之能事。據乾元三年(760)宮苑都巡使史元琮上奏肅宗,希望允許大興善寺為國開灌頂道場,其文略云:

> 臣竊觀度災禦難之法,不過秘密大乘。……伏望命三藏不空,於前件寺為國修一灌頂道場。其道場有息災增益之教,有降伏歡喜之能,奉此功力以滅群凶。①

由此可知,密宗之"息災增益"、"降伏歡喜"的"護國"思想為統治者所推崇。洪照建立降魔壇其用意即在於此。② 該降魔壇號曰"無能"是有深刻的密宗理論根據,"無能"即是密宗八大明王之一"無能勝明王"的簡稱,"無能勝即無不可破壞之義",據説該明王"是釋迦化身,隱其無量自在神力,而現此忿怒明王之形,謂降伏衆生而盡諸障也。……能於生死中而得自在,坐佛树下摧破四魔兵众也。"③無能勝明王於現圖胎藏界曼荼羅中位於釋迦院釋迦牟尼佛左邊,蓋因釋迦佛菩提樹下成道時其以明咒力降服魔軍、退治障礙,故密宗以無能勝代表佛成道降魔之德。根據密宗理論,洪照建"無能"降魔壇必定要於壇上圖畫該明王形象,並念誦該明王真言陀羅尼咒。

① 《代宗朝贈司空大辨正廣智三藏和上表制集》卷一,《大正藏》第52册,第829頁中。

② 護國思想是密宗取得統治者支持的重要法寶。可参见[日]岩崎日出男《不空三蔵の護国活動の展開について》,《印度學佛教學研究》第42卷第1号,1993年,第249—251页。又美國北卡羅來那州Orzech教授以不空《仁王護國經》為中心展開探討政治與宗教問題,頗值得學者借鑒。(Charles D. Orzech. Politics and Transcendent Wisdom: The Scripture for Humane Kings in the Creation of Chinese Buddhism, Pa.: Pennsylvania State University Press, 1998.)

③ 《大毘盧遮那成佛經疏》卷一〇,《大正藏》第39册,第683頁下。根據密宗理論,凡一一之佛皆有三種輪身:一曰自性輪身,即佛本身;一曰正法輪身,即現菩薩莊嚴之態;三曰教令輪身,即現明王忿怒之相。教令輪身是密宗傳法之大特色,故贊寧云:"教令輪者,即密教也,以金剛智為始祖焉。……傳教令輪者,以秘密傳秘密。"(《宋高僧傳》卷三"論曰",第56頁)由是可知,無能勝明王即釋迦佛之教令輪身。在密宗八大明王中,無能勝明王是地藏菩薩所示現的忿怒相。

由於得到獨孤雲的支持，洪照在原來真觀寺舊基創製觀音院，“創觀音像堂三間，南邊佛舍五間，山頭大閣三層七間，房廊、厨庫、門廡十五間。皆盡雕飾之妙，宏壯之麗，瞻仰崇峻，依歸者萬計。”可見觀音院相當壯觀，其内當圖繪密宗諸佛菩薩之像。① 筆者困惑的是，觀音院結構無疑是按照密宗曼荼羅道場進行設計佈置，院内觀音像堂三間、佛舍五間、山頭大閣三層七間、房廊廚庫門廡十五間，這是一個怎樣的曼荼羅佈局呢？觀音像堂可能擺放的就是“正觀音像”，即“圣觀音”，是密宗六大觀音之一，也是顯教崇奉的觀世音，故該佛院又名“正觀院”。抑或即是代表胎藏界中“觀音院”，共三十七尊？而南邊佛舍五間蓋是供奉密宗五佛，分别代表五種智慧，即中央大日如來，表法界體性智；東方不動如來，表大圓鏡智；南方寶生如來，表平等性智；西方阿彌陀佛，表妙觀察智；北方不空成就佛，表成所作智。筆者學識有限，其他寓意則不敢妄自議論，以俟博雅君子考明。②

洪照又於山崖造“石龕四五，兼鬼子母”，膜拜者甚多，且屢現靈驗，足見洪照傳密法之盛。鬼子母是佛教二十四諸天護法神之一，受顯密二教共同尊奉。密教中，鬼子母位於胎藏界曼荼羅之外金剛部内，另外有訶梨帝母法，即以鬼子母神為本尊，多為祈求安產之修法。相關儀軌如不空譯《大藥叉女歡喜母並愛子成就法》與《訶梨帝母真言法》。據不空譯《訶利帝母真言經》卷一記載其形象云：

畫訶利帝母作天女像，純金色，身著天衣，頭冠瓔珞，坐高

① 圖像傳教是密宗的一大特色，故其重視藝術。惠果曾明確地指出：“真言秘藏經疏隱密，不假圖畫不能相傳。”（空海《御請來目錄》卷一，《大正藏》第55册，第1065頁中）

② 今三臺地區一處摩崖遺存，趙氏撰文考證將此一遺址定為當年洪照弘揚密宗的胎藏界曼荼羅道場。三層七間大閣為佛部，觀音院為蓮花部，鬼子母等石龕屬金剛部。筆者以為，趙氏文的考證欠缺尚多，五間佛舍與十五間輔舍又如何安排？此摩崖遺存不足以證明是完整的胎藏界道場，觀音院建制的曼荼羅鋪設問題並謂得到解决。

臺上,垂下兩足。於垂足兩邊,畫二孩子,傍宣臺立,於二膝上各坐一孩子,以左手懷中抱一孩子,於右手中持吉祥果。①

鬼子母信仰於唐中晚時期也較為流行,李岫曾於長安光明寺中塑鬼子母及文惠太子像,“舉止態度如生”②。德宗貞元年間,密宗名畫家李真等供奉畫工曾應灌頂國師惠果之招為日本留學僧空海畫諸多曼荼羅,又於招福寺庫院畫鬼子母,“往往得長史規矩,把鏡者尤工”③。中晚唐名畫家范瓊曾於成都大聖慈寺南廊下畫“藥叉、大將、修吉龍王、鬼子母、天女五堵”。④ 巴中南龕第 68 號(盛唐)、第 81 號(中晚唐)分別雕鬼子母及九子造像。⑤ 鬼子母信仰在四川地區因洪照的傳密而更加興盛。⑥

---

① 《大正藏》第 21 册,第 289 頁下。四川各地鬼子母造像與經典大致吻合。日本因密教的流行,鬼子母信仰也極受崇拜。相關可參見[日]宮崎英修《鬼子母神信仰》(民衆宗教史叢書),雄山閣,1985 年版。西方學者從佛教藝術史層面也多有關注,如 Murray, Julia K. “Representations of Hārītī, the Mother of Demons, and the Theme of ‘Raising the Alms-Bowl’in Chinese Painting”, Artibus Asiae, Vol. 43, No. 4. (1981—1982), pp. 253—284.

② (唐)段成式《酉陽雜俎》(續集)卷五《寺塔記》(上),方南生點校,北京:中華書局,1981 年版,第 248 頁。

③ 《酉陽雜俎》(續集)卷五《寺塔記》(下),第 260 頁。空海回日本之前,惠果喚供出奉丹青李真等十餘名畫家,圖繪胎藏界、金剛界等大曼荼羅一十鋪。(空海《御請來目錄》卷一,《大正藏》第 55 册,第 1065 頁中)

④ (宋)黃休復《益州名畫錄》卷上,:人民美術出版社,1964 年版,第 4 頁。

⑤ 四川文物管理局,成都文物考古研究所,北京大學中國考古學研究中心,巴州區文物管理所《巴中石窟内容總錄》,成都:巴蜀書社,2006 年版,第 100—101、128 頁。晚唐文德元年(888)“同節度十將、軍事押衙、充都押都巡兼殿中侍御史李思弘夫妻發心修妝”。

⑥ 宋代四川鬼子母信仰依然流行,如大足石窟宋代造像,北山佛灣第 122、第 289 龕、石篆山第 1 龕、石門山第 9 龕、玉灘第 3 龕皆為鬼子母造像。(參見大足石刻研究學會,四川省社會科學院,大足縣文物保管所,大足縣石刻研究學會編《大足石刻内容總錄》,成都:四川省社會科學院出版社,1985 年版,第 46、117、289、326—327、367 頁)

洪照又“常以真言袪邪逐祟,咒水治病救人,不可勝數”。密宗以真言咒語役使鬼神、降伏妖魔、治療疑難雜病,這都大量見於中晚唐僧人傳記與各類筆記小説中,學者多有論述,此無須多言。①四川當地對於密宗咒語的神秘功效頗為感興趣,後來晚唐五代時期柳本尊居士之弘揚密教亦多如是。由於洪照的努力,使得觀音院與慧義寺、兜率寺、牛頭寺同成為晚唐梓州四大名寺,且具地理優勢,卽侯氏所謂“上臨絶壁,下瞰長江。青靄屬天,纖塵莫及。巉岩險峭,孤標勢盛,諸寺讓焉”云云。

咸通十三年(872),洪照圓寂於慧義寺般舟院,享年七十八,戒齡五十五。而“照公門人從文,清標正直,勤苦修持,承襲岩棲,宗依明教,亦得其三密心印”②。由此可知洪照門人從文澹薄名利,勤於修持,過著隱居式簡單生活,又得傳“三密心印”。密宗祖師不空曾明確指出:

> 所言三密者,一身密者,如結契印召請聖衆是也;二語密者,如密誦真言、文句了了分明無謬誤也;三意密者,如住瑜伽相應、白淨月圓觀菩提心。③

密宗宣稱通過三密方式信持陀羅尼真言可以“不暇多劫難行苦行,能轉定業速疾易成安樂成佛速疾之道”④。密宗以《大日經》之説法為心印。所謂心者,精要之義;印者,決定之義。《大日經疏》卷三記載:“於種種聖言無不統其精要,若能持是心印,廣開一切法門,是名通達三乘。”⑤又《大日經疏演奥鈔》卷二云:“心印者,心精

① 可參見夏廣興《從隋唐五代小説看密教對唐代社會的影響》,《中國文學研究》(復旦大學中國古代文學研究中心編)第八輯,第33—50頁

② 趙氏文以“明教”卽“密教、密宗、真言宗”,“心印”卽“相應”,不知何据,恐是臆測。至云洪照門人設降魔壇,咒術治病救人等,實在大誤。筆者文中已更正。

③ 《金剛頂瑜伽中發阿耨多羅三藐三菩提心論》卷一,《大正藏》第32册,第574頁中。

④ 《總釋陀羅尼義贊》卷一,《大正藏》第18册,第898頁中。

⑤ 《大正藏》第39册,第612頁中。

要義,印決定義。此經所説為心為印,廣開一切法門,是故持此心印,名通達三乘。"[1]如此而言,密宗僧洪照在四川梓州弘揚密法,先後得到東川節度使韋有翼與獨孤雲的支持,門人弟子師資相承,延續密宗衣鉢,此對四川密教的發展意義重大。

五、中晚唐時期四川其他密教僧的傳法

當然,中晚唐至五代時期,文獻中有記載的在四川地區傳播密教的並非只有惟上、洪照以及柳本尊。其實,活躍在四川地區且有明確記載的密教僧人不在少數,以往學者多未注意,筆者近年來搜集中晚唐密教相關材料,偶有發現,在此謹舉出幾例,供學者參考。

(一)成都府沙門正覺。

據長慶中成都府沙門國威《佛頂尊勝陀羅尼幢記》文云:"而況吾師正覺,成就神通,事顯多門,開秘密教,總攝三藏……。"[2]可知國威的師父正覺"開秘密教",無疑是位傳播密教的僧人。尤其值得注意的是,該尊勝陀羅尼經幢是由"神策都虞候侍御史史公"與成都"總持社邑"信衆共同合緣建立,時在唐"長慶甲辰"即長慶四年(824)。中古宗教信仰體系中,佛教社邑是民間信佛者和僧尼互相配合組織而成的佛教社團。隋唐時期,佛教社邑組織十分發達,從敦煌藏經洞文獻中可略知。社邑往往承擔修建石窟、舉行齋會、誦經和舉辦法會等,規模頗為可觀。"總持"是陀羅尼的意譯,"總持社"無疑是修習密教陀羅尼而共同成立的佛社。它尤能説明最為廣泛的基層信衆對修持陀羅尼密教的推崇,由此亦可知四川成都一帶密教造像、寺院密教壁畫發達的緣由。

---

① 《大正藏》第 59 册,第 21 頁中。

② (清)陸心源《唐文續拾》卷八《佛頂尊勝陀羅尼幢記》,據上海古籍出版社影印《全唐文》後附録。

(二)榮州天王院文遠。

據晚清陸心源所輯錄地方石刻材料顯示,會昌六年(846)至大中元年(847)間,四川榮州刺史鄭操舍錢修葺龍興寺之天王院,請僧文遠主持該院。據石刻所顯示材料,文遠"所習《圓覺經》、《起信論》、五部持念"。[①] 文遠的師從已無法考證,但所學"五部持念"確是密宗金剛界曼荼羅法無疑,與洪照大興善寺所學五部持念之法相同。此則記載表明,金剛界"五部持念"的密宗僧已深入地方,並且顯密兼修,或者説顯教僧同時兼修密宗。榮州在中晚唐時屬東川節度使轄區,與仁壽、資中、安嶽、大足、宜賓等石窟群毗鄰。由此也可以清楚地説明,四川地區大量出現密教石刻造像是由於各地都存在弘揚密宗的僧侶。

(三)成都府淨衆寺持念賜紫僧義超。

1978 年 4 月,江蘇蘇州盤門瑞光寺塔中發現了藏於真珠舍利寶幢經幢内的刻板印刷經咒護輪兩幅。一幅刻於北宋咸平四年(1001)的獨幅雕版佛畫《大隨求陀羅尼咒經》,該隨求經中央為釋迦像,環以漢字及經咒,開頭内容為大隨求陀羅尼經咒的啟請文,其後則是大隨求陀羅尼經咒的八種咒語。四角為四大天王像,上部正中有圖案。經文下部為長方框,框内記該經刊刻緣起:"劍南西川成都府淨衆寺講經論、持念賜紫義超同募緣傳法沙門蘊仁……同入緣男弟子張日宣……同入緣女弟子沈三娘……",最後落款為"咸平四年十一月□日杭州趙宗霸開雕"。[②] 據四川大學張子開考證,淨衆寺在成都縣西北,唐開元十六年(728)新羅國僧無相

① 前揭《唐文續拾》卷一〇《天王院記》。

② 參見蘇州市文官會、蘇州博物館《蘇州瑞光寺發現一批五代、北宋文物》,《文物》,1979 年 11 期,第 24 頁。

募建,是中晚唐四川乃至兩宋時期成都的禪宗大寺。① 另據《宋史·志》第四十二《地理(五)》中記載:

成都府,次府,本益州,蜀郡,劍南西川節度。太平興國六年,降為州。端拱元年,復為劍南西川成都府。淳化五年,降為益州,罷節度。嘉祐五年,復為府。六年,復節度。

也就是説從淳化五年(994)至嘉祐五年(1060)間成都府被降為益州,且罷了節度使,而該件大隨求曼荼羅經咒雕刻云"咸平四年(1001)",按照"劍南西川成都府"的稱號固然不屬於前後蜀,那麼原雕刻件無疑是出自中晚唐的成都淨衆寺,只是翻刻的時候加上了宋咸平年間的邊款、具體年代以及刻工姓名等。持帶隨求經咒是唐宋時期較流行的密教信仰之一,近代以来,四川成都、陝西西安等地都出土了蜀中印刷的随求曼荼罗经咒,这些在当时都是大量印行的佛教物品,马世长教授与笔者对此从不同的侧面都有详细的论述②,此處便不赘述。

由此卽可討論一個更具宗教歷史價值的問題,卽晚唐發起刻印該大隨求經咒的淨衆寺僧義超的宗派問題。義超號曰"講經論、持念賜紫","講經論"是中晚唐時期皇室封予佛教擅長該項業務的高僧大德的稱號,而"持念"則是一種典型的念誦密教經典的修行方式,一般的密宗僧都解持念之法,"五部持念"、内道場持念僧皆由密宗僧擔任。因此,由"持念"稱號可以判定義超修行密教,至少

① 張子開《唐代成都府淨衆寺歷史沿革考》,《新國學》第1輯,1999年版,第289-312頁。葉瑞寶根據清代常明、楊芳燦等編纂《嘉慶四川通志》考證宋代已易名為淨因寺,由此推斷該大隨求曼荼羅經咒翻刻於晚唐淨衆寺,結論雖歪打正著,但是論據本身事實上卻是不準確的。(《瑞光寺發現咸平本〈大隨求陁羅尼〉經刻印地區的探討》,《蘇州大學學報》(哲社版),1982年第2期(總第41期),第123-126頁)

② 可參考馬世長《大隨求陀羅尼曼荼羅圖像的初步考察》,載《唐研究》第10卷,北京:北京大學出版社,2004年版,第527-579頁;拙文《略論唐宋時期的"隨求"信仰》(上篇、下篇),載《普門學報》(臺灣),第34期第125-154頁、第35期第223-246頁。

是位顯密兼修的僧人,而"傳法沙門蘊仁"很可能是義超的傳法弟子。據此可知,由於密宗僧人的推動,唐代四川成都府已經有該大隨求陀羅尼經咒模版的印行。而宋代杭州又用此舊版進行大量印刷,以供信徒需求,由是該印刷曼荼羅經咒得以流入揚州。

結 語

以上是筆者對侯圭《東山觀音院》一文及其涉及的密宗僧入川弘法問題的一點考證。從中可以看到,洪照稟承了密宗大興善寺不空一系正統法脈,於四川綿州和梓州兩地弘法。大中、咸通年間,洪照先後得到東川最高軍事領袖韋有翼和獨孤雲的支持,在東川首府梓州建"無能"降魔道場,持念以求佛力制伏大舉進犯四川的南昭。又創製東山觀音院,皈依信衆數以萬計。洪照對四川密宗的影響無疑是非常大的,川東遂寧、仁壽、安嶽、資州、大足、合川等地的中晚唐密教造像可能也受到這股密宗潮流的影響。

四川各地如川北的廣元、巴中,川西南的樂山、夾江、丹陵、仁壽、蒲江等地密教造像遺存甚多,這是佛教藝術史研究學者所熟知的。又從畫史資料來看,如郭若虛《圖畫見聞志》、黄休復《益州名畫記》、范成大《名寺記》等書,記載了中晚唐五代時期成都一帶寺院壁畫,其中有大量的密教題材,包括大悲千手眼觀音、八大明王、毗沙門天王、如意輪菩薩等,説明密宗僧人入川傳法的不在少數,只是文獻不足以徵之,故無法逐一考證其人罷了,當然,這一點從洪照在梓州大傳密宗,正覺在成都"開秘密教",榮州文遠學習"五部持念",成都淨衆寺義超以"持念"聞名等亦可以見一端倪。故草撰此文,以求教於四川藝術史、佛教史研究方家。

作者單位:深圳博物館

自我觀看的影像

——宋代自贊文研究

(臺灣)謝佩芬

一、前言

歷經多年戰亂，公元960年，趙匡胤(927－976)暫時終結了動盪不安的局面，開創了較為穩定平和的"建隆"新世[1]。面對殘破景象，宋人除致力收拾舊山河之外，更著意自歷史長河中尋索可資借鏡的楷模，以為長治久安的基礎。

文人們借由科舉考試晉身仕宦行列，公領域的經世濟民、效法前賢外，私領域的立身處世、觀看創作，都會讓文人再三思考"開闢真難為"的困境及突破方法。在這樣的氛圍下，宋代出現諸多史論文、詠史詩，賦詠慨歎歷史陳跡、古人作為都能提供他們追慕倣效的對象。只是，偏向內斂自省的宋人文化，將視野投注外在世界之餘，也不忘反躬自省，自《全宋文》中留存衆多自叙性文章便可略窺

① "建隆"為宋太祖建國後所立第一個年號，沿用三年後，更改年號為"乾德"，又五年，改為"開寶"。

一斑[①]。

《全宋文》中自叙性文章略有：自傳、自序、自撰墓誌銘、自祭文、自箴及自贊，其中“自贊”數量最多，約有110篇[②]，較其他體類多出不少，而無論自傳、自序、自祭文都有較長久的歷史淵源，宋前文人們繼作較多，但宋代卻是以自贊文居多，頗為特別。

自贊屬於贊的一種，關於“贊”的原始意涵與起源，古今學者自來有幾種不同説法，或謂“贊”本為“明也”，“助也”之義[③]，乃起源

① 關於書寫自我的文章該如何以一個共同通用、涵括周到的名詞稱呼，似乎頗為困難，郭登峰編集《歷代自叙傳文鈔》時，將單篇獨立的自叙文、附於著述的自叙文、自作傳記、自作墓誌銘等歸為“自叙傳”，書牘體、辭賦體、詩歌體、哀祭體、雜記體的自叙文、附於圖書上的自叙文、自狀、自訟、自贊列為“準自叙傳”，而這是按性質分類，如從自叙對象而言，郭氏認為“或係本人一生、半生的綜述，或係叙述足以代表本人某種性格的一端或數端的事情。”（參見氏編前書，臺北：臺灣商務印書館，1965年版，第2－3頁）。王元則將郭氏“自叙傳”文章命為“自傳”，“準自叙傳”文章稱為“準自傳”（氏著《傳記學》，臺北：牧童出版社，1977年版，第33－34頁）。廖卓成認為郭氏所説的“自叙傳”就是“自傳”，就是“自述的傳記”，因此廖氏研究“自傳文”時，將自訟、自贊、自祭文、家慶圖贊、畫像自贊、自誓文、自題小像等文章排除在外。（見氏《自傳文研究》，臺灣大學中國文學研究所博士論文，1992年6月，第7頁）王學玲則為了與西方所謂“自傳”有所區隔，避免以先入為主概念界定中國具有自傳性質的文學作品，所以刻意捨棄“自傳”一詞，而沿用郭氏“自叙傳”名詞，但擴大收納範圍，將自序、自傳、自為墓誌銘、自祭文、自叙、自狀、自訟、自贊、回思錄、日記等總稱為“自叙傳文”。（見氏著《不可侵犯的讖語——明清之際自叙傳的諧謔與悔愧》，《淡江中文學報》第13期，第73－75頁）。考察諸家説法，關於各種書寫自我文章的稱呼其實與各人對文章性質、分類的看法有關，學界似乎仍未找到貼切適合，一以貫之的名稱。郭氏“自叙傳”、“準自叙傳”的説法可能是較被認同的説法，事實上，“準自叙傳”必然具備了部分“自叙傳”特質，重點都在具有“自叙”性質，為了與傳統“自叙”、“自序”區隔，也為方便起見，本文暫時將郭氏所列舉的所有“自叙傳”、“準自叙傳”都以“自叙性文章”稱之。

② 詳參後附表格。

③ 現存文獻中最早得見“贊”者，可能為《尚書·皋陶謨》“皋陶曰：予未有知思，曰，贊贊襄哉。”韓注、孔傳均曰“贊”為“助也”，鄭玄則訓為“明也”。見《重刊宋本十三經注疏附校勘記·重刊宋本尚書注疏附校勘記》（臺北：文印書館，1965年版），《虞書·附釋音尚書注疏》卷四《皋陶謨》，第63－2頁。

於儀式唱誦①;或云"贊"本具"頌美"之義,乃"乘人之美"②、"集其美而序之也"③,"所以昭述勳德,思詠政惠"④;吳訥(1372—1457)以為:

按贊者,贊美之辭。《文章緣起》曰:"漢司馬相如作《荊軻贊》。"世已不傳。厥後班孟堅《漢史》以論為贊,至宋范曄更以韻語。唐建中中試進士,以箴、論、表、贊代詩賦,而無頌題。迨後復置博學宏詞科,則頌贊二題皆出矣。西山云:"贊頌體式相仿,貴乎贍麗宏肆,而有雍容俯仰頓挫起伏之態,乃為佳作。"大抵贊有二體:若作散文,當祖班氏史評;若作韻語,當宗東方朔《畫像贊》。⑤

斷定"贊"必為贊美之辭,簡述其發展歷程,並就性質細分為史贊散文與畫贊韻文二類,而自唐代建中進士考試科目以箴、論、表、贊代替詩賦一事視之,則不難見出唐人重視"贊"的態度。事實上,即使建中前未將"贊"列入科考項目,但歷代史贊的存在早已提示"贊"體重要性。徐師曾(?—?)意見與吳訥類近:

按字書云:"贊稱美也,字本作讚",昔漢司馬相如初贊荊軻,其詞雖亡,而後人祖之,著作甚衆。唐時至用以試士,則其

① 張立兵《論先秦兩漢的頌、贊、箴、銘》(西北師範大學中文碩論文,2004 年),第 25 頁;胡吉星《作為文體的頌贊與中國美頌傳統的形成》(暨南大學博士論文,2009 年),第 78—79 頁。

② 《釋名》([東漢]劉熙《釋名》,[清]王先謙《釋名疏證補》,北京:中華書局,2008 年版),《釋典藝》。

③ 《釋名》([東漢]劉熙《釋名》,[清]王先謙《釋名疏證補》,北京:中華書局,2008 年版),《釋典藝》。

④ 桓範《贊象》,《全上古三代秦漢三國六朝文·全三國文·魏》(嚴可均校輯,北京:中華書局,1991 年版),卷三七,第 1263 頁。

⑤ 吳訥著,于北山點校《文章辨體序說》(北京:人民文學出版社,1998 年版),第 47—48 頁。

為世所尚久矣。[①]

除强調“贊”“稱美”意涵外,也説明贊體作者甚衆,久為世人崇尚重視,但即使在這樣的歷史淵源下,唐代自贊文仍然非常稀少,翻查今存全唐文,僅有三篇自贊文,因為作品稀少,面向自然也不夠豐富多元。

到了宋代,自贊文數量突然暴增,且遠遠超過其他書寫自我的體裁,極可能反映出宋人有意開闢新疆域,拓展贊文範疇,並試圖超越前代書寫,甚至建立新典範的嘗試。

以宋初編集的二部文學總集《文苑英華》、《唐文粹》為例[②],《文苑英華》“贊”類計收帝德、聖賢、佛像、寫真、圖畫、雜贊等七大類,其中佛像贊數量最多,未見自贊文篇章。《唐文粹》分贊甲、贊乙二卷,收畫像贊、器物贊 34 篇,其中僅有裴度(765－839)《自題寫真贊》一篇,又與其他先賢畫像贊並置一處,顯示編選者極可能只是將自贊文視為一般畫像贊之一,並不認為有獨立的必要,而就

① 徐師曾著,羅根澤點校《文體明辨序説》(北京:人民文學出版社,1998 年版),第 143 頁,本書與《文章辨體序説》合刊。

② 二書編成年代分别為宋太宗太平興國七年(982)至雍熙三年(986)、宋真宗大中祥符四年(1011)左右,宋代詩文革新尚未成功,文學未具趙宋嶄新氣象。

宋前自贊文數量而言[①],也確實無法單設一類。這種情形下,宋代文人大量書寫自贊文的現象,正透露出他們關心層面的轉移,頗具文學史意義。

此外,純就"贊"文本身而言,宋代自贊文在題目、内容、筆法上都有特殊之處,不完全只是承襲舊製贊文,附屬在畫像上的簡短文字,而是具有豐富意涵的新異創作,透過文人們對自我評贊的書寫,也可看到他們自我觀看、省思的種種面向與其中關涉問題,饒

① 唐代自贊文共有三篇,前已言及,下文將分别討論。唐代之前自贊文據《全上古三代秦漢三國六朝文》所收,僅見[隋]劉炫《自贊》一篇(《全隋文》卷二七,第 4176 頁),該文又見於《隋書》,《隋書》縷述劉炫生平事蹟後,謂:"於時賊盜蜂起,穀食踊貴,經籍道息,教授不行。炫與妻子相去百里,聲問斷絶,鬱鬱不得志,乃自為贊曰。"可見該文並非附屬畫像的贊文,内容為:"通人司馬相如、揚子雲、馬季長、鄭康成等,皆自叙風徽,傳芳來葉。余豈敢仰均先達,貽笑從昆。徒以日迫桑榆,大命將近,故友飄零,門徒雨散,溘死朝露,埋魂朔野,親故莫照其心,後人不見其纹,殆及餘喘,薄言胸臆,貽及行邁,傳示州里,使夫將來俊哲知余鄙志耳。余從綰髮以來,迄於白首,嬰孩為慈親所恕,棰楚未嘗加,從學為明師所矜,榎楚弗之及。暨乎敦叙邦族,交結等夷,重物輕身,先人後己。昔在幼弱,樂参長者,爰及耆艾,數接後生。學則服而不厭,誨則勞而不倦,幽情寡適,心事方違。内省生平,顧循終始,其大幸有四,其深恨有一。性本愚蔽,家業貧窶,為父兄所饒,廁縉紳之末,遂得博覽典誥,窺涉今古,小善著於丘園,虚名聞於邦國,其幸一也。隱顯人間,沈浮世俗,數忝徒勞之職,久執城旦之書,名不挂於白簡,事不染於丹筆,立身立行,慚恧實多,啟手啟足,庶幾可免,其幸二也。以此庸虚,屢動神眷,以此卑賤,每升天府,齊鑣驥騄,比翼鵷鴻,整緗素於鳳池,記言動於麟閣,参謁宰輔,造請羣公,厚禮殊恩,增榮改價,其幸三也。晝漏方盡,大耋已嗟,退反初服,歸骸故里,玩文史以怡神,閲魚鳥以散慮,觀省野物,登臨園沼,緩步代車,無罪為貴,其幸四也。仰休明之盛世,慨道教之陵遲,蹈先儒之逸軌,傷羣言之蕪穢,馳騖墳典,釐改僻謬,修撰始畢,圖事適成,天違人願,途不我與。世路未夷,學校盡廢,道不備於當時,業不傳於身後。銜恨泉壤,實在兹乎?其深恨一也。"(見是書,魏徵等撰,楊家駱主編,臺北:鼎文書局,1980 年,卷七五《儒林傳・劉炫傳》,第 1722 頁)實乃劉炫戰亂之餘追憶一生歷程,憾歎世事、抒發苦悶心情之作。篇幅甚長,雖參雜似贊體的四言句,基本上仍屬散文句式,性質與篇幅均較類近一般史贊文。《全上古三代秦漢三國六朝文》所錄文字僅"觀省野物"作"觀省井閭",與《隋書》有異,其餘完全相同。

富意義。

為明瞭宋代自贊文書寫時代及其數量，本文先全面翻檢《全宋文》，一一臚列相關作品，並依作者生年先後匯入表格，以便依時代順序觀察自贊文演變痕跡。

但當進一步分析各篇內容、筆法後，卻發現即使時代相近，但因作者個性、閱歷、背景不同而使自贊文風貌各異，較難歸納出某段時期的共同趨向或特色，而易流於瑣碎。相較之下，如就內容、筆法考論，反而較能歸納出其共同性，彰顯宋代自贊文特色。因此本文採分類處理，各分類討論中如能扣合時代遞嬗以詮釋書寫情形者，則附加說明。

二、即真非真，是相非相——畫像與自我的區判

人們呱呱墜地後，張開雙眼，最早看見的"同類"身影泰半是至親的父母家人，成長歲月中，不斷得到家人的關愛呵護，看著家人嬉笑逗弄的面容，嬰孩逐漸熟悉、記憶家人面貌，確立彼此關係，但此時他看見、認得的都是其他主體的形貌，對於自我的"認識"其實是相當模糊的。也許得到 6－18 個月大，嬰孩借由鏡子映射看見自己[①]，歷經疑惑、探查、思索種種過程，纔終於明白鏡中人就是自己。只是，鏡中呈現的是左右顛反的影像，也是扁平而片面的影像，與真正"我"的形象或他人眼中看到的"我"是極不相同的。

雖然只是部分"我"的映現，但人們還是想看見自己，或透過這樣的看見而修飾、改變自己在他人眼中的"我"的樣貌，所以會攬鏡自照，所以會顧影自憐，所以會透過鏡子拼湊外在世界的自己。

關於對鏡與自我認知問題，拉康(Jacques Lacan，1901－1981)意見常被引用，他認為世人必須經過觀看鏡中折射影像，纔會出現

① 參考拉康"鏡像階段"論，黃漢平《拉康與後現代文化批評》(北京：中國社會科學出版社，2006 年)，第 32－37 頁。

自我(ego)的主體概念,在"鏡象階段"(Mirror Phase)時,"自我"最初是以"他者"形式出現,對鏡主體必須對鏡中影像充分想像纔能衍生"自我"①,"想像",正説明了外在的看見是有所不足的。

對鏡看見自己,認知自我的同時,不管願不願意,鏡子都會如實地記錄時間腳步,刻劃歲月在個人容貌留下的痕跡,鏡中的自己顯得那麼無力,無力對抗時間的拉扯,無力留住青春美好的回憶,只能任一切悄然溜逝,徒餘喟嘆。也許是為了對抗時間吧?人們發現了能夠看見自己,卻又能喝令時間暫停,不時回味生命中某一美好片刻的方法,那就是繪製肖像畫。

肖畫像如同鏡子般讓人們透過外在物質媒介看見自己,卻不如鏡子般殘酷無情,畫像將時間暫時凝定,保留在被畫者準備好面對"記錄"的良好狀態,甚至借由畫師精妙技藝可為被畫者修潤容顔,透過每一次觀看,回憶彼時彼刻美好的生命。

當然,被畫當時的心情必然與日後重新觀看時的心情不同,凝望被固著在一定框架上的自己,敏感多情的文人難免有所感發,自贊文於焉產生。

一般而言,自贊文存在的前提幾乎都是先有一幅作者畫像的產生,所以最初涉及的必然是視覺作用,繪畫者因為某種機緣得識被畫者,接著可能以近距離的方式仔細觀看、審察被畫者的形貌、服飾,或者氣韻精神,揣摩、貼近被畫者的内心世界,掌握性格。先將被畫者外在有形的物質狀況在心中組織再造,也許結合個人對對象外現的精神狀態,或蘊藏於内心的幽微神韻,透過畫者體會融合為一,在畫者心中構設成無形的圖相,最後借由畫者對筆墨、紙張、光影的控制,再現成有形的畫像。

---

① 參見馬元龍《雅克·拉康——語言維度中的精神分析》(北京:東方出版社,2006年),第50—60頁及福原泰平著,王小峰、李濯凡譯《拉康——鏡像階段》(石家莊:河北教育出版社,2002年),第40—50頁,前揭黄漢平書第32—49頁。

每一道程序的轉換其實都可説是一種“翻譯”的努力。被畫者的形貌、服飾,透過光線被他人看見,因著光線强弱明暗、角度種種因素的影響,被看到的未必就是真實情狀。好比夕陽西下與日正當中映射進室内的光影就極可能造成被畫者臉部線條的柔和剛硬、軟橘豔紅差異,繪畫者接收到被畫者外在的種種訊息,透過自己的詮讀,在心中重組成一種解釋。當畫者試圖將心中認知表現出來時,其實也是另一種翻譯解讀。就如同一首詩歌,由中文譯成英文,再由英文譯成法文、德文,無論翻譯者學識多麽淵博,語文造詣多麽高深,因著每種語言自身的文化背景、語言特性,再怎麽信達雅,也極難完全傳遞該首作品在原有語言中的精藴。類似的,繪畫時的“翻譯”必然也會有難以完全掌控、傳遞的訊息,再高明的畫師,即使是李公麟(1049—1106),也不可能完全再現被畫者。

因此,當畫作完成時,畫中人其實已經是繪畫者理解、呈現的對象,而不是真正的被畫者本身;當被畫者透過紙墨等外在媒介觀看畫像時,他所看到的其實已經與自我所感知的自己不同,就某種意義而言,畫中人已經不是真實的存在,而是另一種創造出來的存在。

面對創造出來的另一個我,文人們不免生發諸般疑惑,李之儀(1048—1128?)《自作傳神贊·三》問道:

> 孰從而圖,孰從而狀?大千俱空,況爾幻妄。直須壁立千仞,要且無事一向。雖然覿面相呈,便是本來形相。[①]

開篇便是句式相同的二問句,“孰從而圖”、“孰從而狀”將内心深切困惑不斷縈繞迴旋探問,肖像畫存在的前提是必須有一實質存在的主體,它纔有所依附,但如果大千世界都只是一場虚空,人寄身其中也是空幻妄相,那麽,畫師究竟該以何為依準,圖繪虚幻的對

① 《全宋文》(曾棗莊、劉琳主編,上海:上海辭書出版社、合肥:安徽教育出版社,2006年),第112册,卷二四二五,第198頁。

象?存在本身已是虛幻,從而產生的畫像更是虛幻,真能傳達被畫者神采嗎?贊文至此,充塞釋家色即是空的幻妄感,似乎顯示作者勘破凡塵俗事的澹然心境。

雖然李之儀仕途多舛,命運坎坷,捲入黨爭後更是數番浮沉①,但向佛學禪使得李之儀能以佛禪理念觀察世間事物,思考人生意義,從而以平靜、樂觀、曠達面對人生苦難,大量引用佛典、禪宗語錄語詞賦詩,更使作品充滿佛學氣息②,但"鯁直"本性使他終究無法捨離出世③。因此,體認"幻妄"之後,李之儀接著卻是以"直須壁立千仞"自我期許,要如懸崖峭壁般挺立千仞,無欲則剛,不因名利慾望而使個人行事傾圮斜倒。若能如此堅持,即使人、像俱顯幻妄空相,仍然透過外在圖影直示畫中人本心,顯示本來形相。

李之儀的思考反應出文人對畫像本身的不信任,問題不在畫師描摹功力,而是媒介的傳真功能受到質疑,題目不寫"自作畫像贊",而是以"傳神"名之,也透露文人重視的是被畫者的"神"能否借由畫作傳達,作者態度如同"不立文字,直指本心"般④,雖有畫像,卻要穿透畫像見得人物本來形相,這已不只是針對畫像肖似與否的討論,而是涉及人世普遍真理的探求,如同"似則似,是則不是"⑤的區判一般,人物本身與畫像是截然不同的存在,再怎麼酷似,終究還是不等同於主體。

---

① 李秀梅《李之儀交遊考略暨作研究》(首都師範大學碩士學位論文,2008年),第1-7頁。

② 李秀梅《李之儀交遊考略暨作研究》第7-8頁。

③ 《四庫全書總目》謂李之儀"坐草范純仁遺表,過於鯁直,忤蔡京意,編管太平"。見是書(臺北:臺灣商務印書館,1986年版),第4册,卷一五五,第160頁。

④ 《大正新修大藏經》(臺北:新文豐出版公司,1996年版),卷四七,《臨濟慧照玄公大宗師語錄序》,第495-2頁。

⑤ 李之儀《自作傳神贊·一》,《全宋文》,第112册,卷二四二五,第198頁。

雖然畫中人與實存主體並非相同的存在，但區分其間異同或辨認二者相似程度是否有其必要，也曾是李之儀思考的問題，《董曼老畫姑溪贊》[1]云：

野老形容，公子刷研。謂俗則數珠掛於臂上，謂生則髭鬚滿於頷下。以我為牛則為之牛，以我為馬則為之馬。不妨隨俗流通，何必分真辨假。[2]

前四句應是畫中圖像實錄，"野老形容"、"髭鬚滿於頷下"展現不修邊幅，瀟灑自適模樣，"數珠"更表明此刻的李之儀修行佛教法門，因為了悟人的容貌與畫像都只是外現空相而已，所以直言毋須分真辨假，不妨隨俗流通，自在對待。

徽宗崇寧二年(1103)，李之儀謫居當塗後，自取"姑溪居士"稱號，半生顛沛，黨爭傾軋，潛處貶地的李之儀對於人生功名利祿或虛實真假，想必有另番深刻領會，因而選擇隨俗流通，不必强加分判，陷於泥淖困局。

李之儀此種思考進路不完全只是個人獨特心得，似乎也是宋代題寫自贊的諸多僧侶普遍意見，如釋文準(1061－1115)《自贊三首》云：

我若自贊，雲居羅漢。我若自毀，無主餓鬼。贊之不欣，毀之不嗔。毀譽不動，東魯西秦。

爾圖我真，又求我贊。我真我贊，兩重公案。家醜不外揚，己德不自談。寄之以數，六九五十三。

我已是妄，爾更妄寫。妄我妄寫，兩重虛假。欲傳吾真，

---

① 董曼老其人其事今已不可考，無法查知他是何年為李之儀畫像，但"姑溪"位於姑熟，李之儀於崇寧二年(1103)謫取當塗後纔有"姑溪居士"之號，推知本篇贊文必作於崇寧二年之後。李之儀生平事蹟可參見孫煒《李之儀研究》(吉林大學碩士學位論文，2009年)第1－27、58－60頁。

② 《全宋文》，第112册，卷二四二六，第213頁。

須泯見聞。聲色不礙,相似十分。[1]

主體的存在已是空妄,根基在虛幻主體上的肖像畫更增一層虛假,附隨畫像而題作的贊語更是妄相,因此,釋文準並不想落入贊文内容的贊揚或謙毀迷執中,而是强調泯除外在聲色見聞,方有可能得識本真,得傳本真[2]。但也有僧徒認為"寫真"是不可能存在的,如釋曇華(1103—1163)《自贊·二》云:

即真非真,是相非相。龜毛拂子,兔角拄杖。自歌自舞,獨吹獨唱。認得師姑是女兒,誌公不是閑和尚。[3]

真非真,相非相,乃是因為大千俱空,又何必執著何為真,何為相?如同拂子、拄杖都是禪師常用隨身物品,但兔角龜毛"有名而無實"[4],龜毛拂子,兔角拄杖其實也是不存在的物品,不如自歌自

① 《全宋文》,第133册,卷二八六五,第52頁。

② 關於釋文準生平事蹟,資料極少,僅知俗姓梁,興元府唐固人。八歲辭親,從沙門虚普遊,後師真淨,政和五年七月卒,年五十五。參見釋惠洪《泐潭準禪師行狀》,收入《全宋文》,第140册,卷三〇二九,第379—380頁。

③ 《全宋文》,第197册,卷四三四七,第54頁。此篇贊文另見於釋道顏《自贊二》(《全宋文》,第276册,卷六二六〇,第360頁),文字一模一樣,應是重收。今僅知釋曇華"號應菴,黄梅人,江氏子,一作汪氏子。年十七出家,通徹大法,晚居明州天童寺,機辯明妙,世稱曇華與宗杲為二甘露門。隆興元年六月卒。"(《新續高僧傳四集》,卷一五,收入《中華佛教人物傳記文獻全書》第15册,北京:線裝書局,2005年版,第7538—7539頁)。《大藏經》雖收錄釋道顏事蹟(見[唐]道宣撰《續高僧傳》,卷二六,《隋京師淨影寺釋道顏傳四十四》,收入《大正新修大藏經》第50册,《史傳部二》,第676頁),但彼釋道顏乃隋朝人,非此處釋道顏。宋釋道顏生平行事目前似無文獻可考,無法確知是否曾撰有《自贊》,此處暫依《全宋文》出現先後順序,歸為釋曇華之作。

④ 《大智度論》一曰:"有佛法中方廣道人言:一切法不生不滅,空無所有,譬如兔角龜毛常無。"(龍樹菩薩造,姚秦鳩摩羅什譯《大智度論》卷一,臺南:和裕出版社,2002年版,第17頁。)十二曰:"又如兔角龜毛,亦但有名而無實。"(《大智度論》卷二,第457頁。)

舞，獨吹獨唱。然就如“師姑是女人”典故般[①]，平凡道理卻未必能輕易開悟，釋曇華“認得師姑是女兒”表示他也自自贊畫像一事上悟得佛理。

而誌公指的是寶誌大師，“雖剃鬚髮而常冠帽，下裙納袍，故俗呼為誌公”[②]，據史書所載，誌公具有諸多神異法力，梁武帝曾詔令畫工張僧繇為寶誌繪像，“僧繇下筆輒不自定，既而以指釐面門分披。出十二面觀音，妙相殊麗或慈或威，僧繇竟不能寫”[③]。誌公現出十二面觀音像，究竟何者為真實形相，如何圖繪原名為“誌公”之人的面貌，連名師僧繇都感疑惑，以致“竟不能寫”。釋曇華與一般凡夫俗子雖不至現十二面觀音像，但畫工所見臭皮囊是否果真為被畫者真實樣貌，答案已呼之欲出。這種情況下，“寫真”自是不可能的。釋可湘《自贊》云：

> 我本無此相，硬畫個模樣。譬夫天台華頂峰，陰晴顯晦幾般狀。顧陸妙丹青，也只寫不像。寫得像，望他頂鶻頭，何啻四萬八千丈。
>
> 謂是絶岸，眼裏著楔謂非絶岸。水中撈月，描不成見不徹，分明頭戴雪山雪。衝開碧落，攧碎斷崖，個般標致，其誰予偕？咦！[④]

---

① 《景德傳燈錄》載：“五臺山智通禪師，初在歸宗會下時，忽一夜巡堂叫云：‘我已大悟也。’衆駭之。明日歸宗上堂集衆問：‘咋夜大悟底僧出來。’師出云：‘智通。’歸宗云：‘汝見什麼道理言大悟，試説似吾看。’師對云：‘師姑天然是女人作。’歸宗默而異之，師便辭。歸宗門送與拈笠子，師接得笠子戴頭上便行，更不迴顧。後居臺山法華寺，臨終有偈曰：‘舉手攀南斗，迴身倚北辰。出頭天外見，誰是我般人。’”見是書（釋道原編著，臺北：新文豐出版公司，1981年版），卷一〇《懷讓第三世下・歸宗寺智常禪師法嗣・五臺山智通禪師》，第188頁。

② 《南史》（北京：中華書局，1975年版），《隱逸傳・釋寶誌傳》，第1901頁。

③ 《大正新修大藏經》第49册，《史傳部一》引《佛祖歷代通載》卷九《詔誌公任便宜化》，見《大正新修大藏經》，第544頁。

④ 《全宋文》，第346册，卷七八六，第74頁。

既無外相,若是强要圖畫,無寧像是水中撈月般,描不成見不徹,藝術造詣再怎麽精深高超的畫師也寫不像,就像釋行偉(1018-1080)《自贊》問道:

吾真難貌,班班駮駮。擬欲安排,下筆便錯。①

容貌示現的只是班駮不全、片斷殘缺的形影,本身就是不完整,再想重整重現,無論如何安排呈現,終是徒勞無功。晁補之(1053-1110)則連畫像本身都有所懷疑,《松齋主人寫真自贊》云:

是真是假,是不是畫?人爾人爾,誰非似者?一點似人不能知,在不言中,如印印泥。②

張守(1084-1145)《畫像自贊》則云:

佩金章紫綬而躬韋布之行,登金馬玉堂而有山林之想。顧形槁木而心止水,豈丹青所能做也。③

陳東(1086-1127)《自贊》謂:

生本假借,誰識其真。丹青所寫,非吾精神。天地使我,與物為春。終當有歸,高閣麒麟。④

都質疑圖畫所能掌握呈現的僅僅只是外貌,無法把捉内心本質與精神志趣,外表看到的也許是佩戴金章紫綬,榮登金馬玉堂,但心如止水的山林想慕精神卻非丹青所能描寫。

這種想法極可能與當時宋人的繪畫理念有關,一般而言,唐畫較重寫實精神,論畫兼顧"有形"與"寫真"⑤,北宋文人則較重"寫

① 《全宋文》,第50册,卷一〇九七,第351頁。
② 《全宋文》,第127册,卷二七四〇,第43頁。
③ 《全宋文》,第174册,卷三七九三,第19頁。
④ 《全宋文》,第175册,卷三八三四,第227頁。
⑤ 參見鄧喬彬《宋代繪畫研究》(開封:河南大學出版社,2006年版)第二章《由唐五代到北宋繪畫思想的轉變》,第47-78頁。

意”，所謂“畫意不畫形”[①]、“論畫以形似，見與兒童鄰”[②]都反映其間演變軌跡，而就如蘇軾所說：“何如此兩幅，疏淡含精勻。誰言一點紅，解寄無邊春”[③]，疏淡畫面上僅僅“一點紅”就能寄寓無邊春色，以少總多，讓觀畫者能有無限自我生發想像空間，可能遠比形似來得重要，因為寫實形似雖然容易讓觀者一目瞭然，將畫中景象、人物與真實狀態連結，卻也同時剝奪了觀畫者無邊聯想，與隨著時光流逝漸次滋育的多種可能性，更容易讓觀看者停留在表面的形似層次，受到拘限，而忘了擺落外在形質媒介，直探內裏。沈括（1031－1095）曾云：

> 書畫之妙，當以神會，難可以形器求也。世之觀畫者，多能指摘其間形象位置，彩色瑕疵而已，至於奧理冥造者，罕見其人。如彥遠《畫評》，言王維畫物，多不問四時，如畫花往往以桃、杏、芙蓉、蓮花同畫一景。予家所藏摩詰畫《袁安卧雪圖》，有雪中芭蕉，此乃得心應手，意到便成，故造理入神，迥得天意，此難可與俗人論也。[④]

舉王維畫作不問四時為例，闡明畫者“得心應手，意到便成”的可貴，觀畫者須“以神遇而不以目視”[⑤]，纔能領會其中奥妙。所論雖似以花鳥畫為主，但若移用於人物畫，未嘗不可。或許正是因為重視畫中人物神、意，所以文人們觀看自我畫像時便會思考丹青圖繪

① 歐陽修《盤車圖》，《歐陽修詩文集校箋》（洪本健校箋，上海：上海古籍出版社，2009年版），第1册，《居士集》卷六，第171頁。

② 蘇軾《書鄢陵王主簿所畫折枝》二首其一，《蘇軾詩集》（孔凡禮點校，北京：中華書局，1982年版），卷二九，第1525－1526頁。

③ 蘇軾《書鄢陵王主簿所畫折枝》二首其一，《蘇軾詩集》（孔凡禮點校，北京：中華書局，1982年版），卷二九，第1525－1526頁。

④ 《夢溪筆談校證》（胡道靜校證，上海：上海古籍出版社，1987年版），卷一七《書畫》，第542頁。

⑤ 莊子《養生主》，《莊子集釋》（[清]郭慶藩撰，王孝魚點校，北京：中華書局，1997年版），卷二上，第119頁。

外貌與精神意趣之間的問題,有些文人便在自贊中自行提問,挑破此種不足,再直接陳述一己志趣,如胡銓(1102—1180)《澹庵畫像自贊》云:

子産有云:"人心之不同如其面焉,安敢謂子面如吾面乎!抑心所謂為,亦以告也。"心固難知於面矣。畫師能見予之面,而不能知予之心。非惟畫師也,舉世不皆知也,知予心者惟天而已矣。人皆觀畫而見面,予獨觀天而見心。若人者權勢不能移,威武不能屈,而富貴不能淫。①

澹庵為胡銓名號,雖似澹泊無爭,但胡銓個性"直諒"②,不畏强權,秦檜决策主和時,胡銓曾奮勇上疏力抗,金人為之震動欽服③,雖因此編管昭州④,剛正之氣略無稍減,"忠簡"謚號當之無愧⑤。

因為胸中蓄積豐沛正氣,所以胡銓觀看一己畫像時,在乎的不是外表形貌的酷肖與否,而是穿透紙背散發的峻偉人格,他不直陳理念,而是先引子産話語説明"人心之不同如其面焉",以古人勘驗人事心得作為楔子,提示心、面差異確為衆人共知事實,但"心"又遠較"面"難知,畫師僅能見得被畫者面容,卻無法知曉圖繪對象内心。不惟畫師不知心,胡銓慨歎實乃舉世之人都不知己心,唯有天可鑒知明瞭。因有這般感懷,所以胡銓觀畫角度與世人有别,衆人多只關注畫中人面貌形容,胡銓則獨持己見,堅持觀天見心,甚至忍不住暢訴個人特質:"權勢不能移,威武不能屈,而富貴不能淫"。

---

① 《全宋文》,第196册,卷四三二三,第16頁。

② 宋孝宗贊許胡銓之語,見《宋史》(北京:中華書局,1977年版),卷三七四《胡銓傳》,第11583頁。

③ 羅大經《鶴林玉露》載:"胡澹庵上書乞斬秦檜,金虜聞之,以千金求其書。三日得之,君臣失色曰:'南朝有人。'蓋足以破其陰遣檜歸之謀也。乾道初,虜使來,猶問胡銓今安在。張魏公曰:'秦太師專柄二十年,只成就得一胡邦衡。'"見是書(北京:中華書局,1997年版),甲編卷六《斬檜書》,第105頁。

④ 《宋史》,卷三七四,《胡銓傳》,第11580—11582頁。

⑤ 胡銓死後謚"忠簡",見《宋史》,卷三七四,《胡銓傳》,第11590頁。

孟子説道:“居天下之廣居,立天下之正位,行天下之大道;得志與民由之,不得志獨行其道;富貴不能淫,貧賤不能移,威武不能屈,此之謂大丈夫。”[①]行天下大道,相信是孟子與胡銓共同志業,無論得志與否,大丈夫氣節是不能稍有遷移退讓的,“富貴不能淫,貧賤不能移,威武不能屈”是孟子的標準,胡銓則將“貧賤”改為“權勢”,並調換順序,挪置到第一位,這極可能是他多次面對君上慷慨陳詞、秦檜“狂妄凶悖”指控後的固執[②],强調無論遭遇任何權勢欺壓都不會怯步變節,更堅持“威武不能屈,富貴不能淫”,這纔是他希望人們自畫像中看到的内涵,也是他觀看澹庵畫像最重視的層面。

類似用心在洪适(1117－1184)《寫真自贊》也可發現:

> 智不智,愚不愚,自見其臞,而或以為腴。外之臞人可以模,中之腴果何如?雖然,剛而不儒,弱而不夫,則非吾徒。[③]

洪适與其父洪皓(1088－1155)都曾因忤慢秦檜而出知遠地[④],卻依然耿介不屈[⑤]。或許世人以為他的舉措是愚昧無知的抉擇,但洪适自有定見,智不智,愚不愚各人認知不同,難以一概而論。世人與畫師但能見得外表清臞模樣,而内心豐腴氣骨則是難以筆墨模寫表現,唯有堅守儒家剛直大丈夫理念的方是同道人。

胡銓、洪适身處南宋偏安一隅、奸臣弄權時局中,但“在朝肯宣力”[⑥],不為邪佞所沮,確為剛正儒者,他們借由自贊嚴正宣明志

---

① 《重刊宋本十三經注疏附校勘記》(阮元校,臺北:藝文印書館,1989年版),《重刊宋本孟子注疏附挍勘記·滕文公章句下·孟子注疏解經》卷第六上,第109－1頁。

② 《宋史》,卷三七四,《胡銓傳》,第11582頁。

③ 《全宋文》,第213册,卷四七四三,第395頁。

④ 《宋史》,卷三七三,《洪适傳》,第11563頁。

⑤ 洪适生平事蹟可參見《宋史》本傳、《洪文惠公年譜》(錢大昕撰,洪汝奎增訂,收入吳洪澤主編《宋人年譜叢刊》,成都:四川大學出版社,2003年版)、李冬梅《洪适詞研究》(華東師範大學碩士論文,2008年),第5－9頁。

⑥ 周必大《丞相洪文惠公适神道碑》,《全宋文》,第233册,卷五一八四,第13－19頁。

節,已不為畫像所拘限,開創贊文的發展空間。

大抵而言,僧侶與李之儀之類深受釋家思想影響文人所題寫的自贊文,内容常是佛教義理的闡述,雖側重層面或有不同,大致仍可歸為同一類書寫成果,較無法辨識出各人獨特見解。不過,也有比丘開始突破固有書寫路向,呈現佛理以外的思考,如釋居簡(1164—1246)《自題頂相》云:

謂有為,吾奚為?謂無為,吾奚不為?待悟而勇為,絶學而無為。於戲!盡之矣,非吾為。①

有别於多數比丘自真幻虚實思辨畫像的角度,釋居簡反覆問説"有為"、"無為"問題,"待悟勇為"更似乎與釋家出世捨離理念不同,正如同詩文"不摭拾宗門語錄,而格意清拔,自無蔬筍之氣"②般,釋居簡自贊文也不為宗門所限,不只是重複佛教思想而已,而能配合時代脈動,呈現有識之士在南宋末年板盪局勢下的自我認知,超越"是相非相"的論述範疇。

三、作夢中夢,見身外身——自贊以表抒個人志趣

宋人由觀看畫像思考自我外在形影與内心志向問題,從而如前文所舉胡銓、洪适一般,在自贊中陳明理念志節,就"贊"文發展而言,已是一種變易,徐師曾(?—?)分析:

其體有三:一曰雜贊,意專褒美,若諸集所載人物、文章、書畫諸贊是也。二曰哀贊,哀人之沒而述德以贊之者是也。三曰史贊,詞兼褒貶,若《史記索隱》、《東漢》、《晉書》諸贊是也。③

---

① 《全宋文》,第298册,卷六八〇九,第396頁。

② 《四庫全書總目·北磵集十卷提要》(影印文淵閣《四庫全書》,臺北:臺灣商務印書館,1986年版),第4册,卷一六四,第318頁。

③ 《文體明辨序説》,第143頁。

三類贊評雖有“意專褒美”、“哀沒述德”、“詞兼褒貶”的差異，但基本上關於人物仍是專以褒美為主，不過，徐師曾所述應是指評贊他人的文章而言，自贊文如也專以褒美為主，難免招引自我吹噓的質疑，恐怕不太妥適。為明瞭傳承演變軌跡，我們不妨先看看現存三篇唐人自贊文。楊炯(650－692)《司法參軍楊炯自贊》云：

吾少也賤，信而好古。遊宦邊城，江山勞苦。歲聿云徂，小人懷土。歸歟歸歟，自衛反魯。①

四字一句，共八句，全篇押韻，先是借用孔子“吾少也賤，故多能鄙事”②文字追述個人幼年成長環境，繼而再以“信而好古”③表白志向，“小人懷土”④、“歸歟歸歟”⑤也全是直接套用《論語》文字，在在顯示楊炯對孔子的信服與追隨之意。可惜，生不逢辰，楊炯身處唐朝宮廷鬥爭慘烈時期，天災人禍不斷，無緣施展抱負。光宅元年(684)，徐敬業以匡復為辭，起兵反武則天⑥，楊炯堂弟楊神讓參與其事，牽連楊炯遭受池魚之殃，出貶為梓州司法參軍⑦，至當地後為官員楊謹、李景悟等28人撰寫《梓州官僚贊》，內容都以稱揚其人政績、品德為主⑧，最後一篇則是楊炯自贊，形式雖與前27篇及

① 《全唐文新編》(周紹良主編，長春：吉林文史出版社，1999年版)，第4册，卷一九一，第2199頁。

② 《論語》(黃懷信主撰，《論語彙校集釋》，上海：上海古籍出版社，2008年版)，《子罕》，第765頁。

③ 《論語·述而》，第556頁。

④ 《論語·里仁》，第329頁。

⑤ 《論語·公冶長》，第441頁。

⑥ 《舊唐書》(北京：中華書局，2002年)，卷六《則天皇后·武曌本紀》“嗣聖元年”條，第117頁。

⑦ 《新唐書》(北京：中華書局，2003年)，卷二〇一，《文藝傳上·楊炯傳》，第5741頁。

⑧ 如《岳州刺史前長史弘農楊謹贊》云：“楊公四代，不渝淳則。學以自新，政惟柔克。自君去矣，南浮澤國。日往月來，吏人思德。”(《全唐文新編》卷一九一，第2197頁)。《司士參軍琅琊顏大智贊》云：“顏氏之子，閑閑大智，雅善元談，尤長奕思。不偶流俗，坐忘人事。同彼少遊，能安下位。”(《全唐文新編》卷一九一，第2198頁)

一般人物贊相同,但並未出現褒美文句,而是簡述生平經歷,表達個人志向,已將自贊與贊他人的書寫重心加以區隔。

薛逢(806—876)《畫像自贊》則云:

> 壯哉薛逢,長七尺五寸。手把金錐,鑿開混沌。①

就題目看來,贊文所寫應當是畫中景象,但首句先以贊歎文句起始,在讀者尚未見得畫中人時便被"壯哉"二字震懾,接著以身長七尺五寸落實畫中人壯哉形象②,"手把金錐"或許是實寫,但"鑿開混沌"顯然是由前一句延伸而來的豪情壯志,與他"持論鯁切,以謀略高自標顯"③個性或許有關,雖也有"恃才褊忿"④評語,但正可從另一側面理解薛逢如此書寫自贊的原因。

這篇自贊結合虛實筆法,更借由外表刻劃寓含作者對自我的肯定,頗具力度,前二句符合褒美筆法,後二句其實也是從贊許角度書寫,不脱傳統贊文風格。另一篇吳子來(?—?)《寫真自贊》云:

> 不材吳子,知命任真。志尚元素,心樂清貧。涉歷群山,翛然一身。學未明道,形惟保神。山水為家,形影為鄰。布裘草帶,鹿冠紗巾。餌松飲泉,經蜀過秦。大道杳冥,吾師何人。矚思下土,思彼上賓。曠然無已,罔象惟親。
>
> 寂爾孤遊,翛然獨立。飲木蘭之墜露,衣鳥獸之落毛。不

① 《全唐文新編》(第13册,卷七六六,第9121頁)僅收前二句,《全唐文·唐文拾遺》([清]董誥編,太原:山西教育出版社,第7册,卷三〇,第6380頁)則錄有四句。

② 近代學者根據唐尺實物、錢幣、建築、文獻資料等方面考訂,推算唐大尺一尺長29.5—31.5公分(丘光明、邱隆、楊平《中國科學技術史·度量衡卷》,北京:科學出版社,2003年版,第326—328頁),前引書則釐定唐代一尺為30.6厘米,各種文物彼此相差約為0.2—0.3厘米(見前書第328—331頁)。據此推算,七尺五寸確實頗為魁偉。

③ 《新唐書》,卷二〇三,《文藝下·薛逢傳》,第5793頁。

④ 《舊唐書》,卷一九〇下,《文苑下·薛逢傳》,第5080頁。

求利於人間，絶貴名於天下。[①]

吳子來生平事蹟，史書留存資料甚少，只知他是大中末道士[②]，曾經棲止於成都雙流縣興唐觀[③]。前引文字明顯分為二部分，第一部分先是表白個人心志，雖以“不材吳子”開端，但就“知命任真、志尚元素，心樂清貧”看來，其實是符契道家理念，達致一定修為的自負，這四句也是吳子來一生精神志趣的總結。接著，吳子來纔以倒敘筆法追述個人學道履歷與體會，“布裘草帶，鹿冠紗巾”可能是追敘時回憶畫中人的日常裝扮，也可能是當時畫中實景的描述，全篇仍較貼近現實，表白志向筆法也較具有贊揚肯定意味，加之以四字句、押韻形式書寫，與傳統贊文要求較一致。

第二部分則以四四六六六六形式呈現，不像前段以敘述方式進行，反而較帶有贊歎口吻，“儵然獨立”、“飲木蘭之墜露”可能化用《莊子》、《離騷》文句[④]，暗示自我棄俗絶塵，不為生死利祿拘限品性，又隱有《莊子》“神人”風韻，逍遙自適，外物莫傷[⑤]，而在用典鋪陳後，更直截明白地宣告一己堅持：不求名利。

---

① 《全唐文新編》，第 18 册，卷九二八，第 12747 頁。

② “大中”為唐宣宗年號，自公元 847 年至 859 年，吳子來活動時代應與薛逢有所重疊。

③ 《全唐文新編》，第 18 册，卷九二八，第 12747 頁。

④ 《莊子・大宗師》云：“古之真人，不知説生，不知惡死；其出不訢，其入不距；儵然而往，儵然而來而已矣。”(《莊子集釋》，第 229 頁。)《離騷》載：“余既滋蘭之九畹兮，又樹蕙之百畝。畦留夷與揭車兮，雜杜衡與芳芷。願時乎吾將刈。雖萎絶其亦何傷兮，哀芳之蕪穢。皆競進以貪婪兮，憑不厭乎求索。羌内恕己以量人兮，各興心而嫉妒。忽馳騖以追逐兮，非余心之所急。老冉冉其將至兮，恐修名之不立。朝飲木蘭之墜露兮，夕餐秋菊之落英。”([宋]洪興祖《楚辭補注》，臺北：大安出版社，2004 年版，第 17 頁)。

⑤ 《莊子・逍遥遊》載：“曰：‘藐姑射之山，有神人居焉，肌膚若冰雪，淖約若處子。不食五穀，吸風飲露。乘雲氣，御飛龍，而遊乎四海之外。其神凝，使物不疵癘而年穀熟。’吾以是狂而不信也。”又：“之人也，物莫之傷，大浸稽天而不溺，大旱金石流土山焦而不熱。”(《莊子集釋》，第 28—31 頁。)

歷經五代至趙宋,陳摶(872－989)《自贊碑》是現存宋人第一篇自贊文[①],但是否為陳摶觀看畫像後所作,或純粹單獨成文則不得而知。今存宋人第一篇畫像自贊文為張詠(946－1015)《畫像自贊》,云:

> 乖則違衆,崖不利物。乖崖之名,聊以表德。徒勞丹青,繪寫凡質。欲明此心,垂之無斁。[②]

全篇並未針對畫像内容或被畫者形貌、作為有所稱述頌贊,反而如同一短篇命名説般,開宗明義地剖析"乖"、"崖"意涵,而二字都有背離塵俗好尚,遺世獨立的孤絶意涵,明白宣示張詠的生命抉擇。他借此表彰自我個性中最重要的特質,也清楚地告訴世人,丹青繪像只能留下外在平凡身影,透過自我贊語的書寫陳述,他希望留存的反而是凡質之下乖崖的本心。

張詠這段文字,透露出他希望人們觀看畫像時,不是只看到他的形貌,而是他的用心與人格特質,因為丹青圖繪僅是為表德作證存檔,以使畫中人物心志得以留傳後代。贊文這般書寫的因由,應是與他當時心境有關,張詠曾"兩被帝選,以全蜀安危付之"[③],任官時"恩威並用,蜀民畏而愛之"[④],因此離蜀時以畫像、自贊留贈

① 《全宋文》,第1册,卷一〇,第231頁。

② 《全宋文》,第6册,卷一一二,第143頁。

③ 田況《張尚書寫真贊·序》,《張乖崖集》(張其凡整理,北京:中華書局,2000年版),第192頁。

④ 《宋史》,卷二九三《張詠傳》,第9802頁。

蜀人,以供當地人傳寫奠拜[①]。

雖然治績頗受肯定,但張詠"生平以剛正自立"[②],"士有坦無他腸者,親之若昆弟;有包藏誠素者,疾之若仇讎"[③],愛恨分明的個性使他勇於任事,不畏流言閒語[④],即使屢遭阻力,依舊"始終挺然,無所屈撓"[⑤]。但有時不免太過剛猛,以致違逆人情[⑥],自號"乖"、"崖"除了顯示張詠自知之明外,也透露那是他堅持的信念,以文字表抒記錄在畫像旁,希望人們不為外在形軀所限,而能真正了解畫中人特質。

如張詠一般,宋人在自贊文著力表抒個人志趣的文章數量最多,這似乎是他們有志一同的選擇,如蘇轍(1039－1112)《自寫真贊》云:

> 心是道士,身是農夫。誤入廊廟,還居里閭。秋稼登場,

---

① 《青箱雜記》載:"公離蜀日,以一幅畫授蜀僧希白,其上題'須十年後開'。其後公薨於陳,凶訃至蜀,果十年。啟封,乃乖崖翁真子一幅,戴隱士帽,褐袍絹帶,其傍題云:'依此樣寫於仙遊閣。'兼自撰乖崖翁真贊云:'乖則違衆,崖不利物。乖崖之名,聊以表德。徒勞丹青,繪寫凡質。欲明此心,服之無斁。'至今川民皆依樣,家家傳寫。"見是書(北京:中華書局,1985年版),卷一〇,第108頁。關於此事,《夢溪筆談》、《宋朝事實類苑》《湘山野錄》、《東齋記事補遺》、《全蜀藝文志》多書皆有記載,詳略不同,但內容大致相近,可參張其凡編撰《張詠年譜》(收入是氏整理《張乖崖集》),第275－276頁。

② 錢易《宋故樞密直學士禮部尚書贈左僕射張公墓誌銘》,《張乖崖集》第151頁。

③ 錢易《宋故樞密直學士禮部尚書贈左僕射張公墓誌銘》,《張乖崖集》第151頁。

④ 《青箱雜記》載:"乖崖張公詠尹益部日,值李順兵火之後,政未舉。因決一吏,詞不伏,公曰:'這漢要劍喫這漢要劍喫?'彼云:'決不得,喫劍則得。'公命斬之以徇。軍吏愕眙相顧,自是始服公威信。"見是書卷一〇,第106－107頁。

⑤ 韓琦《故樞密直學士禮部尚書贈左僕射張公神道碑銘》,《張乖崖集》第156頁。

⑥ 《宋史》,卷二九三,《張詠傳》載:"詠剛方自任,為治尚嚴猛,嘗有小吏忤詠,詠械其頸。吏恚曰:'非斬某,此枷終不脫。'詠怒其悖,即斬之。……性躁果卞急,病創甚,飲食則痛楚增劇,御下益峻,尤不喜人拜跪,命典客預戒止。有違者,詠即連拜不止,或倨坐罵之。"見是書第9803－9804頁。

社酒盈壺。頹然一醉,終日如愚。①

自心身内外二方面書寫自我認知的身份,"心是道士"本就趨向全身養生,逍遥人間而不為塵俗羈絆,"身是農夫"更闡明自己冀望躬耕田園的純樸生活,無奈誤入廊廟任官,有違本願。待到終能還居里閭安度清閒簡單日子,頹然一醉,終日如愚便是文人嚮往追求的人生。全篇以抒發個人志向為主,言簡意賅,忘情世外形貌躍然紙上,已不涉及原先"贊"之贊美或義兼褒貶問題,而趨近於簡要自傳性質。《壬辰年寫真贊》則云:

潁濱遺民,布裘葛巾。紫綬金章,乃過去人。誰歟(與)丹青,畫我前身,遺我後身?一出一處,皆非吾真。燕坐蕭然,莫之與親。②

刻畫布裘葛巾遺民形象,此刻已無前篇贊文期許終日如愚的心緒,反而省思前身、後身問題,極可能是因此"壬辰年"便是蘇轍亡故當年③,當時已是垂垂老矣、身衰體殘,生命即將走到盡頭的老者,因而醒悟"一出一處,皆非吾真",頗有得道明理意味。

文章斷句分為二二三二二段落,前後都是較平穩舒徐口吻,但中段以"誰歟(與)丹青"叩問丹青顯現樣貌與前身、後身關係,寄居紅塵俗世,究竟何者為自我本真形貌?作者以奇數句造成與前後區隔句式,讀者吟誦之際自然放慢節奏,隨之思索相關問題,玩味其中深意。

黄庭堅(1045—1105)則撰有八篇寫真自贊,基本上都是以表白志趣為主,《寫真自贊·序》云:

余往歲登山臨水,未嘗不諷詠王摩詰輞川别業之篇,想見

① 《全宋文》,第96册,卷二〇九七,第207頁。

② 《全宋文》,第96册,卷二〇九七,第208頁。

③ 蘇轍一生經歷二"壬辰年",一為宋仁宗皇祐四年(1052),一為徽宗政和二年(1112),就文章内容、思想與風格考察,應作於政和二年,蘇轍亡故當年。

其人，如與並世。故元豐間作“能詩王右轄”之句，以嘉素寫寄舒城李伯時，求作右丞像。此時與伯時未相識，而伯時所作摩詰，偶似不肖，但多髯爾。今觀秦少章所蓄畫像，甚類而瘦，豈山澤之儒，故應癯哉？少章因請余自贊。①

此文為五篇自贊總序，作於元祐四年（1089）黃庭堅“一生中較安定又較愉快的時候”②，詩人追憶往歲登臨山水時諷詠王維（701－761）輞川別業篇什之事，悠然想見其人。王維中年購得宋之問（656？－712？）藍田別業後，致力營建輞川別業，暢遊其中③，當地“勝概冠秦雍”④，王維閑暇與裴迪賦詩吟詠美景、抒寫情志，似漸寄懷於山泉林石之間，澹泊宦途世情，《輞川別業》云：

不到東山向一年，歸來纔及種春田。雨中草色綠堪染，水上桃花紅欲然。優婁比丘經論學，傴僂丈人鄉里賢。披衣倒屣且相見，相歡語笑衡門前。⑤

春光爛漫，紅桃綠草渲染大地景色怡人眼目，詩人徜徉田間，領受生機盎然，沉浸於比丘、丈人、詩人相歡語笑的愜意生活，或也正是黃庭堅嚮慕的人生風景。

① 《全宋文》，第107册，卷二三二九，第303頁。

② 黃師啟方《黃庭堅的人生抉擇》，收入《黃庭堅與江西詩派論集》（臺北：國家出版社，2006年版），第129頁。

③ 據王維《輞川集序》所言：“余別業在輞川山谷，其遊止有孟城坳、華子岡、文杏館、斤竹嶺、鹿柴、木蘭柴、茱萸沜、宮槐陌、臨湖亭、南垞、攲湖、柳浪、欒家瀨、金屑泉、白石灘、北垞、竹里館、辛夷塢、漆園、椒園等，與裴迪閑暇各賦絶句云爾。”（陳鐵民校注《王維集校注》，北京：中華書局，2005年版，第413頁。）園景多樣，應頗具賞玩之趣，至於其地今昔概況可參見樊維岳《王維輞川別墅今昔》（收入《王維研究》第一輯，北京：中國工人出版社，1992年版），第315－326頁。

④ ［宋］黃伯思《跋輞川圖後》，《東觀餘論》卷下（《東觀餘論附錄（二）》，北京：中華書局，1991年版，第69頁）。此語參見陳鐵民校注《王維集校注》，第1298頁。

⑤ 《王右丞集箋注》，第467頁。

元豐六年(1083)黄庭堅居職太和、德平時[1],曾賦作《摩詰畫》,詩云:

丹青王右轄,詩句妙九州。物外常獨往,人間無所求。袖手南山雨,輞川桑柘秋。胸中有佳處,涇渭看同流。[2]

對王維詩畫推崇不已,而王維之所以能有此造詣應是與他物外獨往、人間無所求的高超襟懷有關,因此能涵容萬物,胸中有佳處,無處不自適。此詩應當便是前序提及,元豐間所作"能詩王右轄"作品,黄庭堅特意以"嘉素"寫寄李公麟(字伯時),求為作王維畫像,應是為了懸掛家中,便於瞻仰品賞,以表心中崇敬情懷。

奇妙的是,李、黄二人素未謀面,而李公麟所畫王維像竟然與黄庭堅頗為相像,只是鬚髯較多,加上秦觀(? —?,字少章)所蓄王維畫像,畫中人瘦癯模樣引發秦觀、黄庭堅對自我形貌問題的關懷,秦觀因而建議黄庭堅不妨自贊寫真,以進一步自明心志,這種背景下,黄庭堅接連題寫五篇自贊,分别為:

飲不過一瓢,食不過一簞,田夫亦不改其樂,而夫子不謂之能賢,何也?顏淵當首出萬物,而奉以四海九州,而享之若是,故曰"人不堪其憂"。若余之於山澤,魚在深藻,鹿得豐草。伊其野性則然,蓋非抱沈陸之屈,懷迷邦之寶。既不能詩成無色之畫,畫出無聲之詩,又白首而不聞道,則奚取於似摩詰為!若乃登山臨水,喜見清揚,豈以優孟為孫叔敖,虎賁似蔡中郎者耶![3]

吏能精密,里行媥㛹,則不如兄元明,而無元明憂疑萬事

① 黄罃《山谷年譜》載:"有大孤山詩刻,云:'是歲癸亥十二月,予自太和移德平。'"見是書卷一七"元豐六年癸亥十二月"條,參劉琳、李勇先、王蓉貴校點《黄庭堅全集》(成都:四川大學出版社,2001年版),第4册,附録2,第2369頁。

② 見《黄庭堅全集》,第2册,《外集》卷八,第1053頁。《全集》注云:"轄"字,《四庫》本作"丞"。《寫真自贊》一,《全宋文》,第107册,卷二三二九,第303—304頁。

③ 《寫真自贊》一,《全宋文》,第107册,卷二三二九,第303—304頁。

之弊。斟酌世故,銓品人物,則不如其弟知命,而無知命强項好勝之累。蓋元明以寡過,而知命以救世。如魯直者,欲寡過而未能,以救世則不敢。自江南乘一虛舟,又安知乘流之與遇坎者哉![1]

或問魯直:"似不似汝?"似與不似,是何等語?前乎魯直,若甲若乙,不可勝紀;後乎魯直,若甲若乙,不可勝紀。此一時也,則魯直而已矣。一以我為牛,予因以渡河,而徹源底;一以我為馬,予因以日千里計。魯直之在萬化,何翅太倉之一稊米。吏能不如趙、張、三王,文章不如司馬、班、揚。頎頎以富貴酖毒,而酖毒不能入其城府。投之以世故豺虎,而豺虎無所措其爪角。則於數子,有一日之長。[2]

道是魯直亦得,道不是魯直亦得。是與不是且置,且道喚那個作魯直。若要斬截一句,藏頭白,海頭黑。[3]

似僧有髮,似俗無塵。作夢中夢,見身外身。[4]

第一篇信筆揮灑,以奔放筆勢白描個人志趣,文中引顏淵"一簞食,一瓢飲,回也不改其樂"典型,表白田夫雖物質條件可能如顏淵般簡陋,但正如魚在野藻、鹿得豐草般,優遊山林之間能自適野性,享受無拘無束自由時光,何樂不為?黄庭堅自慚不似王維詩畫兼擅,甚至髮色已白、馬齒徒增,仍未聞道,但登山臨水不慕榮利之心差可比擬,並不僅是如優孟倣學孫叔敖[5]、虎賁貌似蔡邕般[6],形似神

① 《寫真自贊》二,《全宋文》,第107册,卷二三二九,第304頁。
② 《寫真自贊》三,《全宋文》,第107册,卷二三二九,第304—305頁。
③ 《寫真自贊》四,《全宋文》,第107册,卷二三二九,第305頁。
④ 《寫真自贊》五,《全宋文》,第107册,卷二三二九,第305頁。
⑤ 參見《史記》(郭逸、郭曼標點,上海:上海古籍出版社,2003年版),卷一二六。《滑稽列傳·優孟傳》,第2412—2414頁。
⑥ 參見《後漢書》(北京:中華書局,1973年版)卷七〇《鄭孔荀傳·孔融傳》,第2277頁。

異。由此知曉,黄庭堅觀看畫像時在乎的是外表形貌刻劃所透顯出來的人物神韻與意態,重視的仍是内心而非外在。

第一篇裹,黄庭堅目光遠尋唐人,以王維為追慕對象,借以表白個人志趣,第二篇則是與兄弟相較,襯顯出一己不足。黄庭堅兄長名黄大臨(? —?,字元明),弟弟分别為黄叔獻(? —?,字天民)、叔達(? —?,字知命)、仲熊(? —?,字非熊),父親黄庶(1018—1058)以八元、八愷中五人名字為兒命名[1],自寓有深切期許。黄大臨曾任官廬陵、萍鄉,黄庭堅至萍鄉訪省其兄時嘗云:

> 余之入宜春之境,聞士大夫之論,以謂元明盡心盡政,視民有父母之心。然其民囂訟異於他邦,病在慈仁太過,不用威猛耳。至則以問元明,元明嘆曰:"天子使宰百里,固欲安樂之,豈使操三尺法而與子弟仇敵哉!……夫猛則玉石俱焚,寬則公私皆廢,吾不猛不寬,唯其是而已矣。故榜吾所居軒曰'唯是'而自警。"庭堅曰:"夫猛而不害善良,寬而不長姦宄,雖兩漢循良,不過如此。萍鄉邑里之間,鴟梟且為鳳凰,稂莠皆化為嘉穀矣。"[2]

借士大夫評論黄大臨為政過於慈仁一事,引出手足二人對話,表彰黄大臨不猛不寬理念,政績明著,不亞於兩漢循良的成果證明黄大臨確是"吏能精密,里行嫺衈"。黄叔達其人其事則是:

> 雅負音節,人有臭味投者,推挽之不遺力,意所不可,雖衣冠貴人,亦唾辱之。與彭城劉師道友善,嘗之京師,同師道謁

① 《左傳·文公十八年》載:"昔高陽氏有才子八人,蒼舒、隤敳、檮戭、大臨、尨降、庭堅、仲容、叔達,齊、聖、廣、淵、明、允、篤、誠,天下之民,謂之'八愷'。高辛氏有才子八人,伯奮、仲堪、叔獻、季仲、伯虎、仲熊、叔豹、季貍,忠、肅、共、懿、宣、慈、惠、和,天下之民,謂之'八元'。此十六族也,世濟其美,不隕其名。"(參李學勤編《春秋左傳正義》,《十三經注疏》整理本,臺北:臺灣古籍出版社,2001年版,第663—666頁。)

② 《書萍鄉縣廳壁》,《黄庭堅全集》,第2册,《正集》卷二七,第745頁。

> 法雲禪師於城南,夜歸過龍眠李伯時,叔達著白衫騎驢道中,搖頭而歌,師道負杖挾囊於後,一市皆驚,以為異人。①

率性、瀟灑浪蕩形象栩栩如生,彷若眼前可見,至於如何斟酌世故、銓品人物,因史料不足,暫無法得知,但由唾辱衣冠貴人行為看來,黃叔達强項好勝個性不難想見。黃庭堅歆羡兄弟寡過、敖世,自謙未能寡過,不敢敖世,甚至曾自言"既拙又狂癡"②,"魯直"相較之下既魯鈍愚昧又拙直,似乎不知變通,但其實是"直道甚坦夷"③。黃庭堅最終期盼的是如駕無人虛舟般④,順任天理自然而不强求,不過,在他以兄弟二人個性、處世態度與自身作一參照對比後,似乎也暗示自己在忠勤為官與任性出世之間選擇中道,"乘流則逝,得坎則止;縱軀委命,不私與己"⑤。

前二篇以娓娓自述方式呈現,第三篇則以他人提問開端,直以"魯直"為討論焦點,緊密與前篇串聯,思考"似不似汝"問題,"前乎魯直"、"後乎魯直"、"魯直而已矣"、"魯直之在萬化"跳動出現,令人時刻無法忽略忘懷,必得隨之思辨"魯直"究為何物?雖然渺小虛幻,為官不如趙廣漢、張敞、王尊諸人⑥,作文不及司馬遷、班固、

---

① 《江西通志》卷六六,影印文淵閣《四庫全書》(臺北:臺灣商務印書館,1983年版),第515册,第311頁。

② 《漫尉》,《黃庭堅全集》,第3册,《正集》卷一四,第1204頁。

③ 《漫尉》,《黃庭堅全集》,第3册,《正集》卷一四,第1204頁。

④ 《莊子山木》:"方舟而濟於河,有虛船來觸舟,雖有惼心之人不怒。"(《莊子集釋》,第675頁)。《列禦寇》:"巧者勞而知者憂,无能者无所求,飽食而敖遊,汎若不繫之舟,虛而敖遊者也。"成玄英疏解釋為:"夫物未嘗為,無用憂勞,而必以智巧困弊,唯聖人汎然無係,泊爾忘心,譬彼虛舟,任運逍遙。"(《莊子集釋》,第1040—1041頁)。

⑤ 語出賈誼《鵩鳥賦》,略曰:"真人恬漠,獨與道息。釋智遺形,超然自喪;寥廓忽荒,與道翱翔。乘流則逝,得坎則止;縱軀委命,不私與己。"(見《漢書·賈誼傳》,北京:中華書局,1962年,卷四八,第2228頁。)

⑥ 《漢書》卷七二《王貢兩龔鮑傳·王駿傳》載:"八歲,成帝欲大用之,出(王)駿為京兆尹,試以政事。先是京兆有趙廣漢、張敞、王尊、王章,至駿皆有能名,故京師稱曰:'前有趙、張,後有三王。'"見是書第3066—3067頁。

揚雄,但黄庭堅不為富貴世故牽絆,自詡較上述諸子略勝一籌[①]。本篇前 2/3 篇幅似較側重於人生哲理探索,但後半則轉而以比較方法凸顯自身於吏能、文章之外,對處世原則的堅持與自豪。

第四篇以迴環疑問盤旋全篇,究竟畫中人是不是魯直?道是亦得,道不是亦得,畫中人與畫外人同名為“魯直”,但究竟哪個為魯直?作者萬般困惑揮之不去,以公案口吻屢次自言自語,最終以“藏頭白,海頭黑”斬斷,提醒世人,就如智藏(735—814)頭髮為白色,懷海(749—814)為黑髮般[②],佛法實毋須以言語條分縷析,強加辨别,若能放下執著,自能有所開悟,明瞭佛法禪道義蘊。黄庭堅借由馬祖公案宕開文中所提疑問,顯示他已超越形質囿限,不再拘泥於畫像與實存主體的分别,而一以“魯直”為重,只要持守既魯又直本性,又何須區别畫中人、畫外人異同?二者實也並無差别。

一至三篇的篇幅甚長,反映黄庭堅心中澎湃洶湧情感,急欲以詳盡文字闡發自身觀點,至第四篇,文字乍減,且前二篇條理分明、理性敘説筆法至第三篇已摻雜迴繞語句,第四篇全似公案層層逼問究竟是否為“魯直”。第五篇一改前四篇縱横恣肆散文句式,而

---

① 黄庭堅此處“一日之長”應是借用《新唐書·王珪傳》之語,書載:“時(王)與玄齡、李靖、温彦博、戴胄、魏徵同輔政。帝以珪善人物,且知言,因謂曰:‘卿標鑒通晤,為朕言玄齡等材,且自謂孰與諸子賢?’對曰:‘孜孜奉國,知無不為,臣不如玄齡;兼資文武,出將入相,臣不如靖;敷奏詳明,出納惟允,臣不如彦博;濟繁治劇,衆務必舉,臣不如胄;以諫諍為心,恥君不及堯、舜,臣不如徵。至潔濁揚清,疾惡好善,臣於數子有一日之長。’帝稱善。而玄齡等亦以為盡己所長,謂之確論。”見是書卷九八,《王珪傳》,第 3888—3889 頁。

② 《祖堂集》載:“問:‘如何是佛法旨趣?’師云:‘正是你放身命處。’問:‘請和尚離四句絶百非,直指西來意,不煩多説。’師云:‘我今日無心情,不能為汝説。汝去西堂,問取智藏。’其僧去西堂,具陳前問。西堂云:‘汝何不問和尚?’僧云:‘和尚教某甲來問上座。’西堂便以手點頭,云:‘我今日可殺頭痛,不能為汝説,汝去問取海師兄。’其僧又去百丈,乃陳前問。百丈云:‘某甲到這裏卻不會。’其僧卻舉似師,師云:‘藏頭白,海頭黑。’”見是書(釋靜、釋筠編撰,吳福祥、顧之川點校,長沙:岳麓書社,1996 年版)卷一五《江西馬祖》,第 307—308 頁。

以齊整四句四言文字表達己見，頗具釋家偈語味道，且短短四句便充分反映了黃庭堅對人生的體悟。黃庭堅曾數次提及自己與僧侶的關係，下文所引自贊可為參證，“似僧有髮”再次證明黃庭堅對僧侶與自我身份的認同，而“俗”、“塵”則是黃庭堅論及處世原則時十分在意的關鍵字，如：

叔夜此詩，豪壯清麗，無一點塵俗氣。凡學作詩者，不可不成誦在心，想見其人。雖沉於世故者，暫而攬其餘芳，便可撲去面上三斗俗塵矣，何況探其義味者乎！故書以付榎，可與諸郎皆誦取，時時諷詠，以洗心忘倦。余嘗為諸子弟言：“士生於世，可以百為，唯不可俗，俗便不可醫也。”或問不俗之狀，余曰：“難言也，視其平居無以異於俗人，臨大節而不可奪，此不俗人也。”士之處世，或出或處，或剛或柔，未易以一節盡其蘊，然率以是觀之。[①]

自誦讀嵇康(223—263)詩歌聯想作詩、為人都不可有塵俗氣，並推而擴之，强調士生於世可以百為，卻絕不可俗，所謂俗不俗定義便在臨大節時是否能堅定志氣，不為外力可奪[②]。此外，黃庭堅也曾申明：

人胸中久不用古今澆灌之，則俗塵生其間，照鏡則覺面目可憎，對人亦語言無味也。[③]

如有俗塵則語言無味，照鏡也自覺面目可憎，而照鏡便是某種形式的觀看自我，對黃庭堅而言，不止是外表的鑒照認識，更是內心襟抱的呈現。所以當他説“似俗無塵”時，其實是肯定自己不沾俗塵，

① 《書嵇叔夜詩與姪榎》，《黃庭堅全集》，第3册，《別集》卷一六，第1562—1563頁。

② 類似意見，黃庭堅另曾於其他文章闡述，可見《書繒卷後》，云：“余嘗為少年言：‘士大夫處世，可以百為，唯不可俗，俗便不可醫也。’或問不俗之狀，老夫曰：‘難言也，視其平居，無以異於俗人，臨大節而不可奪，此不俗人也。平居終日，如含瓦石，臨事一籌不畫，此俗人也。’”(《黃庭堅全集》，第2册，《正集》卷二六，第674頁。)

③ 《與宋子茂書》其四，《黃庭堅全集》，第3册，《外集》卷二一，第1378—1379頁。

氣節傲然。

至於“作夢中夢,見身外身”二句可能來自晚唐詩僧澹交《寫眞》①,詩云:

圖形期自見,自見卻傷神。已是夢中夢,更逢身外身。水花凝幻質,墨彩聚空塵。堪笑予兼爾,俱為未了人。②

原本寫真畫像是為了方便人們觀見自我形貌,沒想到卻反讓觀者傷神,因為墨、筆材質有它必然毀壞的先天不利,借由筆墨傳遞留存的人像又何嘗不是如此?何況描摹的對象本身也是如空塵般虛幻不真,何者為真?何者為假?千古謎團終難理清。“休言萬事轉頭空,未轉頭時皆夢”③,但世人即使明知“世事一場大夢”④,終究無法如太上忘情般超然灑脱,總是身陷其中,看不真切,何況更常是“夢裏不知身是客”⑤,“夢中夢”式地一層層為夢境包圍纏繞,難有清醒覺悟時分。同樣地,“長恨此身非我有”⑥應該也不是蘇軾獨有的慨歎,此身已是空相,以此身為依據而產生的“身”(畫像)更是虛空外的虛空,人、像相對,或許也只能以笑弄方式自我解嘲,“俱為未了人”。

澹交以觀畫傷神,從而抒發夢中夢、身外身感懷,既而回歸萬

① 《能改齋漫錄》卷八,《沿襲·夢中身夢外身》載:“山谷嘗自贊其真曰:‘似僧有髮,似俗無塵。作夢中夢,見身外身。’蓋亦取詩僧淡白寫真詩耳,淡白云:‘已覺夢中夢,還同身外身。堪嘆余兼爾,俱為未了人。’”見是書第190頁。吳曾書中所舉詩人為“淡白”,但《全唐詩》、《唐詩紀事》收錄此詩時,作者皆題為“澹交”、“淡交”,故此處作“澹交”。(《能改齋漫錄》,臺北:木鐸出版社,1982年版,第219頁。)

② 《唐僧弘秀集》卷九,收入《禪門逸書》(臺北:明文書局,1980年),初編第2册,第52頁。

③ 蘇軾《西江月·平山堂》,鄒同慶、王宗堂注《蘇軾詞編年校注》(北京:中華書局,2002年),第533頁。

④ 蘇軾《西江月·黄州中秋》,《蘇軾詞編年校注》第798頁。

⑤ 李煜《浪淘沙》(簾外雨潺潺),見曾昭岷等編纂《全唐五代詞》(北京:中華書局,1999),第765頁。

⑥ 蘇軾《臨江仙·夜飲東坡》,《蘇軾詞編年校注》第467頁。

物空幻本質，末以“堪笑”方式表達一己體悟。黃庭堅雖也説“作夢中夢，見身外身”，但略去中間轉折過程，直接呈現個人對生命省察的結論，雖彷若得道高僧般淡然言説，但或許也有他勘破世情的領會①。

五篇自贊，文字愈趨簡要，自成圓滿自足系統，環環相扣，有如組詩般密不可分，卻又前後呼應，首尾承續，風格也不斷轉换，豐富多彩，將個人志趣與生命省思多方剝落呈現，堪稱獨具風貌的自贊文。

此外，黃庭堅另有幾篇單獨自贊文，也得一併討論。《張大同寫予真請自贊》云：

> 秀眉廣宇，不如魯山。槁項黃馘，不如漆園。韜光匿名，將在雙井；談玄説妙，熱謾兩川。枯木突兀，死灰不然。虛舟迕物，成百漏船。②

黃庭堅先就外表“秀眉廣宇”、“槁項黃馘”談起，乍看似乎是貼近畫像，據實立論，其實仍是借用典故表明心跡，以元德秀（696－754）、

① 《吉安府志》載：“黃庭堅為泰和令，一日勸民出東郊，聞竹林中哭聲，回登快閣隱卧，夢飯鮓魚，及覺，猶若在口也。起馳竹林，見一老嫗哭之哀，墓前置列飯鮓，為詢其故，嫗云：‘平生止有一女，死若干年矣。’因詢其日月，即堅所生之辰，遂興老嫗歸，終身養之，因自贊曰：‘似僧有髮，似俗無塵。作夢中夢，見身外身。’”《江西通志》卷一六〇，見影印文淵閣《四庫全書》，第518册，第742頁。

② 《全宋文》，第107册，卷二三二九，第306頁。

莊子為比較依準[1],説明自己不如他們德行高深,忘卻世俗名利,但仍冀盼能隱歸家鄉,韜光匿跡,適性談玄説妙,如同枯木死灰般不為外物牽絆干擾。可惜似乎不能盡如人願,黄庭堅即使為寓居處命名:槁木寮、死灰菴[2],仍不能如虚舟逍遥任運,而是如百漏船般煩惱極多。此種心情,黄庭堅《任運堂銘》闡述頗明:

> 或見僦居之小堂名"任運",恐好事者或以借口,余曰:"騰騰和尚歌云:'今日任運騰騰,明日騰騰任運。'堂蓋取諸此。"余已身如槁木,心如死灰,但作不除鬚髮一無能老比丘,尚不可邪?[3]

已命僦居小堂為"任運",表示不再追逐世俗名利,希望隨適自在,但仍擔憂好事者尋覓借口加以批評挑釁,不得不一再宣示自己身如槁木,心如死灰,只差沒剃髪為老比丘,實無心無力再與世人爭奪。黄庭堅雖强調"任運"、"槁木"、"死灰",但末尾一句"尚不可

---

① 《新唐書》載:"元德秀字紫芝,河南河南人。質厚少緣飾。少孤,事母孝,舉進士,不忍去左右,自負母入京師。既擢第,母亡,廬墓側,食不鹽酪,藉無茵席。服除,以窶困調南和尉,有惠政。……所得奉禄,悉衣食人之孤遺者。歲滿,笥餘一縑,駕柴車去。愛陸渾佳山水,乃定居。不為牆垣扃鑰,家無僕妾。歲飢,日或不爨。嗜酒,陶然彈琴以自娱。人以酒肴從之,不問賢鄙為酣飫。……。德秀善文辭,作《蹇士賦》以自況。房琯每見德秀,歎息曰:'見紫芝眉宇,使人名利之心都盡。'蘇源明常語人曰:'吾不幸生衰俗,所不恥者,識元紫芝也。'……及卒,(李)華謚曰文行先生。天下高其行,不名,謂之元魯山。"見是書卷一九四,《卓行傳·元德秀傳》,第5563—5565頁。

② 任淵《山谷内集詩注》"元符元年戊寅"下注云:"六月改元,是歲春初山谷在黔南,以避外兄張向之嫌遷戎州……山谷三月間離黔,六月初抵戎州,寓居南寺,作槁木寮、死灰菴,其後僦居城南。"(參見黄寶華點校《山谷詩集注》,上海:上海古籍出版社,2003年版,第24—25頁)。其命名應是緣自《莊子》典故,《莊子·齊物論》:"南郭子綦隱机而坐,仰天而噓,荅焉似喪其耦。顔成子游立侍乎前,曰:'何居乎?形固可使如槁木,而心固可使如死灰乎?今之隱机者,非昔之隱机者也。'子綦曰:'偃,不亦善乎而問之也!今者吾喪我,汝知之乎?女聞人籟而未聞地籟,汝聞地籟而未聞天籟夫!'"(《莊子集釋》,第43—44頁)。

③ 《黄庭堅全集》,第3册,《别集》卷三,第1502頁。

邪”,不解、不滿、鬱積情緒噴湧而出,可見並非心如古井水,波瀾誓不起,仍在意世間毁譽,仍企求世人理解、認同。

回到《張大同寫予真請自贊》,黄庭堅起筆便連以“不如”、“不如”表白心志,看似有意追蹤元德秀、莊子,其實仍未放下“比較”心態,仍未心如虚舟不存芥蒂,因此,即使自陳枯木、死灰,最終仍忍不住如“尚不可邪”般宣洩情緒,感嘆自身處世“迕物”,成百漏船。

另一篇《張子謙寫予真請自贊》云:

> 見人金玉滿堂而不貪,看人鳳閣鑾臺而不妬。自疑是南岳懶瓚師,人言是前身黄叔度。①

直截了當陳説自身不貪不妬,不受外在名利影響而自有追尋價值,接著以南岳懶瓚師(? —?)與後漢黄憲(? —?)相比擬,探問前身、後身問題。“前身”、“後身”,本是佛家用語,意指前世、來世身軀,雖形體不同,但本質、精神應是一脈相承的,所謂:“形體雖死,精神猶存。人生在世,望於後身似不相屬;及其殁後,則與前身似猶老少朝夕耳。”②可見無論前身、後身為誰,基本上都與現世所存主體為同一精神存在,黄庭堅詩文中曾數次出現,如:

> 此書驚蛇入草,書成不知絶倒。自疑懷素前身,今生筆法更老。③
>
> 前身寒山子,後身黄魯直。頗遭俗人惱,思欲入石壁。④

將自己與懷素(725—785)、寒山(691? —793?)並稱,如與本篇贊文同看,黄庭堅對於前身究竟為誰似乎態度搖擺不定。事實上,如不拘泥在字句上所提及的人名,而探求舉例各人的生命特質,或許就較能把握黄庭堅本意。

---

① 《全宋文》,第 107 册,卷二三二九,第 306 頁。

② 《顔氏家訓》(檀作文譯注,北京:中華書局,2007 年版),《歸心》,第 223 頁。

③ 《墨蛇頌》,《黄庭堅全集》,第 3 册,《别集》卷三,第 1525 頁。

④ 《戲題戎州作予真》,《黄庭堅全集》,第 3 册,《别集》卷三,第 1510 頁。

以懷素為前身時是在討論書法風姿,自負於某篇書字筆法老成圓熟,如驚蛇入草般神妙無跡,甚至書成後不知絶倒,所以懷疑前身是否為懷素,否則怎能有這般狂草成就。黄庭堅此處並未完全將自身與懷素等同,而只是在特定時空環境下有此疑問。

類似的,論及寒山時,黄庭堅可能是聚焦於"頗遭俗人惱"一事。題目名為"戲題戎州作予真",推測應作於居停戎州期間,約為哲宗元符元年(1098)六月至元符三年(1100)十月間[①],前文提及的"槁木寮"、"死灰菴"、"任運堂"都是在戎州時所興建室堂,反應出文人當時心境。尤其黄庭堅自步入仕途之後,幾度遭逢無情打擊,時議洶洶,再三遷謫,難免情緒起伏,所以見得他人所寫畫像,雖説是"戲題",但未必真是以輕鬆戲謔態度創作,既説"俗人惱",可見無法釋懷。"思欲入石壁"極可能是援用寒山"一住寒山萬事休,更無雜念挂心頭;閑書石壁題詩句,任運還同不繫舟"[②]文字與詩意,希望能摒棄世俗雜念,萬事休上心頭,閒暇時題詩石壁,任隨世運流轉而不再隨俗人擾亂心湖。

《張子謙寫予真請自贊》中,黄庭堅自疑是南岳懶瓚師,可能著重在"縱被詆訶,殊無愧恥"[③]之聽任本心,不偽隨禮義換求美名。可他人認知的黄庭堅卻與文人自我感受有别,世人曾將黄庭堅與黄憲相比擬,而據史書所載,黄憲雖出身貧賤牛醫家庭,但當時名士達官如:荀淑、袁閎、戴良、陳蕃、周舉、郭林宗等都深表歎服,推崇其人"隤然其處順,淵乎其似道"[④]。黄庭堅在此引錄他人言語

① 《山谷年譜》,見《黄庭堅全集》,第4册,"附錄"卷二,第2374—2375頁。

② 項楚《寒山詩注》(北京:中華書局,2000年版),第474頁。

③ 《宋高僧傳》,卷一九,《唐南岳山明瓚傳》載:"釋明瓚者,來知氏族生緣。初,遊方詣嵩山,普寂盛行禪法,瓚往從焉。然則默證寂之心契,人罕推重。尋於衡岳閒居,衆僧營作,我則晏如;縱被詆訶,殊無愧恥。時目之懶瓚也。……敕謚大明禪師,塔存嶽中云。"([宋]贊寧《宋高僧傳》,臺北:文津出版社,1991年版,第491—493頁。)

④ 詳參《後漢書》卷五三,《周黄徐姜申屠列傳·黄憲傳》,第1744—1745頁。

表示他並不反對此種説法，甚至也頗有同感，而黄憲雖受推重，聲名遠揚，卻號曰“徵君”，黄庭堅引此二人似乎也偏向釋、道思想，隱退意願較出仕任官高。

幾篇與“前身”有關的作品並置，可以發現黄庭堅並不會將自己與前人關係作固定落實的指涉，而是隨著想要强調中心意旨的不同而有所調整，或是懶瓚師，或是黄憲、懷素、寒山，要之都是取各人重要特質，及與自己當時生命情境吻合的面向相比附牽引。而同組五篇自贊外，黄庭堅另外三篇自贊都與槁木、死灰、虚舟、任運有關，呈現出他在觀看畫像時表白個人生命體悟、志趣的用意。

黄庭堅八篇自贊文是北宋文人數量最多的，且内容、筆法各有特色，意蘊豐富，是宋代自贊文發展中極為重要的一環。此後，李之儀(1038—1117)也有數篇自贊文，如：

> 似則似，是則不是，縱使擠之九泉下，也須出得一頭地。休論捉月騎鯨，到了衆人皆醉。①
>
> 蒿木以遊於世，鐵心以踐其志。有時端委以即事，忽爾賣針而買醉。豈所謂逆行順行，莫測者歟？蓋得之自是不得是，以聽天命而已。②
>
> 偶乘扁舟，一日千里。若遇勝境，終年不移。故能屈御手調羹而親餉，命力士脱靴而不疑。予私淑諸人也，故欲與之同歸。鴟然於斯而不售，羊然遶領而猶癡。人固欲其售，爾謂之癡也，予方遊戲以隨時。③

長短不一，用典各異，但同樣都是經由觀看畫像表達個人志趣，意欲遊戲人間，不為塵俗羈擾。楊萬里(1127—1206)幾篇自贊又有不同風采：

---

① 《自作傳神贊·李伯時畫一》，《全宋文》，第112册，卷二四二五，第197頁。

② 《姑溪自贊·一》，《全宋文》，第112册，卷二四二六，第212頁。

③ 《姑溪自贊·二》，《全宋文》，第112册，卷二四二六，第212頁。

汝翎弗長,汝趾弗强。毋駃汝頑,毋競汝驤,於崖於濱,其窈其茫。嗑嗑其光,戈誰汝傷。秋作月荒,春作華荒。哦者遜尪,醻者遜狂。汝老是鄉,莫與汝爭鎈。[1]

有絺者巾,有藜者杖。雲嶠風杉,步月獨往。龍伯國之民歟,無功鄉之民歟?[2]

髤巾鶴裾,山澤之臞。汝荷蕢之徒歟,抑接輿之徒歟?[3]

三篇贊文題目下各有一小段説明文字,分别為:"吴友王才臣命秀才劉訥寫余真,戲自贊曰"、"吉州通守照德輝命史寫老醜,戲題之曰"、"王時可命敏叔寫予真,題其上",清楚交代作畫緣起、畫師名姓、個人感受,所謂"寫老醜"、"戲自贊"、"戲題之"顯示楊萬里似乎是以輕鬆愉悦的態度面對幾次寫真,尤其第一篇通篇以"汝"貫串其中,被畫者面對畫中人指指點點、論説不休的景象彷若在讀者眼前具體上演,生動靈活,領受作者旺盛生命力。

第二篇語氣漸趨舒緩,"雲嶠風杉,步月獨往"營造出幽美清雅風韻,烘襯"龍伯國之民歟,無功鄉之民歟"詢問,顯示作者心嚮往之的淳樸世界。第三篇以更短篇幅描繪作者心中理想境界乃是如荷蕢、接輿之徒般逍遥自適,在在透露作者志趣。

四、已往不諫,來者庶幾——自省與戒惕的開展

透過觀看畫像,題寫自贊,宋人或是理性思辨畫像與自我的區别,探求人間虚幻真實問題,或是進一步由虚實之中追索個人志趣該當如何伸張完成,此外,他們也常透過書寫自贊反思過往紅塵俗事,直接告白個人心得,甚至進而提出自我戒惕警示言詞,作為督促成長的借鏡,如劉一止(1079—1160)云:

① 《自贊》,《全宋文》,第 239 册,卷五三五五,第 366 頁。
② 《寫真贊一》,《全宋文》,第 239 册,卷五三五五,第 367 頁。
③ 《寫真贊二》,《全宋文》,第 239 册,卷五三五五,第 367 頁。

枯木寒微，形影相依。祿食而臞，孰與遯肥。四十九年，我知其非。已往不諫，來者庶幾。①

居閑無所樂，從仕無所愧，忽作此兩言，自省過去事。害性多矣晚乃安，苦心至矣晚乃甘。咄我無初終得喪兮，又何乘除於其間。②

自省過去往事，對於以往四十九年祿食而臞似表懊悔，但又説居閑無所樂，從仕無所愧，内心似乎幾番掙扎擺盪，終究至晚年能明白安適之道。周紫芝(1082－1155)《竹坡自贊》云：

叔夜之懶，次山之漫。持此涉世，毀譽相半。馬耳東風，何勞喜惋。笑領尊拳，不揩唾面。是謂竹坡，掣猱老漢。③

則是以嵇康(223－263)疏懶、元結(723－772)散漫個性具體説明自身特點，而懶漫涉世當然與一般世俗期待、社會常規要求不符，毀譽相半本也就是意料中事，明知如此，周紫芝仍是選擇忠於本性，不為旁人改變初衷。

張九成(1092－1159)《自畫像贊·紹興二十六年》云：

不務尋常，惟行怪異。經術不師毛鄭孔王，文章不法韓柳班揚，論詩不識江西句法，作字不襲二王所長。參禪則不記公案，為政又不學龔黃。貶在大庾嶺下，十有四年歸來。雖白髮滿面，而意氣尚是飄揚。咄，其沒轉智底漢陰丈人，而無用處底楚狂接輿也歟！④

同樣反觀一路行來人生風景，斷言自己不務尋常，惟行怪異，無論經術、文章、論詩、作字、參禪、為政諸般作為，率皆不遵循向來風尚，宗法典範名家，而是自有定見，雖然已到白髮滿面老朽年華，但

① 《自作真贊》,《全宋文》,第152册,卷三二七八,第238頁。

② 《又自贊》,《全宋文》,第152册,卷三二七八,第238頁。

③ 《全宋文》,第162册,卷三五三一,第316頁。

④ 《全宋文》,第184册,卷四〇四二,第165頁。

仍秉持向來傲骨,意氣尚是飄揚。李呂(1122－1198)《澹軒自贊一》則云:

天賦我形,非鳶肩虎頭,故不為論相者所收;天生我材,非犧尊文楸,故不為運斤者所留。蓬鬢垢面而語言悠悠,短褐垂條曾莫知其可羞。至於聖智服行之實,古今成敗之由,時賢置而不論,肉食鄙而不謀。蓋嘗掩卷而歎息,三復而綢繆。闖其墻而窺其户,泛其源而涉其流。彼王良之安在,顧駑馬以何尤!弗戚戚乎世態之可惡,弗汲汲乎聲利之可求。能不以趙孟之貴為貴,聊揮麈宴坐而心與造物者遊。①

自形相、材質入手,暢言自己並無殊異形貌才華,以至不為世人器重,蓬鬢垢面而語言悠悠,如化外之民般不受世俗限制。

與觀看過往而提出省思、自白心志有關的是另一類類似箴銘自我勉勵的自贊文,陳摶《自贊碑》云:

一念之善,則天地神祇、祥風和氣皆在於此。一念之惡,則祆星厲鬼、凶荒札瘥皆在於此。是以君子慎其獨。②

先書明一念之善、一念之惡所造成影響,繼而以君子慎獨自勉,期許自身行為端正,造福人間。鄒浩(1060－1111)共撰作五篇自贊文,《傳神自贊》三首云:

汝為臣邪,弗得事君。汝為子邪,弗得養親。與世作戒,莫汝比倫。汝惟自新,日以省循。尚庶幾迷而悟,屈而伸,無愧乎古人。

洞庭之南,蒼梧之北,雁不到處,莫汝心惻。有靦斯顔,有延斯息。何以酬恩,皇恩罔極。

忠愧屈原,才踈賈誼。仁聖當陽,自取投棄。挹彼湘流,

① 《全宋文》,第220册,卷四八八八,第295頁。

② 《全宋文》,第1册,卷一〇,第231頁。

濯兹罪累。厥惟後圖,以對天地。[1]

先是責怪自己身為人臣人子,卻不得事君養親,可知自贊乃在自我戒惕,作用類似座右銘般日日提醒須自新,以期迷而悟,屈而伸,庶幾無愧古人,無愧人臣人子身份。第二、三首以齊整四言韻語書寫,異於第一首末尾參差錯落句式,反映作者當下心境,二、三首以理性自省態度表達未能酬報皇恩,羞慚愧疚心情,勉勵意味濃厚。《道鄉贊》二首則云:

青草黄茅夢破,東阡西陌年豐。長與老農擊壤,不知身世窮通。

昔時吏部侍郎,今日道鄉居士。畢竟這個是誰,一任更安名字。[2]

以六言口語文字書寫,口吻似以旁觀第三者角度探討"道鄉"何許人也,亦具哲理。張綱(1083—1166)《自贊寫真》云:

投閑歲久,聖恩圖舊。載錫身章,在帝左右。骨相多屯,何以瘉人。陳力就列,勿為具臣。[3]

自慚未能盡忠效力帝阜,因而警惕自身應陳力就列,絕不能尸位素餐,僅為備位充數臣僚而已[4]。李呂《澹軒自贊·二》更明白表示自贊作用,云:

非丈室之病夫,非澤畔之癯儒。薾然其貌,齒髮向疏。諒無酒色之敗,亦匪名利之拘。凡世俗所謂憂者,若無足以涉吾地而入其郛。然則有異於此者,能無憂乎?過四十而無聞,責之者誰與?視伯玉之知非,尚庶幾於良圖。夫一念之間,天地懸殊,曾不思於往行,又何哂於前車?咄!形吾自寫,贊吾自

① 《全宋文》,第131册,卷二八四二,第371—372頁。

② 《全宋文》,第131册,卷二八四二,第372頁。

③ 《全宋文》,第168册,卷三六七八,第396頁。

④ 《論語·先進》:"今由與求也,可謂具臣矣。"朱熹《集注》:"具臣,謂備臣數而已。"《論語彙校集釋》,第1024、1026頁。

書。豈徒然哉?蓋將有警於予也。日謹一日,勿用忽諸。植後彫之松柏,收晚景於桑榆。①

簡略提及畫中人形樣,重點在於回顧前半生作為,自寫畫像,自書贊語,作用在於"有警於予也",明白展現自贊效用近於箴銘,拓開自贊内容與作用。陳亮(1143—1194)《自贊》則云:

其服甚野,其貌亦古。倚天而號,提劍而舞。惟稟性之至愚,故與人而多忤。歎朱紫之未服,謾丹青而描取。遠觀之一似陳亮,近視之一似同甫。未論似與不似,且説當今之世,孰是人中之龍,文中之虎!②

先是簡筆描繪出畫中人物樣貌,所謂"倚天而號,提劍而舞"充滿動態,適切傳遞主角希冀建功立業志趣。"遠觀之一似陳亮,近視之一似同甫"雖似説明無法分辨遠觀近視的二人,實則陳亮就是同甫,同甫就是陳亮,作者真意應不在釐清畫中主角與真實人物相像與否,寫真與否,而在闡發自我期許,無論似與不似,重點在期盼畫中人能成為人中龍、文中虎,此種觀看角度較重於對未來展望,有别於前文所舉瞻顧前塵往事,綜結一生視角。

南宋末年,因遭遇世變,時局動盪不安,文人們《自贊》角度又有所更易,如金履祥(1232—1303)《紀顔自贊》云:

幼爾冥行,長爾及更。驟爾壯齡,樂爾純清。爾矯而輕,以重而敦。爾警而慵,以敏而勤。爾謹爾獨,以養以存。爾戒爾弱,以毅以弘。肅爾威儀,惟敬之門。視爾踐修,惟德之成。小子識之,毋忝爾所生。③

"爾"字貫串全篇,引領讀者依循作者筆墨回顧成長歷程,自幼及長

① 《全宋文》,第220册,卷四八八八,第296頁。

② 《陳亮集》(增訂本,鄧廣銘點校,石家莊:河北教育出版社,2003年版),卷一〇,第90頁。

③ 《全宋文》,第356册,卷八二五七,第371—372頁。

漸次成熟，明白須敏勤弘毅，不斷修身踐行以涵養品德節操，以免愧對父母撫育恩情，辱沒家族聲譽。此篇贊文作於理宗景定二年(1261)[①]，金履祥30歲時，而金履祥自幼敏睿好學，折節讀書，23歲受業王柏(1197－1274)、從登何基(1188－1268)之門，"自是從遊二氏間，講貫益密，造詣益精"[②]，成為北山學派四書學代表學者[③]。自贊文呈顯的正是作者致力光耀門楣、警惕自勵的心聲，如同引文自白："贊之為言，佐也，佐爾弗及，非以自頌也。"[④]金履祥所以自畫、自贊並不是想要自我膨脹、吹噓，而是為了以影像、文字時刻自我提醒，因而全篇處處充滿戒慎恐懼、自我期勉話語，"贊"文性質乃在"佐爾弗及"，與前此作品頗有不同。

南宋末年鄭思肖(1241－1318)《自贊相》云：

> 不忠可誅，不孝可斬。可懸此頭於洪洪荒荒之表，以為不忠不孝之榜樣。[⑤]

元兵南下時，鄭思肖曾上諫直疏，"語切直，犯新禁，俗以是爭目

---

① 《紀顔自贊·引》云："景定辛酉之春，桐陽叔子肖其容而為之贊。"(見《全宋文》，第356册，卷八二五七，第371頁)，據柳貫《故宋迪功郎史館編撰仁山先生金公行狀》載，金履祥祖父"蚤孤而能宅心經術，出遊庠序，聲稱籍籍，鄉里推其賢，是生桐陽散翁，諱夢先，先生父也。學博聞多，志尚嶄然。祖母唐夫人尤深訓程之，雖屢從舉子試，場屋不利，而家學克茂，翁實啟大之矣。夫人童氏生四子，先生居其三。"知"桐陽叔子"實是金履祥自稱，而景定辛酉即宋理宗景定二年(1261)，贊文為金履祥題於自畫像的文字。

② 《故宋迪功郎史館編校仁山先生金公行狀》，[元]柳貫《待制集》卷二〇，見柳遵傑點校《柳貫詩文集》(杭州：浙江古籍出版社，2004年版)，第407頁。

③ 參見徐遠和《金履祥——元代金華朱學干城》(《浙江學刊》，1990年第2期，第67－71、99頁)、周春健《金履祥與〈論孟集注考證〉》(《中國典籍與文化》，2009年第1期，第61－66頁)。

④ 《紀顔自贊·引》，《全宋文》第356册，卷八二五七，第371頁。

⑤ 《全宋文》，第360册，卷八三三九，第119頁。

公”[①],怎奈赤誠忠忱未受納用,“遂變姓名,隱居吳下,坐必南向,歲時伏臘,輒望南野哭,再拜乃返,誓不與朝客遊”[②]。因此當鄭思肖面對家國碎裂的崩毀時局,如何自處實是艱難課題,當他以悲痛心情書寫贊文時,不提個人外表形貌,不思前過悟昨非,也沒有自我惕勵再加努力的可能,只以斬絶口氣責備自己不忠不孝,除留下畫像、自贊文外,更應懸此頭於洪洪荒荒之表,作為後人榜樣,警醒後人切勿如他一般,成為不忠不孝之人。鄭思肖病重臨終之際,曾叮囑友人唐東嶼(?—?),曰:“思肖死矣!煩為書一位牌,當云:‘大宋不忠不孝鄭思肖!’語訖而絶,年七十八,蓋其意謂不能死國與無後也。”[③]可見宋亡後,鄭思肖始終自責不忠不孝,面對一己畫像,他情緒激動地發抒悲痛感懷,為自贊文中少見寫法。

此外,宋末文天祥(1236—1283)《自贊》云:

> 孔曰成仁,孟云取義。惟其義盡,所以仁至。讀聖賢書,所學何事。而今而後,庶幾無媿。[④]

以論説義理、表白心志為主,尤為特殊之處,乃在於此文為文天祥臨終前書於衣帶間的絶筆,使用場合、作用與“贊”原初情況大為不同。

五、破除陳規,變化多端——筆法的新創改易

前文針對宋代自贊文内容類型與抒發情感簡要分析,以明白宋人變易舊制,開創新局的表現,而除了内容外,自贊文筆法也有諸多新創,值得注意。任昉(460—508)云:

---

① [元]王逢《題宋太學鄭上舍墨蘭》,《梧溪集》,文津閣《四庫全書》(北京:商務印書館,2006年版),第1222册,卷一,第642—643頁。

② [明]吳之鯨《武林梵志》,卷八,文津閣《四庫全書》,第588册,第175頁。

③ [明]王鏊《姑蘇志》,卷五五,文津閣《四庫全書》,第493册,第645頁。

④ 《全宋文》,第359册,卷八三二〇,第200頁。

贊者，明事而嗟嘆以助辭也。四字為句，數韻成章。①

劉勰(465－520)《文心雕龍・頌贊》曾云：

古來篇體，促而不廣，必結言於四字之句，盤桓乎數韻之辭，約舉以盡情，昭灼以送文，此其體也。②

强調頌贊的短小簡促，為頌贊形制奠立基本原則。李充(約 323 在世)則認為：

容象圖而贊立，宜使辭簡而義正。③

林紓(1852－1924)論道：

贊體不能過長，意長而語約，必務括本人之生平而已。④

都顯示"贊"篇幅以簡短為主，文詞也是約舉即可，因此李成榮歸納贊文特徵，以為：

贊體文最主要的文體特徵是篇幅短小，多四言四句，或四言八句、四言十句。⑤

自魏晉南北朝直到宋初，除史贊文外，一般贊文形式基本上如前引數人所言，篇幅短小，四言為主，句數以八句為多，超過十句的作品相對而言較少，但約自宋仁宗朝起，贊文形式漸趨多元變化，篇幅也不斷拉長，顯而易見的就是句型不再局限於四言的情形漸次增多，許多自贊文不斷拉長每句長度與總句數，根據作者情感、口氣發揮，恰如行雲流水般自由伸展，散文化句子頗為常見，如張元幹(1091－1170)幾篇贊文：

爾形侏儒，而行容與。所守者獨出處之大節，所歷者皆風

① [梁]任昉撰、[明]陳懋仁注，《文章緣起注》(臺北：大安出版社，1998 年版)，第 20 頁。

② 戚良德《文心雕龍校注通譯》(上海：上海古籍出版社，2008 年版)，第 104 頁。

③ 《翰林論》，《全上古三代秦漢三國六朝文・全晉文》卷五七，第 1767 頁。

④ 《春覺齋論文・流別論》，收入王水照編《歷代文話》(上海：復旦大學出版社，2007 年版)，第 7 册，第 6341 頁。

⑤ 氏著《先唐贊體文研究》(遼寧師範大學碩士論文，2006 年)，第 31 頁。

波之畏途。彼其或取者在是,為之不悦者有諸?使其佩玉劍履,定非廊廟之具;野服杖屨,庶幾山澤之臞乎![1]

一且謂吾仕耶,毀冠裂冕,與世闊疏;一且謂吾隱耶,垂手入鄽,與人為徒。愧姓名之未能變,何形容之猶可圖。頗欲治貨殖兮,方陶朱公不足;聊復啖杞菊兮,視天隨生有餘。行年五十矣,雖髭髮粗嘿,然田廬皆無。陶陶兀兀,遇飲輒醉,著枕即寐。一念不生,萬事不理。至於酒醒夢覺,則又大笑而起,摩腹叩齒。孰不睥睨曰:"此老真甚愚!"[2]

這癡漢,沒思算。初乏田園,卻懶仕宦。辨得所向方圓,未嘗敢做崖岸。只用兩僕肩輿,不羨儻來軒冕。投閒二十餘年,善類干煩殆徧。好之者徹底信其真貧,惡之者豈免遭他點檢。要當畢娶杜門,自斷此生憂患。罷去謁府參官,一等著衣喫飯。休拈翰墨文章,説甚安危治亂。就使立事赴功,決定違條礙貫。個中人,高著眼。方瞳綠髮照青春,期與飛仙遊汗漫。現此風狂道士身,長庚曉月聊相伴。[3]

第一篇以二句四字句開端,似若遵照傳統贊文形式規範,但第三句便開始縱筆率性行文,純為流暢散文句式,中間穿插問句更與一般贊文肯定頌美句不同。第二篇以"一且"起筆,頗有新奇效果,引人注目,中間書寫靈動飛揚,頗似小説文采,末以"孰不睥睨曰:此老真甚愚!"作結,更添氣勢,餘韻無窮。第三篇改以三字句開篇,而且不似前二篇較偏近文言,"這癡漢,沒思算"為淺近口語,中間又再雜以"個中人,高著眼",變化多端,饒富趣味。

方岳(1199—1262)二篇自贊云:

謂為士,寧有識;謂為農,又無力。面如巖崖耳如壁,此其

① 《自贊》,《全宋文》,第182册,卷四〇〇七,第430頁。
② 《庚申自贊·紹興十年》,《全宋文》,第182册,卷四〇〇七,第431頁。
③ 《丙寅自贊·紹興十六年》,《全宋文》,第182册,卷四〇〇七,第431頁。

所以為山中之黔而非人間之晢也與!①

三事之所不事,四民之所不民。謂為阨窮耶,則廊廟未必同一丘之逸;謂為寒餓耶,則簞瓢亦何異五鼎之珍。嗚乎噫嘻,予非淮陰侯知所羞與噲等伍,而柴桑醉夫自謂羲皇上人者耶?②

先是以四句三字句書寫,簡截有力,且一、三句都為“謂為”,彼此接續呼應,而第五句延長為七字,最後一句則似一氣磅礴而出,以“此其……而非……也與”作結,令人不及喘息。第二篇前二句句型相同,“三事”、“四民”對仗,看來句式齊整平穩,但接著再以二組“謂為”、“則”句子提出己見後,便以“嗚乎噫嘻”感嘆詞斷開前後,而以“予非…而…者耶”疑問句作結,句子長短不拘,整齊不齊交互出現,既可避免單調平板,又有出其不意興味。

高登(1104—1148)二篇寫真贊,筆法也各具特色:

面兮鐵冷,髭兮虬卷。性兮火烈,心兮石堅。有誓兮平虜,無望兮凌煙。③

爾頭甚方,爾口甚利。以此處世,不易不易。④

第一篇以“兮”字貫串全文,有如騷體賦形式,吟誦之時自然放慢節奏,仔細玩味文句情韻。第二篇則以“爾頭甚方,爾口甚利”連串而下,流利順暢,末尾“不易不易”以重複字達到強調作用,“易”又與“利”字音韻相近,更添音律流美之感。大抵贊體須意長語約,一般較少重複字詞,以免文意涵納不足,高登用心不在呈現豐富意念,而是以音聲促成强調效用,寫法較為少見。

袁説友(1140—1204)則是以對第二人稱説話方式書寫自贊

① 《自贊·一》,《全宋文》,第 342 册,卷七〇九,第 374 頁。
② 《自贊·二》,《全宋文》,第 342 册,卷七〇九,第 374 頁。
③ 《自寫真贊·一》,《全宋文》,第 180 册,卷三九六〇,第 425 頁。
④ 《自寫真贊·二》,《全宋文》,第 180 册,卷三九六〇,第 425 頁。

文,將實存自我安放在與畫中人對立的位置展開對話,文云:

子之蒙不可擊,何勇於升堂而伏几?子之文不可訓,何樂於染翰而操觚?嶔巇難合,而欲一天下之論議之頃;酸寒陋甚,而裕展四體於功名之途。子方嫉人之弗競,人亦笑子之甚迂。嗟夫!辰之逑兮隙之駒,道之難兮齊之竽。毋紛紛乎多事,袖手板兮歸與。縱良田之無有,而四海多山林之樂,豈不能自老於臞儒者乎?[1]

汝少而學,汝長而儒。及其仕也,天下皆智汝獨拙,天下皆敏而汝獨迂。今頹齡之既晚,頭白髮而已居。吾即汝貌,吾觀汝軀,盍歸乎問松菊之舊廬,盍老焉為山澤之癯?則汝之求於造物也。其諸異乎人之求之歟。[2]

二篇分別記錄袁説友辛卯年、丙辰年容顏[3],辛卯年袁説友正值 32 歲壯齡,頗思有所貢獻,丙辰年則是 57 歲,當年仕途幾番遷降[4],雖三十年間章疏敷陳多切時病,卻不為君上納用[5]。根據贊文思想意涵與用字遣詞看來,兩幅畫像雖相隔十五年圖繪,但贊文可能同作於晚年。

觀畫者也就是書寫者,看似相隔一段距離觀看贊文對象行事作為,勸説對方應當如何如何,其實畫中人、看畫人、書寫者全為同一人,明顯是夫子自道情況,作者卻有意以此種筆法將自身抽離,似將畫中人視為不相干的另一存在,彷若客觀省察對方一生境遇,

---

① 《辛卯歲記顔贊》,《全宋文》,第 274 册,卷六二一〇,第 374 頁。

② 《丙辰歲記顔贊》,《全宋文》,第 274 册,卷六二一〇,第 374 頁。

③ 袁説友所經歷辛卯年為宋孝宗乾道七年(1171),時 32 歲;丙辰年為宋寧宗慶元二年(1196),時 57 歲。

④ 據《宋史翼》載:"慶元二年,除敷文閣學士,出為四川制置使兼知成都府,復入為吏部尚書兼侍讀,尋知紹興府兼浙東路安撫使。"見是書(陸心源輯,北京:中華書局,1991 年版),卷一四,第 148—149 頁。

⑤ 《宋史翼》卷一四,第 149 頁。

其實書寫者是借由這種方式“反身看見自己的生存樣態”[1],“子方嫉人之弗競,人亦笑子之甚迂”、“天下皆智汝獨拙,天下皆敏而汝獨迂”也正流露出書寫者的自嘲心態。

此外,第一篇以接連二組問句起始,第二篇也在文章中段穿插“盍歸乎”、“盍老焉”問句,但書寫者心中其實早有定見,因為對個人在現實生活中的困頓挫敗不能理解,所以透過提問宣洩内心激盪情緒,彷彿可以借此對抗外在世界的干擾,為自己尋得安身立命的依據。而連串疑問句所造成的力度也遠比平鋪直敘來得强烈,讓人如親耳聞見書寫者對畫中人提問情景,印象深刻。再者,一般自贊文幾乎都是以第一人稱方式娓娓述説個人想法,袁説友轉換人稱寫法卻能跳脱固有常規,使文章具有另種趣味。

時代相近的陳淳(1159－1223),自贊文也出現第二人稱筆法,如:

> 天賦爾貌,幽乎其閑。地育爾形,頎乎其寬。視諸孟子之睟面盎背,孔子之温厲恭安,須力學以充之,而無愧乎聖賢之容顏。[2]

以四句四言開端,“爾”又較“子”、“汝”典重,營造出和緩沉穩氛圍,第五句開始以散化句字表達作者對“爾”的期許,要求“爾”力學充實内在修為,以不負聖賢容顏。考諸陳淳畢生推求理學,雖曾代理

① 胡紹嘉《書寫與行動——九〇年代後期,女性私我叙事的態度轉折及其意義》(政治大學新聞研究所博士論文,2001 年),第 20 頁。胡紹嘉認為人可借由自我文本的建構以反身看見自己的生存樣態,經歷一種“客體化”歷程,其觀念或可作為此處袁説友心態的參考資料。

② 《夢中自贊繪像》,《全宋文》,第 296 册,卷六七四一,第 73－74 頁。

長安縣主簿[①],特奏恩授迪功郎泉州安溪主簿,卻未上任而卒[②],終其一生,並未能成就經世濟民事業。《夢中自贊繪像》似將作者內心潛藏的意念借由"夢"浮現,在贊文中明白抒發,利用"爾"字陳説,一方面或許較符合夢中看待繪像景況,一方面似又將現實自我與夢中自我區隔,展示彼此距離,頗有別出心裁效果。

周必大(1126－1204)《劉氏兄弟寫予真求贊時年七十》云:

> 骨相屯,氣宇塵。濁不盈,臞不清。視爾形,省爾身。無古心,無時名。乃久生,真幸民。[③]

全是三言句,不似四言句穩妥平整,反較俐落簡潔。據現存文獻考算,周必大共作有27篇自贊文,數量驚人,雖各因不同機緣書寫,但對自我人生的省思重視則始終一致。文章多以四句七言組成,押韻,但如《張孜仲寅寫予真倚松而立戲贊》云:

> 曾陪漢幄運前籌,也忝分封萬户留。未問家傳黄石法,且來閑伴赤松遊。[④]

自畫者張孜(?－?)切入,以漢代張氏先祖張良(?－前186)為歌詠主角,從而表抒倚松而立閑伴赤松子遊的悠閑情趣。題目自言"贊",可見周必大心中認定體類為贊文而非詩,且27篇贊文另有八句四言或長短不齊散文句式寫法,筆法各有不同,變化多姿。

前引鄒浩《道鄉贊》二首則為六言,也是較特殊的贊文形式。

---

① 史傳及關於陳淳研究都未曾提及"長安縣主簿"一職,戴螢根據《北溪大全集》中《權長泰簿喜雨呈鄭宰》、《解職歸題主簿軒壁》二詩及《長泰縣志·歷官》,認為陳淳曾代理長安縣主簿一段時間,可資參考。詳見是氏《〈宋史·陳淳傳〉考辨》(《北京大學學報(哲學社會科學版)》,2000年第3期),第160頁。

② 參見李玉峰《陳淳理學思想研究》(河南大學中國哲學史碩士論文,2008年),第1－5頁。

③ 《全宋文》,第232册,卷五一六八,第172頁。

④ 《全宋文》,第232册,卷五一六八,第179頁。

周紫芝(1082—1155)《北窗自贊·一》云：

> 行行言言，白眼視之，面目可憎。期期艾艾，俚耳聽之，語言無味。怒罵笑譏，非世所違。誰其尸之，自我為之。[1]

有别於絶大多數贊文二句一斷的誦讀韻律，改以三句一斷，一般習慣，二句一斷在吟誦時較有平穩舒緩氣息，三句一單位則異於慣常口吻，朗讀觀閲時極易產生陌生化效果，同時可借由奇數句組構方式增强頓挫效果。另如前引“一且謂吾仕耶，毁冠裂冕，與世闊疏；一且謂吾隱耶，垂手入鄽，與人為徒”先以“一且謂吾仕耶”、“一且謂吾隱耶”提問，再各以二句四言句回答問題，為一二一二斷句方式，但基本上前三句與後三句各成一組，可概略歸為三句一斷，都是創新寫法。

六、結　語

綜上所論，我們不難得知，宋人雖借由史論文、詠史詩等作品尋繹借鏡楷模，追慕前賢，但同時也透過反躬内省以思索自我定位問題，自叙性文章正可作為觀察起點。宋代各類自叙性篇章中，自贊文數量遠較自傳、自序、自撰墓誌銘、自祭文、自箴衆多，而且風貌豐富，各具姿采，就文體演變角度而言，更有諸多創易革新之處，值得注意。

以内容而言，宋代自贊文極少於文中重現畫中景象，而是分由幾重面向觀看自我，一是明白對鏡與圖像差别，試圖借由肖像畫凝定時間，而借助紙墨呈現的畫中人物實已經過層層譯讀，與描繪主體之間產生距離，為畫師所創造的存在，李之儀、釋文準、釋可湘之類受釋家思想影響的文人或僧侣，觀畫之際多就大千俱空、萬物虚幻等角度切入，質疑畫師如何再現“真”“相”？此類作品書寫重點不在描繪畫中人物形貌或探討畫像肖似與否，而常是佛教義理的

① 《全宋文》，第162册，卷三五三一，第312頁。

闡述,人生真理的領悟。

另一類作品則是思考,即使外形可寫,但主體精神卻非丹青能倣,因此著意提問畫像與内心本質問題,借自贊文表彰個人志趣,如現存第一篇宋人畫像自贊文——張詠《畫像自贊》即為一例,全篇似命名説般剖析自名"乖""崖"意涵,顯揚作者個性特質。蘇轍《自寫真贊》、《壬辰年寫真贊》則近似簡要自傳,以回顧一生方式表達個人體悟心得,頗具得道明理意味。最重要的為黄庭堅八篇寫真自贊,自白嚮慕王維、懶瓚師、黄叔度諸人,其中五篇自成系統,環環相扣,文字愈趨簡要,筆法各具特色,思想意涵也有所轉化,完整呈現黄庭堅對個人出處進退及自我認知的態度;另三篇自贊皆與槁木、死灰、虚舟、任運有關,極可能為同一時期作品,反映黄庭堅企求不為紅塵俗事驚擾,祈願隨適自在的期盼。

南宋時,胡銓、洪适等剛正儒者身處偏安一隅、奸臣弄權時局中,不為邪佞所沮,借由自贊嚴正宣明志節,已不為畫像所拘限。或因時代氛圍所致,南宋比丘如釋居簡所書自贊文有别於北宋釋文準諸人作品,不提畫像真幻虛實問題,不重複佛教思想,而能超越"是相非相"的論述範疇,頗具時代精神。

此外,宋代自贊文更有突破傳統頌美褒揚傾向,類近箴銘性質的作品,如陳摶《自贊碑》以君子慎其獨自勉,鄒浩《傳神自贊》戒惕自己"汝惟自新,日以省循",李吕也明言"形吾自寫,贊吾自書。豈徒然哉?蓋將有警於多也",劉一止"四十九年,我知其非"、"自省過去事"更是借自贊省思過往生命際遇,作為督促自我參考,自贊文寫法與作用已有所拓展。此類作品時間横跨宋初至南宋,但以南宋數量較多,可能與文人身處環境有關。

而陳亮《自贊》闡發自我期許,側重未來展望,異於北宋蘇轍諸人回顧前塵往事視角;南宋末年則因遭逢世變,金履祥《紀顔自贊》、鄭思肖《自贊相》與文天祥《自贊》都為自贊文開創嶄新寫法與用途,頗為特出。

内容之外，宋代自贊文筆法也饒具新創趣味，如以三言、六言行之，散文化句式、口語俚俗字詞、騷體賦形式、三句一斷等多種方式行文，皆異於傳統四言韻語、促而不廣、意長語約要求。

大體而言，南宋自贊文數量遠較北宋為多，其中周必大賦作27篇，更為兩宋文人之冠，而每篇題目常詳載作畫者名姓、繪像地點，被畫者年歲，周必大求實詳記心態具現無遺。綜併前文考論各點，自贊文在宋代發展演變軌跡昭然可見，而宋人意圖破除陳規，開拓自贊内容、筆法、數量的貢獻與意義更應予以肯定重視。

陳摶(872—989)	《自贊碑》	《全宋文》1/10/231
張詠	《畫像自贊》	《全宋文》6/112/143
王樵	《贅世翁贊》	《全宋文》8/172/401
毛洵(1003—1034)	《疾甚自贊》	《全宋文》28/596/212
林某	《留真自贊》	《全宋文》30/639/109
范鎮	《峨眉壽聖院寫真贊》	《全宋文》40/871/285
邵雍(1011—1077)	《自作像贊》	《全宋文》46/987/68
釋行偉(1018—1080)	《自贊》	《全宋文》50/1097/351
蘇軾(1037—1101)	《自畫背面圖並贊》	《全宋文》91/1990/389
蘇轍(1039—1112)	《自寫真贊》	《全宋文》96/2097/207
黄庭堅(1045—1105)	《寫真自贊》五篇	《全宋文》107/2329/303
黄庭堅	《張大同寫予真請自贊》	《全宋文》107/2329/306
黄庭堅	《張子謙寫予真請自贊》	《全宋文》107/2329/306
黄庭堅	《戲題戎州作予真》	《全宋文》107/2329/306
李之儀(1038—1117)	《自作傳神贊》	《全宋文》112/2425/197
李之儀	《姑溪自贊》	《全宋文》112/2426/212

續 表

陳摶(872－989)	《自贊碑》	《全宋文》1/10/231
晁補之(1053－1110)	《松齋主人寫真自贊》	《全宋文》127/2740/43
鄒浩(1060－1111)	《傳神自贊三首》	《全宋文》131/2842/371
釋文準(1061－1115)	《自贊三首》	《全宋文》133/2865/52
釋惠洪(1071－1128)	《寂音自贊》	《全宋文》140/3028/358
劉一止(1079－1160)	《自作真贊》	《全宋文》152/3278/238
劉一止	《又自贊》	《全宋文》152/3278/238
周紫芝(1082－1155)	《北窗自贊》	《全宋文》162/3531/312
周紫芝	《靜寄老翁自贊》	《全宋文》162/3531/315
張守(1084－1145)	《畫像自贊》》	《全宋文》174/3793/19
陳東(1086－1127)	《自贊》	《全宋文》175/3834/227
張元幹(1091－1170)	《自贊》	《全宋文》182/4007/430
張元幹	《庚申自贊》	《全宋文》182/4007/431
張元幹	《丙寅自贊》	《全宋文》182/4007/431
張元幹	《甲戌自贊》	《全宋文》182/4007/432
張九成(1092－1159)	《自畫像贊》	《全宋文》184/4042/165
汪介然	《畫像自贊》	《全宋文》193/4252/71
胡銓(1102－1180)	《澹庵畫像自贊》	《全宋文》196/4323/16
釋曇華(1103－1163)	《自贊》	《全宋文》197/4347/54
高登(1104－1148)	《自寫真贊》	《全宋文》180/3960/425
史浩(1106－1194)	《真隱居士自贊》	《全宋文》200/4417/93
李石	《自贊》	《全宋文》206/4568/70
洪适(1117－1184)	《寫真自贊》	《全宋文》213/3743/395

續　表

陳摶(872－989)	《自贊碑》	《全宋文》1/10/231
李呂(1122－1198)	《澹軒自贊》	《全宋文》220/4888/295
陸游(1125－1210)	《放翁自贊》四篇	《全宋文》223/4946/167
吳儆(1125－1183)	《寫真自贊》	《全宋文》224/4969/142
周必大(1126－1204)	《劉氏兄弟寫予真求贊時年七十》	《全宋文》232/5168/172
周必大	《梁光遠以予真置丘壑中慶元乙卯四月十九日自贊時年七十》	《全宋文》232/5168/173
周必大	《太和貢士陳誠之記予顏欲寘明遠樓昔白傅年七十一寫真詩云鶴毳變綠髮雞膚換朱顏予今年適同感而賦此》	《全宋文》232/5168/173
周必大	《寧都宰傅子淵薦邑士危正記顏求贊》	《全宋文》232/5168/174
周必大	《南城吳氏記予七十三歲之顏》	《全宋文》232/5168/174
周必大	《趙仲肅記予肄業之所寫真求贊》	《全宋文》232/5168/175
周必大	《高沙曾忠佐良臣築思永堂以念親傍闢書閣肖楊誠齋及予像求贊》	《全宋文》232/5168/176
周必大	《游元齡登仕寫予真求贊》	《全宋文》232/5168/176
周必大	《南城吳伸兄弟寫予真求贊》	《全宋文》232/5168/177
周必大	《趙倅彥寫予真求贊》	《全宋文》232/5168/177

續　表

陳摶(872－989)	《自贊碑》	《全宋文》1/10/231
周必大	《英德邵守之綱記予衰顏戲題數語》	《全宋文》232/5168/178
周必大	《登侍郎張武來求一言因記衰顏就以勉之》	《全宋文》232/5168/178
周必大	《永豐監税黄思義寫予於大椿之下戲題》	《全宋文》232/5168/178
周必大	《張孜仲寅寫予真倚松而立戲贊》	《全宋文》232/5168/178
周必大	《陸務觀之友杜敬叔寫予真戲題四句他日持示務觀一笑》	《全宋文》232/5168/178
周必大	《李子西卿月記予七十七歲之顔求贊》	《全宋文》232/5168/180
周必大	《鄭準廣文赴官九江攜予真索贊》	《全宋文》232/5168/180
周必大	《徐教授涇寫予真求贊》	《全宋文》232/5168/180
周必大	《山谷自贊云作夢中夢見身外身福唐曾錫盛談西湖水晶宫之勝因寫予真用此意題四句》	《全宋文》232/5168/181
周必大	《能仁監寺志超為予寫真求贊》	《全宋文》232/5168/183
周必大	《德回上人寫予真求贊時年七十二歲》	《全宋文》232/5168/183
周必大	《贛州豐樂長老惠宣寫予真戲贊時年七十三歲》	《全宋文》232/5168/184
周必大	《清原祖燈監寺屢問予久不入山寫真戲題》	《全宋文》232/5168/184

續 表

陳摶(872－989)	《自贊碑》	《全宋文》1/10/231
周必大	《安福縣岳興院僧希奇求予真贊》	《全宋文》232/5168/184
周必大	《隆興癸未夏予年三十八自掖垣奉祠歸遊麻姑山又三十八年而知觀李惟賓緣化修造至廬陵寫予真求贊》	《全宋文》232/5168/186
周必大	《福壽院僧淨高寫予及子中兄真求贊次子中韻》	《全宋文》232/5168/187
周必大	《堵陂知莊僧德永寫予真求贊》	《全宋文》232/5168/187
楊萬里(1127－1206)	《自贊》	《全宋文》239/5355/366
楊萬里	《寫真贊》	《全宋文》239/5355/367
張孝祥(1132－1169)	《自贊》	《全宋文》254/5704/124
王質(1135　1189)	《自贊》	《全宋文》258/5814/347
周孚(1135－1177)	《自贊》	《全宋文》259/5822/64
樓鑰(1137－1213)	《自贊》	《全宋文》265/5975/111
袁説友(1140－1204)	《辛卯歲記顔贊》	《全宋文》274/6210/374
袁説友	《丙辰歲記顔贊》	《全宋文》274/6210/374
釋道顔	《自贊》	《全宋文》276/6260/360
安丙(？－1221)	《自贊》	《全宋文》283/6429/283
陳淳(1159－1223)	《夢中自贊繪像》	《全宋文》296/6741/73
釋居簡(1164－1246)	《自題頂相》	《全宋文》298/6809/396
劉宰(1165－1239)	《自贊》	《全宋文》300/6847/177
幸元龍(1169－1232)	《自題像贊》	《全宋文》303/6934/441

續　表

陳摶(872－989)	《自贊碑》	《全宋文》1/10/231
張侃	《辛巳自贊》	《全宋文》304/6944/177
張侃	《戊寅自贊》	《全宋文》304/6944/178
釋法薫	《自贊》	《全宋文》305/6974/420
釋法薫	《自贊》	《全宋文》305/6974/424
真德秀(1178－1235)	《自贊》	《全宋文》314/7187/31
釋普濟(1179－1253)	《自贊》	《全宋文》317/7261/14
陳耆卿(1180－1237)	《篔窗自贊》	《全宋文》319/7320/14
白玉蟾(1194－?)	《自贊》	《全宋文》296/6754/278
方岳(1199－1262)	《自贊》	《全宋文》342/7909/374
釋大觀	《自贊》	《全宋文》343/7935/378
釋可湘	《自贊》	《全宋文》346/7986/74
釋道燦	《自贊》	《全宋文》349/8083/387
衛宗武	《贊寄顔》	《全宋文》352/8150/263
衛宗武	《又後贊》	《全宋文》352/8150/263
金履祥(1232－1303)	《紀顔自贊》	《全宋文》356/8257/371
何夢桂(1229－1303)	《寫神自贊》	《全宋文》358/8297/159
文天祥(1236－1283)	《自贊》	《全宋文》359/8320/200
鄭思肖(1241－1318)	《自贊像》	《全宋文》360/8339/119

作者單位:臺灣大學中文系

從言傳到書傳*

——宋代古文家對印刷術的接受與文統的印本接續

楊 挺

隨著印刷技術的成熟,宋人文集迅速被刻印傳播,但宋代文人出於對政治風險的防範,對文集付刻深表擔憂,對印刷技術的接受也顯得謹慎。不過,一旦遠離政治風險,他們迅速認同於這一技術的强大傳播能力,積極將文集付印。於是,印刷——這一新的媒介技術,使"斯文"傳承獲得了新的物質載體,促使宋代古文家對於文統維護的行為與觀念發生了一系列變化。

引子:孔子的口語交流與德行傳承

《左傳・襄公二十五年》記載孔子的話:"言以足志,文以足言",可見他認識到言語對心志的表徵,也注意到文采(修辭)施予語言的功能增强。[①]孔子也提到了杞、宋歷史不能言之的原因是"文獻不足"。他説"足,則吾能徵之矣",可見他對文獻的記載功能也有充分的信心。[②]

---

* [基金項目]:教育部人文社會科學研究規劃基金項目《宋代文人活動空間與文學形態研究》(10YJA751101);成都大學校青年基金項目《宋代城市空間與文學形態研究》(2010XJR19)。

① 案:又《周易・文言》有"(君子)修辭立其誠",《周易・繫辭》有"聖人之情見乎辭",也透露出語言對性情的表徵作用。

② 案:據鄭玄的理解,文指文章,獻指賢才(參見何晏《論語集解》卷二,《四部叢刊初編》本)。

需要堅持的是,孔子"與下大夫言,侃侃如也;與上大夫言,誾誾如也",[①]正體現了春秋時代人際交流口語媒介的主導地位。[②]加拿大傳播學者麥克盧漢(M. McLuhan,1911－1980)指出:"我們說話時傾向於對每一種情景作出反應,甚至對我們自己說話的行為本身也用語氣和手勢作出反應。"[③]也就是說,當人們以口語為媒介進行交流時,情感的參與是比較强烈的。我們可以推想,在一個以口語為主要媒介,有著强烈情感參與的交流情境中,强調德行(往往體現為情感規範)就顯得非常自然。

在孔門四科中,將德行居語言與文學之前,表示孔子已經有所軒輊。他所說"有德者必有言,有言者不必有德",在强調必要與否的同時,也透露出本末區分。[④] 孔子還說:"我欲託之空言,不如載之行事之深切著明也。"[⑤]在他眼中,空言終是不如踐履。這不禁讓我們想起孔子困於匡時曾經說過的話:"文王既沒,文不在茲乎?天之將喪斯文也,後死者不得與於斯文也。天之未喪斯文也,匡人其如予何?"[⑥]這裏的"予"更多地表現為心志(心靈)和德行(行為),流露出孔子以己身為斯文之傳的責任承擔。我們可以作如下理解:由於對口語媒介的倚重,在原始儒家眼裏,斯文傳承的重點就在於德行的傳承。

① 孔丘,何晏《論語集解》卷二,《四部叢刊初編》本。

② 周月亮《中國文化傳播史》,北京:北京廣播學院出版社,2000年版,第109－113頁。

③ [加]馬歇爾麥克盧漢《理解媒介——論人的延伸》,北京:商務印書館2000年版,第115頁。

④ 孔丘,何晏《論語集解》卷七,《四部叢刊初編》本。

⑤ 孟軻,趙岐《孟子》題辭,《四部叢刊初編》本。

⑥ 孔丘,何晏《論語集解》卷五,《四部叢刊初編》本。

一、從言語到文詞：漢唐語言的表現功能與文化傳承的文詞承擔

揚雄《法言·問神》有曰：

君子妄乎不妄，言不能達其心，書不能達其言，難矣哉！惟聖人得言之解，得書之體，白日以照之，江河以滌之，浩浩乎其莫之禦也。面相之，辭相適。捈中心之所欲，通諸人之嚍嚍者，莫如言。彌綸天下之事，記久明遠，著古昔之㫚㫚，傳千里之忞忞者，莫如書。①

揚雄看到了書（書面語）、言（言語）、心（心靈）之間的逐級表徵關係，也看到了表徵的不充分性，但他認為聖人"得言之解，得書之體"，"面相之，辭相適"，可以表達得清楚。在他看來，在內心表達方面，語言是最為合適的；而在事實記載方面，文字纔可以穿越時間與空間的阻隔。② 王充《論衡·自紀》說："口言以明志。"認為語言可以彰明心志；"言恐滅遺，故著之文字"，指出文字更為持久。③可見，揚雄、王充對語言的表達、文字的記載功用是抱有充分信心的。

劉勰《文心雕龍·原道》對"斯文"的起源進行了追溯，他對"文"的認識是從廣義的紋理、紋彩（"傍及萬品，動植皆文"）逐步收縮到文化符號，又最後集中在語言符號上的。劉勰說："辭之所以能鼓天下者，乃道之文也。"意指言辭之所以能彰明"斯文"，在於"辭"本身就是"道"的體現。在他眼裏，"心生而言立，言立而文

① 揚雄《揚子法言》，《四部叢刊初編》本。

② 案：漢代書肆已經發達起來，此處揚雄所說的"書"主要指書面語，也兼指書籍（可參見葉德輝《書林清話》卷二，北京：中華書局，1987年版）。

③ 王充《論衡》，《四部叢刊初編》本。

明",語言是心志的自然外現,也是斯文的天然選擇,似乎有了語言,就已經足夠。①

中唐時韓愈《爭臣論》説:"君子居其位則思死其官,未得位則思修其辭以明其道。我將以明道也。"②有修辭以明道的自我期許,他將斯道的復興與語言的革新聯繫起來(這與孔子將斯文傳承寄託在"予"上不同)。他在《答陳生書》中説,"愈之志在古道,又甚好其言辭",③由好道而及好辭。他又在《答李秀才書》補充説:"愈之所志於古者,不惟其辭之好,好其道焉爾。"④表示好辭在於好道。簡單説來,好其道,所以好其辭。但其弟子卻進一步發展了他尚辭的一面。李翺《答李載言》説:"氣直則辭盛,詞盛則文工",⑤顯然,語言是内在盛氣的外現,文詞則是文章成功的條件。這裏從"辭"到"詞",有著口語向書面語的挪移與轉换。他又説:"詞不工者不成文,宜不能傳也。"進一步指出文詞是文章傳承與傳播的必要條件。這樣,韓愈"修辭明道"與"氣盛言宜"中對道德傳承的留戀逐漸被置换成了對語言(書面語)傳承的强調了。分析在這裏,我們可以看到:從兩漢至中唐,傳承媒介由口語向書面語的演進,並由於韓門對書面語的倚重,斯文傳承的重心逐漸轉移到了文詞傳承。

① 案:這裏的"斯文"既包括自然的天文地理,也包括人類的社會制度與文字典籍,但劉勰集中討論還是文章(見劉勰著、范文瀾注《文心雕龍注》上册,北京:人民文學出版社,1998年版,第1—3頁)。
② 韓愈,朱熹《朱文公校昌黎先生文集》卷一四,《四部叢刊初編》本。
③ 韓愈,朱熹《朱文公校昌黎先生文集》卷一六,《四部叢刊初編》本。
④ 韓愈,朱熹《朱文公校昌黎先生文集》卷一六,《四部叢刊初編》本。
⑤ 李翺《李文公集》卷六,《四部叢刊初編》本。

二、政治風險與技術凸顯：從蘇軾的“欲毀其板”到唐庚的“庶廣其傳”

沈括《夢溪筆談》載：“板印書籍，唐人尚未盛為之。自馮瀛王始印五經，已後典籍，皆為板本。慶歷中有布衣畢昇又為活板。”① 魏了翁云：“自唐末五季以來始為印書，極於近世，而閩、浙、庸、蜀之鋟梓徧天下。”②發源於隋唐，成熟於宋代的印刷技術，③使文學的媒介發生了重大變化，影響到“斯文”的承載與傳載，需要宋代文人作出理論應對。

當時坊間對此技術並無違礙，不僅刻印前代文集，也積極將當代文集付刻。目前發現較早被刻的當代文集是李覯的《退居類稿》。其《皇佑續稿序》有云：“覯慶曆癸未(1043)秋，錄所著文曰《退居類稿》十二卷。後三年(1046)，復出百餘首，不知阿誰盜去，刻印既甚差謬，且題《外集》，尤不韙。心常惡之，而未能正。”④也就是說從1043年到1046年三年間，李覯新近寫作的百餘首作品被人盜印，以“外集”的名義流傳。李覯對此盜印行為極為厭惡，而又深感無奈。蘇軾在《李氏山房藏書記》中指出：“近歲市人轉相摹刻諸子百家之書，日傳萬紙，學者之於書，多且易致如此。”⑤表示他對於印刷作為一種技術的傳播能力是清楚的。元豐二年(1079)烏臺詩案中對《錢塘集》的審查報告，則正好透露出蘇軾對印刷媒

① 沈括《夢溪筆談》卷一八《技藝》，影印文淵閣《四庫全書》本。

② 魏了翁《鶴山先生大全文集》卷四一《眉山孫氏書樓記》，《四部叢刊初編》本。

③ 案：活板在近代以前雖一直未能成為主要印刷方式，但作為一種技術創新，足以證明當時的技術興旺(參見印刷印鈔分會編《活字印刷源流——〈中國印刷史料選輯〉之二》，北京：印刷工業出版社，1990年版，第266頁)。

④ 李覯《盱江集》卷第二十五，影印文淵閣《四庫全書》本。

⑤ 蘇軾《蘇軾文集》卷一一，北京：中華書局，1986年版，第359頁。

介的社會影響的態度:詩案之前,認識不足;詩案之後,又心存畏懼。[①] 元祐年間《答陳傳道五首》其二有云:"某方病市人逐於利,好刊某拙文,欲毀其板,矧欲更令人刊耶?"[②]正表現了他對印刷術的畏禍心理與抵觸態度。足見當時文人對於印刷術總是防範多於接受,對其强大的傳播能力也就難以認可。[③]

其實在面對新技術與新媒介時,遠離政治漩渦,反倒可以更為積極。在地方文集刻印方面,士大夫態度就顯得比較通達。熙寧五年(1072)孔延之序《會稽掇英總集序》,有曰:"題之板不如刊之石,刊之石不如墨諸紙。苟欲誦前人之清芬,搜斯文之放逸而傳之久遠者,則紙本尚矣。"[④]這是肯定印刷傳播對斯文傳承積極作用的最早表述。在他看來,積極利用印刷術來進行地方文獻刻印,從而推動地方教化與斯文傳承,這是順理成章的事情。

徽宗宣和四年(1122)唐庚文集的付刻,也能説明這一問題。吕榮義序稱唐庚賃居京師時,吕與之"比舍",故而"日得見先生之所為文",曾經"請其本以傳",但遭到唐庚的婉拒:"予以是得名,亦以是得謗。可一覽而足,不必丐而去也。"可見唐庚對文集付刻心懷畏懼,與蘇軾有著同樣的擔憂。據鄭總序載:"子西謫官七年,詩文益多而工……惟太學之士得其文,甲乙相傳,愛而錄之。愛之多而不勝錄也,鬻書之家遂丐其本而刊焉。"可知最早一次刊刻是書商發起的,他們發現唐庚詩文受到太學士的歡迎,抄錄速度又太慢,不能滿足需求,故而乞本以刻。此處可知鄭總對印刷術的復製速度遠優於抄寫是有認識的。等到其弟唐庚刊印兄集時,就表現

① [日]内山精也《蘇軾文學與傳播媒介——試論同時代文學與印刷媒體的關係》,《新宋學》第一輯,上海:上海辭書出版社,2001 年版,第 255—256 頁。

② 蘇軾《蘇軾文集》卷五三,北京:中華書局,1986 年版,第 1574 頁。

③ 案:當時官方多從國家安全出發,要求對印刷品流入異邦進行監管和限制。可參見祝尚書《試論宋代圖書出版的審查制度》(《傳統文化與現代化》1997 年第 6 期)。

④ 孔延之《會稽掇英總集》卷首,影印文淵閣《四庫全書》本。

出更為開放的心態。當時唐庚去世已經兩年，自然也就遠離了政治風險。他對其所為甚為自矜，引李漢編序韓愈集、呂微仲為杜甫集作年譜二事為先賢盛舉，“予與兄手足之愛，親炙最久。其編次之意，發揮之功，庶或幾於二子焉。”認為自己的編次刊行是可以比肩前賢的。“比見京師刊行者，止載嶺外所述”，故而將“文隨卷附之，庶以廣其傳云。”①在北宋文人對待刊刻的態度上，唐庚體現出來的觀念很值得重視：文集經過編次可以發揮餘蘊，借助刊印可以擴大傳播。

三、文化傳承與媒介倚重：孔延之的“紙本尚矣”與黃沃的“寄之紙上”

加拿大傳播學者英尼斯（Harold Adams Innis，1894－1952）曾提出“該媒介輕巧而便於運輸的時候”（這顯然包括了紙與印刷術），“它也可能更加適合知識在空間中的横向傳播，而不是適合知識在時間上的縱向傳播。”②英尼斯進一步指出：“紙在中國的大量應用……儒家勢力由於國家的影響和儒家經典的大量刊佈而壯大。”他注意到了印刷術對儒家勢力壯大的推動，但卻對印刷術予以儒家思想歷時性傳承的積極作用卻未予足夠的重視。事實上，中國文化頑强的延續性與紙本及印刷術有莫大的關係。

我們上面提到的熙寧五年（1072）孔延之《會稽掇英總集序》，其中有云：

> 予常恨詩書之闕亡，使善惡之戒，不詳見於後代者，蓋編脱簡落，不能即補之故也。後之為文章，自非藏之名山，副在緗帙。鏤之板屋，室有時而變；勒之石岸，谷有時而易。況火

① 唐庚《眉山唐先生文集》卷首，《四部叢刊初編》本。

② [加]哈羅德英尼斯，何道寬譯《傳播的偏向》，北京：中國人民大學出版社，2003年版，第27頁。

於秦,莽、卓於漢,割裂於六朝、五代,則木石之能不散蕩者,幾矣。

正所謂"題之板不如刊之石,刊之石不如墨諸紙",孔延之認為紙本比題板、刊石都更具有持久性,對紙質載體穿越時空的傳播能力作了充分的肯定。"苟欲誦前人之清芬,搜斯文之放逸而傳之久遠者,則紙本尚矣。"印本正是追誦前作,傳諸後世,托載斯文穿越時間與空間的渡船。

無獨有偶。慶元二年(1196),黄公度文集"復刊於邵陽郡齋",其子黄沃作《知稼翁集跋》,其中有曰:"雖埋石幽壤,陵谷難遷,而石之隱秘,初不可睹。孰若以未乾之墨,寄之紙上,傳十為百,傳百為千乎?"[①]黄沃認為,在傳播的廣度方面,紙本要遠勝於刻石,對紙本穿越空間的强大傳播能力進行了肯定。合而言之,11—12世紀,中華帝國的文人對紙本(主要是印本)穿越時間與空間的强大傳播能力是持有高度自覺與充分信心的。他們以紙本印刷來完成斯文傳播與傳承,這可能是英尼斯"傳播偏向"(the bias of communication)論所始料未及的。正是依賴印本媒介,兩宋文人頑强地進行著穿越時空的文化傳承。

四、繼承前賢與再現時代:陳亮的"去取其間"與周必大的"别加詮次"

南宋政權建立,出於補充文獻的需要,鼓勵地方印行文集。王明清説:"近年所至郡府,多刊文籍"。[②] 反映地方官府刊印文集的風行。陸游云:"近世士大夫所至,喜刻書版。"[③]可見士大夫對此亦寓十分的熱情。在這樣的社會背景之下,文人們對印刷術的態

① 黄公度《知稼翁集》卷末,影印文淵閣《四庫全書》本。

② 王明清《揮麈錄·前録》卷一,影印文淵閣《四庫全書》本。

③ 陸游《渭南文集》卷二六《跋歷代陵名》,《四部叢刊初編》本。

度就變得通達多了。紹興庚申年(1140)夏竦集由其宗人刊印,江邈作序,序中對那些不肯將其家集進行刻印的文人後裔,進行了嘲笑:

> 邈常竊笑文人之裔,秘其家集為私淑之計,一遭變故,已亦不能有之。或覆見有於人,甚者灰於劫火,靡有孑遺,卒之其先無傳焉。[①]

刊印傳播利於文集的保存,這已經成為南宋士林的共識。相反,私淑家集的做法,則顯得迂腐可笑。

隨著黨禁與文禁的解除,古文派的作品獲得了全面的解放,歐蘇文章風行天下。孝宗即喜三蘇文,曾作《御製蘇文忠公文集叙贊》,對天下士子自然有所煽動誘引,三蘇文集在乾道以後得以大量編刊。[②] 陸游說:"建炎以來,尚蘇氏文章,學者翕然從之,而蜀士尤盛。亦有語曰:'蘇文熟,喫羊肉;蘇文生,喫菜羹。'"[③]這反映了南渡以後蘇文風靡天下的情況。歐文亦極為盛行。吳子良《荊溪林下偶談》卷三云:"淳熙間,歐文盛行,陳君舉(傅良)、陳同甫(亮)尤宗之。"[④]當時,坊間積極行動,除大量出版韓、柳、歐、蘇、黄、陳文集注本,[⑤]進行古文派作品的普及外,還大量編刊"文粹"本。如書坊刊行了《三蘇文粹》和《蘇門六君子文粹》各七十卷。[⑥]

值得關注的是文人也參與了這一"文粹行動"。如乾道癸巳(1173),陳亮編選《歐陽文粹》二十卷,其跋有云:

---

① 夏竦《文莊集》卷首,影印文淵閣《四庫全書》本。

② 案:現存世有《三蘇先生文粹》(參見祝尚書《宋人總集叙錄》,第 86 頁,北京:中華書局,2004 年版)。

③ 陸游《老學庵筆記》卷八,北京:中華書局,1979 年版,第 100 頁。

④ 吳子良《荊溪林下偶談》卷三,影印文淵閣《四庫全書》本。

⑤ 張富祥《宋代文獻學通論》上海:上海古籍出版社,2006 年版,第 234—244 頁。

⑥ 案:另有《蘇門六君子文粹》,四庫提要謂此書未必出於陳亮。我們認為,即使不為陳亮所編,亦可見當時文粹編選的流行。

公之文,根乎仁義,而達之政理,蓋所以翼六經而載之萬世者也。雖片言半簡,猶宜存而弗削。顧猶有所去取於其間,毋乃誦公之文而不知其旨,敢於犯是不韙而不疑也?①

歐陽修的其學與其道,都蘊藏在他的文章之中了,所以他的片言支語都是非常珍貴的,但陳亮仍然要加以過濾與篩選。這是為什麼呢?因為經歷新學的誤導,"學者又習於當時之所謂經義者,剝裂牽綴,氣日以卑,公之文雖在,而天下不復道矣。"古文偏離了正常的軌道,歐文雖存,然已不為舉子所習。一直到南宋孝宗時,"天下之治大略舉矣,而科舉之文猶未還"。陳亮希望將歐文的學習直接跟科考之文聯繫起來。

故予姑掇其通於時文者,以與朋友共之,由是而不止。則不獨盡究公之文,而三代兩漢之書,蓋將自求之而不可禦矣!先王之法度,猶將望之,而況於文乎!則其犯是不韙,得罪於世之君子而不辭也。

陳亮的用心在於通過《歐陽文粹》的編選,使之成為後學讀者體察歐陽修其心、其文、其學的重要媒介,"庶乎讀是編者,其知所趨矣。"也就是說,這裏將編選之後所得的"文粹"作為文統傳承的媒介,希望後學借此自覺上承三代兩漢之書。②

至於官方態度,周必大的看法具有相當的代表性。淳熙年間臨安書坊已經刊行江鈿所編《聖宋文海》,淳熙丁酉(1177)孝宗曾觀覽《文海》,而後"下臨安府令委教官校正畢刊行"。③ 對此事,"其年冬十一月,翰林學士周必大夜直奏事,語次及之。"周必大於寒冬夜直時奏及此事,足見他對此事的在乎。他認為:"此書乃近

① 陳亮《歐陽文粹》後敘,影印文淵閣《四庫全書》本。

② 案:陳亮並不單純地鼓吹歐文,而是將歐文與時文相通的篇目篩選出來,供舉子學習,其間因勢利導的做法也是頗具用心的。

③ 呂喬年《太史成公編皇朝文鑒始末》,轉引自祝尚書《宋人總集敘錄》,北京:中華書局,2004年版,第95頁。

時江鈿類編,殊無倫理,書坊刊行可耳。今降旨校正刻板,事體則重,恐難傳後。莫若委館閣別加詮次,以成一代之書。”當時孝宗“大以為然”,這纔有後來委託呂祖謙編選《宋文鑒》的事情。可見孝宗君臣對於印本文獻的作用已經有了清醒的認識:刊刻文集可使時代得到真實的再現,但必須在篇目條理上“別以詮次”。

南宋官方和士林都認識到斯文傳承的媒介不僅是語言,也是印本文集。因此,必須“去取其間”與“別加詮次”,編選“文粹”和“文鑒”,方使前賢思想得到流傳,時代精神得到再現,共同完成斯文的傳承。在此,斯文傳承的重心變成了文集傳承。印本文集對於斯文傳承不僅是外殼,而是舟橋。

五、譜系確立與規範總結:永嘉派的“統緒”追溯與婺州派的“關鍵”編次

南宋中興,希圖復興古文的學者們迫切需要解決的一個理論任務是:將南宋的文統與北宋相接續,以重建政統與文統的合法性。慶元六年(1200)周必大作《初寮集序》,梳理出一個文章譜系。他認為宋代文章宗主一傳為王禹偁,再傳為楊億,三傳而到歐陽修,四傳而至蘇軾。周必大接著説:“黄、張、晁、秦既沒,系文統,接墜緒,誰出公右?”[①]意思是説誰來接緒北宋的文統呢?周必大以王安中為有宋文統的第六傳。他似乎感受到被人置疑的危險,接著説“豈止襲其裳,佩其環而已!今《後集》十卷是也。”强調王安中並非浪得虛名。他連忙亮出“《後集》十卷”,可見在周必大的眼裏,斯文接續,憑的就是文集。這不禁讓我們聯想到蘇軾《六一居士集叙》對歐陽修的評價:

> 愈之後二百年有餘年而後得歐陽子。其學推韓愈、孟子,以達於孔氏,著禮樂仁義之實,以合於大道;其言簡而明,信而

① 周必大《文忠集》卷五三,影印文淵閣《四庫全書》本。

通,引物連類,折之於至理,以服人心,故天下翕然師尊之。①

都是談道文統緒,蘇軾是從"其學"與"其言"著眼,周必大則是從"《後集》十卷"著眼。雖然王安中品行頗招物議,遂使周必大清理出來的統緒難服人心,但這裏透露出的將文集作為文學統緒傳承的標識,卻是當時人們的習慣性思維。

我們知道,南宋後期使古文創作得到繼承的主要是浙東學派,其中永嘉派葉適的傳法弟子有陳耆卿、王象祖等人。② 王象祖《答車若水書》同樣表現了對兩宋文統進行接續的努力:

皇朝文統,大而歐、蘇、曾、王,次而黄、陳、秦、晁、張,皆卓然名家,輝映千古。中興以來,名公巨儒,不自名家。張、呂、朱氏,造儒術而非文藝。獨水心持作者之權,一時門人,孰非升堂?孰為入室?晚得陳篔窗而授之柄。今篔窗之門亦夥矣。求其可授者,未有也。……今真跡尚存,王行志編其先集,求序於荊溪,改作可授者,可數也。蓋恐荊溪(吳子良)以為妨也。③

王象祖認為葉适纔是繼承北宋歐蘇古文傳統的真正傳人,而後葉適傳授於陳耆卿,陳耆卿又傳於王象祖,王象祖又欲傳之吳子良,可見永嘉派自有自己的統緒構建。

當然,這樣的統緒需要印本媒介來維繫和標識。淳祐癸卯(三年,1243),吳子良任江西轉運判官,先後將陳耆卿《篔窗集》《篔窗續集》付刻。吳子良在《篔窗續集序》中說:

自周以降,文莫盛於漢、唐、宋。漢之文以賈、馬倡,接之者更生、子雲、孟堅其徒也。唐之文以韓柳倡,接之者習之、持正其徒也。宋東都之文,以歐、蘇、曾倡,接之者無咎、無己、文

① 蘇軾《蘇軾文集》卷一一,北京:中華書局,1986年版,第316頁。
② 程千帆、吳新雷《兩宋文學史》上海:上海古籍出版社,1991年版,第493—495頁。
③ 車若水《腳氣集》卷下,影印文淵閣《四庫全書》本。

潛其徒也。宋南渡之文,以吕、葉倡,接之者壽老其徒也。……葉公既没,篔窗之文遂巋然為世宗,蓋其統緒正而氣脈厚也。[①]

吴子良一方面將文統作了漢唐的向上延伸,另一方面,他又將南宋文統上接北宋歐、蘇、曾以及晁、陳、張。值得注意的是南渡之後的文統傳承,他説"南渡之文,以吕、葉倡",兼許吕祖謙與葉適。但在他看來,陳耆卿纔是繼承葉適"統緒正而氣脈厚"的正宗傳人。但是其間的憑據是什麽呢?吴子良"於篔窻《初集》既以鋟之海陵,而今復並其《續集》鋟之豫章,使夫統緒氣脈之傳,來者尚有考也"。這裹已經説得非常清楚:文集付諸刻印,統緒氣脈之傳,纔能有所依憑和標識。上述王行志編其先集(王象祖集),求序於吴子良,也是希圖以此集作為文統傳遞的一個符號,强調王象祖在此譜系中不可或缺的地位。

正如麥克盧漢所説"印刷術和印刷文化創造了同一性和連續性",[②]當文集成為文統承緒的載體與符號,那麽古文家就必然依賴文集的編選來實現斯文的傳承。與葉適並為南渡古文倡舉者婺州派吕祖謙,也是從編選著力來進行斯文的傳承。他除主持《宋文鑒》的編次,還編定了《古文關鍵》,"取韓、柳、歐、蘇、曾諸家文,標抹注釋,以教初學。"[③]值得注意的是,按照"斯文"傳承譜系的思路來編刊總集,這對於唐宋古文的經典化起著重要的推動作用。其後,元代至元二十四年(1287),吴澄在《别趙子昂序》提出"唐宋七子"的概念,[④]元末明初朱右"採錄韓、柳、歐陽、曾、王、三蘇之作為

① 陳耆卿《篔窗集》卷首,影印文淵閣《四庫全書》本。

② [加]馬歇爾·麥克盧漢撰,何道寬譯《理解媒介——論人的延伸》,北京:商務印書館2000年版,第41頁。

③ 陳振孫《直齋書錄解題》卷一五,影印文淵閣《四庫全書》本。

④ 吴澄《吴文正集》卷二五,影印文淵閣《四庫全書》本。

《八先生文集》","唐宋八大家"古文群體正式形成。[1]

我們可以認為,呂祖謙的編選是推動"唐宋七子",乃至後來的"唐宋八大家"古文群體形成的奠基性行為。法國文學社會學家羅貝爾·埃斯卡爾皮指出:"一切選題的確定都是以一種理論上的讀者大衆和一種樣板作家為前提的,並且是以這種讀者的名義和利益而進行的,而樣板作家則被認為反映了這種讀者的需要。"[2]聯繫到後來呂祖謙的弟子樓昉編《崇古文訣》,"因其師説,推闡加密","發明尤精"。[3] 他們的編選表面看來是:進行古文創作技巧總結,為初學者學習古文、模仿訓練提供方便,但在總結古文章法、句法規範的同時,也進行了古文派經典作家與經典篇目的篩選與確認,其間隱含著古文文統的定型。正由於此,理學家對此亦不甘落後,他們通過《文章正宗》等文集的編選來推動"新文統"的建立以及道學文體的規範化。[4] 正如埃斯卡爾皮所説:"(出版叢書),於是一種有關該體裁的理論和一種有關該體裁的美學就應運而生,從而使這個由讀者和作者共同組成的團體有跡象表明正在產生一種十足的集體意識:一種正統觀念。"[5]我們只要看這些編選文集的標題,不斷出現"文則""軌範""文訣""繩尺""正宗"等字眼,就可以明白:南宋古文派正是把編印的文集當成文統傳承的媒介,在總結創作技巧的同時,確立了古文的規範,當然也接續了古文的統緒。

---

① 永瑢、紀昀《欽定四庫全書總目》卷一六九,影印文淵閣《四庫全書》本。

② [法]羅貝爾埃斯卡爾皮撰,符錦勇譯《文學社會學》,上海:上海譯文出版社,1988年版,第80頁。

③ 永瑢、紀昀《欽定四庫全書總目》卷一八七,影印文淵閣《四庫全書》本。

④ 案:由於道學派强調心傳,其文學媒介觀念的演變與古文派頗為不同,但同樣重視文集編選,也對印刷術積極加以利用。可參見祝尚書《論宋代理學家的"新文統"》(《文學遺產》2006年第4期)。

⑤ [法]羅貝爾埃斯卡爾皮撰,符錦勇譯《文學社會學》,上海:上海譯文出版社,1988年版,第79頁。

我們可以看到,宋代印刷技術成熟之後,北宋的古文運動宿將們由於政治畏禍,他們對印刷媒介懷著畏禍與抵觸心理,但一旦遠離政治漩渦,士大夫們並非對這一技術的優勢視而不見。延至南宋,刊印文集作為前賢德行與時代精神的再現,官方和士林要求對印刷進行積極引導,包括陳亮的"去取其間"與周必大的"別加詮次"。同時,永嘉派以文集編印作為"統緒氣脈"的追溯;婺州派則通過"標抹注釋,以教初學",實現古文的經典化與規範化。也就是説,在宋代,印本文集事實上成為文學傳播與文化傳承的基本媒介。這與先秦文學的口傳媒介、漢唐文學的書寫媒介相比,無疑是一次歷史性的轉折,對中國文學以及中國文化的發展有著深遠的影響。①

作者單位:成都大學文學與新聞傳播學院

① 王一川《論媒介在文學中的作用》,《廣東社會科學》2003 年第 3 期,第 23 頁。

夜雨對牀

——蘇氏兄弟所期望的理想將來

(日本)加納留美子

北宋蘇軾(1037－1101)與弟弟蘇轍(1039－1112),他們終生互相親愛,這是有名的故事。他們的親愛之情體現在許多互相贈答的詩歌上①。其中“夜雨對牀”②是表示他們深厚感情的好例子。“夜雨對牀”的意思是“在下雨的晚上,並牀而共聽雨聲”,其原典出於唐代韋應物的詩歌,並且唐代已經出現了模仿作品。但是跟前代詩人相比,由於無可比擬的作品數量以及一貫性的内容,可以看出蘇氏兄弟更加重視這一表達。他們在各種各樣的情況下詠出了“夜雨對牀”詩,而且各個作品互相關聯、呼應。兄弟對“夜雨對牀”的深刻關懷出於某個過去的經驗,各詩内容的一貫性體現出對過去所抱的懷念。例如,蘇軾 26 歲在赴任鳳翔途中送給蘇轍的留别詩《辛丑十一月十九日,既與子由别於鄭州西門之外,馬上賦詩一篇寄之》(下文簡稱①《辛丑十一月》)云:

寒燈相對記疇昔,夜雨何時聽蕭瑟。君知此意不可忘,慎勿苦愛高官職。

---

① 根據莫礪鋒《論蘇軾蘇轍的唱和詩》(《唐宋詩歌論集》,南京:鳳凰出版社,2007 年版,第 363 頁),兄弟的唱和詩(包含次韻詩、非次韻詩)有蘇軾 98 首,蘇轍 253 首,總計 351 首。

② “夜雨對牀”之語的來源是本文引言所舉的蘇軾詩①自注。另外,第 2 章所舉的《書出局詩》題跋中也有“夜雨對牀”語。蘇氏兄弟有時以“夜雨”二字,有時以“風雨對牀”、“對牀夜雨”等各種各樣的表達來抒發此意,本文以“夜雨對牀”總稱之。

這首詩附有蘇軾自注：嘗有夜雨對牀之言。故而詩中"夜雨"表示"夜雨對牀"。由此詩可以指出兩點：一是蘇軾所謂"夜雨對牀"，並不是指過去或現在，而是在將來要與蘇轍實現的事情；二是不能與高官厚祿一起實現。這兩點正是貫穿兄弟"夜雨對牀"詩的共同特徵。那麽，蘇軾和蘇轍對"夜雨對牀"懷抱著怎樣的憧憬？為何以此為將來的情景？何以不能與高官厚祿並存？

關於蘇氏兄弟的"夜雨對牀"，有些研究者已經進行考察[①]。但是歷來的研究者都只關注兄弟所作"夜雨對牀"詩的内容與其仕途的關係，而對於"夜雨對牀"所有的特點鮮有著眼。也就是説缺乏對"夜雨對牀"自身的分析：夜雨有什麽樣的性質可帶來親愛之情；跟其他用景物表達親情的手法相較時有什麽樣的獨特性，等等。本文通過對蘇氏兄弟所詠的"夜雨對牀"詩的分析，考察這種親情表達、尤其是作為兄弟之情的表達的獨特性[②]，並以月亮為比較對象，探討"夜雨對牀"的獨特意境。

一、"夜雨對牀"的各種情景

(一)唐代"夜雨對牀"與蘇氏兄弟"夜雨對牀"

蘇軾贈給蘇轍的"夜雨對牀"詩一共有 7 首，蘇轍贈給蘇軾的

---

① 張惠民、張進《蘇軾與胞弟》(《士氣文心：蘇軾文化人格與文藝思想》，北京：人民文學出版社，2005 年版，第 234 頁)；付定裕《夜雨對牀：蘇軾與蘇轍的詩歌對話》(《文史雜誌》2007 年 3 期)；姚明今、徐宇春《蘇軾"夜雨對眠"意象闡釋》(《海南大學學報人文社會科學版》2007 年 10 月)等。日本研究者也注意到這個親愛表達並介紹了幾首"夜雨對牀"詩，如：山本和義《蘇軾》所收的《子由一夜雨對牀一》(中國詩文選 19，筑摩書房 1973 年版，第 16－30 頁)；一海知義、池澤一郎《新井白石(筆者注：日本江户時代的執政者)》(研文出版 2001 年版，第 18－25 頁)

② 蘇軾和蘇轍作品，根據《蘇軾詩集》(清王文誥輯注、孔凡禮點校，北京：中華書局，1999 年版，下文簡稱《詩集》)、《蘇軾文集》(孔凡禮點校，北京：中華書局，1999 年版，下文簡稱《文集》)、《蘇轍集》(陳宏天、高秀芳點校，北京：中華書局，2004 年版)。

有 5 首[①]。按時間順序整理,可以看出二人,尤其蘇軾,在相當長的時期中創作"夜雨對牀"詩。下面表示各詩的創作年代和兄弟當時的虛歲、情況[②]:

◎蘇軾詩

	詩題	創作年代	蘇軾	蘇轍
①	卷三《辛丑十一月十九日,既與子由別於鄭州西門之外,馬上賦詩一篇寄之》	嘉祐六年(1061)	26 歲(赴鳳翔簽判任)	23 歲(居開封)
②	卷一五《子由將赴南都,與余會宿於逍遙堂,作兩絶句,讀之殆不可為懷,因和其詩以自解。余觀子由,自少曠達,天資近道,又得至人養生長年之訣。而余亦竊聞其一二。以為今者宦遊相別之日淺,而異時退休相從之日長,既以自解,且以慰子由云》其一	熙寧十年(1077)	42 歲(徐州)	39 歲(將要到南都赴任,暫居徐州)
③	卷一五《初別子由》	熙寧十年(1077)	42 歲(徐州)	39 歲(南都)
④	卷一九《予以事繫御史臺獄,獄吏稍見侵,自度不能堪,死獄中,不得一別子由,故作二詩授獄卒梁成,以遺子由,二首》其一	元豐二年(1079)	44 歲(獄中)	41 歲(在南都,上書救兄長)

① 除了詩歌之外,蘇軾還有"夜雨對牀"作品。其詞《滿江紅懷子由作》云:"辜負當年林下意,對牀夜雨聽蕭瑟。恨此生長向別離中,添華髮"。根據《蘇軾詞編年校注》(鄒同慶、王宗堂著,北京:中華書局,2007 年版),這首詞是跟⑥《感舊詩》一樣,元祐六年八月在開封赴潁州途中所作。另有散文《書出局詩》(《文集》卷六八),將在第 2 章介紹。

② 根據孔凡禮撰《蘇軾年譜》(北京:中華書局,2005 年版)、同《蘇轍年譜》(北京:學苑出版社,2001 年版)。

續 表

	詩題	創作年代	蘇軾	蘇轍
⑤	卷二二《初秋寄子由》	元豐六年（1083）	48 歲（黃州）	45 歲（筠州）
⑥	卷三三《感舊詩並叙》	元祐六年（1091）	56 歲（在開封，將赴潁州任）	53 歲（開封）
⑦	卷三七《東府雨中別子由》	元祐八年（1093）	58 歲（在開封，將赴定州任）	55 歲（開封）

◎蘇轍詩

	詩題	創作年代	蘇軾	蘇轍
i	卷七《逍遥堂會宿二首並引》其一	熙寧十年（1077）	42 歲（與蘇軾詩②同時）	39 歲（與蘇軾詩②同時）
ii	卷一〇《舟次磁湖，以風浪留二日不得進，子瞻以詩見寄，作二篇答之，前篇自賦後篇次韻》前篇	元豐三年（1080）	45 歲（黃州）	42 歲（在訪問兄長的途中）
iii	卷一四《後省初成直宿呈子瞻二首》其二	元祐元年（1086）	51 歲（兄弟一起在朝受重用時）	48 歲（兄弟一起在朝受重用時）
iv	卷一五《五月一日同子瞻轉對》	元祐三年（1088）	53 歲（兄弟一起在朝受重用時）	50 歲（兄弟一起在朝受重用時）
v	卷一六《奉使契丹二十八首神水館寄子瞻兄四絶》其二	元祐四年（1089）	54 歲（杭州）	51 歲（出使契丹的途中）

為何“夜雨對牀”引起兄弟的關懷呢？由他們自己的文字可以

獲知原因。首先舉出蘇轍詩｜《逍遥堂會宿二首並引》(下文簡稱｜《逍遥堂》)的引：

轍幼從子瞻讀書,未嘗一日相舍。既壯,將遊宦四方,讀韋蘇州詩,至"安知風雨夜,復此對牀眠",惻然感之,乃相約早退為閑居之樂。故子瞻始為鳳翔幕府,留詩為别,曰:"夜雨何時聽蕭瑟(筆者注:即蘇軾詩①)"……

自年少起胸懷大志而讀書的兄弟,某天讀韋應物詩卻"惻然感之"。當時使兄弟二人受到感動的詩歌是韋應物《示全真元常》:

余辭郡符去,爾為外事牽。寧知風雪夜,復此對牀眠①。始話南池飲,更詠西樓篇。無將一會易,歲月坐推遷。

這是已經辭去太守之職的韋應物與仍在朝為官的外甥沈全真、趙元常再會時的贈詩。可是他們的再會不過是短暫的,韋應物與外甥並牀而談到會飲之樂,但另一方面提醒外甥這次是難得的機會,預想之後將是長久的分離。在這裏,韋應物懷抱著再會的歡喜、離别的悲嘆兩種相反的感情。

胸懷大志的年少兄弟,讀韋詩就了解到仕途上遇到離别的必然性。無論何等親密也無法避免離别,兄弟大悟這個事實而"惻然

① 本詩根據《韋應物集校注》(陶敏、王友勝校注,上海:上海古籍出版社,2007年版),頷聯"風雪夜",與蘇氏兄弟所説的"風雨夜"不同。就筆者所知,只有小川環樹、山本和義《蘇東坡詩集》第1册(筑摩書房1983年版)和一海知義、池澤一郎《新井白石》指出了這個差異。蘇氏兄弟的有關詩作和其注釋、《詩話總龜》等詩話類著作引韋詩俱作"風雨夜",而韋應物的詩集如《四部叢刊》本《韋江州集》、《四部備要》本《韋蘇州集》、《全唐詩》、《韋應物詩集繫年校箋》(孫望編著,北京:中華書局,2002年版)都作"風雪夜"。其實唐代已經出現仿"夜雨對牀"的作品,由此推測幾個可能性:1. 蘇氏兄弟讀過的詩集與現在流傳的諸版本不同。2. 蘇氏兄弟的記憶有誤。3. 韋應物本人用"風雪夜"詠出,後人仿效韋詩卻改變成"風雨夜",而蘇氏兄弟視之為韋詩本來的表達。筆者認為這些假設之中第3的可能性最高。還有,作此改變的後人即是下面所舉的白居易。關於這個問題在此不論,現僅根據蘇轍"安知風雨夜,復此對牀眠"的文本加以探討。

感之”。同時,韋詩也讓兄弟領會到在一起的可貴性。因此,不僅悲嘆目前的離别,而且望著更遠的將來約定:在致仕後共同實現“閑居之樂”,將此作為彼此克服離别悲嘆的紐帶。不容置疑,“閑居之樂”與韋詩的“夜雨對牀”相應,他們的約定無法在高官厚祿之時實現。在本文開頭所舉的①《辛丑十一月》中蘇軾勸弟弟莫貪戀官位,也反映了期望踐約的心情。對於兄弟來説,“夜雨對牀”並不僅僅是雨景本身而且象徵著跟對方一起度過的歡喜。

如此,蘇氏兄弟的“夜雨對牀”受到韋詩的影響,但是韋氏和蘇氏兄弟對將來的態度在積極性上完全不一樣。雖然兩者都希望與親屬再會實現“夜雨對牀”,可是韋氏嘆息著説道:“寧知風雪夜,復此對牀眠”;而蘇氏兄弟則“相約早退為閑居之樂”,表達了積極的期望。筆者以為兩者差異在於“夜雨對牀”的約定有無。韋應物與外甥之間沒有任何約定,其沒有依靠的感覺帶來對將來的悲觀。蘇氏兄弟卻約定了“夜雨對牀”的實現,而且從①《辛丑十一月》以來,通過各個關聯作品不斷地互相提醒過去的約定。把韋詩《示全真元常》與蘇轍ⅰ《逍遙堂》引所寫的“夜雨對牀”的經驗,按照時間順序整理如下:

韋應物:現在=跟相離的對方再會,實現“夜雨對牀”→很了解再會的暫時性
→對將來能否再會表示悲觀(⇒將來=持續相離的狀態)

蘇氏兄弟:現在=深刻地認識到宦途中的離别,約定“夜雨對牀”的實現
⇒較早的將來=相隔的狀態
⇒之後盡快致仕→實踐“夜雨對牀”之約(希望長久持續)

實際上,蘇軾也有對其他人所詠的“夜雨對牀”詩,但都是過去或者現在的經驗,並不描寫像跟蘇轍約定那樣的不設期日的遙遠

將來[①],而蘇轍並沒有對其他人贈答“夜雨對牀”詩。依據曾經的約定,他們的“夜雨對牀”本是在將來與弟弟(或兄長)共有的,雖然有時與其他人共有,但那只不過短暫的經驗。對兄弟、對别人,區别很明顯。

但是兄弟12首詩中的3首係例外。蘇軾③《初别子由》“秋眠我東閣,夜聽風雨聲”回憶到②《子由將赴南都……》當時的情况,即指向過去。蘇轍ⅴ《神水館寄子瞻兄四絶》其二“夜雨從來相對眠,兹行萬里隔胡天”也可以視為回憶過去。ⅱ《舟次磁湖,以風浪留二日不得進……》“夜深魂夢先飛去,風雨對牀聞曉鐘”描寫在前往黄州會見兄長的途中遇到暴風雨而被困在船中,期望在夢中再會的情懷。“風雨對牀”是對將來的願望,但這裏只是夢中的行為,不符合兄弟本來的想法。這些詩歌雖然的確都跟其他作品一樣表達衷心的親愛感情,可是為了讓探討的内容更明確,在此除外。

本文開頭提到,在蘇氏兄弟以前,唐代已經出現了幾個仿效韋詩的作品。現在筆者找到了3首“夜雨對牀”的例子,舉出於下[②]:

白居易《雨中招張司業宿》(“夜雨對牀”指將來的情景)

過夏衣香潤,迎秋簟色鮮。斜支花石枕,卧詠蕊珠篇。泥濘非遊日,陰沉好睡天。能來同宿否,聽雨對牀眠。

鄭谷《谷自亂離之後,在西蜀半紀之餘,多寓止精舍,與圓昉上

① 例如《詩集》卷一八《送劉寺丞赴餘姚》:“中和堂後石楠樹,與君對牀聽夜雨”。對方是劉寺丞。卷四三《雨夜宿淨行院》:“林下對牀聽夜雨,静無燈火照凄涼”。對方是寺僧。蘇軾還描寫過其他的兄弟實現“夜雨對牀”的情景,卷二三《過建昌李野夫公擇故居》:“遥想他年歸,解組巾一幅。對牀老兄弟,夜雨鳴竹屋”。“老兄弟”指詩題中的李野夫、公擇兄弟。也有可能蘇軾本來就把實現於將來的“夜雨對牀”限制在兄弟之間。

② 除了這3個例子之外,還可能有不用“雨”字描寫雨景的作品。實際上韋應物《贈令狐士曹》也云:“秋簷滴滴對牀寢,山路迢迢聯騎行”。此詩作於《示全真元常》之前,描寫雨滴從房簷上滴下來,韋應物和朋友一起聽到它的聲音。本文把明顯表示“雨”、“對牀”的作品視為“夜雨對牀”詩,其他的可能性暫且不論。

人為淨侶。昉公於長松山舊齋,嘗約他日訪會。勞生多故,遊宦數年,曩契未諧。忽聞謝世,愴吟四韻以弔之》(指過去)

每思聞淨話,雨夜對禪牀(筆者注:禪牀指坐禪用的座席)。未得重相見,秋燈照影堂。孤雲終負約,薄宦轉堪傷。夢繞長松塔,遙焚一炷香。

韋莊《寄江南逐客》(指過去)

二年音信阻湘潭,華下相思酒半酣。記得竹齋風雨夜,對牀孤枕話江南。

3 首詩中 2 例描寫過去的情景[①]。其中唯有白居易寫的是將來,可這是馬上就到的將來,換言之不過短暫的歡喜,在這一點上與蘇氏兄弟的"夜雨對牀"不一樣。如此,通過與唐詩比較,可以説將"夜雨對牀"視為理想的將來是蘇氏兄弟獨特的想法。

(二)夜雨與詩人的關係:"夜雨對牀"以及"聞雨"詩

"夜雨對牀"來源於韋應物詩,那麼韋應物何以獲得如此清切的靈感呢? 是他的獨創嗎? 筆者認為不對。因為"夜雨對牀"之外,從另外的與韋應物同時代的作品中可以看出唐代詩人對雨聲頗具感興,而在詩中寫下許多"聞雨"、"聽雨"之語(下面將相關作品總稱為"聞雨"詩[②])。本章以這些詩語為線索,考察唐人在聽到夜雨描寫上的特點。

根據《全唐詩》,"聞雨"和"聽雨"詩各有 18 例,其中限於夜雨

① 其實《全唐詩》裹還有一個"夜雨對牀"例子:牟融《樓城叙别》:"屈指年華嗟遠別,對牀風雨話離愁"。這描寫現在的情景。但是根據陶敏、劉再華的考察,牟融並不是唐人而是東漢人,並且《全唐詩》所説的《牟融集》實為明人所僞造。其考察具有令人信服的邏輯性,從而本論也把它除外。參見陶敏、劉再華《〈全唐詩牟融集〉證僞》(《文獻》1997 年第 2 期)。

② 管見之限,六朝以前的詩歌沒有"聞雨"、"聽雨"等詩語,可是已有以雨滴落下的情景間接描寫聽到雨聲的行為。例如(梁)何遜《從鎮江州與遊故別詩》:"夜雨滴空堦,曉燈暗離室"。

的也各有 11 例[①]。由此可知,唐代詩人的聞雨大多在夜晚。分析這些夜雨的例子,可以概括為兩種類型:1. 聽到雨聲,强烈自覺到孤獨的現狀,懷念相隔的故人、家人等;2. 通過聞雨悲嘆自己的不遇,懷抱孤憤,比如一直志望榮達或報國卻不能得志,悲嘆虛度年華而老境已至。前者有懷念的對方,這一點與"夜雨對牀"相同,後者的鬱悶原因卻在自己。

王建(一作司空圖)《聽雨》(相當於 1 類)

半夜思家睡裏愁,雨聲滴滴屋簷頭。照泥星出依前黑,淹爛庭花不肯休。

武元衡《夜坐聞雨寄嚴十少府》(相當於 2 類)

多負雲霄志,生涯歲序侵。風翻涼葉亂,雨滴洞房深。

迢遞三秋夢,殷勤獨夜心。懷賢不覺寐,清磬發東林。

"聞雨"詩,尤其"聽到夜雨"詩大概都帶有憂愁的色彩。令人鬱悶的原因在於夜晚的雨聲。試想當時的雨夜情景,滿天的烏雲、漆黑的室外、只能聽到蕭瑟的雨聲,這些要素很容易構成淒涼的空間,從而帶來詩人特定的意識:跟別人相連的紐帶被斷絶,和外界隔絶的閉鎖感。這種閉鎖感促使詩人强烈意識到孤獨,有時帶來對相隔對方的懷念,有時帶來對於可嘆現狀的自覺。換言之,夜晚的雨聲具有促使自己内省的功能。

"夜雨對牀"與"聞雨"詩相同於夜晚聽雨這一行為,説明"夜雨對牀"與其視為韋應物的獨特表達,不如視為從唐代詩人對於夜晚雨聲所寄的感興發展而來。但是兩者之間有明顯的差異。"聞雨"詩將雨夜視為孤獨度過的憂愁空間,而"夜雨對牀"卻是兩人(或多人)一起共有的可喜空間,其對於雨夜的態度是完全相反的。對於同樣的閉鎖空間,表達的視角卻不同:前者因夜雨斷絶了自己與別

① 根據《全唐詩》(北京:中華書局,1960 年版),其中可能包括後人作品誤入《全唐詩》者。

人的紐帶,而使詩人的懷抱更加孤獨;後者則正因其閉鎖性,而給一起度過的兩人構成特別親密的空間。蘇氏兄弟從韋應物詩中深受感動而把將來理想寄託於“夜雨對牀”,也因為被雨夜形成的特別親密感所吸引。可以説,隨著現狀如何,詩人對雨夜的閉鎖性採用肯定、否定兩種相反態度。

另一個差異在於經驗的時點。如上所説,有的唐代“夜雨對牀”詩描寫過去的經驗,詩人悲嘆其喪失。對此,“聞雨”詩沒有回想曾經聽到雨聲時所懷的思念這樣的描寫。詩人必定通過現在的雨景懷抱某種感情。就這種時點的問題來説,關於蘇軾“夜雨對牀”詩的考察也具有重要性,在第3章詳論。

二、“夜雨對牀”:結合蘇氏兄弟心情的約定

年少時相約實現“夜雨對牀”的蘇氏兄弟,此後步入仕途,開始了真正的官僚生活。在仕途上兄弟幾次離别,這正是與讀韋應物詩時想像的將來完全一致的。他們的離别是仕途上的必然,更進一步説,不可避免。因為當時朝廷分裂成兩大政治陣營,即新法黨與舊法黨,展開了激烈的權力鬥爭,蘇氏兄弟也投身其中。為了避免災禍,他們有時退出京師赴任外地,但終於不能幸免而經歷了兩次貶謫——就蘇軾來説,第一次是元豐年間的黃州期,第二次是紹聖、元符年間的嶺南、海南期。蘇轍也與兄長同時經歷了兩次貶謫,第一次到筠州,第二次最遠到了雷州。

從上面所列的“夜雨對牀”詩一覽表,可以獲知兄弟詩歌的大部分是在相隔的時期或者將要離别的情況下詠出的。每次面對離别時兄弟追憶讀韋詩的過去,同時由於“夜雨對牀”之約,兄弟不止悲嘆離别而且相期在將來再會。

蘇氏兄弟的深厚思念,可以從每首“夜雨對牀”詩讀出。現在舉蘇軾⑤《初秋寄子由》(下文簡稱⑤《初秋》)為例加以分析。

百川日夜逝,物我相隨去。惟有宿昔心,依然守故處。憶

在懷遠驛,閉門秋暑中。藜羹對書史,揮汗與子同。西風忽淒厲,落葉穿戶牖。子起尋裌衣,感歎執我手。朱顏不可恃,此語君莫疑。別離恐不免,功名定難期。當時已淒斷,況此兩衰老。失途既難追,學道恨不早。買田秋已議,築室春當成。雪堂風雨夜,已作對牀聲。

在詩的開篇,蘇軾認定包含自己在内的萬物變化不止,但是接著又說,在自己心裏存有特定的不變之情,那就是曾經與弟弟所定的"夜雨對牀"之約。從第五句以後,蘇軾回想到嘉祐六年(1061)的秋天,已經進士及第的兄弟為了應制科考試而寄寓在懷遠驛(汴河北岸接待外交使者的賓館)温習功課。關於當時的情況,蘇軾詩⑥《感舊詩》序文也提到:

嘉祐中,予與子由同舉制策,寓居懷遠驛,時年二十六,而子由二十三耳。一日,秋風起,雨作,中夜翛然,始有感慨離合之意……

可是從第十一句之後,尤其在第十五、十六句蘇轍突然感覺到"別離恐不免,功名定難期",雖然以立身揚名為志,卻突然感到悲觀。他悲觀的原因在於"別離恐不免"的必然性。兄弟都深刻了解一入宦途就會遇到離別的現實,故而對於仕途本身懷抱了消極的感情,也表示他們對團聚比對功名更加重視。值得注意的是⑥《感舊詩》序文對"離合"的感慨,與 i《逍遙堂》引所説的讀韋詩時的感情完全一致。加之,在⑤《初秋》"唯有宿昔心,依然守故處"之後展開懷遠驛的回憶。由此可以推測讀韋詩的地方正是懷遠驛[①]。

返回到⑤《初秋》,回憶過去之後蘇軾再度認識現在相離的狀況,到了結尾,懷著誠懇期待想像在不遠的將來踐"夜雨對牀"之約。雪堂是蘇軾貶謫黃州時建築的房子,也象徵他從宦海完全脱

① 宋代趙次公斷定如下:"子由與先生在懷遠驛嘗讀韋詩,至此句惻然感之,乃相約早退共為閒居之樂"。參看《詩集》卷三《辛丑十一月》的注釋。

離的決心。實際上當時兄弟兩人都屬於罪人身份,從而起居行動皆受限制,不能隨意共住。儘管如此蘇軾對於踐約並不猶疑,此詩以對將來的期待結束,也體現出蘇軾要超越現實的强烈願望。

本詩的寫作不按時間順序,而是隨著蘇軾的意識自由變化:現在——過去——現在——將來。統帥無秩序時間的就是蘇軾心裏一直存在的"夜雨對牀"之約。兄弟對"夜雨對牀"的思念從過去到將來都保持不變,蘇軾無秩序意識的内容其實都是從"夜雨對牀"出發的。並且這種一貫性的態度形成為結合兄弟心情的紐帶。

讓時間聽從自己意識任意跳躍的寫法,已經出現於蘇軾以前的詩歌。比如李商隱《夜雨寄北》云:

君問歸期未有期,巴山夜雨漲秋池。何當共剪西窗燭,卻話巴山夜雨時。

李商隱跟蘇軾⑤《初秋》一様遇到夜雨就想到對方。現在所下的夜雨引發過去的記憶和對對方的懷念,其次想像在將來再會之後重温現在孤獨的思念。詩歌結構相當複雜,時間自由跳躍:過去——現在——將來——那時已經成為"過去"的現在。但是李詩中的夜雨只是李商隱本人的經驗,夜雨和對方沒有任何關係,結合兩人的紐帶只是互相所寄的親愛感情而已。與此相對,蘇氏兄弟的"夜雨對牀"卻表示特定的將來,並且是他們一同盼望踐約的,故而具有結合雙方心情的獨特功能。

⑤《初秋》之外,還有在面對離别、或已經相離時詠出的"夜雨對牀"詩,如蘇軾⑦《東府雨中别子由》云:"客去莫歎息,主人亦是客。對牀定悠悠,夜雨空蕭瑟。起折梧桐枝,贈汝千里行。歸來知健否,莫忘此時情";蘇轍ⅰ《逍遥堂》其一:"逍遥堂後千尋木,長送中宵風雨聲。誤喜對牀尋舊約,不知漂泊在彭城"等。與此相反,即便是兄弟聚在一起時,也還是會詠出面向將來的"夜雨對牀"詩,

舉蘇轍詩ⅳ《五月一日同子瞻轉對》(下文簡稱ⅳ《五月一日》)[①]為例:

羸病不堪金束腰,永懷江海舊漁樵。對牀貪聽連宵雨,奏事驚同朔旦朝。大耿功名元自異,中茅服食舊相要。一封同上憐狂直,詔許昌言賴有堯。

此詩作於元祐三年(1088),舊黨柄政的"元祐更化"時期。當時兄弟都在朝受到重用,蘇軾為翰林學士兼侍讀,蘇轍任户部侍郎。之後蘇軾最終升到禮部尚書,蘇轍到門下侍郎。在這生涯中最得意之際,蘇轍卻不忘"夜雨對牀"之約。在詩的開始,蘇轍感到自身的衰老且懷著退隱之志,雖然在第三句"對牀貪聽連宵雨"描寫了兄弟連夜共聽雨聲的現在情景,但這對於蘇轍來説並不是"夜雨對牀"的實現。也就是説,他堅持的是致仕之後實現"夜雨對牀"的願望。在朝一起度過雨夜並且一同轉對的現狀,與兄弟所想的將來相距甚遠,因此蘇轍再想起當初的約定都覺得驚訝。

即便在一起,仍不充分、不滿足,這樣的想法也出現於蘇軾的作品,如《書出局詩》[②](《文集》卷六八)題下云:

今日局中早出,陰晦欲雪,而子由在户部晚出,作此數句。忽記十年前在彭城時,王定國來相過,留十餘日,還南都。時子由為宋幕,定國臨去,求家書,僕醉不能作,獨以一絶與之。云:"王朗西去路漫漫,野店無人霜月寒。淚濕粉牋書不得,憑君送與卯君看"。卯君,子由小名也。今日情味雖差勝彭城,然不若同歸林下,夜雨對牀,乃為樂耳。元祐三年十月二十三日。

此是與ⅳ《五月一日》同年之作。蘇軾忽然追憶十年前在彭城

① 轉對意為:"宋代臣僚每隔數日,輪流上殿指陳時政得失"(引自《漢語大詞典》)

② 詩歌全文:"急景歸來早,濃陰晚不開。傾杯不能飲,待得卯君來"(《詩集》卷四八題名為《出局偶書》)。

（即徐州）的經歷，然後認為現在共同在朝的狀態是比曾經相隔悲嘆時要好一些，但終究不如退隱而享受“夜雨對牀”之樂。筆者以為這裏反映了對當時激烈的權力鬥爭的厭惡情緒①。通過蘇氏兄弟相關作品的分析，可以看出無論在地方相隔還是在朝高升，兄弟的目標始終在於致仕而作“閑居之樂”，即“夜雨對牀”的實現。

三、對比月亮來看“夜雨對牀”的獨特性

（一）月亮和“夜雨對牀”的差異之一：普遍性和限定性

綜上所述，蘇氏兄弟的“夜雨對牀”具有兩個特點：一是表示對將來的願望，二是對踐約的信念讓二人的心情更密切。雨夜釀成的閉鎖空間，它給予在一起的人們特別親密的感情，故而成為兄弟心心相印的理想境界。

為了進一步明確兄弟“夜雨對牀”的特點，本章與詠月詩進行比較。自古以來人們把對相隔對方的親愛之情寄託於月亮。一看天空的月亮就想像他方的丈夫、朋友或者家人也一定看這個月亮；或者在某些古蹟賞月而追憶曾經在同地賞月的古人。前者對於空

① 同年同月十七日，蘇軾奏上《乞郡劄子》（《文集》卷二九），以病為由請求地方官職，同時譴責當時舊黨内部激烈的派系鬥爭：“臣近以左臂不仁，兩目昏暗，有失儀曠職之憂，堅乞一郡。……以臣子大義言之，病未及死，皆當勉强，雖有失儀曠職之罰，亦不當辭。然臣終未敢起就職事者，實亦有故。……臣與故相司馬光，雖賢愚不同，而交契最厚。光既大用，臣亦驟遷，在於人情，豈肯異論。但以光所建差役一事，臣實以為未便，不免力爭。而臺諫諸人，皆希合光意，以求進用，及光既歿，則又妄意陛下以為主光之言，結黨横身，以排異議，有言不便，約共攻之”。

間相隔的對方,後者對於時間相隔的對方,都可通過賞月來表達思念①。

通過月亮想到空間相隔的對方,這類作品很多。如劉宋鮑照《翫月城西門廨中》可以説是早期的例子:

始出西南樓,纖纖如玉鉤。未映東北墀,娟娟似蛾眉。蛾眉蔽珠櫳,玉鉤隔瑣窻。三五二八時,千里與君同……

主人公想像與相隔千里的對方共有同一的月亮。還有白居易《自河南經亂,關内阻饑,兄弟離散,各在一處,因望月有感,聊書所懷,寄上浮梁大兄、於潛七兄、烏江十五兄,兼示符離及下邽弟妹》云:

時難年荒世業空,弟兄羇旅各西東。田園寥落干戈後,骨肉流離道路中。弔影分為千里雁,辭根散作九秋蓬。共看明月應垂淚,一夜鄉心五處同。

因戰亂而與兄妹四散的白居易遙望月亮,就想像現在相隔的兄妹也在各地看明月而懷抱望鄉之情,這正和自己的懷抱一樣。白居易確信彼此懷抱同一的感情,可以説比鮑照詩更强烈意識到彼此間的紐帶。

也有詩人通過月亮想到時間相隔的對方。例如李白詠出了《月下獨酌》等很多與月亮有關的作品,其《夜泊牛渚懷古》云:

牛渚西江夜,青天無片雲。登舟望秋月,空憶謝將軍。余亦能高詠,斯人不可聞。明朝挂帆席,楓葉落紛紛。

李白在牛渚欣賞著月亮而想起古人——曾經在此地賞月的謝

① 日本學者興膳宏《唐詩中月亮的三種形象——王維、李賀、李商隱》(《立命館文學》No. 563,2000年2月)闡明了通過月亮將自己和對方相結合的文學表現。"以月亮為頂點的三角形(月亮——自己——對方)"可由空間軸或時間軸得以構成。此外,高雲鵬《蘇軾詩詞中的月意象研究》(《中國蘇軾研究》第二輯,中國人民大學中文系主辦,北京:學苑出版社,2005年版)也説:"和其他詩人一樣,一生沉浮宦海、漂泊異鄉的蘇軾也把月意象作為相思、思鄉主題作品的核心意象"。

尚將軍。晉人袁宏朗誦自己的詩歌時，幸虧遇見謝尚受到他的知遇。李白跟袁宏相比而嘆：自己的才華並不亞於袁宏，可是沒有人像謝尚那樣重視自己。

通過對這兩種模式的分析，可以指出月亮所具有的兩種普遍性。首先，不管在什麼地方都可能享受月光的清景，因此月亮具有空間的普遍性。其次，自太古到遙遠將來持續的存在，也具有時間的普遍性。對於具有空間、時間的普遍性的月亮，古來人們獲得了某些想法：月亮使相離的兩人心情聯繫起來。基於這樣的想法，連綿出現大量因月亮而想到對方的作品。

跟普遍存在的月亮比較起來，雨只是限定的現象。下雨的範圍比月亮發光的範圍更狹小，持續時間也比月亮這一個衛星的悠久性更短暫。加之限於雨夜來説，它具有在 1－2 所舉的特點：天空佈滿烏雲而一片漆黑，只能聽到雨聲的淒涼空間。所以在唐代的"聞雨"詩中，夜雨帶來詩人和外界隔絕的閉鎖感，恰好是跟月亮完全相反的存在。雨本來具有空間、時間的限定性，並且夜雨還有獨自的閉鎖性，換言之雨夜是由限定性與閉鎖性構成的空間。身處其中，如果無人共度，就會懷抱絶望的孤獨感，如果跟心心相印的對方共享，則釀成極其親密的氣氛。

月亮是普遍性的存在，所以沒有詩人賦予獨特的意義。對此，具有閉鎖性、限定性的夜雨是由於韋應物的私人經驗纔被發現的親密空間，到了蘇氏兄弟纔被賦予了特别意義。兄弟賦予了特定的對方、特定的場景（致仕閒居之後纔能實現的情況）兩個雙重的限定，結果"夜雨對牀"成為特别的紐帶，昇華為兄弟獨特的親密意象。鑒於蘇軾向其他人用"夜雨對牀"時並不用做將來的經驗，並且蘇轍對其他人的贈答詩中沒有"夜雨對牀"的表現，由此可知兄弟"夜雨對牀"本來具有的排他性、限定性。

（二）月亮和"夜雨對牀"的差異之二：是否限於即景的描寫

對比月亮意象，"夜雨對牀"的表達還有另外的特點。詩人詠月亮時,必須首先遇到現在的月亮纔想到對方,就是説為了想到對方不可缺乏月亮的存在。詩人視點的基準處於現在,然後自由意識到過去或將來。上面所舉的李白詩屬於這類。

白居易"夜雨對牀"詩也通過現在的雨想到與對方共有的歡樂。但是有的"夜雨對牀"詩,不必真正面對夜雨,就是説詩中沒有夜雨描寫而仍能懷念對方。在1－1所舉的唐詩中,鄭谷和韋莊都將"夜雨對牀"作為過去的經驗。對於兩人來説,"夜雨對牀"不僅是單純的雨夜情景而且是美好過去的象徵,因此不問現在的情況如何通過懷念相隔的對方就想起來過去的特定情景。

如上所説,與唐代詩人不一樣,蘇氏兄弟將"夜雨對牀"作為理想將來的象徵,所以有的詩實際置身於雨景而懷念他們的約定:如⑥《感舊詩》序寫兄弟在雨夜的懷遠驛讀韋詩而約定將來;⑤《初秋》"雪堂風雨夜,已作對牀聲"與ⅳ《五月一日》"對牀貪聽連宵雨"也具有通過現在的夜雨聯想到將來的複式構成,可以説現在的夜雨促使兄弟遙想將來。但是,有的詩儘管沒有描寫現在的情景如何仍然能想像將來的場景。這是限於蘇軾詩的特徵,3個作品符合條件:一是本文開頭提到的①《辛丑十一月》;一是第2章所舉的《書出局詩》題跋;還有一個是元豐二年(1079)烏臺詩案時,在獄中自度不能避免死去的蘇軾請獄卒秘密地送給蘇轍的訣別詩歌,④《予以事繫御史臺獄,獄吏稍見侵,自度不能堪,死獄中,不得一別子由,故作二詩授獄卒梁成,以遺子由,二首》其一。當時蘇軾44歲,距約定"夜雨對牀"時已經過了18年的歲月。

> 聖主如天萬物春,小臣愚暗自亡身。百年未滿先償債,十口無歸更累人。是處青山可埋骨,他時夜雨獨傷神。與君今世為兄弟,又結來生未了因。

第一句雖然説"萬物春"其實沒有描寫具體的場景,從而也無從知道有沒有下雨。但有一個強烈的思念縈迴於蘇軾的心裏:對於已經不能再會的蘇轍殷切的親情。第六句"他時夜雨"絕不是對將來雨景的單純想像,對於蘇氏兄弟來説,還包含著超越情景本身的意義。在將來的雨夜蘇轍孤獨地聽著雨聲,這跟他們素所描寫的理想將來"夜雨對牀"的情景是完全相反的。蘇軾不顧自己的危險卻悲嘆對方孤獨的將來,在此正體現他們深厚的親愛感情。

蘇氏兄弟"夜雨對牀"的獨特性來源於自己的經驗即在雨夜讀韋詩的行為,心裏已經紮根了,可以説兄弟倆由於原體驗創出了他們"夜雨對牀"的意境。加之,此後遇到的雨中離別(蘇軾詩②、③和蘇轍ⅰ)使他們對於踐"夜雨對牀"之約懷抱著更深刻强烈的願望。這樣,無論現在有沒有雨,獄中的蘇軾從已經不能踐約的境地想像對方將在下雨的晚上孤獨的樣子而悲嘆。重要的是蘇軾所詠的"他時夜雨"只有蘇轍纔能了解其本心,因為蘇軾曾經約定而盼望將來在一起的對方就是蘇轍。如上所述,兄弟從未希望在將來與别人實現"夜雨對牀",對於蘇軾來説"夜雨對牀"本來是特别面向蘇轍的親愛表現,以其限定性來確立兄弟獨特的情境,以長久的時間使其情境倍加堅固,結果獲得了不必真正面對夜雨也能想到將來的新穎境地。

四、結束語

蘇氏兄弟二人終生盼望的"夜雨對牀"之約,終究不能實現。兄弟最後詠出的"夜雨對牀"詩均是元祐年間(1086—1093)之作,即在朝受重用的時期。紹聖元年(1094)以後,他們被貶謫到嶺南、海南之間,雖然兄弟跟過去一樣互相傳送詩歌,卻完全沒有"夜雨對牀"的表達。代之而起的是月亮意象的使用。紹聖四年(1097)身處海南的蘇軾送給貶在雷州(廣東)的蘇轍《十二月十七日夜坐達曉,寄子由》(《詩集》卷四一),這裏没有提到再会之念卻期待月光结合两人心情:

燈燼不挑垂暗蕊,爐灰重撥尚餘薰。清風欲發鴉翻樹,缺月初升犬吠雲。閉眼此心新活計,隨身孤影舊知聞。雷州别駕(筆者注:即蘇轍)應危坐,跨海清光與子分。

然而由於政治形勢的急速轉變,元符三年(1100)蘇軾遇赦渡海北歸並獲得了居住之自由。於是兄弟倆準備踐"夜雨對牀"之約。在尺牘中,蘇轍建議一起定居許昌(河南),蘇軾也高興地同意①。可是建中靖國元年(1101)七月,蘇軾還沒和蘇轍再會就得病逝世。這樣,實現"夜雨對牀"的機會永遠沒有了。然後蘇轍在許昌過杜門謝客的生活結束一生(政和二年·1112)。蘇軾逝世之後,蘇轍為兄長寫作了幾篇墓碑銘和祭文,其中一篇回憶約定"夜雨對牀"的過去,對即將實現卻最終不能踐約的蘇軾表示深厚的哀弔之情②。

蘇氏兄弟不能踐約,可是相關作品卻受到後世歡迎,甚至給予其他詩人深遠的影響。例如,黄庭堅在紹聖二年(1095)作《和答元明黔南贈別》云:

萬里相看忘逆旅,三聲清淚落離觴。朝雲往日攀天夢,夜雨何時對榻涼。急雪脊令相並影,驚風鴻鴈不成行。歸舟天際常回首,從此頻書慰斷腸。

當時黄庭堅前往左遷之地黔州(四川)時,其兄長大臨字元明陪弟弟一直同行,黄庭堅把再會之念寄託於"夜雨何時對榻涼"句。無容置疑這句是基於蘇氏兄弟的"夜雨對牀"詠出的。黄庭堅本來以蘇軾的高徒聞名於世,所以很有可能受到直接的影響。

---

① 孔凡禮撰《蘇轍年譜》建中靖國元年二月條:"二十二日,(蘇轍)作簡,託黄寔(字師是)寄與兄軾,勸軾歸潁昌相聚"。蘇軾回信云:"子由弟。得黄師是遣人賫來二月二十二日書,喜知近日安勝。……兄近已決計從弟之言,同居潁昌,行有日矣。……頗聞北方事,有決不可往潁昌近地居者。今已決計居常州,借得一孫家宅,極佳"(《文集》卷六〇《與子由書十首》其八)。蘇軾同意弟弟的提案,卻考慮元祐舊臣還是被排擠的現狀,為了避禍建議住在離京師更遠的常州。

② 《欒城後集》卷二〇《再祭亡兄端明文》云:"昔始宦遊,誦韋氏詩。夜雨對牀,後勿有違。進不知退,踐此禍機。欲復斯言,而天奪之"。

由此可知,從相當早的時期起人們就認為"夜雨對牀"是兄弟之間的親愛表現。對這樣的認識南宋王楙《野客叢書》卷一〇反駁云:

> 人多以夜雨對牀,為兄弟事用,如東坡與子由詩引此。蓋祖韋蘇州示元真元常詩,"寧知風雨夜,復此對牀眠"之句也。然韋又有詩贈令狐士曹曰,"秋簷滴滴對牀寢,山路迢迢聯騎行"。則是當時對牀夜雨,不特兄弟為然,於朋友亦然。……今人但知為兄弟事,而莫知其他,蓋此詩因東坡拈出故爾。

到了南宋"夜雨對牀"似乎被確定為來源於蘇氏兄弟的衆所周知的親愛表現。壓倒了韋應物的典故,人們認為"夜雨對牀"是蘇氏兄弟的獨創①。要之"夜雨對牀"漸漸超越蘇氏兄弟的私人範圍,給予後人深刻的影響和感動。

作者單位:東京大學大學院人文社會系研究科

① 其實詩人們並不經常以"夜雨對牀"為關於兄弟的描寫,例如:陳與義《謹次十七叔去鄭詩韻,二章以寄家叔一章以自詠》其一:"對牀夜雨平生約,話舊應驚歲月遷";楊萬里《送孫從之司業持節湖南二首》其二:"朝陽鳴鳳只今見,夜雨對牀何日尋"。這兩首詩所贈的對方都不是兄弟。儘管如此,王楙仍不能忽視蘇氏兄弟的深遠影響。

外交往來的史性叙事與詩性叙事*

——金人出使高麗之相關詩詞文的叙事學解讀

呂肖奐

金建立(1115)之前,高麗(918—1392)就因"(完顏)部族日强,兵益强悍,年穀屢稔"[①],而派使節與之通好。金太宗滅遼不久(1126),尚未滅北宋,就迫使高麗臣服稱藩,自此兩國之間外交往來持續不斷,直到衛紹王大安三年(1211),蒙古攻金,直逼金西京大同府,金與高麗使節往來纔逼迫結束。金與高麗近百年的交往大事,大都記載於《金史》卷六〇、六一的《交聘表》以及卷一三五《高麗傳》中,此外,《金史》的本紀、列傳等,也有比較零星記載。而現存的金駢文散文,除了一些詔書、册文外,極少有關於金與高麗事務的記載。

在史書的宏大叙事中,非國家大事、要事的次要事務,或者具體性、個人性、細節性較强的事務,常被一筆帶過或被忽略不計,而有關金與高麗之間外交事務的其他文獻資料,又保存極少,為後人了解兩國關係以及歷史人物等事務,留下很大的空缺。因此有關兩國交往的詩詞等文學性强於歷史性的作品,就成為彌補或填補這些空缺的極好文本。

---

* 教育部人文社會科學重點研究基地項目基金資助。項目號 08JJD840193。2009 年教育部新世紀優秀人才支持計劃支持項目。

① 《金史》卷六〇《交聘表》上。

然而以詩詞為主的詩性敘事,與以史書為主的史性敘事,有很大不同。當史性敘事與詩性敘事,同時敘寫一件具體事件事務時,我們會發現很多由文體差別帶來的更為豐富的資訊;當史性敘事缺失而只有詩性敘事時,詩性敘事的濃縮性與立體性,除了在一定程度上彌補史性敘事的缺失之外,還能引起史實之外的聯想與想像,提供給讀者歷史價值以外的審美美感。而詩性敘事中的詩與詞,在敘事上也不完全相同。從敘事學角度仔細考察、解讀不同文體的具體文本時,常常得到的是比敘事學理論遠為豐富、細緻的結果。

一、他敘中的人事:史傳體之史性敘事與送別金使的詩性敘事

(一)敘寫"人"事:以人物為敘事視點的史性與詩性敘事

韓昉(1082—1149)天會四年(1126)出使高麗,是金與高麗外交史上的一件大事。金太宗曾於登基後不久的天會元年(1123)十二月,就試圖令高麗臣服於金,但高麗對其派去的使節高隨等人"接待之禮不遜",而當時金太祖新亡、"遼主未獲"[①],金國勢力還不足以令高麗臣服,太宗只好作罷。三年後,金國國力增強,太宗再次派遣使節出使高麗,韓昉"充高麗國信使",他以過人膽識與博學善辯,迫使高麗進呈臣服於金的"誓表",確立了兩國之間的"君臣"關係,從而顛覆了太祖前金臣服於高麗的歷史[②]。

但這件事在《金史》卷六〇《交聘表》甚至沒有記錄,只有一句似與此事結果有關:"六月,高麗使奉表稱藩。優詔答之。"韓昉以及整個事件過程,均被忽略不計。因為《交聘表》記錄的是金與南宋、夏、高麗三國交往的大事,所以在這種宏大的史性敘事中,個人

① 《金史》卷六〇《交聘表》上。

② 《金史》卷六〇《交聘表》上云:金人出於高麗,始通好為敵國,後稱臣。

的具體經歷的確微不足道。然而在韓昉的個體生存發展史中,這件事無疑是影響其一生命運的最重要事件,值得大書特書,因此《金史》卷一二五《韓昉傳》中,佔篇幅最多的就是這件事。《韓昉傳》是典型的傳統的史傳體敘事,具備所有史性敘事六大要素:人物、時間、地點、原因、經過、結果,一一敘寫,除了原因為插敘外,整體敘事手法為順敘。敘事重心在圍繞"誓表"的交涉經過,而整個經過由韓昉與高麗外交家的對答展開,以"記言"表現事件的進程,並由此塑造出人物的個性形象,敘事者不加任何個人評判語言,但韓昉的處理國家事務的能力才幹以及果敢强勢的個性凸現在人們眼前[①]。史傳體的敘事簡潔明瞭,其具體性、完整性、客觀性都非詩性敘事可比。有了這種史性敘事,詩性敘事似乎根本不需要存在,而現存吳激(1090—1142)的兩首詩詞,恰好是這次出使事件的詩性敘事。

吳激《送韓鳳閣使高麗》只存一聯:"海東絶域皇華使,天上仙官碧落卿。"[②]就此一聯所傳達的事件"有效"信息量看,遠不如史傳體的史性敘事,對史實幾乎無用。但詩性敘事的語詞語調所潛藏的文外的、相關的文化資訊,以及詩人的個人情感資訊蘊含量,則比史性敘事遠為豐富:雖説金與高麗均在東北,但在"南朝人"吳激眼中,高麗仍是"海東絶域";韓昉以"知制誥充高麗國信使",在吳激看來是如同天上仙官般的"皇華使",瀟灑而令人豔羨;吳激出使金國被扣留,按理説對出使異國應該不那麽羨慕,但此時韓昉代表的是"上國",與吳激當年代表的"弱國"不可同日而語,因此吳激纔會在詩中流露出如此强烈的豔羨之情。

① 《金史》將韓昉列入《文藝傳》,而非大臣傳,是因為他的"文藝",即便是這個外交事件,起作用的是韓昉對"古禮"的熟悉以及文辭的合理得體,"文藝"是外交成功的重要手段之一。

② 《中州集》卷一。

吳激有一首《滿庭芳》[1]也是送人出使高麗之作：

射虎將軍，釣鼇公子，騎鯨天上仙人。少年豪氣，買斷杏園春。海内文章第一，屬車從、九九清塵。相逢地，歲云暮矣，何事又參辰。沾巾。雲雪暗三韓、底是方丈之濱。要遠人都識、物外精神。養就經綸器業，結來看、開闔平津。應憐我，家山萬里，老作北朝臣。

這首詞的叙事視點與史傳體的史性叙事、詩歌的詩性叙事一樣，都是出使的"人物"，但其叙事的意圖、角度、方式、語氣，卻與史性叙事完全不同，而與詩歌的詩性叙事相近。詩與詞在"叙事"的諸多方面頗為接近，尤其是吳激的這首詞，其叙事的主題與情調都非常接近那首詩，可以視作那句殘聯的補充。"吳蔡體"深受蘇軾影響，有"以詩為詞"傾向，吳激的這兩首諸多方面近似的詩與詞，便是"以詩為詞"抑或"詩詞一體"的明證。

與史性叙事者完全面向陌生讀者，因而一般採用第三人稱冷静客觀的叙事視角不同，詩詞特别是贈答友人類詩詞，其詩性叙事者面向的首先是熟悉的或近距離的受贈者即第一讀者，而並非"贈品(即詩詞)"的其他廣大受衆，因此他們常採用第一人稱叙事視角，面對第二人稱"你"，在"我你"之間，即贈者與受贈者之間，形成零距離或近距離的時空叙事，這種共時性文體，其情緒性、私密性的程度，當然超過史傳體史性叙事那種穿過遙遠時空的比較客觀的表述。這種情緒性與私密性的叙事，因為有意忽略"真相"，而造成"真相"的迷離。

送别友人類詩性叙事的意圖，往往只是為了寵行和祝願，因此叙事時常常會有意使用與友人相關的典故，或使用華美、富贍、誇張的語言、語調，以便拉開"叙"與"事"也即"表達"與"真相"的距離，從而取得更多的審美效果。就贈詞者與受贈者而言，"真相"是

---

① 《永樂大典》卷一四三八一《寄字韻》引。

明晰的,但對於其他受衆尤其是千百年後的讀者而言,“真相”則是十分含混模糊的,因為美化了的、主觀化了的“表達語詞”遮蔽了人物身世以及事件的“真相”。

如果詩性敘事具備傳統史性敘事所有的完整的六大要素,就會上升為敘事詩。但傳統詩性敘事大多數隻會關注到其中一兩個或稍多的敘事要素,像吳激的這兩首詩詞,均以“人物”這個敘事要素為主,而有意無意淡化或省略了其他要素,因而只是具有敘事成分的詩性敘事,而非敘事詩。因為傳統詩歌從魏晉以後就日漸輕視敘事,所以詩性敘事在處理詩歌中的敘事要素時,為了與史性敘事有所區别或者更具有審美價值,敘事者在書寫過程中,常常有意識地將敘事要素“潛藏”起來,而通過跳躍性或者錯綜的變化安排,將倒敘、插敘、預敘等等敘事手法結合,以避免過於線性、過於單調與顯豁無味。

以“人物”為主的史性、詩性敘事,敘寫出的人物形象相近相似,但敘寫的方式完全不同:史傳體史性敘事以事件過程為主,客觀簡潔,令讀者從所敘事件中領略人物的形象;而詩性敘事則以比擬、想像等方式,主觀而華美,直接塑造出人物形象。在塑造人物時,詩性敘事往往不如史性敘事那麼含蓄。

從史性敘事角度看,吳激詞所云,不過是贈者與受贈者在歲暮某地相遇,敘舊之後,祝福相别,贈者在豔羨之餘自哀自憐,而受贈者繼續前往三韓而已。詞所敘的只是一個簡單的生活片段,構不成有完整意義的“事件”,幾乎不值史性敘事一“敘”,但經過詩性敘事的跳躍騰挪、變化無端,受衆需要細細研讀沉吟,纔可以明白其中之“事”。同樣的“事”,經過史性與詩性處理,給受衆的感受完全不同。詩性敘事的藝術性與審美性,自非史性敘事可比。

對於癡迷於“真相”或敘事之歷史價值的受衆而言,詩性敘事的“信息”不夠嚴密與“有效”,如果沒有史傳及其他文獻作旁證,很難確切了解詩性敘事所要表現的是哪些具體的人事。吳激的詩歌因為題目中有一點“史性信息”,而可以認定贈送的是韓昉。但其詞,則因為詞題缺失,目前只能透過種種“詩性遮蔽”,而努力還原“真相”。根據詞中敘寫的身世、身份、經歷、使命以及與贈者的關係等各種信息,尤其是“少年豪氣,買斷杏園春”一句結合史傳中所云韓昉“天慶二年中進士第一”,大體可以判斷這個使節可能是韓昉。贈詞“塑造”的使節形象是能武更能文、瀟灑出塵如仙人。但“將軍”、“公子”、“仙人”這些美化的標籤又頗概念化,加上有意無意的“詩性遮蔽”,千載之後的受衆卻又無法確切、具體到韓昉身上。這無疑是詩性敘事的缺憾。從詩性敘事中還原史性信息,或者以史性信息坐實詩性信息,多少都會有些信息“錯位”,而這種“錯位”,正是史性敘事與詩性敘事的差異。差異帶給受衆和研究者的,是互補與啟發。

(二)敘寫“使”事:史性新聞式敘事與詩性想像式敘事

張汝猷於明昌三年(1192)出使高麗。這次出使在金之盛世,屬於雙方互派之常使,沒有金初韓昉出使的意義那麼重大,《金史》卷六一《交聘表》自然也只有這次出使之後,高麗使節回訪致謝的記載:“十二月丁卯,高麗遣户部侍郎丁光叙謝賜生日。”倒是《金史》卷九《章宗本紀》記載:“十二月癸卯,以東上閤門使張汝猷為高麗生日使。”[①]這個一句話新聞式的記錄,卻將事件發生的時間、人物、任務等敘寫清楚,顯示出史性敘事簡潔明晰之優長。

但這個簡短的新聞式敘事,呈現出的人事比較“符號化”,如果沒有王寂(1128—1194)的《送張仲謀使三韓》,那麼張汝猷的出使在歷史上只是一個沒有太多內涵的“符號”。王寂的贈行詩使這個“符號”變得具體而生動:

照海旌幢出樂浪,過家上塚路生光。鴨江桃葉朝迎渡,鼠

① 張汝猷在《金史》中無傳,只有《中州集》卷九《張左相汝霖》小傳中,其兄弟五人,張汝猷字仲謀者是其幼弟,但未提及其出使之事。

嶺松花夜煮湯。恩詔肅將芝檢重,醉鞭低嫋玉鞘長。遺民笑指天車道,酷似南陽異姓王。[①]

與吴激贈行詩詞之重心在於"人"的形象不同,王寂此詩叙事視點主要在於出使高麗的事件本身,尤其在出使之經歷行程。而贈行詩寫於出行之前,所有使節的行程都是贈者的"擬定",贈行詩因此而變得有點小説性叙事的意味。

王寂應該是根據當時的文獻地理知識以及經驗已知的當時出使必經路線,作想像式的叙寫。整首詩以空間的連續性為詩性叙事線索:張汝猷當從金之中都燕京出發,沿渤海行,經其家鄉東京遼陽府[②],接著渡過金與高麗交界之鴨緑江,中途夜宿高麗之岊嶺,最後到達目的地[③]。

這種空間想像式叙事,既不同於史性叙事的紀實性,也不同於小説叙事的虚構性,而是屬於詩性叙事特有的合理預期想像。行程可以根據文獻與經驗,而在這些空間發生的具體"活動"則是想像:使節因衣錦還鄉而光彩照人;"桃葉"與"松花"[④]兩個特殊的高麗人與物之意象加入,使得空間想像變得具體細緻可感,如同親臨;叙事者彷佛與受贈者一起,帶著"恩詔"、揚著"醉鞭",接受高麗百姓的夾道歡迎[⑤]。其效果同一些史性叙事或小説叙事有異曲同

① 詩下有自注:高麗稱中原使節皆曰天車某官,事見閻子秀《鴨江行記》。

② 《中州集》卷九《張左相汝霖》:汝霖字仲澤,遼陽人,家世貴顯。……汝猷字仲謀,俱至宣徽使。父子兄弟各有詩傳於世。王子端内翰太師之外孫,其淵源有自云。

③ 樂浪是漢武帝時分封的四郡之一。《宋史》卷四八七《高麗傳》云:"以新羅為東州樂浪府,號東京。""海"與"鴨江":《金史》卷一三五《高麗傳》云:"其地鴨緑江以東、海蘭路以南,東、南皆至於海。"

④ 北南宋之交的曾幾《茶山集》卷三有《謝柳全叔縣丞寄高麗松花》。

⑤ 遺民笑指天車道:《遼史》卷一一五《高麗傳》:"(聖宗統和)十年,以東京留守蕭恒德伐高麗。十一年,王治遣樸良柔奉表請罪,詔取女直國鴨緑江東數百里地賜之。"《遼史拾遺》卷七有詳細記載。遼征高麗失敗,割女真地求和。王寂可能因此稱高麗境内女真人為"遺民"。

工之妙,都帶給讀者身臨其境的"現場感"。空間的推進中令人感受最多的還是使命的榮耀與愉悦,這是詩性敘事意義的多重性帶來的效果。

史性敘事提供了此一事件的時間、人物身份等有效信息,詩性敘事則以經驗想像延伸或擴展了人物的活動與行為情緒,使事件在空間縱橫軸上都有所拓展。兩種敘事的興趣點、關注點不同,結合互補之後,信息更加豐富,不僅張汝猷個體形象而且出使活動空間都更加鮮活。

二、自敘中的高麗情境:金使出使高麗期間的史性敘事與詩性敘事:

(一)敘寫"景"事:紀行組詩的多重敘事功能

北宋使者出使高麗時創作的詩性敘事留存極少,但紀行、紀實類的史性敘事文章卻留存頗多①,這些史性敘事作品内容豐富,其中《宣和奉使高麗圖經》對當時出使高麗的行程記載尤為詳盡,然而金使出使高麗的行程,卻幾乎沒有史性敘事留存。北宋出使高麗走的是海上,而金使走的是陸路,所以無法互代。史性敘事的缺失,給想了解金使行程的受衆帶來了缺憾。出使過高麗的金使趙可(貞元二年 1154 進士,生卒不詳)、李晏(1123－1197)、張翰(大定二十八年 1188 進士,生卒不詳)留下了幾首出使高麗時所作的詩歌,可以彌補一些缺憾。

仔細考察趙可等人的詩歌,可以推想這些詩歌是他們出使紀行組詩的殘留之作。金使出行時所作的組詩一定十分豐富,如果有一組全部留存,出使的整個行程都會顯而易見,但目前只有個别詩歌保存在《中州集》中,如同吉光片羽。

① 詳參拙作《宋代詩歌中的高麗人物與高麗文化》,《焦作大學學報》,2011 年第 2 期。

王寂《送張仲謀使三韓》的想像性叙事,指出了金使出使高麗的大致行程。趙可出使高麗所作的紀行組詩雖只留存下三首,則能夠補充其中的細節。《金史》卷八《世宗本紀》以及卷六一《交聘表》均載:大定二十七年(1187)"十二月庚午,以翰林待制趙可為高麗生日使。"①趙可出使途中的幾首七絶,就是在這個史性叙事時空中展開的。

趙可的《來遠驛雪夕》,如果沒有自注"使高麗時作"作為史性叙事,我們很難判定其是否出使所作,因為詩歌叙事視點在"雪夕",而不在"來遠驛":

> 江上東風冷不禁,晚雲翻手弄晴陰。春來天氣不全好,夜久雪花如許深。暖老正思燕地玉,辟寒誰有魏臺金。空齋寂寞青綾被,學得東山擁鼻吟。

除了首句點明"來遠驛"在"江上"外,詩中更無其他關於此驛的信息。據宣和六年徐兢所作的《宣和奉使高麗圖經》卷三云:"(高麗)昔以大遼為界,後為所侵迫,乃築來遠城以為阻固,然亦恃鴨綠以為險也。"來遠驛可能就是來遠城的一個驛站,而詩中所云的"江"就是鴨綠江,在這樣的空間,作者用"燕地玉"與"魏臺金"②這樣的典故表達思念鄉國之情。趙可的《雲興館曉起》與《江路聞松風》兩首七絶,沒有"史性"的自注提示,而我們從其叙寫的時間與景致看,當也是他此次出使高麗紀行組詩的一部分:

① 同樣是與張汝猷一樣的賀生日使,卻會在《交聘表》中出現,顯出一點特別。這可能與趙可聲名遠播、出使年紀較大有關。史性叙事規則如果稍有變化,讀者就會領受到一點言外之意。

② "暖老正思燕地玉":杜甫:"暖老須燕玉,充饑憶楚萍。"燕玉有二解:一云"燕玉,婦人也"。古詩云"燕趙多佳人,美者顏如玉"。待燕玉而暖,則孟子所謂七十非人不暖也。一云"思得暖玉之杯也"。唐寧王有暖玉杯,以為飲器,不暖而自熱。《説郛》卷六五下任昉《述異記》:三國時昆明國貢魏漱金鳥,鳥形如雀色,常翱翔海上,吐金屑如粟,至冬,此鳥即畏霜雪,魏帝乃起温室以處之,名曰辟寒臺,故謂吐此金為辟寒金也。

雙旌晚泊雲興館，對面高峰絶可人。一夜山雲飛作雪，要誇千樹玉璘珣。

雪裏雲山玉作屏，松風入耳細泠泠。朝來醉著江亭酒，卻被髯龍喚得醒。

如“玉”之“雪”，與“來遠驛雪夕”在同一個季節；如“屏”的“山”與“高峰”，還有“千樹”“松風”這些景致也都似乎是高麗多山多松樹的一個突出表現。尤其是《雲興館曉起》[①]所云的“雲興館”，加上“雙旌”的使節身份提示，更可看作是出使高麗紀行組詩一部分。

李晏出使高麗，當在世宗大定十二年(1172)三月册封高麗國王王晧時[②]。他出使期間所寫的《高麗平州中和館後草亭》，收錄在《中州集》卷二：

藤花滿地香仍在，松影拂雲寒不收。山鳥似嫌遊客到，一聲啼破小亭幽。

金有“平州”，高麗的平安道也有“平州”[③]，高麗的平州有中和縣，中和館可能即在此縣，當是高麗設立的接待金使之館。

其後，張翰出使高麗[④]，寫有《奉使高麗過平州館》：

昨日龍泉[⑤]已自奇，一峰寒翠壓簷低。兼併未似平州館，

---

① 明鄭若曾《鄭開陽雜著》卷五載：(朝鮮)平安道郡十一，其一即雲興郡。按：高麗在明洪武二十五年纔被朝鮮代替，所以地名多有沿襲。雲興館可能就在雲興郡。

② 詳參《金史》卷六一《交聘表》下。《欽定續通志》卷六三五《四夷傳》一記載較為簡略：其後，晛弟晧廢晛自立，以讓國至金奏告，金主疑之，以詔書詳問其國士民。使至高麗，晧稱晛避位如前奏。使還，晧又遣使請封。大定十二年三月，賜封册。《金史》卷九六《李晏傳》：“李晏字致美，澤州高平人……世宗素識其才名。……時方議郊禮，命攝太常博士，俄而真授為高麗讀册官。”因為讀册官只是正使、副使領導之下的三節使團成員之一，所以《交聘表》等並無記載，而《李晏傳》也只此一語。

③ 明鄭若曾《鄭開陽雜著》卷五載：(朝鮮)平安道州十六，其一即平州。又載此道縣六，其一即中和。

④ 關於張翰出使高麗時間身份，史無記載。

⑤ 後來明張寧出使高麗，寫有《二十八日午發劍水道中望龍泉》，見《方洲集》卷一三《奉使錄下》。明鄭若曾《鄭開陽雜著》卷五云：劍水至龍泉四十五里。

屋上層巒屋下溪。

詩題所云之"平州館",當即平州中和館。張翰視點在"館"本身,而李晏視點是"館"後的一個草亭,兩首詩結合起來,再造的是平州中和館優雅寧靜意境。

張翰出使高麗期間,還有一首《金郊驛》云:

山館蕭然爾許清,二更枕簟覺秋生。西窗大好吟詩處,聽了松聲又雨聲。

金郊驛,距高麗"國城"(即今朝鮮開城市)不遠,曾是遼與高麗激戰之地①,也是金使出使高麗必經之地。

孤立的某一地點的風景描寫,所具備的"叙事"成分相對較少,而聯章性的寫景組詩,因為有著"標題"的"史性"提醒,也即有著連貫的空間轉換提示,而使得單純的風景描述具有了"叙事"功能。從來遠驛到金郊驛,由"點"而"線",空間的線性推進,勾勒的是金使出使高麗必經的路線,而這個線就是詩性叙事的"景"事線索,是連續性"寫景"變成"叙事"的一個重要因素。

另外,紀行組詩的背後往往是"事","事"既是"行"的原因與目的,同時又提供"行"的路線,"行"中之"景",因有了"事"的潛在因素,而比普通的遊覽登臨寫景具有更多的叙事成分。

---

① 徐兢《宣和奉使高麗圖經》卷三《國城》:"今王城在鴨綠水之東南千餘里,非平壤之舊矣。其城周圍六十里,山形繚繞,雜以沙礫,隨其地形而築之。……外門十一,各有標名……東北曰宣祺(自注:舊名金郊,今易此)。"同書卷四《外門》:"宣祺門,通大金國。"《遼史拾遺》卷八:"(八年春正月)引《東國通鑒》曰:顯宗元文王十年春正月庚申,姜邯贊以契丹兵逼城,遣兵馬判官金宗鉉領兵一萬,倍道入衛京城,東北面兵馬使亦遣兵三千三百人援。辛酉,蕭遜寧至新恩縣,去京城百里,王命收城外民户入内,清野以待,遜寧遣耶律好德齎書至通德門,告以回軍,潛遣候騎三百餘,至金郊驛,王遣兵一百,乘夜掩殺之。辛巳,契丹回兵,至漣渭州,姜邯贊等掩擊,斬五百餘級。"明張寧《方洲集》卷十三《奉使錄下》有《登金郊驛樓》:搖搖旌旆遠躋攀,坐算遊程兩月間。芳草無情隨處綠,好山如畫對人閑。一年風物春將老,千里星槎客未還。昨夜分明夢歸國,依然清禁立鵷班。

即景生情的傳統詩性敘事原則，使得"一切景事即情事"，這裏的紀行組詩都是出使者的自敘，所以與上節贈行者他敘性的想像式敘寫不同，敘事者都是"景"事的親歷者，他們的所敘的景事以及即景而生的情事都具有現場性、真實性，反映出使節們的觀察與感受以及情感與情緒。雖然上述六詩並非出自一家之手，但除了"來遠驛雪夕"表現的是敘事者的在寒冷中的寂寞思鄉之情外，其餘五首無論是趙可所寫的冬春之交的雪景七絕，還是李晏所寫的春末花落鳥啼、張翰所寫的秋天的松聲雨聲，優雅的"景"事中都洋溢著一種愉悦、妙悟與驚喜之"情"事。至少從留存的這些詩歌中看，在出使高麗漫長的旅途中，金使大多時候是滿懷喜悦的。可能因為自從天會四年韓昉出使高麗後，高麗臣屬於金，金使作為上國使節，受到下邦高麗的熱情接待，所以金人使高麗詩，與宋人使遼使金詩普遍情緒低落沉痛不同①，而顯得愉悦活潑。

紀行組詩中"景"事的連續與變化，其實也是"情"事的連續與變化，因此紀行組詩不僅是出使者的"景"路歷程，也是他們的心路歷程。譬如趙可在寒冷的"來遠驛"感到寂寞，而到了"雲興館"則轉向愉悦，上了"江路"則顯得興奮，不斷變化的風景吸引或影響了行進的詩人使節，他們的情緒也在變化。行程的線性順序變化，因為注入了使節的活動與主觀情緒，而變得平面乃至立體。紀行組詩這種複線或多線的詩性敘事，也因而具有了一般歷程記錄所缺少的多重意義。

(二)敘寫個人情事：以抒情為目的詩性敘事

一般說來，以抒發個人情緒為主的詩，屬於抒情詩，但中國傳統的抒情詩，向來不以純粹的、無緣無故的感情抒發為主，幾乎所有的傳統抒情詩都是即景生情或即事生情，因此，當我們由"情"還原其

① 宋代今不存使節出使高麗途中此類詩歌。

觸發點的那些"景"與"事"時,發現"景"與"事"纔是抒情的基點,沒有"景"、"事","情"就無從發生。從這個意義上講,傳統詩歌無論是寫景、抒情還是言志,其表像背後或者說其本質都是廣義的叙事。

李遹(1155-1222)的《使高麗》,就是即事生情之作:

> 去國五千里,馬頭猶向東。宦情蕉葉鹿,世味蓼心蟲。倦枕三更夢,征衫八月風。山川秋滿眼,歸思寄孤鴻。

除了首聯點明"事"之外,其餘六句均為詩人的個人情緒,"情"是這首詩的中心。

詩人的"情"潛藏在心中,遇到某些"事"就被觸發而發表出來。出使高麗這件外交大事,在此似乎不過只是詩人情懷的觸發點而已。李遹因在泰和(1201-1208)中為大興府幕官時,得罪了知府事的女真人,"竟坐是仕宦不進,以東平治中致仕,閒居陽翟十餘年"①。一生官運不暢,因此也變得鬱鬱寡歡。出使高麗,在使團中他自然屬於下節隨從官(史書無記載),這無疑再次觸動、刺激了他的抑鬱心結,引發了詩人再次對"宦情"與"世味"的沉思,其情緒就自然流露出來。

詩性叙事中的"情事",常常給人留下"情"大於"事"、甚至遮蔽"事"的印象。譬如這首詩從表面上看,就是詩人倦怠於官場與征途、心中充溢著濃厚的哀傷無奈幽怨的思鄉情緒,似乎沒有太多的"事"。但仔細考察,詩人這種情緒產生與深化的背景或原因,是比"五千里"更遠的征程、染滿征塵的"征衫"、仲秋"八月"的團圓情結、異域的"山川"等等,這些出使高麗行程中纔會有的特殊叙事時空及文化"要素"。由此看來,"事"在詩人創作的抒情性目的與進程中,一直起著作用,並未被"情"遮蔽:"事"的進行時間、空間以及詩人意識中潛在的文化積澱,始終在推進著情感的發展。只是讀者在解讀時,被濃厚的"情"遮蔽了感覺,而忽略了"事"的存在以及

---

① 《中州集》卷五。《欽定重訂大金國志》卷二八亦有。

“事”的發展。詩性敘事的解讀過程,有時就是透過“情”的濃霧而發現“事”的過程。

對於出使高麗的使臣而言,每個人的精神狀態都不會完全相同,如李遹的厭倦悲傷情緒,就與趙可、李晏、張翰等人那種愉悦心情十分不同,而使節個人情緒心態及其變化,是史性敘事最為忽略、而詩性敘事最為關注的話題,因此,在研究集體事務中個人化或個性化的因素時,自敘性的詩性敘事的重要性就凸現出來。

(三)敘寫女性情事:詞的特殊詩性敘事功能

外交事務屬於重大國際事務,太后、皇后、嬪妃等宮廷女性偶有參與,但若不起特殊作用,史性敘事也少有涉及。下層女性參與招待的機率可能較高,但宏大史性敘事不屑於記錄。而從北宋或更早時候起,詩性敘事中詩歌一體涉及女性情事的分量也明顯減少,於是詞體成為敘寫與女性相關情事的最為重要的載體,因此外交事務中的此類“瑣事”常常只在詞中得以表現,詞體的特殊詩性敘事功能由此凸現。

在與高麗外交關係中,金從太宗天會四年後就一直佔有主動的、强勢的地位,高麗對金使節的接待規格頗高,據劉祁《歸潛志》卷一〇云:“高麗故事:上國使來,館中有侍妓。”而金在當時就是高麗的“上國”。這類對高麗而言難免屈辱、對金而言不免得意的“故事”,在史性敘事中常常有意無意被忽略或一筆帶過,卻因為金人兩首廣為流傳的贈别高麗“侍妓”詞,將此隱密難言之事彰顯得盡人皆知。

蔡松年(1107—1159)與趙可先後出使高麗[1],分别為高麗“侍妓”創作了贈别之詞《石州慢》與《望海潮》:

雲海蓬萊,風霧鬢鬟,不假梳掠。仙衣卷盡霓裳,方見宫

① 蔡松年在翰林日出使高麗,具體年月無考。

腰纖弱。心期得處,世間言語非真,海犀一點通寥廓。無物比情濃,與無情相博。離索。曉來一枕餘香,酒病賴花醫卻。瀲灩金尊,收拾新愁重酌。片帆雲影,載將無際關山,夢魂應被楊花覺。梅子雨絲絲、滿江干樓閣。

雲垂餘髮、霧拖廣袂,人間自有飛瓊。三館俊遊、百街高選、翩翩老阮才名。銀漢會雙星。尚相看脈脈、似隔盈盈。醉玉添春、夢雲同夜,惜卿卿。離觴草草同傾。記靈犀舊曲,曉枕餘酲。海外九州,郵亭一别,此生未卜他生。江上數峰青。悵斷雲殘雨,不見高城。二月遼陽,芳草千里,路傍歸情。

兩首詞自然也是以抒情為目的贈别類詩性敘事,但因為其贈别的"情事"涉及到女性,而與一般贈别男性的"情事"有了區别。第一小節中吴激與王寂贈别使節的詩詞,因為贈别的都是男性,所以儘管敘事視點不同,但詩與詞以及詩人詞人的個性風格都沒有太大差異。而蔡松年、趙可這兩首詞,因為贈别對象都是女性,便與吴、王的詩風詞風大不相同。由此可知,決定贈别詩與詞之語詞、情調、風格的,並非文體自身的規定性,而是贈别的對象、尤其是贈别對象的性别。因此如果離開各種文體的敘事或書寫對象與作者預先設定的第一讀者,而概括性地談文體的規定性與差異性,顯然過於簡化了或抽象化了文體的比較研究。

兩首詞的敘事方式一致,上闋倒敘兩人相處之情狀與濃情蜜意,下闋正敘相别之哀傷以及預敘其别後的思念。男女短暫情緣之後相别,是與史性敘事有更多相通之處的小説性或戲劇性敘事最為常見題材①,而蔡、趙選擇的是宋金人常用的詞來進行敘事。詩性敘事中,詞比詩的敘事策略與技法更為靈活多變,這兩首詞在敘事時間、空間、故事情節上的轉換騰挪,就非一般詩歌敘事可及,更非史性敘事的明顯清晰可比。過去與現在、未來錯綜,真實與虛

① 後來元李文蔚就根據蔡松年詞寫過《蔡蕭閑醉寫石州慢》雜劇。

幻交錯,加上一片華麗又纏綿哀傷的豐富意象與語詞,男女主人公的關係與情事,被遮蔽起來,不細細探究,幾乎無法感知。這種敘事策略,其實是詞人有意要造成一種複雜又含蓄婉轉、清晰卻又模糊的效果,而香豔隱密的情事纔會在這種效果中更有美感。

贈別的女性對象決定了兩首贈別詞的敘事原則與態度,而男女之間的情事也規定了此類敘事應有的香豔情調。即便作者的個性特色、創作主調不同,也都會因為作品書寫的對象與情事相同,而產生大體一致的風格。蔡松年以瀟灑脱俗的個性、清曠疏爽的創作主調見稱,但在此詞中則纏綿執著、情深意切,既不灑脱也不清曠;而趙可"少輕俊"、"博學高才、卓犖不羈"[①],與蔡松年頗不相同,但其詞與蔡作的婉轉含蓄也基本一致。蔡、趙之作雖如劉祁所講,有"渾厚"與"峭拔"之别[②],但不細緻考察,也很難辨析。由此可見"對象"與"情事"對創作各方面的制約性,實際超過個性對創作的制約程度。金詞以充滿伉爽豪邁之氣著稱,而這兩首贈别高麗"侍妓"的詞,都能婉轉纏綿,有北宋婉約長調之餘味,成為金詞别調代表之作。

相對於男女之事普遍具有的香豔色彩而言,高麗"侍妓"的異域色彩並未顯現。因為與宋詞中大量敘寫男女短暫情緣之詞相比,這兩首詞的"異域情調"並不濃厚。蔡詞除了"載將無際關山"暗示其距離遙遠外,幾乎看不出是在寫異國女性與異國情緣;趙詞的異域信息稍多一點,如"雲垂餘髮、霧拖廣袂"[③]寫高麗女性裝扮,"海外九州"點明在域外,但整體情調語詞上看,也沒有太多的

① 分别見劉祁《歸潛志》卷一〇、《金史》卷一二五《文苑傳》之趙可傳。

② 《歸潛志》卷一〇。

③ 徐兢《宣和奉使高麗圖經》卷二〇《賤使》:婦人之髻,貴賤一等。垂於右肩,餘髮被下,束以絳羅,豎以小簪。細民之家特無蒙首之物,蓋其直准白金一斤,力所不及,非有禁也。亦服旋裙,製以八幅,插腋高繫,重迭無數,以多為尚,其富貴家妻妾製裙,有累至七八疋者,尤可笑也。

異域色彩。可以説是北宋時就已經完善具足的詞作系統,消解了“異域”信息,消融了“異域”情調。

兩首詞將外交事務中難登大雅之堂的情事,變成公開的秘密,而兩首詞也因為雅俗共賞而傳播四方,流傳至今,這使外交事務變得“情趣”盎然。圍繞高麗“侍妓”,金使的文人才子風流之氣盡顯無遺。事實上,任何一個朝代在派遣使節時,都比較注重使節的文化形象,因為在雙邊關係相對穩定時期,文化外交比政治軍事外交還顯得重要。金使在當時代表中原文化、正統文化,他們繼承了唐代與宋初文人出使時的文采風流,而與宋人使遼、使金的心態及作風頗不相同。

(四)敘寫異域“民”事:詩性敘事的史性功能

《遼史》卷一一五《高麗傳》云:“高麗自有國以來,傳次久近、人民土田,歷代各有其志。”的確,從《漢書》列有《朝鮮傳》,到舊、新《五代史》的《外國傳》《四夷附錄》,朝鮮半島上各個階段分别以朝鮮、高句麗、三韓、夫餘、百濟、新羅、高麗等異域形式出現,因此,史性敘事並不缺少對高麗歷史、文化、民俗的紀實,而詩性敘事中這種題材的作品就十分罕見[①],這可能因為國家或民族的歷史文化民俗等宏大的“事”,是史性敘事最擅長、而詩性敘事較難承載之“事”。吳激的《雞林書事》因此顯得特别。

熙宗天會十四年(1136),“十月甲寅,以乾文閣待制吳激為賜高麗生日使”[②],吳激出使高麗期間,創作《雞林書事》排律,鋪敘了他眼中與宋、金相似而又頗帶些異質色彩的高麗歷史民俗文化:

箕子朝鮮僻,蓬丘弱水寬。儒風通百粤,舊史記三韓。邑聚從衡接,民居質樸安[③]。猶存古籩豆,兼用漢衣冠。兔穎家

① 宋金及其以前各代基本没有這類題材詩歌。

② 金史卷六〇交聘表。

③ 此二句《全遼金詩》第184頁作“邑聚居巢慣,夷裝被髮安”。

工縛，鮭腥俗嗜餐。騎兵腰玉具，府衛挾金丸。長袖翛窺肉，都場狖掛竿。琴中蔡氏弄，指下祝家彈。主禮分庭抗，賓筵百拜難。漬橙秔釀旨，滋桂鹿修幹。潑墨松如櫛，隮牆石似丹。地偏先日出，天迫衆山攢。鵬翼雲帆遠，羊腸石磴盤。由來異文軌，休訝變暄寒。事可資談柄，誰能記筆端。聊將詩貌取，歸作畫圖看。①

從結尾四句看，詩人的敘事意圖與史家紀實傳世的目的顯然不同：詩人的敘事只是為了多一點談資、滿足他自己以及潛在讀者的好奇心而已。因此，吳激的敘事視點與史性敘事自然不大相同，他更關注的是高麗不同於宋金那些新奇或奇古的民俗文化細節。吳激以詩人好奇之心、異域之眼觀察高麗，的確發現了一些鮮為史家關注的異域習俗細節。

對於一個習慣於漢文化傳統、以及宋金民俗與文化的詩人使者而言，除了“箕子”入朝、“蓬丘弱水”、“三韓”這些歷史地理知識來自於史書等文獻之外，吳激關注到在“儒風”的長期濡染下，高麗保持著“古籩豆”、“漢衣冠”等帶有漢文化的習俗遺存，這些沿襲古老傳統的淳樸習俗讓他產生了親切感、認同感；而他的視點更多集中於那些不大相同的習俗上，“敘”隨著他的視點移動，一個個具體的“場景”連續出現，幾乎每句都敘寫一個“場景”，而每個“場景”都是一件“大事”的縮影：匠事、食事、兵事、獵事、樂事、禮事、饌事、繪事、地事、天事、水事、山事等等，這些“大事”中都有異於金人之處，都吸引了吳激的視點，吳激就這樣面面俱到地鋪敘他關注到的高麗各方面的習俗與特徵②。這種敘事方法接近於賦體中的事類賦或物類賦敘事方法，而與一般以個人“小事”為主要敘事物件內容

① 《中州集》卷一。

② 如此多的相異之事，使吳激得出“由來異文軌”的結論，這與大多數人認為高麗文化與漢文化同源而異質的共識有所區別。

的詩性敘事頗不相同。

敘事意圖決定敘事視點,敘事載體則決定敘事策略。吳激選擇排律這種有嚴格對偶要求的詩體,固然有助於他有節奏、有對比地集中鋪敘多種事務,但又限制其靈活性、變動性;句句轉換視點,"縮影"使人應接不暇,再加上一般詩性敘事簡潔、用典與思路的跳躍性,使得吳激所敘之"事"過於簡略、概念化而印象略顯模糊,與史傳所敘的高麗之事相比,清晰度自然相差甚遠。

這固然是詩性敘事這種載體在敘"大"事方面本身不及史性敘事之處,更是吳激本人在處理詩性敘事態度與能力上不及杜甫"詩史"之處。唐代之後詩人逐漸少用詩體敘寫"大事",即便有,其水準也難及杜甫等人,詩性敘事本身具有的史性敘事功能因此而日益減退。

三、他叙中的高麗"物"事:歡迎使節歸來之詞

歡送使節出使的詩詞文比較多,而歡迎使節歸來詩詞文卻極少保留。蔡松年一首《臨江仙》自注云:"故人自三韓回,作此寄之。"可以彌補這個缺失。

> 夢裏秋江當眼碧,綠業摘破晴瀾。搗香鱸蟹勸加飧。木奴空嫵媚,未許鬥甘酸。　　聞道雞林珍貢至,侯門玉指金盤。六年冰雪眼常寒。酒樽風味在,借我醉時看。

與吳激、王寂的贈行詩詞相比較,蔡松年的迎歸詞涉及到的高麗事情更少,只有"聞道雞林珍貢至"一句,以説明故人出使歸來"應有"的情狀,這自然也是根據一般出使歸來都會"捎帶"高麗物品以餽贈親友、而蔡松年自己也曾有此經驗的緣故。與使者自叙歸來不同,迎歸者的叙事方式也屬於他叙性想像式書寫,但對使者與迎歸者而言,"出使"已成"往事",所以"想像"似已成"回想",而"回想"的"事"又不太遥遠,所以沒有必要太多重複。

這首迎歸詞應該是迎歸詩詞的代表性之作。故鄉的食物與

“雞林珍貢”成為此詞敘事的視點與焦點，而由此視點拓展成的迎歸詞，在構思顯得頗為巧妙：使節回到了故鄉與家人團聚，出使期間思鄉夢中的一切，終於變成了現實——“秋江”在眼、“鱸蟹”當前，歡快之情難以言表；而詞人（敘事者）也與其他“侯門”貴客一樣，聽説使節帶回了不少高麗珍奇物品，不僅食指大動；詞人與使節的關係之親密，又非其他“侯門”與使節關係可比，所以相約在久别後的聚會上，一醉盡歡，相看兩不厭。

寫詞的目的是預約相聚，而視點是相聚之因，表面抒情之下其實是一件有前因後果的“事件”。省略的出使之“事”，在敘寫的歸來相聚之“事”中得以重現或隱現，詩性敘事的片段性，因此具有了“事”的完整性意義。

從餞别使節、到使節途中所聞所見、再到歡迎使節歸來，金人這類詩性敘事的資料並不太多，但是卻比宋代在外交事務整個過程上的詩性敘事更加完整，因為宋代留存的基本是送别使節的詩詞而無其他兩部分。金人關於外交事務的詩性敘事，涉及的“事”之内涵也頗廣，人事、物事、情事、景事、使事、民事等都在其中。因此將其搜集起來細細解讀，我們看到的是金使出使高麗這一外交事務的三個環節組成的完整的“事”，也就是説殘存的詩性敘事，在此“事”的敘寫上是完整的具足的。我們以詩性敘事為主線，以史性敘事為副線，互相參照補充，在文學審美視域中，解讀出的是金人關於出使高麗之“使”事史，也是金詩人與使節們之“心”事史。

傳統詩詞一向以抒情言志為主要特質，而從敘事學角度解讀其中的敘事成分，發現“情志”背後的“事”，發現“情志”之中具有歷時性或連續性的“事”，探討詩性敘事的意圖、原則與方法技巧，探討詩、詞兩種詩性敘事的異同，是一種有趣的嘗試。

作者單位：四川大學中國俗文化研究所

從《文辨》看王若虛的散文觀念

王　永

王若虛(1174－1243),字從之,號慵夫,河北槁城人。他是金代末年著名的學者、作家,與元好問比肩的詩文批評家,有《滹南遺老集》傳世。王若虛"文以歐、蘇為正脉"①,其文章創作崇尚自然、平易。他擅長談辯,議論公允透徹。"李右司之純以辨博名天下,杯酒淋漓,談辭鋒起,公能以三數語窒之,唯有嘆服而已。"②王若虛具有非凡的疑古辨誤的才能,其《滹南遺老集》四十六卷中有三十七卷為"辨惑"類文字,自五經、《論語》、《孟子》、《史記》、《新唐書》、諸史乃至各家詩文多有評點,疑前人之成説、破千古之謬論,頗具灼見。

《滹南遺老集》有"文辨"四卷、"詩話"三卷,其詩話已有單行本行世,久為學界所知,然而其評點歷代散文的"文辨"却一直沒有受到足够的重視,歷來的文論史著作多是一筆帶過,其蘊含的價值亟待深入研究。

正如民國時期標點本《滹南辨惑》編者侯毓珩在"導言"中所言:"《文辨》雖名為'辨',其實與詩話差不多,只是文話。"③的確,

---

① 元好問《内翰王公墓表》,《元好問全集》卷一九,太原:山西古籍出版社,2004年版,第443頁。

② 同上,第444頁。

③ 王若虛《滹南辨惑》,國學門徑叢書本,上海:大東書局,1933年。

《文辨》四卷並不是系統成篇的理論著作，而是衆多評點條目的羅列集合，其共計 130 餘條，每條百字左右，編排大致以年代為序，因篇幅考慮而釐為四卷。它是集中討論散文作品和散文評論的著作，文中已三次直接使用“散文”這個概念：

> 退之評伯夷，止是議論散文，而以頌名之非其體也。（《文辨》二）①
>
> 歐公散文自為一代之祖，而所不足者精潔峻健耳。《五代史論》曲折大過，往往支離蹉跌，或至渙散而不收，助詞虛字亦多不愜，如《吳越世家論》尤甚也。（《文辨》三）
>
> 揚雄之經、宋祁之史、江西諸子之詩，皆斯文之蠹也，散文至宋人始是真文字，詩則反是矣。（《文辨》四）

王若虛在《文辨》中所評點的，主要就是史傳（包括《史記》、《漢書》、《晉書》、《新唐書》、《資治通鑒》等）和楚辭、南北朝文、唐宋諸家散文作品等散體文字，還有如邵博、陳師道、洪邁等人對這些作品進行評論的文字，其涵蓋比今天的散文範疇要寬。

《文辨》中的評點條目主要是從文章學的角度着眼的，内容涉及創作得失、文字校勘、文體流變等方面，主要是針對前人創作、評點和傳寫的錯誤發表自己的看法，其宗旨在於指導後學的創作。

一、文體論：大體須有、定體則無

> 或問：“文章有體乎？”曰：“無。”又問：“無體乎？”曰：“有。”“然則果何如？”曰：“定體則無，大體須有。”（《文辨》四）

中國古典散文具有源遠流長的歷史和豐富多彩的體類，這一點從南北朝時劉勰的《文心雕龍》中就可以看出。發展到宋代，各種體類的文章都開始趨向完善，隨着創作的日漸成熟，“尊體”與“破體”的問題也開始進入學者的理論探討視野。由於宋代古文運

① 王若虛《滹南遺老集》，《四部叢刊》本，下同。

動本身就是在復古號召下取得成功的,部分學者本着固守前代經典的觀念,對有"越界"之嫌的佳作妄加指點,無疑成為散文發展的理論障礙。

正如《文辨》所引陳師道關於宋代記文的批評:"退之之記,記其事耳。今之記乃論也。"(《文辨》二)陳師道以韓愈的記文為準則,認為記文的要求就是記事,從這個標準看,宋代加進了議論成分的記文便已經失去了固有的文體特點。對這種看法,王若虛給與了針鋒相對的批評:"予謂不然。唐人本短於議論,故每如此。議論雖多,何害為記?"的確,作為記文的標準本身就是在形成的過程中。宋代以文治國,太祖就曾立下戒碑禁止後代帝王殺戮讀書人和直言敢諫者。因此宋代文士對朝政的議論熱情空前强烈。這種議論的傾向又發展到性理的探討,擴展到各體文章中,其實好發議論是宋文的整體特色,並非是記文一體的情況。因此,認為加入了議論成分的記文便失掉了文體身份的觀點是片面的。"蓋文之大體固有不同,而其理則一。殆後山妄為分別,正猶評東坡以詩為詞也。且宋文視漢、唐百體皆異,其開闊橫放自一代之變,而後山獨怪一二,何邪?"王若虛就此提出自己對於文體之間關係的看法:只要能把自己要表達的一個"理"(這個"理"的內涵是比較寬泛的,道理、事理、情理、物理應該都包括在內。)説清楚,文體之間大體有一個區别就可以了,而陳師道之所以會有這種看法,原因正是由於他對文體界限的一種嚴格要求,使他沒有看到宋文擺脱傳統因循桎梏、力求突破和創新的成績。

從這種觀點出發,王若虛對前代吸收其他文體特點的文章其文體歸屬也給與了寬容的肯定。"邵公濟嘗言:'遷史、杜詩,意在不似,故佳。'此繆妄之論也。使文章無形體邪,則不必似;若其有之,不似則不是。謂其不主故常,不專蹈襲可矣。"(《文辨》一)實際上邵博對司馬遷《史記》和杜甫詩的評論是揭示了二者之魅力所在的,《史記》之所以勝於其他史書,恰恰是由於書中蘊含的情感和個性以及對歷史的詩性體驗;而杜甫詩歌的突出特色也是在於對安史之亂時期歷史風貌的反映。這種觀點與錢鍾書在《談藝錄》中所說:"文章之革故鼎新,道無它,曰以不文為文,以文為詩而已。"[1]的觀點是相通的。王若虛對《史記》和杜詩在這一點上的特徵也是認同的,但是對於邵博用"不似"這種表述是極為反感的。因為這又是先有了一個對文體的主觀刻板的規定在裏面。他認為用"不主故常"、"不專蹈襲"這樣的詞語指出其創新價值纔是準確的。

王若虛認為,文章創作"定體則無",但還是"大體須有"的。這要根據文體的不同功能而定,記、論、賦這些文藝性文類的要求自然寬泛些,但是像史書、實錄、制誥等實用類文章的創作還是要嚴謹對待的,决不可以"失體"和用它來展示雕飾的才華。針對宋人關於胡旦借掌制誥的便利撰文戲弄江仲甫的故實,他還提出了"夫制誥,王言也,而寓穢雜戲侮之語,豈不可罪哉?"(《文辨》四)的看法。正是基於這種文體觀念,王若虛對講究藻飾的四六文體表示出極度的厭惡:"四六,文章之病也,而近世以來制誥表章率皆用之。君臣上下之相告語,欲其誠意交孚,而駢儷浮辭,不啻如俳優之鄙,無乃失體耶?後有明王賢大臣一禁絶之,亦千古之快也!"他還舉出了一個正好説明這種文風浮華、堆砌故實現象實例:"孫覿《求退表》有云:'聽貞元供奉之曲,朝士無多;見天寶時世之妝,外人應笑。新豐翁右臂已折,杜陵叟左耳又聾。'"王若虛認為:"夫臣子陳情於君父,自當以誠實懇惻為主,文用四六,既已非矣,而又使事如此,豈其體哉?宋自過江後文弊甚矣。"(同上)

金代文章是直接繼承北宋歐陽修、蘇軾等人的古文傳統發展起來的,王若虛在文章理論上大體繼承了宋人的美學原則:"凡文章須是典實過於浮華、平易多於奇險,始為知本末。世之作者往往致力於其末而終身不返,其顛倒亦甚矣。"(《文辨》四)但是在對待

① 錢鍾書《談藝錄》,北京:中華書局,1984 年版,第 29—30 頁。

四六駢文的態度上,他明顯失去了歐陽修"偶儷之文,苟合於理,未必為非"①的公允態度。其實駢文作為宣講類的文章形式有它的價值所在。因此儘管四六文產生了很多確實存在的流弊,但是終整個封建時代的歷史,並未像他所希望的那樣被徹底禁絶,這説明四六體的實用文字還是可以從屬"大體須有"的標準之内的。

二、文法論:文無定法、文理暢達

夫文豈有定法哉?意所至則為之,題意適然,殊無害也。(《文辨》三)

自宋代起,關於文法的討論開始在文人間流行,名家的書信、同時代人的筆記記載了大量相關的内容。王若虛一方面承認許多成功作品的藝術價值,一方面反對將這些作品作為萬世法則。他認為創作應該由内心的情感和思想來引領,達到一種自然真率的境界:

張九成云:"歐公《五代史論》多感嘆,又多設疑,蓋感嘆則動人,設疑則意廣,此作文之法也。"慵夫曰:"歐公之論則信然矣,而作文之法不必再是也。"(《文辨》三)

王禹偁的《黄州新建小竹樓記》和歐陽修的《醉翁亭記》都是宋代記體名文,然而由於後者信筆放懷,不守成規,宋人早就對它的體制有所批評,王安石、黄庭堅等人甚至認為《竹樓記》比《醉翁記》更好。王若虛不執此議,他認為:"《醉翁亭記》雖涉玩易,然條達迅快如肺肝中流出,自是好文章。《竹樓記》雖復得體,豈足置歐文之上哉?"、"宋人多譏病《醉翁亭記》。此蓋以文滑稽,曰:何害為佳,但不可為法耳。"(《文辨》三)

當然,"文無定法"也是相對而言,文章創作總是要有一定的理

① 歐陽修《論尹師魯墓誌》,《歐陽修全集》卷七二,北京:中華書局,2001年版,第1045頁。

路可循，那麽，什麽是王若虚觀念中的“無法之法”呢？在這方面，蘇軾“隨物賦形”的理論是深為王若虚認同的。

他曾引用蘇軾《自評文》中的一段話：“東坡自言其文：‘如萬斛泉源，不擇地而出，滔滔汩汩，一日千里無難，及其與山石曲折，隨物賦形而不自知所之者，常行於所當行，而止於不可不止。’論者或譏其大誇。予謂惟坡可以當之。夫以一日千里之勢，隨物賦形之能，而理盡輒止，未嘗以馳騁自喜，此其横放超邁而不失為精純也耶？”（《文辨》三）在前代的作家中，王若虚最為推崇的便是蘇軾了，儘管金代中後葉党懷英、趙秉文等人認為文當以歐陽子為正，東坡雖出奇，而非文之正體，但是，王若虚認為，蘇軾的“奇”是出自胸臆的，並不是刻意為之，蘇軾在結構和立意上的創新來自於他高超的藝術手段和非凡的識見，在這方面，他認同了陳師道對揚雄之“奇”與“蘇軾”之“奇”的比較。“陳後山曰：“揚子雲之文好奇而卒不能奇，故思苦而辭艱。善為文者因事出奇，江河之行，順下而已，至其觸山赴谷、風搏物激，然後盡天下之變。子雲雖奇，故不能奇也。此論甚佳，可以為後學之法。”（《文辨》一）

“隨物賦形”、“因事出奇”，所達到的境界自然是文理氣脉的流暢貫通。但是在這方面，包括蘇軾在内的文章大家也常有阻斷文勢的疵病。王若虚就具體作品多有指出：

崔伯善嘗言：退之《送李愿序》“粉白黛緑”一節當删去，以為非大丈夫得志之急務。其論似高，然此自富貴者之常，存之何害？但病在太多，且過於浮艷耳。餘事皆畧言，而此獨説出如許情狀，何邪？蓋不惟為雅正之累，而其於文勢亦滞矣。（《文辨》二）

東坡《杞菊賦》云：“或糠核而瓠肥，或粱肉而墨瘦。”諸本皆同。近觀秘府所藏公手書此賦，無瓠、墨二字，固當勝也。東坡詩論其末云：“嗟夫！天下之人欲觀於詩，其必先知夫興之不可與比同，則詩之意可以意曉而無勞。”而其中又有云：

"嗟夫!天下之人欲觀於詩,其必先知比、興。"此十六字蓋重複也。不惟語言為贅,其於上下文理亦自間斷,此灼然可見。(《文辨》一)

而虛詞運用不當對文勢的阻滯無疑使得文章顯得冗弱不健。

據《桑榆雜錄》記載,歐陽修《醉翁亭記》一出,四方爭相傳誦。一次王安石和幕僚們閑坐,有學者認為《醉翁亭記》其中使用的"也"字太多了,王安石說:"以某觀之,尚欠一字也。"座中有范司户說:"'禽鳥知山林之樂而不知人之樂'必此處欠之。"王安石認為正中下懷。王若虛對這段材料表示了懷疑:"若如此說,不惟意斷,文亦不健矣。恐荊公無此言,誠使有之,亦戲云耳。"(《文辨》三)這種推斷是有道理的,王安石為文是最崇尚雄健峭刻的,說他給原本餘徐散漫的《醉翁亭記》再加一個助詞,的確令人懷疑。

三、語言論:繁簡得中、安妥愜當

論文者求其當否而已,繁省豈所計哉?(《文辨》一)

散文語言的繁簡問題也是王若虛《文辨》討論的一個核心的理論問題。學者一般認為散文語言越簡練越好。例如晉代張輔評司馬遷和班固的史書云:"遷叙三千年事止五十萬言,而固叙二百年事乃八十萬,繁省不同,優劣可知。"(《文辨》一)這裏簡單地將兩部史書跨越的時間和所用的字數對比一下就做出了優劣的判斷,自然過於武斷。王若虛對這種看法做出了分析和批評:"遷之所叙,雖號三千年,其所列者幾人、所載者幾事,寂寥殘缺,首尾不完,往往不能成傳。或止有其名氏,至秦漢乃始稍詳,此其獲疏略之譏者,而反以為優乎?"並嘲笑張輔的看法:"此兒童之見也。"

王若虛認為,文章語言的簡繁應該以表達意思的要求來評價,不應當簡單地厚此薄彼,他針對學界流傳甚廣的一個故事來表達自己的觀點。宋代中期的時候,古文運動開始勃興,但是取向各有不同。尹洙學習左氏春秋,以"簡而有法"為創作準則;而歐陽修則取法韓愈,着力在語言的散體化處用功。據宋人筆記記載,他們同在西京錢惟演幕府的時候,一次共同為錢惟演作《河南驛記》結果歐公用了五百字,而尹師魯(尹洙)僅用了三百八十餘字。歐公不服氣,於是重撰一記,比尹文還少十二字,而且完備有法度。這則材料常常被後世作為散文語言貴在簡練的例子,但是王若虛認為:"此特少年豪俊一時爭勝而然耳,若以文章正理論之,亦惟適其宜而已,豈專以是為貴哉?蓋簡而不已,其弊將至於儉陋而不足觀矣。"王若虛明確反對盲目求簡以至於損害文章内容表達的傾向。在王若虛看來,真正要删減的,是那些繁複的代詞和濫用的虛字。

洪邁《容齋隨筆》云:"石駘仲卒,有庶子六人。卜所以為後者,曰:'沐浴佩玉則兆。'五人者皆沐浴佩玉,石祁子曰:'孰有執親之喪而沐浴佩玉者乎?'不沐浴佩玉。此檀弓之文也。今之為文者不然,必曰沐浴佩玉則兆,五人者如之,祁子獨不可,曰:孰有執親之喪而若此者乎?似亦足以盡其事,然古意衰矣。"慵夫曰:"邁論固高,學者不可不知,然古今互有短長,亦當參取,使繁省輕重得其中,不必盡如此説也。沐浴佩玉,字實多兩處,夫文章惟求真是而已,須存古意,何為哉?"(《文辨》一)

洪邁謂:"《漢書·溝洫誌》載賈讓《治河策》云:河從河内,北至黎陽,為石堤激使東,抵東郡平岡;又為石堤使西北,抵黎陽觀下;又為石堤使東北,抵東郡津北;又為石堤使西北,抵魏郡昭陽;又為石堤激使東北,百餘里間,河再西三東。凡五用石堤,字而不為冗複,非後人筆墨畦徑所能到。"予謂此實冗複,安得不覺?然既欲詳見其事,不如此當如何道?蓋班氏之美不必言,是特邁過愛而妄為高論耳。(同上)

為了説明怎樣做到繁省得中,王若虛還親自捉刀對前人文章進行修改,例如揚子雲《解嘲》原文云:"為可為於可為之時則從,為不可為於不可為之時則凶"王若虛認為這不成義理。只説"為於可為之時、為於不可為之時”或云“可為而為之、不可為而為之”(《文辨》一),就可以了。

除了繁省要得中以外,王若虛還以嚴格的標準對前人文章中用語不當的地方進行了指摘,他所詬病最多的便是《史記》和《資治通鑒》,他認為:“文法之疏,莫遷若也。”在這方面較為推崇《左傳》和《漢書》,而對於諸如韓愈、歐陽修、蘇軾等人的經典文章,他也多能指點出其中的“不安”之處。他幾乎用了整整一卷的文字來指摘韓文的疏漏,對所激賞的宋文,包括歐、蘇等人的文章也多有批評。例如:“東坡《韓文公廟碑》云:‘其不眷戀於潮也審矣。’‘審’字當作‘必’,蓋必者料度之詞,審者證驗之語,差之毫釐而實若白、黑也。”這些批評十分細緻深刻。

在這方面的例證,包括用典的不當、稱謂的紊亂、過渡詞的欠缺以及各種極易被忽略的毛病,王若虛都能用苛刻的眼光指出,其中絕大部分評語是經得起後世的推敲的。在對前代文章的盲目推崇的傳統中,這的確是頗有警醒意義。

此外,王若虛的四卷《文辨》中還保存了他關於選本、校勘、作品本事評價等很多精彩的論述和獨到的發現。可以為學界參考取證。

王若虛的散文批評理論體現了一種客觀的懷疑精神和嚴謹的評價態度。既不尊古,也不厚今;既欣賞文體的突破創新,又抨擊過度的模擬和雕飾;既倡導刪減繁冗,又反對過於儉陋。自然真率、平易曉暢和精潔峻健是他的散文美學理想。

金代文學是在北宋文學的直接沾溉下發展起來的,它與南宋文學同源而異趨,由於地域和政權的因素,金代學者往往能夠有一個比較獨立的立場和眼光來審視作為漢族政權譜系下的文學發展,對很多宋人習焉而不察的錯誤有所發現,王若虛《文辨》正是這方面成就的傑出代表。

王若虛的散文觀念保存和發展了北宋歐、蘇等人重內容而輕雕飾、推崇創新、崇尚文理自然的傾向，指明了在衆多典範作品中正確的參照態度，其在大體上要求解放、細節上要求愜當的總體思路為宋文之後散文的突破指出了方向，可惜由於時代的原因，元、明以來的後學並未對其給與重視，現在看來，這些理論對我們認識古代散文的發展規律和藝術成就仍然具有重要的啓發意義。

作者單位：中國傳媒大學文學院

試論劉克莊的史學素養與其詩文中的詠史用典

侯體健

南宋理宗淳祐六年(1246)八月二十四日,晚宋著名文學家劉克莊以秘書少監職被任命兼國史院編修官,實錄院檢討官。就在此前一天(八月二十三),宋理宗當面贊譽他説:"朕知卿久著文名,且有史學,當盼錫第之命,兼任修纂之事。"①繼而在賜同進士出身御制中公開表彰他"文名久著,史學尤精"(《辭免賜同進士出身除秘少狀·一》,第327册,第280頁)。南宋史學極為發達,其間成就,衆所周知,毋庸贅言。② 劉克莊能在這樣的環境中被官方認可其史學修養,其精於史學的程度可想而知。細思之,這一認可的來源,頗顯特别。劉克莊在此前並未有任何史學著作,也未曾參與任何修史組織,卻獲得了宋理宗如此稱譽。最可能的解釋,即在其詩文創作中,表現出了深厚的史學根柢而為大家所注目,因為其詩文當時已在朝野廣為流佈了。事實確實如此,在劉克莊的詩文作品中,我們隨處可以看出他淵博的歷史知識、敏鋭的歷史感覺和獨到的歷史見解。史學的學術背景無疑對他的文學題材選擇與風格形成產生了多層面的影響。

---

① 劉克莊《錄聖語奏申狀》,曾棗莊、劉琳主編《全宋文》,上海:上海辭書出版社、合肥:安徽教育出版社,2006年版,第327册,第260頁。下文所引劉克莊文均據此版,隨文出注。

② 其具體情況只需參考新近出版的燕永成《南宋史學研究》(蘭州:甘肅人民出版社,2007年版)、羅炳良《南宋史學史》(北京:人民出版社,2008年版)二書即可概知。

在劉克莊文學創作中,史學素養留下痕跡最重者,至少有兩個方面值得强調:一是利用詩歌形式,表達史論觀點,突出表現在其衆多的詠史詩之中;二是利用熟稔歷史的優勢,自如驅使典故,或編排詩詞成語、或組織四六對仗、或引證古文論述,由此形成了其詩文獨特的用典特色。下面即以此二者分述之。

一、詠史組詩的深層透視

據統計,劉克莊的懷古詠史詩有300首左右[①],其表現形態主要為三種:一是以遊覽古跡名勝為主的感懷詩,如卷一《魏太武廟》、《張麗華墓》;二是以閱讀史書為主的讀史詩,如卷三七《讀嚴光傳二首》,卷三九《讀秦紀七絶》;三是以褒貶人物為主的雜詠詩,如卷四五《蔡奴》,卷四七《曹孟德》。此三者一般均可看作詠史作品,而本文要關注的乃在最後一種。其最具代表性者即《後村先生大全集》卷一四、卷一五的兩組《雜詠一百首》,計詩200首整。

這兩百首詠史詩,作於淳祐四年(1244),時劉克莊在江東提刑任上。《跋江咨龍注梅百詠》回憶説:"憶使江東時,作五言詠史絶句二百首,游丞相愛之,置書笈中,雖入省以自隨。書謂余曰:'每篇雖二十言,實一篇好論。宜令子弟注出處板行。'然余子弟竟未暇為。"(《全宋文》第330册,第66頁)從這則材料中,我們不僅可以推知其創作的大概時間,而且還可對這組作品當時的流傳走向有所了解。前文已言,劉克莊在淳祐六年被擢入史館前,並無任何史學論著,而這組作品顯然是他當時涉史詩文中最有力的作品。

① 關於劉克莊的詠史詩,王述堯已有簡單梳理,可參《劉克莊與南宋後期文學研究》第二章第二節。懷古、詠史詩有時很難區分,所以王述堯統計為320餘首(第52頁),而張小麗《宋代詠史詩研究》統計為273首(陝西師範大學博士論文,2006年,第41頁),蓋因各自標准不同,實難統一,故此處用約數。另,關於"詠史"與"懷古"的區别與聯繫,學界討論甚多,這裏不再贅述。我們下文要談論的詠史詩,主要指狹義的詠史,而不包括一般的懷古詩。

恰好,它們又被時為丞相的游似帶入首都,甚至"入省以自隨",理宗及皇宮大臣們是極有可能讀到此作的。由此大膽猜測,其史學盛名或許主要就是因這組作品的問世而獲得。

那麽,這組作品究竟具有怎樣的史學特質,而能借以直窺作者史家風範呢?為便論述,不妨先就其總體情況作一紹介。組詩以五言絶句出之,每首以人名為題,一詩論一人,十人為一組,每組之中又以時間為序,依次評論了二十組兩百位歷史人物,主要是正史中記載的真實人物,也雜有極少數文學作品中虛構的人物形象,如宋玉《登徒子好色賦》中的"東家女"。他的分組雖是以人為基礎,但其實質是以作品的中心議題歸類,而不在對象的主要身份。如李白歸在"十臣",因其著眼於李白與唐玄宗、楊貴妃的緊張關係;莊子歸在"十辯",乃特別在意於莊子的"誇大"、"形容",由此分别作:十臣、十子、十節、十隱、十儒、十勇、十仙、十釋、十婦、十妾;十豪、十辯、十智、十貪、十儉、十嬖、十醫、十卜、十稚、十女。因為分類出發點實為議題,所以標准並不統一,其中所謂"臣"、"子"、"婦"、"妾"、"女"等都在於人倫關係,議論的是"為人臣"、"為人子"、"為人婦"等歷史上的重要人物;而"節"、"勇"、"豪"、"辯"、"智"、"貪"、"儉"等則出乎個性品格;"隱"、"儒"、"仙"、"釋"、"醫"、"卜"又是社會身份。如此分類,不拘一格,其議題靈活而集中,不失為一種方法,是故謂之"雜詠"。另外,圍繞同一議題,其態度也並不一致,如同在"十臣",有得君而行道者,有失君而自潔者;同在"十智",有正面贊許歷史人物的智慧,也有反面歎息對象的不智。這樣,就使得組詩的議論方向具有變化性,而不死板。

從詠史詩本身的發展脈絡來看,自晚唐開始,已存在兩條平行的線索:一是帶有情感的詠史,實為抒懷的變異,這類作品的創作一般具有偶然性與隨意性;二是以理性的態度詠史,對人物事件進行評論,其特點常常是以組詩形態出現,具有系統性。[①] 像劉克莊《雜詠一百首》這類作品不帶個人情感,純以議論歷史人物為主要特徵的詠史之作,當以晚唐胡曾為開拓者,故而張政烺先生徑直說:"詠史詩始於胡曾,前無所承,與漢、魏人之詠史絕無關係。"[②] 張氏當然不可能不知道詠史詩始於班固,他的論斷自然是特指純然以評論歷史事件、歷史人物為主要內容,而不具詠懷性質的詩作。這類作品自晚唐之興,至南宋而大盛。張先生在掌握豐富材料後,論定它們"析而論之,約有兩種用塗:一用為訓蒙課本,二用為講史話本"[③],這當然是極具識見的。不過,劉克莊創作這兩百首詠史詩,其出發點似不在此二塗。

與胡曾開辟的新詠史詩傳統相較,劉克莊的這組作品有兩個特點值得重視。首先是形式上,這類詠史作品一般喜愛採用七言絕句,而劉克莊採用的卻是五言絕句,其容量較七絕少了八個字,創作難度也就增加許多,採用五絕詠史是組詩詠史中很少見的;其次是手法上,胡曾以來的詠史七絕,在藝術表達手法上幾成定式,以至於被斥為"輾轉模擬,程式相因,既無當於文藝,亦無裨於史學"[④],莫礪鋒也曾將其中套式歸納為如下四種:"如果無此原因……怎會有此結果"、"為何有如此之事"、"誰知會有如此之事"、"今日惟存景物,古人不復可見",並對這四種模式進行了藝術優缺點的分析。[⑤] 但劉克莊這組作品,雖於藝術上並不見特別成就,卻大體跳脫了這樣的程式,這是很難得的。

---

① 關於這兩個傳承系統的簡單梳理,可參莫礪鋒《論晚唐的詠史組詩》,載《唐宋詩論稿》,沈陽:遼海出版社,2001 年版,第 191—199 頁

② 張政烺《講史與詠史詩》,《張政烺文史論集》,北京:中華書局,2004 年版,第 165 頁。

③ 張政烺《講史與詠史詩》,《張政烺文史論集》,第 139—140 頁。

④ 張政烺《講史與詠史詩》,《張政烺文史論集》,第 154 頁。

⑤ 莫礪鋒《論晚唐的詠史組詩》,《唐宋詩論稿》,第 199—201 頁。

從這兩個特點觀察,幾乎可以說,劉克莊創作這組作品,是具有較濃厚的創新意識和深層意圖在的,而不在於提供訓蒙教材與講史話本——當然,這兩點用塗仍不排除,比如所謂“宜令子弟注出處板行”即是欲作訓蒙教材耳——也不在於有益於世教而已①。那麼,其深層意圖何在呢?我認為,它們之中所表現出的形式與內容的創新,背後隱藏的其實是創作思想的改易與史學積累的迸發。換言之,劉克莊的這組作品之所以能夠跳出程式,是源於他博洽的史才與精敏的史識。他試圖在簡短的二十字中,以極為凝練的語言和高度的概括力寫出自己對歷史人物獨到的評價。這一創作初衷,具有强烈的史論表達意識,是要“寓論於詩”,自然也就使得它們具有異乎尋常的史學品質。

更為確切地說,這兩組作品自覺地繼承胡曾以來的詠史傳統,而不是班固、左思以來的傳統,其著眼點就已在“為詠史而詠史”。它們是“以才學為詩”的極端表現形式,所要展示的並非詩歌本身的藝術美,而在於能夠在五絶有限的字數中,表達自己的史學見解。在這裏,劉克莊是用一種“玩魔方”的心態,挑戰自我的詩歌語言能力與歷史評斷功底。從文學角度來看,這組作品是詩歌語言對史學論斷的嘗試性征服;而從史學角度來説,則又是劉克莊史識、史斷的一次集中展現。它們不是感懷,毫無寄託,而是詩歌技巧與史學見解的一種碰撞,是二者相互滲透的結晶。

劉克莊認為,詠史詩成功的關鍵在於“意新”。他在《後村詩話》中評論前人詠史諸作,無不以意新與否作為評價標准。如論鄭清之《昭君詩》“意新而理長”②,論曾鞏《明妃曲》“諸家之所未發”

① 張煥玲認為這組作品乃“在有益於‘世教民彝’的創作宗旨指導下”而成,其結論尚須再斟酌。見《宋代詠史組詩考論》,陝西師範大學碩士論文,2008年,第23頁。

② 劉克莊《後村詩話》,北京:中華書局,1983年版,第35頁。下文所引均據此版,隨文出注。

(《後村詩話》第 53 頁),都是從立意角度評價。對於詠史之作,他並不在意詩歌語言是否流麗、氣格是否高古,而在構思是否巧妙、議論是否精警。這一觀點,費袞《梁谿漫志》有集中表述:

> 詩人詠史最難,須要在作史者不到處别生眼目,正如斷案,不為胥吏所欺。一兩語中須能説出本情。使後人看之,便是一篇史贊。此非具眼者不能。自唐以來,本朝詩人最工為之。"①

劉克莊在兩組《雜詠一百首》中所追求的,就是這種"一兩語中説出本情"、"一篇史贊"的效果。同時,他認為意新並不意味著要刻意求奇,而是要在符合史實的基礎上發表議論且切中肯綮,這就要求作者必須熟悉歷史材料,並具有一定的史識,而不只是作為一個"風人"隨便發幾句新鮮的感慨而已。他曾評價方寔孫的詠史詩説:"余謂君尚論古人,不必求奇,但以此篇意義為准的,雖不中,不遠矣。然前輩詠史皆簡切可諷味,今累百言,押十韻,失之繁,斵而小之乃善。"(《跋方寔孫詠史詩》,《全宋文》第 329 册,第 225 頁)這位方寔孫並非一般的詩友後生,而是一位專注歷史的學者,後亦曾應邀入史館,並著有《史斷》一書(《跋方寔孫經史説》,《全宋文》第 329 册,第 404 頁)。在此,劉克莊的評人之語,實質上也是自己所追求的目標,他要求詠史詩在意新的同時"簡切可諷味",其實是對詠史之作在史識的要求之外,又强調了詩歌語言的凝練,這或許也是他採用五絶而不用七絶的原因吧。

在"意新"、"簡切可諷"之外,對於以人物為題的詠史詩,劉克莊還强調另一個重要特點,即"當人可用"。他在《後村詩話・後集》中曾就賈島的兩首哀挽詩提了看法,其云:

> 賈島《哭孟郊》云:"家近登山道,詩隨過海船。"此為郊寫真也。及《哭張籍》云:"即日是前古,何人耕此墳。"施之他人

① 費袞《梁谿漫志》卷七,上海:上海古籍出版社,1985 年版,第 75 頁。

皆可,何必籍也?籍盡有可説,今八句無一字著題,良不可曉。(《後村詩話》第42頁)

哀挽詩許多時候也就是詠人,只是對象為自己相識的人,而非歷史人物。在這一點上,哀挽詩與純人物性詠史詩,是具有相通之處的。劉克莊認為賈島《哭張籍》所詠"施之他人皆可"而"無一字著題",這顯然是詠人大忌。何焯《義門讀書記》曾云:"詠史者不過美其事而詠歎之,檃栝本傳,不加藻飾,此正體也。"[①]所謂"檃栝本傳",就是要將對象的史載相關事跡在充分了解的基礎上,提煉出關鍵性特點,進行概括。何氏此語實道出劉克莊雖未明言,卻一直實踐著的詠史詩創作原則,也是《雜詠一百首》的創作指導思想,即要求作品不能只是泛泛而論,應能抓住人物的特質進行論斷。如組詩"十臣"之《劉蕡》:"貂璫竊大柄,韋布獻孤忠。榜出惟風漢,無名在選中。"二十字已將劉蕡的氣節與遭遇概括無遺。劉蕡因一篇試策揭露宦官弊政而得罪當權,文辭出色,卻榜中無名,是為可歎。劉克莊只用"孤忠"一詞,就表明了他的態度與劉蕡的品格,真可當"簡切"二字,又恰可以"檃栝本傳,不加藻飾"移評。當然,所謂"風漢"(即瘋漢),並不載於新舊《唐書》劉蕡本傳,而見於佚名的《玉泉子》一書。這又可見劉克莊取材範圍之廣,並不是僅僅照著一篇"本傳"專意琢磨出來的,而是史學積累的自然流露。

簡言之,劉克莊的兩組《雜詠一百首》就是將史論的內容表達貫徹於詩歌的形式要求之中,其優點是儘力圖新、言辭簡切。正如前文所言,由於有充沛的史學學養支持,所以他能在一定程度上突破胡曾以來此類詠史詩的局限,並對之進行改創。是故,陸文圭曾稱贊這組作品説:"後潛夫自作'十臣'、'十佞'等五言百首,句簡而括,意深而確,前無此體,視胡曾《詠史》直可唾去。"[②]雖有過譽之

① 何焯《義門讀書記》卷四六,北京:中華書局,1987年版,第893頁

② 陸文圭《跋蔣民瞻詠史詩》,《牆東類稿》卷九,文淵閣《四庫全書》本。

嫌,卻也説明劉克莊在這一體詠史詩上的努力是有所成就的。

毋庸諱言,這組作品的缺點也很明顯。清人沈德潛在《説詩晬語》中議論歷代詠史詩時説:"後人粘著一事,明白斷案,此史論也,非詩格也,至胡曾絶句百篇,尤為墮入惡道。"①對胡曾以來的詠史傳統,直接斷為"史論"而非"詩格",觀點雖顯偏激,卻説出了一個重要事實。史論意識强行貫注於詩歌形式之中,多少會對詩歌藝術本身所追求的言辭之美有所損傷,所謂"雖著議論,無雋永之味,又似史贊一派,俱非詩也"②。劉克莊的雜詠詩雖已儘力於"可諷味"的追求,卻仍擺脱不了"無雋永之味"的現實。某些作品不僅質木無文,而且在構思上也並不成功,已是純然一篇有韻史贊而已了。

總之,不管是這組詩歌所取得的成績,還是存在的缺失,其本質都是濃厚的史學意識滲透文學所導致的。作為一個飽讀史書且具有獨立史學見解的學者,同時又作為一個深刻認識到詩歌語言獨特性的詩人,劉克莊花較大精力專意於五言詠史組詩的創作,既是對詩歌語言包藴能力的一種拓展與測試,也是對自我史斷能力的全面審視與檢驗。應該説,深厚的史學背景與强烈的表達興趣,是促成劉克莊創作這組作品的先決條件與内在動因,沒有他個人對歷史的感悟,就不會有這樣集中的詠史組詩出現。在晚年,劉克莊曾將多首被剔除過的此類詠史少作納入詩集之中③,這一舉動或許意味著他對這類作品意義與價值的再發現,也似乎象徵著他對史學與詩學碰撞結晶的備加珍惜。

---

① 沈德潛《説詩晬語》卷下,北京:人民文學出版社,1979 年版,第 244 頁。

② 袁枚《隨園詩話》卷二,北京:人民文學出版社,1982 年版,第 58 頁。

③ 詩集卷四七所收《曹孟德》、《孫伯符》、《劉玄德》諸詩均標明為"少作"。

二、使事用典與詩文風格

以今日文學樣式觀之,劉克莊的文學創作主要有詩、詞、賦、四六、古文五類,五者各有成就,也各有不同的審美追求,這是毫無疑問的。但是,在劉克莊筆下此五者在用筆趣味上卻有一個十分突出的共同點,即都充滿故實,都有非常明顯的使事用典痕跡。這可以說恰是劉克莊深厚的史學修養所鑄就的詩、詞、文趣味趨同。

詩文的使事用典,是中國古典文學極具特色的傳統,其發展歷史悠久,美學效果顯著,對中國古典詩文言少意多、淵雅含蓄的群體風格產生了重要影響。自漢魏以來,使事用典即備受文人青睞,特別是到了宋代,在普遍的人文旨趣與書卷精神影響下,這一傳統得到了空前的弘揚。其時詩中的蘇黄、詞中的蘇辛,無不是用典高手,幾可謂登峰造極。至於古文中史實的引證排比、四六中典故的雕琢融化,其所擅用者,亦是比比皆是。劉克莊在其詩文中大掉書袋,用典的水平雖然趕不上蘇黄、蘇辛,卻也是宋代文壇中驅使典故的高手,絶非一般文士可比,這顯然得益於其史學知識的豐富儲備。概括來説,閎洽的史才帶來了其詩文使事用典的四個主要特點,即廣、僻、密、切。

所謂"廣",主要有兩層含義,一是典故來源廣,經史子集自不必説,就史書一項也包括正史、雜史、傳説、筆記等各類典籍。如《冬夜讀幾案間雜書得六言二十首》之六曰:"舉世盡兄孔方,無人敢卿五郎。客喜大夫糞苦,奴誇太尉足香。"[①]總共纔四句,卻句句有典。第一句語出魯褒《錢神論》,第二句出《新唐書·宋璟傳》,第三句又用《舊唐書·酷吏傳》郭霸事,第四句出蘇軾《仇池筆記》,正史與筆記交用。二是使用文體廣,詩、詞、文、賦、四六各體均用也

① 北京大學古文獻研究所《全宋詩》,北京:北京大學出版社,1998年版,第36459頁。下文所引均據此版,隨文出注。

不必説,就詩之一項,他在不適合用典的五律中,也常常編排典實於其中,以致於獲得了"飽滿四靈,用事冗塞"[①]的惡評。如卷一八《林貢士哀詩》:"秋賦空高薦,春官輒報聞。坡公遺李廌,郃輩愧劉蕡。鐵硯三升墨,銀袍四尺墳。自言陰騭遠,鶴表會干雲。"(《全宋詩》第 36381 頁)事典、語典充斥五律之中,雖然用得尚不太生澀,卻已盡失五律清麗傳統。

與之相應,由於用典範圍廣,也就帶來了用典之"僻"。所謂僻典,至少包括三種情況:一是正統經史之中常人較少涉及的一些細節、故實;二是儒家經史之外的典故,如佛道典藏、説部書籍之中的故事等;三是多數本朝故事,它們尚未成為經典,流傳時間較短,接受範圍比較有限,所以也可算"僻典"一類。本來詩文用典是要講究生熟相佐的,不能一味用陳詞濫調,也不可太過生澀,二者相濟纔能既有"陌生化"帶來的審美快感,又不至於太妨礙讀者的閱讀接受。劉克莊在詩文中屢用僻典,這僅從詩歌中常常出現的"自注"即可看出。如卷七《即事四首》"野人只識羹芹美,相國安知食筍甘"(《全宋詩》第 36243 頁),自注:"富鄭公事。"此事出《邵氏聞見前錄》卷一八,為本朝故事;卷三六《食早荔七首》"帝憫此翁顔色老,即家除拜荔支仙"(《全宋詩》第 36601 頁),自注:"《列仙傳》有荔支仙人。"出自經史之外的傳奇子書;卷四五《衛生一首》"寄聲禽大休輕出,莫向荒山點水濱"(《全宋詩》第 36705 頁),自注:"出東坡《艾子》。"典源不僅是雜記,還是本朝雜記;卷四六《先識一首》"蚊蝱縱使皆成佛,雞犬何修得上天"(《全宋詩》第 36723 頁),自注:"出《圓覺》。"即是用佛經故事。如此等等,俯仰皆是。其所未注明者,又倍勝於此。屢用僻典,主要是一種特殊審美趣味的驅使,同時又是其史學知識富贍的表現。

① 方回選評、李慶甲集評校點《瀛奎律髓匯評》卷四二,上海:上海古籍出版社,2005 年版,第 1501 頁。

廣、僻之外,典故排列密集也是劉克莊博洽的史才帶來的詩文用典特點。典故之密,可能造成兩種相反的審美效果,用得恰到好處可讓人應接不暇,精彩紛呈;用得不好,則讓句子變得晦澀、窅杳。劉克莊的詩詞之中,密集用典的成功案例不少,失敗的例子也很多,但總體來説,這樣的鋪排多少有點難以融化的味道,並未得到後世的肯定。如《漢宫春·陳尚書生日》:

公似寒梅,向層冰積雪,越樣清奇。仙溪前輩相望,可比方誰。百篇剴切,似君謨、又似當時。更正簡,相君頗面,崇清老子龐眉。　未可卷懷袖手,續平泉莊記,綠野堂詩。苦言譬如食欖,回味方思。嗣皇訪落,怪鶴書、直恁來遲。煩借問,二童一馬,幾時入尉瞻儀。(《後村詞箋注》第232頁)

該詞為賀壽之作,起句清麗,上片後半段以問句"可比方誰"領起,連列四個興化名人相比,即蔡襄(君謨)、陳次升(當時)、葉顒(正簡)、陳讜(崇清)。下片再以李德裕、裴度、司馬光等人的事典、語典交相鋪排。此詞用典既僻又密,特别是上片,雖就贈賀對象而言,疊用本朝本地典故極為貼切,但就一般閱讀效果來説並不佳。另如卷四六《雜詠一首》:"晴是羲和喜,陰是嫦娥妒。暖是青帝來,涼是赤熛去。災是旄頭出,祥是奎星聚。雷是阿香嗔,濤是靈胥怒。"(《全宋詩》第36724頁)直以代名詞排列,一句一典,也並不成功,或許只是劉克莊對詩歌語言慣用模式的故意"挑釁"。另外,竊以為錢鍾書《宋詩選注》裏説劉克莊"事先把搜集的典故成語分門别類做好了些對偶,題目一到手就馬上拼湊成篇",[1]主要也是針對這樣一種過於密集排比事偶的情況而論,密集而不化,是為堆砌。

如果説以上三點之中,更多的是充盈的史料儲備貫注文學而帶來的消極影響,那麽其積極影響則表現為用典的"切"。典故的使用,要達到其所追求的審美效果,並不在多少與疏密,只要能切當,就各得好處。這自然是文人們所深知的,但並不容易達到。因為"切"其實要建立在"廣"之上,優裕的學養纔是達到用典貼切的重要基礎。由於劉克莊熟悉史料,所以他總是能夠找到最佳的故實剪裁運用,貼切地喻今事於古事之中,最為成功地發揮典故作為凝煉藝術符號的功用。劉克莊詩歌用典之切,韋居安《梅磵詩話》曾有所評析,他對劉克莊《即事》"辛苦謀身無甕算,殷勤娱耳有瓶笙"、《七十四吟》"生慚族老封高尚,死慕先賢謚醉吟"、《觀元祐黨籍碑》"稍寬末後因奎宿,暫僕中間為彗星"三聯詩句,進行了詳細解讀,認為其用典"尤的"[①],結論是真實可信的。

在駢文與古文的寫作中,劉克莊也善於用典。不必另尋它例,我們僅以上海圖書館藏楊廉所評劉克莊文拈出一二即可窺知[②]。如《謝宣召入院表》云:

> 始雖忤旨而弗容,終乃棄瑕而復用。修除翰苑在環滁出守之餘,軾侍禁廷亦赤壁歸來之後。豈非加歲月則其文老,經憂患則其慮長。遂居邃嚴,以備顧問。(《全宋文》第327册,第222頁)

這裏運用歐陽修與蘇軾之事,不僅能緊扣題目,而且引事既是闡述前一句"始雖忤旨而弗容,終乃棄瑕而復用"之意,又恰引出"加歲月則其文老,經憂患則其慮長"之歎,渾然一體,十分切當。故而楊廉評云:"引用甚切,雖本朝人亦何害為故事哉?名言,名言。"

又如《福清院創大參陳公生祠記》一段:

> 公之建是言也,非私其邑之人也,儒者家法然也。齊設衡麓舟鮫之官,以籠山海藪澤之利,姑尤聊攝之人群起而詛;尹鐸為邑,減其户租,晉陽之人卒懷其惠。衆之為是祠也,非私

① 韋居安《梅磵詩話》卷中、卷下,宛委别藏本。景紅錄《劉克莊詩歌研究》(上海:上海古籍出版社,2007年版,第204—206頁)對此三則材料已有所説明,故此處從略。

② 下文所引楊廉評語均參侯體健《劉克莊的文學世界——晚宋文學生態的一種考察》(復旦大學,2010年博士論文)附錄三《上海圖書館藏明楊廉評點劉克莊文全錄》。

公之賜也,民之秉彝然也。(《全宋文》第330册,第233頁)

此文叙述陳貴誼為福清免賦之請,而受到了福清民衆的擁戴,並為之創生祠。劉克莊認為陳的行為是"儒者家法然也",而民衆為祠,則是"民之秉彝然也"。中間以"齊設衡麓舟鮫之官"為反例,"尹鐸為邑"為正例,恰到好處地對論點進行了闡述,所以楊廉評其"引證得是"。在評點《陳孺人墓志銘》時,楊廉又云:"後村墓文,叙事之外引證古事,篇篇如此,此皆筆力思致有餘,所謂賈予餘勇者也。視韓、柳、歐、蘇,青出於藍,後人亦難乎措手矣。"這也是對其善於貼切用事而達到的古文藝術水平所表示的肯定。

毫無疑問,正是劉克莊深厚的史學功底,纔能讓他在詩文創作中驅使典故如信手拈來且左右逢源。倘若沒有對史料的爛熟於心,而僅是在類書中徘徊尋覓,顯然是不可能有此表現的。詩文用典的貼切,同時帶來了用典之"奇"。楊廉在評點劉克莊《題丘攀桂月林圖》"夫題品泉石,模寫景物,惟實故切,惟切故奇"之句時云:"'惟切故奇',此後村詩法也。"可謂慧眼獨具。所謂"奇",當然可以理解為其用典精切而帶來的出人意料的效果。劉克莊在詩歌中追求"的對",其實就是"惟切故奇"的一種表現。我在分析他的六言詩"事偶尤精"[1]時,曾舉一例云:

> 如卷四八《又六言二首》:"驪女逐金玦子,玉環養錦繃兒。"從用事内容來看,出句用春秋時晉太子申生被驪姬所逐事,對句用明皇時楊貴妃通安祿山事,兩事都與其時所認為的"紅顔禍水"相關。而從語言對偶來看,人名對人名、動詞對動詞、代稱對代稱自不必説,單一個字一個字看來都是對得工整的,"驪"本為姓氏,然此字時有通"麗"字用,這就給讀者直觀上有富貴華麗的感覺了;而對句用"玉"字,也是高貴的物品。再,"金"對"錦"一為修飾金屬之貴者,一為修飾布匹之貴者。

① 葉寘《愛日齋叢鈔》卷三云:"今後村集中多六言,事偶尤精,近代詩家所難也。"

> 又“玦”對“綳”金屬對布匹也不必說,“玦”有訣別的內涵,“綳”則有綁在一起的意思,兩者在這點上也相對。“金玦子”與“錦綳兒”都是指代性的名詞,其中事相對、字相對,千挑萬選也不一定有這麼相配的名詞對,而劉克莊則信手拈來,天然自成,難得之極。①

這種例子在劉克莊的詩文中,特别是晚年詩作中,是比較多的。他所謂的“的對”,絶不是一般性的對偶工整,而是在用典精切基礎上的巧對,因切而求奇。在《後村詩話》中,他説自己十分喜歡杜牧的《憶李給事》詩,理由則是“妙於用事,緱、犬借對尤工”(《後村詩話》,第46頁)。他又於其間極力搜羅陸游文集中的工切對偶,並云“古人好對偶,被放翁用盡”,評之為“記問足以貫通,力量足以驅使,才思足以發越,氣魄足以陵暴”(《後村詩話》,第30－31頁)。同時,他還指出“放翁,學力也”(《後村詩話》,第33頁)意即陸游詩歌能夠有所成就,或者更為坐實地説,能夠做出如此工切之對,乃在其學力耳。這無疑也是他自己的努力方向。

在《後村詩話》中,劉克莊不僅對陸游的對仗功夫佩服之至,而且對李壁詩歌中的“的對”現象也特别拈出評議(見《後村詩話》第130頁)。此二人都是極具史學功底者,都曾入館修史,他們的史學知識無疑極為豐富,又都是兼史學與詩學於一身的文人。這應該不是巧合而已,恰可從一個側面看出史學修養與用典的切之間的微妙關係。

關於劉克莊詩文的使事用典,我們其實還可以進行更詳盡的評述。比如,就用事方法來看,陳繹曾《文章歐冶・漢賦譜》總結了十三種,胡應麟《詩藪》則僅從杜詩“人名用事”就列出了八類。不管是十三種還是八種,我們全部都能從劉克莊的詩文中找到精彩

① 侯體健《劉克莊六言詩初探》,《中國詩學》第11輯,北京:人民文學出版社,2006年版,第157頁。

的例子加以闡發,説它們"鍛煉精奇,含蓄深遠"[①]亦不為過。而用典方法的千變萬化,實際上也是建立在對史料的熟悉基礎上,依然脱離不了劉克莊深厚的史學背景。為避瑣碎,這裏就不展開了。

總之,在劉克莊的詩文之中,使事用典成為其重要特點。僅詩歌而言,我們曾在分析他的唱和詩後,認為劉克莊晚年已回歸元祐詩風。而這在用事上,同樣表現得極為明顯,他的晚年詩作可謂變本加厲地發揮了元祐——江西一脈"以才學為詩"的特色。這裏所謂"才學",史學在其中佔據了主要内容,在這個意義上來説,劉克莊的史學背景的確影響了其詩文風格的形成,而他在詩文之中故意展示事偶也帶來了作品的繁冗、枯澀甚至呆滯等缺點。錢鍾書説"清代詩人像趙翼等的風格,常使讀者想起《後村居士詩集》來"[②],這並不是巧合,恰在於二人都是兼具史家身份的文學家,詩作都有史學滲透文學的痕跡在。不過,劉克莊詩文中廣、僻、密、切的用典表現,與其説是因創作需要而特加搜羅的,毋寧説是其史學積累、學問充積的必然結果,是史學修養在文學創作中的自然呈現。

作者單位:復旦大學中文系

① 胡應麟評杜甫用人名事語。見《詩藪》,上海:上海古籍出版社,1979年版,第65頁。

② 錢鍾書《宋詩選注》,北京:人民文學出版社,1997年版,第250頁。

女神背影與末世樂園

——論夢窗詞的神話書寫

(臺灣)李文鈺

前　言

南宋吳夢窗是如謎一般的詞人。相對於所留下使其堪稱"卓然南宋一大宗"①為數不少的詞作②,其生平相關記載卻十分少見。史書無傳,方志、筆記雜説亦僅寥寥數語③,學者或據其詞及詞序所透露的蛛絲馬跡,嘗試勾勒其事跡行蹤,然對於生平重要問題如生卒年、愛情婚姻,及何以與兄弟不同姓氏④,又何以不事科舉布衣以終等,雖作詳盡考據或提出解釋,但依然未有定論,部分説法甚至捕風捉影,事實根據極其薄弱⑤。

與詞人朦朧難解的身世生平對應的,是其"隱辭幽思,陳喻多

① 紀昀《四庫全書總目》卷一九九《夢窗稿四卷補遺一卷提要》。馬志嘉、章心綽編《吳文英資料彙編》(北京:中華書局,2006年4月),第33頁。

② 夢窗存詞約三百四十首,於兩宋詞人中僅次於辛棄疾(六百二十九首)、蘇軾(三百六十二首)及劉辰翁(三百五十四首)。

③ 夢窗乃四明人,《鄞縣志》本傳僅稱其:"字君特,號夢窗。"又周密《浩然齋雅談》卷下:"翁元龍,字時可,號處靜。與吳君特為親伯仲。"《吳文英資料彙編》,第2頁。

④ 參前注。

⑤ 參錢鴻瑛《夢窗詞研究》(上海:上海古籍出版社,2005年4月)第一章《朦朧的生平》。又關於夢窗情事,至今幾乎蔚為成説的蘇妾、杭妾、楚妓等,事實上並無確據,參吳蓓《夢窗詞彙校箋釋集評》(杭州:浙江古籍出版社,2007年9月)前言。

岐"的詞作①。自宋代以來風格獨特的夢窗詞即有兩極評價②,或謂其晦澀難解、凌亂破碎,堆砌麗藻而少情韻③,或謂其"立意高,取徑遠"④、"藻采組織而神韻流轉,旨趣永長"⑤。然值得注意的是,無論褒貶抑揚,歷來詞評家對夢窗詞的特色每以"奇"、"險"、"幽"、"幻"、"神"、"靈"等字喻之,如所謂"奇麗而不免於晦"⑥、"奇思壯采,騰天潛淵"⑦、"險麗而無刻痕"⑧、"運意深遠,用筆幽邃"⑨、"以空靈奇幻之筆,運沉博絶麗之才"⑩、"神味宛然,自然流出"⑪、"極煙雲變幻之奇"⑫、"時有靈氣往來"⑬,部分詞作甚至呈現"仙思

① 夏承燾《〈夢窗詞箋〉序》。《吳文英資料彙編》,第 210 頁。
② 如沈義父《樂府指迷》:"夢窗深得清真之妙,其失在用事下語太晦處,人不可曉。"張炎《詞源》:"夢窗……善於鍊字面,多於温庭筠、李長吉詩中來。"又云:"吳夢窗詞如七寶樓臺,眩人眼目,碎拆下來,不成片段。"《吳文英資料彙編》,第 5、6 頁。
③ 參前注。又王國維《人間詞話》:"夢窗之詞,吾得取其詞中一語以評之,曰:'映夢窗,凌亂碧。'"彭孫遹《金粟詞話》:"夢窗之詞,雖雕繢滿眼,然情致纏綿,微為不足。"《吳文英資料彙編》,第 161、20 頁。
④ 周濟《宋四家詞選》。《吳文英資料彙編》,第 43 頁。
⑤ 戈載《宋七家詞選》卷四。《吳文英資料彙編》,第 46 頁。
⑥ 王昶《國朝詞綜》卷二五引王小山語。《吳文英資料彙編》,第 35 頁。
⑦ 周濟《宋四家詞選》。《吳文英資料彙編》,第 42 頁。
⑧ 江順詒《詞學集成》卷六。《吳文英資料彙編》,第 54 頁。
⑨ 戈載《宋七家詞選》卷四。《吳文英資料彙編》,第 45 頁。
⑩ 王鵬運《〈夢窗甲乙丙丁稿〉跋》。《吳文英資料彙編》,第 74 頁。
⑪ 陳廷焯《詞則》卷三。案此評夢窗《倦尋芳》(暮帆挂雨)。《吳文英資料彙編》,第 84 頁。
⑫ 《詞則》卷三。此評夢窗《齊天樂》(凌朝一片陽臺影)。《吳文英資料彙編》,第 85 頁。
⑬ 《詞則》卷三。此評夢窗《絳都春》(情黏舞線)。《吳文英資料彙編》,第 85 頁。

鬼境"[①],誠所謂"神光離合"[②]而"遊思縹緲"[③]。雖然,夢窗詞中不無清疏明快甚至豪放雄渾之作[④],但靈氣縹緲,幽豔幻譎,時騁奇思逸想不露痕跡翻騰廣袤時空,出入虛實真幻,確實是夢窗"鎚幽鑿險,開逕自行"[⑤],足以使其在詞史上卓然成家的獨特風格。

然而,此種另類詞風究竟緣何形成?除了來自具有高度自覺與創作意識的詞人刻意經營琢磨[⑥],是否也與其天賦的思維或心靈特質有關?如學者所關注,夢窗詞突出的表現之一,在鍊字修辭透露强烈的感官印象,甚至出現不同感官經驗的混融[⑦],顯示夢窗精敏異常的感受力;此外,幻怪的意象、離奇的想像,以及"騰天潛

---

① 陳廷焯《白雨齋詞話》卷二。案此評夢窗《思佳客》(釵燕攏雲睡起時)、《蝶戀花》(北斗秋横雲髻影)、《醉落魄》(春温紅玉)等詞。《吴文英資料彙編》,第 80 頁。

② 俞陛雲《唐五代兩宋詞選釋》。案此評夢窗《風入松》(聽風聽雨過清明)結處"幽階一夜苔生"六字。《吴文英資料彙編》,第 117 頁。

③ 陳洵《海綃説詞》。案此評夢窗《解連環》(思和雲結)。《吴文英資料彙編》,第 141 頁。

④ 清疏明快如《唐多令》(何處合成愁)、《思佳客》(迷蝶無蹤曉夢沉),至於風格豪放者,如《金縷歌》(喬木生雲氣)、《沁園春》(情如之何)等屬之。

⑤ 鄭文焯《大鶴山人詞語附錄》。《吴文英資料彙編》,第 94 頁。

⑥ 沈義父《樂府指迷》曾載夢窗講論作詞之法云:"蓋音律欲其協,不協則成長短句之詩;下字欲其雅,不雅則近乎纏令之體;用字不可太露,露則直突而無深長之味;發意不可太高,高則狂怪而失柔婉之意。"《吴文英資料彙編》,第 5 頁。可見重音律、重煉字,追求深長柔婉的韻味風格,乃夢窗為詞主張,同時可見詞人具高度自覺的創作意識。又張祥齡《詞論》:"詞至白石,疏宕極矣。夢窗輩起,以密麗爭之。"《吴文英資料彙編》,第 76 頁。處於前賢輩出各顯風格的南宋之世,夢窗欲立足詞壇,自不得不别開生面,獨樹詞風,當今學者趙仁珪《論宋六家詞》(北京:北京師範大學出版社,2000 年 1 月)、周茜《詩與詞的異代交響——李賀、吴文英藝術風格比較》,《思想戰線》2007 年第 5 期,亦有此論述。

⑦ 參葉嘉瑩《拆碎七寶樓臺——談夢窗詞之現代觀》,氏著《迦陵論詞叢稿》(臺北:明文書局,1981 年 9 月)、柯繼紅《論李賀與吴文英的修辭》(北京師範大學中文所碩士論文,趙仁珪教授指導,2005 年 5 月),及趙仁珪、錢鴻瑛、周茜前揭書、文。

淵”,“空際轉身”[①],每側身一躍即飛離現實投身幻境,甚至虛實界限幾近泯然難分的脈絡,亦透露夢窗超逸飛躍不為理性羈絆的特殊思維[②]。類此感官精敏、想像飛躍、視幻如真的心靈特質,似與常人殊異而更近似神話時代的心靈。又如學者所指出,善用神話亦是夢窗詞特點[③],幾近半數詞作無論詠物寫景、時序感懷、唱和酬酢、抒情憶往,屢見神話意象點染其間,更增其詞幽思縹緲的韻致。以此可見夢窗特殊詞風的形成,無論在詞人天賦性情或書寫過程皆與神話有所關涉,神話與夢窗詞之深切影響,值得進一步探析。

本文嘗試從兩個層面作初步探討。首先,在神話思維的層次,透過詞作的分析比較,呈顯夢窗幻設離奇、靈思流轉的特殊詞風,以見其幾近消融物我、真幻、虛實之界域,與常人殊異而近於神話時代的心靈與思維。其次,在神話運用方面,據夢窗三百餘闋詞閱讀檢索可見,女神與樂園乃是最常見於夢窗詞的神話意象[④]。美麗誘人卻撲朔迷離,豐饒寧靜卻阻隔難至,是神話中女神與樂園意象所具的雙面特質,而夢窗如何運用、形塑女神意象,寄託其生命經驗或深刻情思?又如何借神話中的樂園意象構築其理想樂園,傳釋其境遇思索與內在追尋?將是本文討論之課題。

一、夢窗詞的神話思維

神話思維乃指原始時期,相對於現代理性思維之物我對立、虛

① 周濟《宋四家詞選》、《介存齋論詞雜著》引良卿之語。《吳文英資料彙編》,第42、44頁。

② 參葉嘉瑩、趙仁珪、周茜等前揭書、文。

③ 宋美瑩《夢窗詞研究》(臺灣大學中文系碩士論文,黃啟方先生指導,1989年5月)、田玉琪《徘徊於七寶樓臺——吳文英詞研究》(北京:中華書局,2004年8月)皆曾指出。

④ 參本文附表。

實分判的早期思維形式。處在遠比現代人更缺乏科技文明與理性意識保護的原始時代,面對自然,為求生存,人們必須盡其感官所能進行縝密觀察,而由於和自然綿密的依存關係,在觀察同時往往因物象的突出特徵或主觀感受的强烈,觸發種種情緒、想像或情感,隨即將此主觀印象直接投射、籠罩於客體對象①。原始神話中呈現的自然,常常並非客觀中立、無情無思的物理世界,而是衆神臨在、萬物有靈的戲劇世界,即是此種原始思維運作下的産物②。此外,神話思維的另一特徵便是界限的模糊,無論物我之間③,實在之物與主觀感受之間④,真實與幻想、現實與夢境之間,對原始

① 如列維-布留爾(Levy-Bruhl,Lucien)所説:"原始人……始終不會以澹泊和冷漠的形象的形式來想像這一客體,即使這時他是獨自一人而且完全寧靜的,在他的身上立即湧起了情感的浪潮……足可以使認識現象淹沒在包圍著他的情感中。""對原始人來説,純物理的現象是沒有的。流著的水、吹著的風、下著的雨,任何自然現象、聲音、顏色,從來就不像被我們感知的那樣被他們感知著。……在原始人那裏,這個知覺的産物立刻會被一些複雜的意識狀態包裹著。""例如懸崖和峭壁,因其位置和形狀使原始人感到驚懼,所以它們很容易由於憑空加上神秘屬性,而具有神聖的性質。"氏著,丁由譯《原始思維》(北京:商務印書館,1994 年 5 月),第 27、35、30 頁。

② 如卡西勒(Ernst Cassirer)所説:"神話的世界乃是一個戲劇般的世界——一個關於各種活動、人物、衝突力量的世界。在每一種自然現象中它都看見這些力量的衝突。神話的感知總是充滿了這些感情的質。它看見或感到的一切,都被某種特殊的氣氛所圍繞——歡樂或悲傷的氣氛、苦惱的氣氛,歡欣鼓舞或意氣消沉的氣氛,等等。"氏著,甘陽譯《人論》(臺北:桂冠圖書股份有限公司,1991 年 5 月)第七章《神話與宗教》,第 114 頁。

③ "原始人絶不缺乏把握事物的經驗區別的能力,但是在他關於自然與生命的概念中,所有這些區別都被一種更强烈的情感淹沒了。他深深地相信,有一種基本的、不可磨滅的生命一體化(solidarity of life)溝通了多種多樣形形色色的個別生命形式。"卡西勒(Ernst Cassirer)著,甘陽譯《人論》第七章《神話與宗教》,第 122 頁。

④ 杜威《經驗與自然》:"從經驗上來講,事物是痛苦的、悲慘的、美麗的、幽默的、安定的、煩擾的、舒適的、惱人的、貧乏的、粗魯的、慰藉的、壯麗的、可怕的。它們本身直接就是這樣。……這些特徵本身和顏色、聲音,以及在觸覺、嗅覺和味覺方面的性質顯然是站在同等地位上的。"《人論》第 116 頁引。可見客體所引起的主觀感受,對原始人而言,與它的外形所予人的感官印象同樣都是真實的,也都等同此客體本身。

人而言常是無法截然區分,“他們首先把夢看成是一種實在的知覺,這知覺是如此確實可靠,竟與清醒時的知覺一樣。……他們完全相信他們在夢裏見到的那一切的實在性。”[①]神話中屢見的人與物或物類之間的變形,所有角色無論神或物類其擬人色彩或個性情感皆十分鮮明,以及如夢境般時空跳蕩且界域模糊的情境,即此思維特徵的反映。

類此感官敏銳、感受强烈乃至將主觀印象等同實存客體、以夢境幻想為真實的神話思維,在人類歷史遠離神話時代之後依然存續[②],尤其在詩人身上最為鮮明[③]。“詩人和神話創作者看來確實生活在同一世界中,他們具有同樣的基本力量——擬人化的力量。他們觀照一個對象時非得給它一種内在的生命和擬人的形態。”[④]至於在“香草能愁,落花易怨”[⑤]的詞中,賦予自然景物特殊的生命、性格、情緒、情感、精神,更是詞人善用的表現手法,物我交感、萬象有情的神話思維在詞中處處可見,幾乎成為詞體重要特色[⑥],

---

① 列維-布留爾(Levy-Bruhl, Lucien)著,丁由譯《原始思維》(北京:商務印書館,1994年5月),第48頁。

② 如卡西勒所説:“我們可以輕而易舉地再現人類經驗的這種初級形式,因為即使在文明人的生活中它也絶沒有喪失它的原初力量。如果我們處在極端激動的情緒中時,我們就仍然具有對所有事物的這種戲劇性觀念:它們不再現出平常的面貌,而是突然地改變了它們的相貌,帶上了特殊的情感色彩——愛或恨,恐懼或希望。”卡西勒(Ernst Cassirer)著,甘陽譯《人論》(臺北:桂冠圖書股份有限公司,1991年5月)第七章《神話與宗教》,第114頁。

③ 普雷斯科特(F. C. Prescott)《詩歌與神話》:“詩人的心靈……在本質上仍然是神話時代的心靈。”《人論》,第111頁引。

④ 《人論》,第九章《藝術》,第225頁。

⑤ 吳錫麒《與董琴南論詞書》。陳良運《中國歷代詞學論著選》(南昌:百花洲文藝出版社,1998年8月),第509頁。

⑥ 參李文鈺《宋詞中的神話特質與運用》(臺北:臺灣大學出版中心,2006年12月)第二章《詞的神話特質》第二節《表象意蘊與神話色彩》。

並不獨見於善長感性修辭的夢窗詞中[①]。然而夢窗神話思維的表現，就其詞作看來，卻較其他詞人更為直接、明顯而深切，彷彿來自無意識的自然流露，而非刻意的比興運用。

就表現手法論之，多數詞人在理性意識影響下，仍多以暗示、比喻的擬人手法婉轉呈現物象的有情，如韋莊"柳外飛來雙羽玉，弄晴相對浴"（《謁金門》）、秦觀"自在飛花輕似夢，無邊絲雨細如愁"（《浣溪沙》）、清真"長條故惹行客，似牽衣待話，別情無極"（《六醜·薔薇謝後作》），但夢窗卻往往直接將其主觀情感投射、附著於物象之上，以至魚燕能愁、蜂蝶能倦、春雲能妒，種種情感强烈、個性鮮明的物象屢見詞中：

飛紅若到西湖底，攪翠瀾、總是愁魚。（《高陽臺·豐樂樓》）

散紅縷。漸紅濕杏泥，愁燕無語。（《掃花遊·西湖寒食》）

倦蜂剛著梨花、惹遊蕩。還作一段相思，冷波葉舞愁紅，送人雙槳。（《解蹀躞》）

倦蝶慵飛，故撲簪花破帽。酹殘照。掩重城、暮鐘不到。（《風流子·送春古江村》）

故人相遇。恨春太妒。濺行裙更惜，鳳鉤塵污。（《掃花遊·西湖寒食》）

問深宮，姮娥正在，妒雲第幾。（《永遇樂·乙巳中秋風雨》）

此外，夢窗觀物體物細膩入微，甚至別具靈視，彷彿觀物同時即刻就在具體實存的物象上，感受甚或想見一段抽象情思、片段故事或者一幕幕戲劇般的情境，從而神思飛躍，使詞中思緒脈絡常在

---

① 葉嘉瑩前揭文："此種將無情之物視為有情，無愁之物視為有愁之寫法……正是屬於此一類型的善感之詩人的特色。"第 156 頁。

虛實真幻之間流轉。舉其詞例,如自鄰舟傳來的香氣,立即想見如雲縹緲乘風翻飛的巫山神女:

畫船簾密不藏香,飛作楚雲狂。(《風入松·鄰舟妙香》)

或從眼前亭亭玉立的古松,直接想見獨立山巔的山鬼:

有人獨立空山,翠髯未覺霜顏老。(《水龍吟·賦張斗墅家古松五粒》)

又從雲氣繚繞、水聲迴蕩的山水,想見女神凌風飛翔的身影、深鎖的愁眉:

神女駕,凌曉風。明月佩,響丁東。對兩蛾猶鎖,怨綠煙中。(《滿江紅·澱山湖》)

乃至從半面女髑髏想見在朝暮生死、多情忘情間,任情自在、飄逸來去的女子:

釵燕攏雲睡起時。隔牆折得杏花枝。青春半面妝如畫,細雨三更花又飛。　輕愛別,舊相知。斷腸青冢幾斜暉。斷紅一任風吹起,結習空時不點衣。(《思佳客·賦半面女髑髏》)

相較於他人面對半面女骷髏所引生"色即是空"的理性感悟①,夢窗觸發的卻是一場由實入幻的想像,以及情感之永恆性的思索。詞中所敘女子晨間甦醒,攏髮簪花弄妝自賞的嬌憨情態,及雨夜花飛、青冢憑弔、生離死別的哀傷,至結習已盡、情緣斷滅、花不點衣的灑脱,讀來栩栩如生,如在目前,然在"半面女髑髏"的點題下,一切動人身影、青春彩妝、青冢斜暉及花不沾衣的忘情境界,竟皆是

① 如東坡《髑髏贊》:"黄沙枯髑髏,本是桃李面。而今不忍看,當時恨不見。業風相鼓轉,巧色美倩盼。無師無眼禪,看便成一片。"南宋徑山宗杲禪師《半面女髑髏贊》:"十分春色,誰人不愛。視此三分,可以為戒。"皆從色相設想,而夢窗卻從情的角度感慨思索,可見其觀物感物的眼光思維常與人不同。參謝桃坊《〈思佳客·賦半面女髑髏〉鑒賞》,《唐宋詞鑒賞辭典·南宋遼金卷》(上海:上海辭書出版社,2001 年 4 月),第 2046 頁。

詞人主觀想像的幻境，詞中所叙原是一段未曾存在的虛擬情事。

夢窗體物深至、想像飛躍，乃至以幻為真、將虛作實的思維特質，透過完整詞作比較，尤能進一步體現：

笑豔秋蓮生綠浦。紅臉青腰，舊識凌波女。照影弄妝嬌欲語。西風豈是繁華主。　可恨良辰天不與。纔過斜陽，又值黄昏雨。朝落暮開空自許。更無人解知心苦。（晏幾道《蝶戀花》）

鬧紅一舸，記來時嘗與，鴛鴦為侶。三十六陂人未到，水珮風裳無數。翠葉吹涼，玉容銷酒，更灑菰蒲雨。嫣然搖動，冷香飛上詩句。　日暮青蓋亭亭，情人不見，爭忍凌波去。只恐舞衣寒易落，愁入西風南浦。高柳垂陰，老魚吹浪，留我花間住。田田多少，幾回沙際歸路。（姜夔《念奴嬌》）[①]

藻國淒迷，麴瀾澄映，怨入粉煙藍霧。香籠麝水，膩漲紅波，一鏡萬妝爭妒。湘女歸魂，佩環玉冷無聲，凝情誰訴。又江空月墮，凌波塵起，彩鴛愁舞。　還暗憶、鈿合蘭橈，絲牽瓊腕，見的更憐心苦。玲瓏翠屋，輕薄冰綃，穩稱錦雲留住。生怕哀蟬，暗驚秋被紅衰，啼珠零露。能西風老盡，羞趁東風嫁與。（吴文英《過秦樓・芙蓉》）

三詞皆以蓮為描寫對象，寫其綻放與凋零，並運用洛神"凌波微步，羅襪生塵"[②]典故，同時亦皆刻畫蓮花蓮葉的色彩形貌及動人神韻。然其間差異在於小山詞明白揭示秋蓮是所詠對象，雖亦賦予紅臉青腰、巧笑欲語及生不逢辰、孤芳自賞等擬人神態與内心情感，其中鮮豔色彩、由花及人的想像以及戲劇般的情境，顯示小

① 此詞序云："予客武陵，湖北憲治在焉。古城重水，喬木參天，予與二三友日蕩舟其間，薄荷花而飲，意象幽閒，不類人境。秋水且涸，荷葉出地尋丈，因列坐其下，上不見日，清風徐來，綠雲自動，間於疏處窺見遊人畫船，亦一樂也。朅來吴興，數得相羊荷花中，又夜泛西湖，光景奇絶，故以此句寫之。"

② 曹植《洛神賦》。趙幼文《曹植集校注》（臺北：明文書局，1985 年 4 月），第 283 頁。

山面對外物時仍具敏感觀物以及"想像它們能感覺,或把它們與某種情感相連,它們整個地嵌入於一個活躍的靈魂中"[①]的神話心靈;但書寫客體的明顯標舉,物象特徵描繪的相對寫實,以及從花開至花落,情思變化亦與之相應的脈絡,顯示詞人以我觀物,借物抒懷,有意識的將個人性格與境遇思索置入描寫客體,偏於理性的書寫立場仍較鮮明。

白石詞據詞序可知是記蓮塘之遊,詞中並未有蓮字出現,然對蓮的刻畫與所賦予的生命力則更為傳神。不僅以"玉容銷酒"如此擬人手法傳釋花色之紅豔醉人,其嫣然搖動的姿態與隨風傳送的冷香,更是與人交感,觸發詩興。而最後在暮色蓮葉間亭亭佇立不忍離去的花影,依稀疊合了洛神甚至蘇小小等他界女性身影[②],彷彿在詞人眼中蓮塘已不再是尋常風景,而是徘徊著深情靈魂的戲劇般情境。詞中展現了白石與描寫對象之間情思交感互動綿密的過程,隨著感官的接觸、感覺的衝擊與想像的飛躍,詞人偶然間神思飛揚,別具靈視,也使蓮幾乎蛻去了花的外在形象,唯見美人女神的動人神韻與哀愁,透露詞人"猝為外物感觸"[③],彷彿剎那間神髓相契,體現了外物獨具風貌與內在生命的神話心靈。然在花與人交替雙寫的詞中,人與物、想像與現實的界線依然分明,而詞人最後亦回歸實境,未如夢窗詞中花與人、真與幻的界線幾乎消失,模糊難辨。

夢窗詞首先予人辭藻奇麗卻迷離難解的印象,若非"芙蓉"二字點題,乍讀之下確實難知詞人所寫何物。然詞人其實觀物精微,

① 華茲華斯《序曲》(Prelude)第三節。卡西勒(Ernst Cassirer)著,甘陽譯《人論》第七章《神話與宗教》,第226頁引。

② 詞中"水佩風裳無數",當化用李賀《蘇小小歌》"風為裳,水為佩"一句,詩中蘇小小是等待情人到來然失望落空的鬼魅幽魂。

③ 元好問《新軒樂府引》。陳良運《中國歷代詞學論著選》,第227頁。

體物細膩,全詞亦脈絡井然,“一氣流貫”①。詞一起始,鏡頭即緩緩自水藻交纏的水中,波瀾微動的水面,直至一片水氣氤氲、花葉朦朧,自深而淺、由裏而外帶出蓮塘景象,而“淒迷”與“怨”字則透露情思,尤其“怨”字更是全詞主旨,與其後之“萬妝爭妒”、“凝情誰訴”、“彩鴛獨舞”、“更憐心苦”、“啼珠零露”等皆有所呼應。以下三句寫蓮花之香氣色澤,“籠”字傳釋香氣之濃郁,凝滯水面幾乎令人無處可避,透露詞人嗅覺之敏感②;而以“膩”、“漲”等略帶味覺與觸覺感受的字眼傳釋花色之紅豔,亦見詞人因主觀感覺的滲入而混融不同感官經驗的敏感特質。至“萬妝爭妒”以下則轉入内在情思的描寫,同時亦漸入幻境。“魂歸”與“怨入”前後呼應,想像女神原是蓮的前身,一抹香魂在靜夜歸來,然深情難訴,孤寂依舊,甚至夜深時月亦沉落,不再伴隨,只見水面一片空蕩冷清,惟有花影搖曳,如女神淩波獨舞。過片時光回溯,花憶前身,“鈿合”數句在擬寫蓮蓬、蓮莖、藕絲、蓮子的同時③,奇妙地亦映現了乘舟採蓮、藕斷絲牽的情景,虛實交錯,真幻莫辨。“玲瓏”二句寫蓮葉與花,紋理細緻薄如輕紗的花瓣,原是女神芳魂最美好的依託,但只怕秋蟬西風將使花葉凋零。然縱使如此,蓮花依然不辭零落與飄蕩,堅持只開在屬於自己的季節。

詞中色彩紛呈、香氣瀰漫、闃寂無聲、冰冷氣息,顯示詞人面對蓮塘夜色,幾乎開放了所有的感官,承受四面襲來的種種視、嗅、聽、觸覺的刺激,乃至心思完全融入其中,任隨感覺與幻想的牽引,使得清冷幽靜的蓮塘在詞人的靈視中竟幻化成靈氣流動、神魂縹緲的奇幻世界。尤其值得一提的是,詞中以“彩鴛”代鞋、“鈿合”擬

① 鄒祗謨《遠志齋詞衷》。《吳文英資料彙編》,第 21 頁。

② 夢窗感官尤其嗅覺之靈敏,學者亦有所探論。參陶文鵬、阮愛東《論夢窗詞氣味描寫的藝術》,《文學評論》2006 年第 5 期。

③ 參吳蓓《夢窗詞彙校箋釋集評》,第 213 頁。

蓮蓬、“蘭橈”擬蓮莖、“翠屋”寫蓮葉、“冰綃”寫花瓣等,自寫作手法論之,自是夢窗為詞“用字不可太露”[①]的主張實踐,而論者亦每以此為夢窗詞“雕繪太甚”、好用代字以致“有所隔”的缺失[②]。但從詞人觀物入微、神思飛躍的心靈特質視之,以上種種不同物象之間的擬代,實亦隱約透露詞人獨特的想像與感受,彷彿刹那間自然與人為之物因部分特質的相似,而在詞人眼中變形幻化,疊合為一,泯然難分,有如神話中常見的物類變形。此外,在描寫蓮塘蓮花等實景實物後,一句“湘女魂歸”即輕輕將詞轉入時空遠隔的幻境,過片後又任時間脈絡流轉在今昔未來之間,確如論者所言“筆筆凌空”,“遊思縹緲”[③]。而其思緒之飛躍不縶,擺落真幻、虛實、時空界域的思維特質亦明顯呈現。

除了客觀實體與主觀想像的密合,使詞中常有物我難分,虛實莫辨的表現,如學者所言:“在很多傑出的夢窗詞裏,真實與夢幻只不過是緊密相連而又可互通的窗裏、窗外所代表的兩個境界而已。”[④]夢是詞人一向熱衷書寫的題材,在多數詞人的記夢詞中,夢境與真實往往呈現為結構上的鮮明對照,或者脈絡有序的敘述自入夢、夢中、夢醒的經過[⑤],夢境與現實的區隔多數明顯可辨。然而在夢窗詞中,所敘情境是真是夢,卻往往難以辨明:

門隔花深夢舊遊。夕陽無語燕歸愁。玉纖香動小簾鉤。落絮無聲春墮淚,行雲有影月含羞。東風臨夜冷於秋。(吳文英《浣溪沙》)

---

① 參本書第243頁注③。

② 黄榮康《筆花草堂詞》。《吳文英資料彙編》,第103頁。

③ 陳洵《海綃説詞》。案此論夢窗《玉蝴蝶》(角斷籤鳴)。《吳文英資料彙編》,第140頁。

④ 林順夫《我思故我夢——試論晏幾道、蘇軾及吳文英詞裏的夢》,《中外文學》第30卷第1期(2001年6月),第177頁。

⑤ 如林順夫前揭文所舉小山《鷓鴣天》(彩袖殷勤)、東坡《江城子》(十年生死)。

此詞雖文字清麗，脈絡流暢，然其解讀自來亦是衆説紛紜，或謂憶姬[①]，或謂悼亡[②]，或以為怨婦思春懷人之詞[③]。但在背景闕如的情況下，僅就詞作字面看來，當如唐圭璋所論，是為感夢之作[④]。

首句即點出“夢”的主題，夢中重回舊遊之地，所見乃門隔花深之景。次句夕陽之無語，歸燕之愁，皆是擬人手法，點明時間、季節，同時也透露主觀情緒；然此景是夢中或醒後所見，卻難以分辨。三句特寫指尖含香的纖纖玉手輕扣簾鉤，從次句所點明的黄昏時節，此時應是將簾放下。然玉手的主人是夢中女子，在門隔花深的樓閣中，懷著愁思無語垂簾，更加添佇立門外之夢者的隔絶之感？抑或是醒後所見，現實中陪伴身邊的女子，在日暮燕歸時放下簾櫳？又或是在夢醒之後，遺留在夢者心中，一再回想重現的夢中畫面？種種可能解讀引人揣想，卻依然朦朧難辨。下片前二句仍是無聲之景，柳絮飄墜，望之如春天墮淚，再次展現夢窗奇想翻飛，每每賦予尋常風景特殊面目表情的神話思維；夜裏月光為雲所掩，月光所映照的影子也應黯淡許多。然“墮淚”、“含羞”又似與上片垂簾女子或夢者的心境有所呼應。此二句虛實交織，是夢境或現實皆有可能，然在隱喻的層次上，亦可能是詞人借此迷濛之景傳釋夢將醒未醒時的感覺。末句以冷涼的觸覺感受結束全詞，然此感受是夢境中的夢者自黄昏至深夜佇立門外，只能遥望所思卻無法親近的冷落淒涼；抑或是夢醒之後，夢者回思夢境，感慨往事難追，失落惆悵的心情？此兩者皆有可能，但依然是真實與夢境交融難分。全詞展現一幕幕無聲的景象，似夢境亦似現實，彷彿詞人借以構築的是一場入夢之後不知何時清醒，或甚至永遠不願、也無須清醒的

① 趙慧文、徐育民《吳文英詞新釋輯評》(北京：中國書店，2007年1月)，第307頁。

② 黃兆漢《夢窗詞選注譯》(臺北：學生書局，2003年11月)，第93頁。

③ 吳蓓前揭書，第297頁。

④ 氏著《唐宋詞簡釋》(上海：上海古籍出版社，1999年5月)，第210頁。

迷夢。然詞人記夢如真,視真如夢的神話思維,透過此詞亦可以感知。

從詞作分析比較可見,夢窗詞觀物入微、體物細膩,且屢將其主觀情感與離奇想像直接投射於客體對象,以至詞中物象或色彩豔膩、香氣濃郁,或獨具性格、情感强烈,或甚至如神話般呈現某種程度的變形,從而詞中所呈現往往是如神話般離奇的戲劇情境;此外,夢窗之思維如學者所言,往往不受理性之控制①,真實與幻想、夢境與現實乃至物我、時空,常是消失了界域,任其情思與想像在詞中淩空穿梭,流轉自如,也因此成就了"奇思壯采,騰天潛淵",如真似幻,虛實交織的獨特詞風。

從詞的特殊表現看來,夢窗確實如一位遺傳著神話思維的"夢遊者",在詞的創作藝術裏,探尋著内在的自由②。

二、夢窗詞的神話運用

如上節所論,夢窗心靈特具神話時代敏鋭易感、想像飛躍、真幻莫辨的特質,而奇情四溢、幻設色彩鮮明的神話,自然亦是極吸引夢窗,與其心靈尤能交感共鳴而屢屢運用書寫的題材。夢窗詞幾近半數運用神話,某些詞作甚至重複出現數個神話意象,更增異彩迷離的風貌。其中尤以女神及樂園意象最常見於夢窗詞中。此或與詞體本身的柔媚特質,以及夢窗個人性情及所處末世背景有關。此節以夢窗詞中女神與樂園神話的運用為主,探析夢窗如何借神話意象的形塑書寫,傳釋其心靈、情思與深刻的生命體驗③。

① 參葉嘉瑩前揭文。

② 《人論》:"藝術家有點像夢遊者,他必須不要任何有意識的活動的干預或控制而尋求他自已的道路。喚醒他也就毁滅了他的力量。……藝術就是我們自願地沉溺於中的醒著的夢。"第 235 頁。

③ 案:本文神話取相對廣義的神話範圍,包含神仙道教及六朝唐人志怪。

(一)夢窗詞中的女神意象

原始神話中,女神多數是自然或生命的化身,因此其形象及內涵也常如自然和生命,具有慈悲與殘忍、給予與收回、生與死等雙面特質[①];而在情感上,她們多是超越忘情,來去自在,甚至從來與情愛無關[②]。至於道教神話中的女仙,更是為了追求長生而遠離塵俗、斷絕情累[③]。

相對於神話中展現的雙重面相與無情忘情,女神女仙在文學傳統中或因其撲朔迷離、遙不可及,而更具誘人的美麗幻象與神秘魅力,成為文人豔羨、寄情的對象。承續中晚唐以來世俗化遊仙詩的傳統[④],女神女仙在詞中常作為美人的代稱,夢窗詞亦見此手法:

> 空賸露華煙彩,人影斷幽坊,深閉千門。渾似飛仙入夢,襪羅微步,流水青蘋。(《夜飛鵲·蔡司户席上南花》)[⑤]

> 傾國傾城,非花非霧。春風十里獨步。勝如西子妖嬈,更比太真澹泞。鉛華不御。漫道有、巫山洛浦。似恁地、標格無雙,鎮鎖畫樓深處。(《東風第一枝》)

---

① M. Esther Harding 著,蒙子等譯《月亮神話——女性的神話》(上海:上海文藝出版社,1992 年 8 月):"女神……豐饒多產而又殘酷無情,富有創造力、慈愛心、也有摧毀力。"第 34 頁。Veronica Ions 著,杜文燕譯《神話的歷史》(臺北:究竟出版社,2005 年 5 月):"女神……不僅是多產豐饒的象徵,而且也是毫不容情的戰將。她們賦予英雄以力量,或者殘忍地懲治他們。……母親神所付出的,也有可能收回去。"第 38 頁。又參 Erich Neumann 著,李以洪譯《大母神——原型分析》(北京:東方出版社,1998 年 9 月)、Joseph Campbell 著,朱侃如譯《千面英雄》(臺北:立緒文化事業有限公司,1997 年 7 月)。

② 謝選駿《中國古籍中的女神——她們的生活、愛情、文化象徵》,王孝廉、吳繼文編《神與神話》(臺北:聯經出版事業公司,1988 年 3 月)。

③ 參李文鈺前揭書第四章《宋詞中的神仙神話運用》第一節《女仙群相》。

④ 李豐楙《仙、妓與洞窟——唐五代曲子詞與遊仙文學》,氏著《憂與遊:六朝隋唐遊仙詩論集》(臺北:學生書局,1996 年 3 月)。

⑤ 案:"南花"喻指南方佳麗,參吳蓓前揭書,第 72 頁。

詞中以女神傳釋人間佳麗的飄逸出塵、麗質天生,但也遺世獨立,幽居獨處。而除了承續傳統,夢窗詞女神書寫的特色,尤在於與自然相關的女神也往往直接成為自然的代稱,彷彿在其特具神話思維的靈視中,女神與自然原本即渾然一體。如望見雲雨的同時,"旦為行雲,暮為行雨"[1]的巫山神女也隨之出現眼前,一片雲煙縹緲,頗具夢幻色彩:

新煙初試花如夢,疑收楚峰殘雨。(《齊天樂》)

醉雲又兼醒雨,楚夢時來往。(《解蹀躞》)

作為女神化身,雲亦能醉,雨亦能醒。同樣的,神話中奔月而去的嫦娥,也幾乎被詞人視同明月本身,化成冰清玉潔卻孤獨遠隔、似含哀怨的意象:

延桂影,見素娥梳洗,微步瓊空。(《聲聲慢·幾漕新樓,上尹梅津》)

寶階斜轉,冰娥素影,夜清如水。(《絳都春·題蓬萊閣燈屏,履翁帥越》)

小窗春到,憐夜冷孀娥,相伴孤照。(《花犯·謝黃復庵除夜寄古梅枝》)

怨娥墜柳,離佩搖葓,霜訊南圃。(《古香慢·賦滄浪看桂》)

此外,花與女神在夢窗詞中也常密不可分,詞人似乎總在花的形貌氣息中,幻覺般的望見或者感受女神的存在:

行雲夢中認瓊娘,冰肌瘦,窈窕風前纖縞。(《花犯·謝黃復庵除夜寄古梅枝》)

渾似瀟湘繫孤艇。見幽仙,步凌波,月邊影。(《夜遊宮·竹窗聽雨,坐久,隱几就睡,既覺,見水仙娟娟於燈影中》)

湘娥化作此幽芳,凌波路,古岸雲沙遺恨。(《花犯·郭希

① 宋玉《〈高唐賦〉序》,《文選》(長沙:嶽麓書社,2002年9月),第587頁。

道送水仙索賦》)

詞中或以巫山神女與女仙許飛瓊摹寫風煙之中纖細雪白的梅花;或以凌波微步的洛神傳釋水仙在夢中幻化的迷離影象;最後一首則如前引《過秦樓》,以女神為花的化身,幽香縹緲,多情遺恨。

由上可見夢窗詞中女神與雲雨煙水花月等幾乎融為一體,除了呈現朦朧遠隔、飄逸迷離的形象,有時亦微露情思,甚至多情有恨,使詞中的自然彷彿是女神臨在的世界,神影縹緲、空靈夢幻,饒有情思。

除了摹寫自然,借由女神意象的形塑,夢窗亦傳釋其對於情的體悟與感慨:

> 衣白苧,雪面墮愁鬟。不識朝雲行雨處,空隨春夢到人間。留向畫圖看。　慵臨鏡,流水洗花顏。自織蒼煙湘淚冷,誰撈明月海波寒。天澹霧漫漫。(《望江南·賦畫靈照女》)[1]

此詞所寫畫中女子,一身白衣,容色似雪,予人冰清玉潔的印象,然愁字則透露神情,並引出以下二句。詞人變化巫山神女神話,喻此女子彷彿是為情來降人間的女神。"旦為行雲,暮為行雨,朝朝暮暮,陽臺之下"的巫山神女,與楚王的會遇原是一場短暫的春夢,所謂"來如春夢不多時,去似朝雲無覓處"[2],來去自在,不為情累,纔是女神的真實性格[3]。然夢窗卻幾乎顛覆了女神形象,未能忘情,迷戀春夢,來降人間,但也因此付出代價,芳魂遠逝,徒留畫中蒼白愁容供人憑弔。下片則是一片鏡花水月,寫女子生前為情所苦,無心對鏡梳妝,而"流水洗花顏"或寫其以淚洗面,同時暗示投水自沉

---

① "靈照女"典故出自《傳燈錄》,乃襄州居士龐蘊女,名靈照,後作為人女的代稱。觀此詞所用娥皇女英、李白撈月典故,此畫中女子似是投水而亡。

② 白居易《花非花》。

③ 案:據葉舒憲《高唐神女與維納斯》(北京:中國社會科學出版社,1997 年 12 月),巫山神女在神話中具有愛與美之神的神格,而就宋玉二賦形塑之神女形象,確實美麗多情,但也能放下情累,不受牽絆,展現女神雙面特質。

如花落水中,隨即引出以下娥皇女英自沉湘水及李白撈月溺水等傳説,“自”、“誰”、“冷”、“寒”等字,與上片之“空”字前後呼應,隱約透露詞人感慨,情之為物美麗卻空幻,為情至此,實為枉然。末句以景結情,漫漫迷霧如女子愁思,亦如女神縹緲無託的幽魂。

除了形塑女神多情樣貌,透露多情遺恨的感懷,多數夢窗詞中的女神如巫山神女及洛水女神等,往往亦還原其神話形象,如一場春夢,一抹驚鴻,美麗而短暫,結局總是雲散夢醒或凌波而去,如神話及文學中屢見的邂逅女神主題[①],既引人經歷擁有的美好,也備嘗失去的憾恨,而除了回憶,似乎什麼也不曾留下。在耽於書寫追憶主題的夢窗詞中[②],行雲夢影、凌波微步等女神意象即常出現於歌酒相伴,風月流連的往日回憶中:

記行雲夢影,步凌波、仙衣翦芙蓉。念杯前燭下,十香搵袖,玉暖屏風。(《八聲甘州·和梅津》)

西湖舊日,留連清夜,愛酒幾將花誤。遺襪塵銷,題裙墨黯,天遠吹笙路。(《永遇樂·探梅次時齋韻》)

春來雁渚。弄豔冶、又入垂楊如許。困舞瘦腰,啼濕宮黃池塘雨。碧沿蒼蘚雲根路。尚追想、凌波微步。小樓重上,憑誰為唱,舊時金縷。(《絳都春·余往來清華池館六年,賦詠屢矣,感昔傷今,益不堪懷,乃復作此解》)

柳暝河橋,鶯晴臺苑,短策頻惹春香。當時夜泊,溫柔便入深鄉。詞韻窄,酒杯長。翦燭花、壺箭催忙。共追遊處,凌波翠陌,連棹横塘。　十年一夢淒涼。似西湖燕去,吴館巢荒。重來萬感,依前喚酒銀罌。溪雨急,岸花狂。趁殘鴉、飛

① 參坎伯《千面英雄》及張淑香《邂逅神女——解〈老殘遊記二編〉逸雲説法》,《語文、情性、義理——中國文學的多層面探討國際學術會議論文集》(臺北:臺大中文系,1996年4月)。

② 參宇文所安《縫户:回憶與藝術》,氏著,鄭學勤譯《追憶——中國古典文學中的往事再現》(北京:三聯書店,2004年12月)。

過蒼茫。故人樓上，憑誰指與，芳草斜陽。(《夜合花・自鶴江入京，泊葑門有感》)

在詞中女神意象總是與往昔的美好時光、旖旎情境交織一片。然佳人的香氣、墨痕、歌聲與一同流連美景的時刻，如今縱使沉浸追憶，或舊地重臨，也依然是消逝遠隔，難以尋回，確實如一場夢幻。此外，在時序感懷的詞中，透過今昔情境的對照，更凸顯失去的悲涼：

麗花鬥靨，清麝濺塵，春聲遍滿芳陌。竟路障空雲幕，冰壺浸霞色。芙蓉鏡，詞賦客。競繡筆、醉嫌天窄。素娥下，小駐輕鑣，眼亂紅碧。　前事頓非昔。故苑年光，渾與世相隔。向暮巷空人絶，殘燈耿塵壁。凌波恨，簾户寂。聽怨寫、墮梅哀笛。佇立久，雨暗河橋，譙漏疏滴。(《應天長・吴門元夕》)

上片寫月光下的蘇州元夕，佳人鬢影衣香，詞客競騁文思，良辰美景醉人，然過片一句"前事頓非昔"則將所有賞心樂事、佳人麗影一概推向往昔，與如今獨處的境遇彷如是完全阻隔無法跨越的不同世界。獨立黄昏空巷，面對殘燈塵壁、簾户無聲，在詞人心中，往昔的美好彷彿隨著凌波而去的女神一併消逝，只留憾恨。詞中洛水凌波的女神意象，似亦暗指曾被無心錯過而黯然離去，如今已是重尋無蹤的女子。

以下詞亦與時序追憶有關，借女神意象所構設的天地亦予人女神臨在的幻覺，真幻今昔，重疊交錯：

捲盡愁雲，素娥臨夜新梳洗。暗塵不起。酥潤凌波地。　輦路重來，彷彿燈前事。情如水。小樓熏被。春夢笙歌裏。(《點絳唇・試燈夜初晴》)

元夕前夕，雨後初晴，臨安城中應是分外喧鬧。上片雨收雲散，初晴的夜空明月皎潔，詞人望之如洗淨塵妝、鉛華不御，冰清玉潔的嫦娥；至於大地經雨之後亦是一片清潤，即使佳人行樂，步履搖曳，也不揚起半點塵埃，而詞人望之卻有一種縹緲迷離，彷彿隔著一層氤氳水氣,眼前的鬢影衣香、婀娜身影,剎時如洛神凌波,予人如在夢幻,不甚真實的感受。"暗塵不起"變化"凌波微步,羅襪生塵"的神話情境,似乎亦是無情的暗示,即在詞人眼中這女神臨在無雲無塵的清淨天地,如今已是與其無關的無情世界。下片"重來"二字,將上片所寫情景又隱約推向往昔,眼前所見,今昔交錯,所不同者不在表象而在詞人内心感受。"情如水"一語雙關,寫往日之柔情似水,呼應其後之小樓薰被與笙歌相對;然同時亦指情如逝水,如今重來,昔日的温馨情境,已如消散的一場春夢。

行雲夢影與洛水凌波,女神在夢窗詞中常只留下朦朧的背景或殘餘的香氣,隱喻逝去的美好時光、美麗情緣,然如前引《應天長》所見,在某些詞中如水如雲的女神意象也隱隱指涉一位離去的女子,一段遠逝的愛情:

燈火雨中船。客思綿綿。離亭春草又秋煙。似與輕鷗盟未了,來去年年。　往事一潸然。莫過西園。凌波香斷綠苔錢。燕子不知春事改,時立鞦韆。(《浪淘沙》)

南樓墜燕。又燈暈夜涼,疏簾空捲。葉吹暮喧,花露晨晞秋光短。當時明月娉婷伴。悵客路、幽扃俱遠。霧鬟依約,除非照影,鏡空不見。　別館。秋娘乍識,似人處,最在雙波凝盼。舊色舊香,閑雨閑雲情終淺。丹青誰畫真真面。便只作、梅花頻看。更愁花變梨霙,又隨夢散。(《絳都春·燕亡久矣,京口適見似人,悵怨有感》)

詞中可見夢窗漂泊世路異鄉為客的感傷,而對舊情的執著似乎是其流離無繫的生涯中唯一不變不移的依託。《浪淘沙》詞中的西園對詞人而言應是具重要回憶與特殊意義的地方,在其他詞中也一再出現[①]。莫過西園,卻過西園,只見已無人跡的路上綠苔滋長,不知人事已非猶立鞦韆的燕子,更反襯詞人心中的惆悵。凌波香斷,離去的女子不再歸來,就連曾留下的餘香也幾近消散。此外,《絳都春》所敘情境更透露詞人的戀舊與癡情。一位眉眼相似的女子,短暫的帶來驚喜與慰藉,然閑雨閑雲,又隨夢散,夢窗借神話中看似多情卻無情的女神真實形象,傳釋其內心的理性領悟,深知對方終究情淺,無法替代所思念的佳人,也終究明白如此奇遇很快又將如夢消散。

經詞作閱讀可見,夢窗詞中女神意象並不只作為典故或者點綴,作為自然的化身,情思飄渺的女神再次展現詞人充滿神話思維的心靈,自然天地在其靈視之中,原是女神臨在、萬象有情的世界。此外,傳續女神在神話中的雙重面相,夢窗也重塑女神或多情遺恨,或無情遠離的對立形象,既傳釋其對情的感慨思索,也寄託其對往日的依戀與失去的遺憾。透過女神書寫,夢窗亦鏤刻其內心在執著多情與渴望忘情間的矛盾衝突。

(二)夢窗詞中的樂園意象

神話中的樂園仙境,大抵是人們為了滿足生存或追求更理想生活的願望,而幻設想像的虛擬時空。其情境不外物產豐饒、寧靜和諧、淳樸自在,無衰老死亡,無疾病戰亂,或者美景天然,樓閣輝煌,仙樂飄飄等。然看似弔詭卻極為真實的是,滿足或投射人們自由、長生、享樂等願望的樂園仙境,也往往被幻設在遠隔難至的高山、大海或天上,甚至是與現實世界相對的夢幻他界,或者再也回不去的往昔歲月中。常人不是始終無法到達,便是必須有偶然機

---

① 如《風入松》:"聽風聽雨過清明。愁草瘞花銘。樓前綠暗分攜路,一絲柳、一寸柔情。料峭春寒中酒,交加曉夢啼鶯。西園日日掃林亭。依舊賞新晴。黃蜂頻撲鞦韆索,有當時、纖手香凝。惆悵雙鴛不到,幽階一夜苔生。"

緣、特殊助力纔能置身其境,而一旦離去,便再也難以重返[1]。美好而遠隔,難以到達又容易失落,樂園仙境等神話意象亦如女神具有矛盾對立的内涵,烙印人們深刻的追尋體驗[2]。

在詩詞傳統中,氣象華麗的樂園仙境常用於壽詞,點染富貴長生的氣息與祝願。夢窗亦見相關詞作:

紫霄承露掌,瑤池蔭密,蟠桃秀、蠡蓮綻。……繡裳五色,昆臺十二,香深簾捲。……賜長生玉字,鸞迴鳳舞,下蓬萊殿。(《水龍吟·壽嗣榮王》)

萬壑蓬萊路。非煙霽、五雲城闕深處。璇源媲鳳,瑤池種玉,煉顏金姥。(《宴清都·壽榮王夫人》)

此外,書寫山林寺院或山水美景的作品中,夢窗亦借樂園仙境意象傳釋其處身自然、如在塵外的感受,詞中描寫的景致或透露夢窗理想的樂園情境,清幽絶塵,美景相伴,而心中則空明虛靜,無欲無情:

長安林外小林丘。碧壺秋。浴輕鷗。不放啼紅,流水通宫溝。時有晴空雲過影,華鏡裏,翳魚遊。　綺羅塵滿九衢頭。晚香樓。夕陽收。波面琴高,仙子駕黄虯。清磬數聲人定了,池上月,照虛舟。(《江神子·賦洛北碧沼小庵》)

屋下半流水,屋上幾青山。當心千頃明鏡,入座玉光寒。雲起南峰未雨,雲斂北峰初霽,健筆寫青天。俯瞰古城堞,不礙小闌干。　繡鞍馬,軟紅路,乍回班。層梯影轉亭午,信手展緗編。殘照遊船收盡,新月畫簾纔捲,人在翠壺間。天際笛聲起,塵世夜漫漫。(《水調歌頭·賦魏方泉望湖樓》)

---

① 參李文鈺前揭書第五章《宋詞中的他界神話運用》。

② 參李文鈺《漂泊與思歸——從東坡詞中的他界意象論其内在追尋》,《漢學研究》第27卷第1期(2009年3月)。

詞中的碧壺、翠壺，或指海上蓬萊[1]，或指道教神話中的壺天幻境[2]，華麗豐饒、寧靜無爭，但皆具有封閉的特質，與塵世隔絶，並非常人輕易可至。夢窗借此神話意象賦寫山林清景及登樓望湖沉醉美景的心情，二詞情境雖或有獨遊與衆樂、超然與處群的區别，但處身世外如在仙境的感受卻一致的流露詞中。此或透露夢窗心中的理想樂園，乃是封閉而與世遠隔，盡可能遺卻塵累，不受世俗所擾的純淨世界。而如此對塵世之外的嚮往，對現實世界逃離或怯避的心理，當與夢窗脆弱敏感的性格[3]，以及處身末世的沉重憂患感有關。

下引書寫貴族園林的詞中，夢窗在渲飾其華麗境象、享樂情味之餘，亦構築了與世隔絶且不受時間干擾、破壞的樂園：

> 暖波印日，倒秀影秦山，曉鬟梳洗。步帷豔綺。正梁園未雪，海棠猶睡。藉綠盛紅，怕委天香到地。畫船繫。舞西湖暗黄，虹卧新霽。　天夢春枕被。和鳳筑東風，宴歌曲水。海宫對起。燦驪光乍濕，杏梁雲氣。夜色瑤臺，禁蠟初傳翡翠。唤春醉。問人間、幾番桃李。(《掃花遊·賦瑤圃萬象皆春堂》)

瑤圃乃理宗母弟、度宗生父趙與芮的宅邸，萬象皆春堂即在其中。詞中有關園林景致與宴樂情境的書寫，充滿華麗富貴如在瑤臺仙境的氣息，特殊的是最後數句，日日夜夜，任憑時光流逝，園中依然

① 案：海上三神山蓬萊、方丈、瀛州，又名蓬壺、方壺、瀛壺，以壺器暗示其與世隔絶的封閉特徵，參高莉芬《蓬萊神話——神山、海洋與洲島的神聖叙事》(臺北：里仁書局，2008年3月)。

② 壺天幻境神話見葛洪《神仙傳》及《後漢書·方術傳》，乃謫仙壺公所攜酒壺中的幻境。其意象内蘊參李文鈺前揭書第五章第三節。

③ 夢窗詞中常用"欺"、"壓"、"侵"、"驚"、"恐"、"怯"、"怕"等字，如《夜遊宫》："香苦欺寒勁。牽夢繞，滄濤千頃。"《一寸金》："秋壓更長，看見姮娥瘦如束。"《齊天樂》："瘦骨侵冰，怕驚紋簟夜深冷。"《夢芙蓉》："畫圖重展，驚認舊梳洗。"《花犯》："但恐舞、一簾蝴蝶，玉龍吹又杳。"《淒涼犯》："小鈿梳唇，洗妝輕怯杳。"《聲聲慢》："繡茵展，怕空階驚墮，化作螢飛。"透露其對外界敏感而脆弱的性格。

一片永恆的醉人春意,與人間的四季流轉、幾番桃李有所不同。除了呼應萬象皆春堂的命名,亦顯示夢窗的樂園書寫最强調的仍是與人間的區隔,不僅空間,即時間亦與俗世不同,而神話中樂園時間流速緩慢不易覺查或甚至無時間性的特質,亦無意間在夢窗筆下復現。如從宗教現象學家伊利亞德(Mircea Eliade)的神聖時空觀點解讀[①],類此末世中華麗園林的建構與命名,具有再創世的模擬儀式意義,滿足人們逃避歷史、重返無罪無惡之純真時代的內在渴望。而夢窗如此與世隔絶,不被外力或時間干擾破壞的樂園書寫,亦透露内心類似的祝願。

然而,末世的陰影、失樂園的憂懼依然在其詞中籠罩:

> 春屋圍花,秋池沿草,舊家錦籍川原。蓮尾分津,桃邊迷路,片紅不到人間。亂篁蒼暗,料惜把、行題共删。小晴簾捲,獨佔西牆,一鏡清寒。　風光未老吟潘。嘶騎征塵,只付憑闌。鳴瑟傳杯,辟邪翻燼,繫船香斗春寬。晚林青外,亂鴉著、夕陽幾山。粉消莫染,猶是秦宫,綠擾雲鬟。(《慶春宫・越中錢得閑園》)

相對於貴族園林,此詞所寫友人園林則較具自然氣息,但同樣仍具有與世隔絶、不受塵俗事務所擾的特徵。上片寫園中的自然景致,春花秋草,園林四季如錦,夏日賞蓮,春桃燦爛,更有翠綠竹林與如鏡清澈的湖景。"桃邊迷路,片紅不到人間"或暗用劉晨、阮肇誤入天台桃源一事[②],喻此園林乃是與人間殊隔的美麗仙境,又或借用《桃花源記》典故,喻其乃是與塵世阻隔斷絶,無歷史之罪惡與破壞的樂土。下片寫人在園中的閑適生活,流連詩酒,焚香鳴瑟,春日遊湖,吟賞美景,無離别之愁、征塵之苦。然詞中亂鴉與夕陽意象仍隱隱喚起末世感懷,最後數句化用杜牧《阿房宫賦》"綠雲擾擾,

① 參氏著,楊素娥譯《聖與俗——宗教的本質》(臺北:桂冠圖書公司,2001年1月)。

② 事見劉義慶《幽明錄》,乃一凡人誤入仙境的神話傳説。

梳曉鬟也”,呈現的是戰亂亡國之前,罪惡與華麗交織的景象,詞人雖借“莫染”、“猶是”等語辭表達樂園常在的祝願,但世亂的威脅、繁華的消散的預感依舊流露詞中。

無論是世亂的威脅或種種不可預料的人事無常,樂園終究難以永恆常存,如以下詞所寫的園林,儘管春意醉人景致美好,但時間意識的流露,今與昔、人與自然的對比,皆暗示在詞人眼中已是一座遺落在往昔的樂園:

> 垂楊徑。洞鑰啟、時遣流鶯迎。涓涓暗谷流紅,應有緗桃千頃。臨池笑靨,春色滿、銅華弄妝影。記年時、試酒湖陰,褪花曾采新杏。蛛窗繡網玄經,纔石研開奩,雨潤雲凝。　小小蓬萊香一掬,愁不到、朱嬌翠靚。清尊伴、人閑永日,斷琴和、棋聲竹露冷。笑從前、醉卧紅塵,不知仙在人境。(《尉池杯·賦楊公小蓬萊》)

詞中化用《桃花源記》或天台桃源神話,而“垂楊徑,洞鑰啟”入園路徑的描寫亦饒有神話中經狹隘通道進入他界仙境的意味。池畔桃花如美人臨境,笑靨動人,然詞人寫來仍是花與人渾然一體,交融難分。上片最後數句寫人在園中的賞心樂事,惟“記年時”三字,則將湖畔試酒、樹陰採杏等情境,遠遠推向往昔。下片延續景與人交替雙寫的脈絡,寫野草閒花、綠柳湘桃,仍是朱嬌翠靚美麗無愁,然凡與人事有關的如濡墨寫經、品酒下棋,總在閑適逍遙的情味中,隱約滲染荒涼冷落的氣息,至“笑從前”三字始將所寫如在眼前的人事情境又一概推向往昔,化成回憶中浮現的幻影。“笑”字裏含著感傷與自嘲,原來這曾以為是蓬萊仙境般的樂園依舊是紅塵人境,除了隨自然時間重複流轉的永恆景物,與人事有關的種種仍抵不過時間所帶來的變化。而自喻仙人的夢窗也依然是流落紅塵,流離於仙境故鄉之外,以幻想樂園自我沉醉的謫仙。

由上詞可見,樂園往往並非構築在空間,而是建構於流動的時間,甚至更為脆弱多變的情感或感受之上①。夢窗極寫園林美麗景致,同時將人在園中的賞心樂事書寫得極盡真實,如在當下、眼前,但仍掩不住一切已是昔日幻影的事實,夢窗真幻今昔交融難分的神話思維再度展現,然另一方面,樂園美景賞心樂事的書寫,也應透露其對抗時間破壞,將逝去的美好努力尋回的一絲意念。

以下詞中,以仙境意象喻示情感樂園,夢窗不惜改造話中的仙境境象,傳釋阻隔難尋或怯於面對的心情:

芙蓉心上三更露,茸香漱泉玉井。自洗銀丹,徐開素酌,月落空杯無影。庭陰未暝。度一曲新蟬,韻秋堪聽。瘦骨侵冰,怕驚紋簟夜深冷。　當時湖上載酒,翠雲開處共,雪面波鏡。萬感瓊漿,千莖鬢雪,煙鎖藍橋花徑。留連暮景。但偷覓孤歡,强寬秋興。醉倚修篁,晚風吹半醒。(《齊天樂·白酒自酌有感》)

冬分人别。渡倦客晚潮,傷頭俱雪。雁影秋空,蝶情春蕩,幾處路窮車絶。把酒共温寒夜,倚繡添慵時節。又底事,對愁雲江國,離心還折。　吳越。重會面,點檢舊吟,同看燈花結。兒女相思,年華輕送,鄰户斷簫聲咽。待移杖藜雪後,猶怯蓬萊寒閣。晨起懶,任鴉林催曉,梅窗沉月。(《喜遷鶯·甲辰冬至寓越,兒輩尚留瓜涇蕭寺》)

《齊天樂》寫秋日獨酌憶往,上片"三更"、"月落"、"未暝"、"夜深"等時間脈絡的跳接,似有亦醉亦醒思緒紛亂的暗示。下片則追憶往

① 如安德烈·莫羅亞(Andre Maurois)所説:"我們徒然回到我們曾經喜愛的地方,我們絶不可能重睹它們,因為它們不是位於空間中,而是處在時間裏,因為重遊舊地的人不再是那個曾以自己的熱情裝點那個地方的兒童或少年。"見普魯斯特(Marcel Proust)《追憶似水年華》(南京:譯林出版社,1995)序,施康强譯,第4頁。除了自己的轉變,無常世事與人際情感也常為所謂的美麗樂園帶來不少變數。參李文鈺《漂泊與思歸——從東坡詞中的他界意象論其內在追尋》,《漢學研究》第27卷第1期(2009年3月)。

事,“藍橋”用唐人裴鉶《傳奇》士人裴航於藍橋遇女仙雲英一事[①]。神話中失意科場的裴航終與雲英成為神仙眷屬,遠離人間,然夢窗則以“煙鎖藍橋花徑”解構原神話情節,寄託其情事失落,難以重尋的感傷。神話中結下美麗情緣的藍橋仙境,在夢窗詞中已成阻隔難返的樂園。《喜遷鶯》除寫春去秋來世路奔波,徒傷老大自陷窮途的蒼涼,同時也寄託對兒女親人的思念。“把酒共温寒夜,倚繡添慵時節”應是在寒涼世路中,最能給予詞人温暖慰藉,親人團聚的情景想像,然透過詞作可見,在重聚的渴望中,詞人亦掩不住内心的畏怯,“猶怯蓬萊寒闊”,“蓬萊”當喻兒女親人所在之地,對夢窗而言,應是温馨美好、得享人倫的情感樂園,然此時夢窗卻是怯其寒冷闊絶。是否飽經無常無奈的夢窗,對親人重逢已不敢熱切期盼?又是否奔波已久與親人闊别的夢窗,怕重見時的疏離與陌生?或者“初生欲缺虛惆悵,未必圓時即有情”[②]的失落預感,早已埋藏在夢窗敏感脆弱的心靈之中?無論如何,夢窗此詞中的樂園書寫,再度複刻了人們對樂園既期待又畏怯的矛盾心理與追尋體驗。

經詞作閱讀可見,透過神話樂園意象,夢窗構築了心中所嚮的樂園,大抵是與世隔絶的封閉天地,沒有塵俗負累與時間破壞,唯有自然美景相伴,而人情則或逍遙閑適、沉醉詩酒琴棋,或把酒共温,同賞佳節。夢窗渴望寧靜單純、情感慰藉,以及對外界的退避乃至畏怯,除了處身末世,也應與其脆弱敏感的性情有關。此外,在樂園意象的書寫中,夢窗亦透露其樂園失落與怯於重尋的經歷。無雄圖壯志亦不追求絶對精神自由的夢窗,所嚮慕的封閉遠隔、純淨温馨的樂園並不難至,只要掩上門窗,將外在種種隔絶,隨時就

① 見唐·裴鉶《傳奇》,《太平廣記》(上海:上海古籍出版社,1995年版),卷五〇,第1043—254頁。

② 李商隱《月》。

能遁入可假想為安全而不受干擾的幻境樂園中[1],然其樂園也相對脆弱,末世的氛圍,時間的流逝、敏鋭的預感,隨時都能摧毀其感受與幻想中的樂園,甚至剝奪其失落之後再度重尋的勇氣。夢窗心靈或許正如其詞所言,"醉卧紅塵,不知仙在人境",是一個始終被錯置的存在。

一、結　論

本文從神話思維與運用兩個層面,探討夢窗詞神話書寫的特色。所得結論如下:

夢窗詞予人的强烈印象乃鍊字修辭凸顯敏鋭的感官經驗,以及意象的奇詭、想像的離奇,真幻迷離、虚實莫辨的脈絡及意境等。此特殊詞風除了來自詞人的刻意經營,從神話學的觀點分析,實亦來自夢窗與人殊異的心靈與思維。經詞作解讀比較,相對於多數詞人以比喻或暗示手法,賦予萬物情思與精神風貌,夢窗卻往往直接將其主觀情感投射於物象之上,以至詞中屢見愁燕、倦蜂、善妒之春與雲等性格鮮明、情感强烈的物象,呈顯其詞如戲劇世界般的神話色彩。此外,夢窗特具靈視,往往能在實在的景物上幻覺般的望見抽象的情思、片段的故事或一幕幕戲劇般的情境,且思緒往往不受理性束縛,隨其幻想出入真幻,因此相對多數詞人物我、今昔、真實與幻想、夢境與現實截然相對或脈絡明晰的表現,夢窗詞卻往往物我交融、今昔難辨、由真入幻、記夢如真。可見夢窗心靈實近似神話時代的心靈,具有感官敏鋭、感受强烈、渾融物我真幻的特質。

在神話運用方面,女神與樂園是常見於夢窗詞的神話意象。夢窗運用神話不僅單純作為典故,借以渲染奇幻詞風,更往往是將其特殊心靈與生命經驗複刻於神話意象之中。夢窗常直接以女神

---

① 參宇文所安前揭文。作者單位:臺灣大學中文系

作為煙雲水月花卉的代稱,使其所寫或所見自然成為女神臨在、神思縹緲的世界。此外,女神在夢窗詞中或重塑為多情的意象,寄託多情遺恨的感慨,而更普遍的是呈現迷雲幻影或淩波而去的背影,隱喻夢窗生命中曾擁有而不可復得的美好時光或美麗情緣,傳釋其內心屢嘗的失去滋味。樂園意象的運用則透露夢窗所嚮慕的理想樂園,封閉遠隔,寧靜温暖,閑適自得,不受塵累。此與其處身末世及性情的脆弱敏感有關。夢窗的樂園不難尋至,只要掩上門窗,隨時就能沉浸在以幻覺建構的樂園之中,但其樂園也相對脆弱,沉重的憂患、時間的知覺、悲觀的預感,不經意的就能拆毀其虛擬樂園,甚至奪去重尋的勇氣與熱情。

神話的思維與意象,不僅影響了夢窗詞風,同時也應是讓讀者得以進一步探索、體觸詞人如謎一般心靈的線索。

附表:夢窗詞的神話運用

詞調	相關詞句	內容	神話
蕙蘭芳引(空翠染雲)	素女情多,阿真嬌重,喚起空谷。	題畫(蘭)	素女
夢芙蓉(西風搖步綺)	夢斷瓊娘,仙雲深路杳,城影蘸流水。	題畫(芙蓉)	許飛瓊
燕歸梁(白玉搔頭)	當時離佩解丁東。澹雲低、暮江空。綠塵湘水避春風。步歸來、月宮中。	書水仙扇	江妃解佩 月宮
望江南(衣白苧)	不識朝雲行雨處,空隨春夢到人間。自織蒼煙湘淚冷,誰撈明月海波寒。	題畫(靈照女)	巫山神女、娥皇女英
朝中措(楚皋相遇)	楚皋相遇笑盈盈。江碧遠山青。露重寒香有恨,月明秋佩無聲。	題蘭室道女扇	江妃解佩

續　表

詞調	相關詞句	內容	神話
瑣窗寒(紺縷堆雲)	紺縷堆雲,清腮潤玉,氾人初見。渺征槎,去程閬風,占香上國幽心展。	詠物(玉蘭)	氾人、八月槎、閬風
解語花(門横皺碧)	酥瑩雲容夜暖。伴蘭翹清瘦,簫鳳柔婉。	詠物(梅花)	弄玉
花犯(翦横枝)	小窗春到。憐夜冷孀娥,相伴孤照。行雲夢中認瓊娘,冰肌瘦,窈窕風前纖縞。殘醉醒,屏山外、翠禽聲小。	詠物(梅花)	嫦娥、巫山神女、許飛瓊、羅浮夢梅
永遇樂(閣雪雲低)	遺襪塵銷,題裙墨黯,天遠吹笙路。	詠物(梅花)	洛神、王子喬
一翦梅(老色頻生)	萼綠燈前,酒帶香温。風情谁道不因春。	詠物(梅枝)	萼綠華
燭影搖紅(莓鎖虹梁)	姑射青春對面。駕飛虯、羅浮路遠。雲根直下是銀河,客老秋槎變。	詠物(古紅梅)	姑射神人、羅浮夢梅、八月槎
高陽臺(宮粉雕痕)	宮粉雕痕,仙雲墮影,無人野水荒灣。夢縞衣、解佩溪邊。	詠物(落梅)	巫山神女、江妃解佩
宴清都(繡幄鴛鴦柱)	障灔蠟、滿照歡叢,嫠蟾冷落羞度。	詠物(連理海棠)	嫦娥
惜秋華(路遠仙城)	路遠仙城,自王郎去後,芳卿憔悴。	詠物(木芙蓉)	王子喬
過秦樓(藻國淒迷)	湘女歸魂,佩環玉冷無聲,凝情誰愬。又江空月墮,凌波塵起,彩鴛愁舞。玲瓏翠屋,輕薄冰綃,穩稱錦雲留住。	詠物(芙蓉)	湘妃、洛神、巫山神女
拜星月慢(絳雪生涼)	霧盎淺障青羅,洗湘娥春膩。	詠物(盆蓮)	湘水女神

續 表

詞調	相關詞句	内容	神話
鳳棲梧(湘水煙中)	妝鏡明星爭晚照。西風日送凌波杳。	詠物(蓮)	洛神
鶯啼序(横塘棹穿)	霞佩冷,疊瀾不定,麝靄飛雨,乍濕鮫綃,暗盛紅淚。綀單夜共,波心宿處,瓊簫吹月霓裳舞,向明朝、未覺花容悴。	詠物(荷)	鮫人、月宫
花犯(小娉婷)	湘娥化作此幽芳,凌波路,古岸雲沙遺恨。	詠物(水仙)	湘妃、洛神
夜遊宫(窗外捎溪雨響)	渾似瀟湘繫孤艇。見幽仙,步凌波,月邊影。	詠物(水仙)	洛神
淒涼犯(空江浪闊)	□塵襪、凌波半步。汜人最苦,粉痕深、幾重愁靨。倚瑤臺十二,金錢暈半掐。	詠物(重臺水仙)	洛神、汜人、瑤臺
金盞子(賞月梧園)	賞月梧園,恨廣寒宫樹,曉風搖落。	詠物(桂花)	月宫
聲聲慢(藍雲籠曉)	三十六宫愁重,問誰持金锸,和月都移。	詠物(桂花)	月桂
朝中措(海東明月)	海東明月鎖雲陰。花在月中心。天外幽香輕漏,人間仙影難尋。	詠物(桂香)	月桂
古香慢(怨娥墜柳)	怨娥墜柳,離佩搖洪,霜訊南圃。還問月中遊,夢飛過、金屋翠羽。	詠物(賦滄浪看桂)	嫦娥、江妃、月桂
喜遷鶯(凡塵流水)	凡塵流水。正春在、絳闕瑤階十二。	詠物(牡丹)	絳闕瑤階
聲聲慢(雲深山塢)	還解語,待攜歸、行雲夢中。	詠物(四香)	巫山神女

續 表

詞調	相關詞句	內容	神話
水龍吟(有人獨立空山)	有人獨立空山,翠髯未覺霜顏老。駟蒼虬萬里,笙吹鳳女,驂飛乘、天風嫋。漢遊仙、相從最早。	詠物(古松五粒)	山鬼、弄玉、赤松子
無悶(霓節飛瓊)	霓節飛瓊,鸞駕弄玉,杳隔平雲弱水。要須借東君,灞陵春意。	詠物(雪)	許飛瓊、弄玉、弱水、東君
掃花遊(水雲共色)	心事春縹緲。記遍地梨花,弄月斜照。舊時鬥草。恨凌波路鎖,小庭深窈。	詠物(春雪)	洛神
探芳信(夜寒重)	夜寒重。見羽葆將迎,飛瓊入夢。	詠物(雪)	許飛瓊
江神子(一聲玉磬)	平曉阿香,油壁碾青鸞。	詠物(喜雨)	阿香
燭影搖紅(秋入燈花)	阿香秋夢起嬌啼,玉女傳幽素。人駕梅槎未渡。試梧桐、聊分宴俎。采菱別調,留取蓬萊,霎時雲住。	詠物(越上霖雨應禱)	阿香、玉女、八月槎、蓬萊
風入松(畫船簾密)	畫船簾密不藏香。飛作楚雲狂。	詠物(鄰舟妙香)	巫山神女
瑞鶴仙(彩雲棲翡翠)	東皇有意。旋安排、闌干十二。早不知、為雲為雨,盡日建章門閉。	贈女道士	東皇、巫山雲雨
高山流水(素絃一一秋風起)	素絃一一秋風起。寫柔情、都在春蔥。徽外斷腸聲,霜霄暗落驚鴻。	丁基仲側室	洛神
婆羅門引(風漣翠亂)	雙成夜笙,斷舊曲、解明璫。	席上女樂	董雙成

續 表

詞調	相關詞句	內容	神話
夜飛鵲(金規印遙漢)	渾似飛仙入夢,襪羅微步,流水青蘋。怕雲槎來晚,流紅信杳,縈斷秋魂。	席上美人	洛神、八月槎
東風第一枝(傾國傾城)	傾國傾城,非花非霧。春風十里獨步。勝如西子妖嬈,更比太真澹泞。鉛華不御。漫道有、巫山洛浦。似恁地、標格無雙,鎮鎖畫樓深處。	席上美人	巫山神女、洛神
法曲獻仙音(落葉霞翻)	望極藍橋,彩雲飛、羅扇歌斷。	放琴客	藍橋雲英
風入松(春風吳柳)	莫道藍橋路遠,行雲只隔幽坊。	為友人放琴客賦	藍橋雲英、巫山神女
倦尋芳(墜缾恨井)	不約舟移楊柳繫,有緣人映桃花見。被西風,又驚吹、夢雲分散。	老妓	天台桃源、巫山神女
瑞鶴仙(記年時茂苑)	天邊歲華轉。向九重春盡,仙桃傳宴。銀罌翠管。寶香飛、蓬萊小殿。	壽史雲麓	西王母、蓬萊
瑞鶴仙(轆轤春又轉)	記旋草新詞,江頭憑雁。乘槎上銀漢。願年年、兔長生,聳秋井干。	壽方蕙巖	八月槎、月兔
水龍吟(望中璇海波新)	望中璇海波新,訊槎又帀銀河轉。紫霄承露掌,瑤池蔭密,蟠桃秀、蠡蓮綻。繡裳五色,昆臺十二,香深簾捲。賜長生玉字,鸞迴鳳舞,下蓬萊殿。	壽嗣榮王	八月槎、瑤池、崑崙、蓬萊

續 表

詞調	相關詞句	内容	神話
燭影搖紅(天桂飛香)	天桂飛香,御花簇坐千秋宴。笑從王母摘仙桃,瓊醴雙金盞。掌上龍珠照眼。映蘿圖、星暉海潤。浮槎遠到,水淺蓬萊,秋明河漢。……喜回天上,紫府開筵,瑤池宣勸。	壽嗣榮王	月桂、西王母、八月槎、蓬萊、瑤池
水龍吟(望春樓外滄波)	閬苑芝仙貌,生綃對,綠窗深景。	壽尹梅津	閬苑
漢宮春(名壓年芳)	千年禹梁蘚碧,重發南枝。冰凝素質,遣凡桃、羞濯塵姿。	壽梅津	禹
宴清都(翠市西門柳)	星槎信約長在,醉興渺,銀河賦就。對小弦、月挂南樓,涼浮桂酒。	壽秋壑	八月槎
風入松(一帆江上)	阿咸才俊玉壺冰。王母最憐生。萬年枝上千年葉,垂楊鬢、春共青青。連喚碧筩傳酒,雲回一曲雙成。	壽梅壑	西王母、董雙成
燭影搖紅(西子西湖)	亂鴉啼後,解佩歸來,春懷多少。昵昵西窗語笑。鳳雲深、瓊簫縹緲。	壽荷塘	江妃解佩、弄玉
宴清都(萬壑蓬萊路)	萬壑蓬萊路。非煙霽、五雲城闕深處。璇源媲鳳,瑤池種玉,煉顔金姥。	壽榮王夫人	蓬萊、瑤池
齊天樂(玉皇重賜瑤池)	玉皇重賜瑤池宴,瓊筵第二十四。萬象澄秋,群裾曳玉,清澈冰壺人世。鰲峰對起。許分得鈞天,鳳絲龍吹。	壽榮王夫人	瑤池、壺天、鈞天

續 表

詞調	相關詞句	内容	神話
天香(碧藕藏絲)	洞簫韻裹,同跨鶴、青田碧岫。	壽筠塘内子	弄玉
絳都春(香深霧暖)	紫煙籠處,雙鸞共跨,洞簫低按。	為郭清華内子壽	弄玉
洞仙歌(芳辰良宴)	待枝上,飽東風,結子成陰,藍橋去、還覓瓊漿一飲。	賀得子	藍橋雲英
探芳信(探春到)	禁苑傳香,柳邊語、聽鶯報。片雲飛趁春潮去,紅軟長安道。試回頭、一點蓬萊翠小。	賀麓翁秘閣滿月	蓬萊
滿江紅(竹下門敲)	宫漏靜,朝馬鳴。西風起,已關情。料希音不在,女瑟媧笙。	餞方蕙巖赴闕	女媧
水龍吟(幾番時事重論)	貞元舊曲,如今誰聽,惟公和寡。兒騎空迎,舜瞳迴盼,玉階前借。	送萬信州	舜
解語花(檐花舊滴)	澹煙疏綺。凌波步、暗阻傍牆挑薺。	立春風雨中餞處靜	洛神
宴清都(翠羽飛梁苑)	問幾時、重駕巫雲,蓬萊路淺。	餞嗣榮王仲亨還京	巫山神女、蓬萊
宴清都(柳色春陰重)	家林秀橘霜老,笑分得、蟾邊桂種。應茂苑、斗轉蒼龍,唯潮獻奇吳鳳。	送馬林屋赴南宫(禮部)	月桂、天吳、紫鳳
塞翁吟(有約西湖去)	轉河影、浮槎信早。素妃叫、海月歸來,太液池東。	餞梅津除郎赴闕	八月槎
瑞龍吟(黯分袖)	莫唱朱櫻口。生怕遣、樓前行雲知後。唳鴻怨角,空教人瘦。	送梅津	巫山神女

續　表

詞調	相關詞句	内容	神話
惜黄花慢(送客吳皋)	仙人鳳咽瓊簫。悵斷魂送遠,九辯難招。	餞尹梅津	弄玉
江神子(天街如水)	天街如水翠塵空。建章宫。月明中。三十六宫蟾觀冷,留不住,佩丁東。	送桂花吳憲	月宫
惜秋華(數日西風)	瓜果夜深,銀河擬看星度。	七夕前一日送人歸鹽官	牽牛織女
木蘭花慢(潤寒梅細雨)	仙方。袖中秘寳,遣蓬萊、弱水變飛霜。	餞韓似齋	蓬萊、弱水
木蘭花慢(指罘罳曉月)	西子冰綃冷處,素娥寳鏡圓時。向醉中織就,天孫雲錦,一杼新詩。	餞趙山臺	嫦娥、織女
木蘭花慢(幾臨流送遠)	雲零。夢繞浮觴,流水畔、叙幽情。	餞施芸隱	巫山神女
聲聲慢(旋移輕)	西窗夜深翦燭,夢頻生,不放雲收。	餞魏繡使	巫山神女
倦尋芳(暮帆挂雨)	寒食相思堤上路,行雲應在孤山畔。	餞周糾定夫	巫山神女
瑞鶴仙(藕心抽瑩繭)	金門從迴輦。兩玉鳧飛上,繡絨塵軟。絲約侍宴。待宣供、禹步宸遊,退朝燕殿。	贈絲鞋莊生	王喬、禹
一寸金(秋入山中)	蒼梧恨、帝娥暗泣。	贈筆工劉衎	娥皇女英
繞佛閣(蒨霞豔錦)	蒨霞豔錦,星媛夜織,河案鳴杼。紅翠萬縷。送幽夢與、人間繡芳句。	贈郭季隱	織女
江城梅花引(江頭何處)	半黄煙雨,翠禽語、似説相思。	贈倪梅村	羅浮夢梅

續表

詞調	相關詞句	内容	神話
婆羅門引(香霏汎酒)	吹徹玉笙何處,曾説董雙成。瑤臺幾層,但夢遶、曲闌行。堂空露涼,倩誰喚、行雲來洞庭。	贈趙仇香	董雙成、瑤臺、巫山神女
三部樂(江鴉初飛)	帆鬣轉、銀河可掬。風定浪息,蒼茫外、天浸寒綠。	賦姜石帚漁隱	八月槎
齊天樂(餘香纔潤鸞綃汗)	桃溪人住最久,浪吟誰得到,蘭蕙疏綺。	贈姜石帚	天台桃源
朝中措(吳山相對)	朝雲暮雨,玉壺塵世,金屋瑤京。	贈趙梅壑	巫山神女、壺天
朝中措(殷雲彫葉)	秋深露重,天空海闊,玉界香浮。	題桂山詩集	月桂
尉池杯(垂楊徑)	小小蓬萊香一掬,愁不到、朱嬌翠靚。	賦楊公小蓬萊	蓬萊
慶春宮(春屋圍花)	蓮尾分津,桃邊迷路,片紅不到人間。	越中錢得閑園	天台桃源
掃花遊(暖波印日)	夜色瑤臺,禁蠟初傳翡翠。喚春醉。問人間、幾番桃李。	賦瑤圃萬象皆春堂	瑤臺
西河(春乍霽)	畫闌日暮起東風,棋聲吹下人世。	陪鶴林登袁園	爛柯山
浪淘沙慢(夢仙到)	夢仙到、吹笙路杳,度巘雲滑。倩玉兔、别擣秋香,更醉踢、千山冷翠飛雪。	賦李尚書山園	王子喬、月兔
水調歌頭(屋下半流水)	殘照遊船收盡,新月書簾纔捲,人在翠壺間。天際笛聲起,塵世夜漫漫。	賦魏方泉望湖樓	方壺(壺天)

續 表

詞調	相關詞句	内容	神話
丹鳳吟(麗景長安人海)	吟壺天小,不覺翠蓬雲隔。桂斧月宫三萬手,計元和通籍。	詠陳宗之芸居樓(藏書樓)	壺天、蓬萊、月宫、月桂
聲聲慢(檀欒金碧)	檀欒金碧,婀娜蓬萊,遊雲不蘸芳洲。	郭希道池亭餞孫無懷	蓬萊
聲聲慢(清漪銜苑)	延桂影,見素娥梳洗,微步瓊空。	幾澧新樓(上尹梅津)	嫦娥
江神子(西風來晚)	西風來晚桂開遲。月宫移。到東籬。	荷塘小隱賞桂,呈朔翁	月宫
新雁過妝樓(閬苑高寒)	閬苑高寒。金樞動,冰宫桂樹年年。共無眠。素娥慣得,西墜闌干。谁知壺中自樂,正醉圍夜玉,淺鬥嬋娟。徐郎老,恨斷腸聲在,離鏡孤鸞。	中秋後一夕,李方庵月庭延客	閬苑、月宫、月桂、嫦娥、壺天、鸞鏡
絳都春(春來雁渚)	碧沿蒼蘚雲根路。尚追想、凌波微步。□莫把、飛瓊飛去。便教移取熏籠,夜温繡户。	感昔傷今,	洛神、許飛瓊
滿江紅(翠幕深庭)	倩雙成、一曲紫雲迴,紅蓮折。	亭臺園林	董雙成
瑞龍吟(墮虹際)	東海青桑生處,勁風吹淺,瀛洲清泚。山影汎出瓊壺,碧樹人世。	賦蓬萊閣	蓬萊、方壺、瀛洲
絳都春(螺屏暖翠)	倩穩載、蓬萊雲氣。寶階斜轉,冰娥素影,夜清如水。應記。千秋化鶴,舊華表、認得山川猶是。	題蓬萊閣燈屏,履翁帥越	蓬萊、嫦娥、丁令威

續　表

詞調	相關詞句	內容	神話
西江月(清夢重遊)	清夢重遊天上,古香吹下雲頭。千山濃綠未成秋。誰見月中人瘦。	登蓬萊閣看桂	月桂、嫦娥
金縷歌(喬木生雲氣)	華表月明歸夜鶴,歎當時、花竹今如此。重唱梅邊新度曲,催發寒梢凍蕊。此心與、東君同意。	陪履齋先生滄浪難梅	丁令威、東君
齊天樂(凌朝一片陽臺影)	凌朝一片陽臺影,飛來太空不去。	齊雲樓	巫山神女
鶯啼序(天吳駕雲)	天吳駕雲閬海,凝春空燦綺。倒銀海、蘸影西城,四碧天鏡無際。	豐樂樓	天吳
惜秋華(思渺西風)	蓬萊對起幽雲,澹野色山容愁捲。清淺。瞰滄波、靜銜秋痕一線。	八日登高飛翼樓	蓬萊
齊天樂(三千年事殘鴉外)	三千年事殘鴉外,無言倦憑秋樹。逝水移川,高陵變谷,那識當年神禹。幽雲怪雨,翠萍溼空梁,夜深飛去。雁起青天,數行書似舊藏處。寂寥西窗坐久,故人慳會遇,同翦燈語。積蘚殘碑,零圭斷璧,重拂人間塵土。霜紅罷舞。漫山色青青,霧朝煙暮。岸鎖春船,畫旗喧賽鼓。	與馮深居登禹陵	禹
木蘭花慢(步層丘翠莽)	驚翰。帶雲去杳,任紅塵、一片落人間。青塚麒麟有恨,卧聽簫鼓遊山。	重遊虎丘	巫山神女
木蘭花慢(酹清杯問水)	悵斷魂西子,凌波去杳,環佩無聲。	重泊垂虹	洛神

續　表

詞調	相關詞句	内容	神話
夜合花(柳暝河橋)	共追遊處,凌波翠陌,連棹横塘。	葑門有感	洛神
惜紅衣(鷺老秋絲)	南陌。前度劉郎,尋流花蹤跡。	感今傷昔	天台桃源
滿江紅(雲氣樓臺)	雲氣樓臺,分一派、滄浪翠蓬。算鮫宫、只隔一紅塵,無路通。神女駕,凌曉風。明月佩,響丁東。對兩蛾猶鎖,怨緑煙中。	澱山湖	蓬萊、鮫人、巫山神女
水龍吟(豔陽不到青山)	吴娃點黛,江妃擁髻,空濛遮斷。鴻漸重來,夜深華表,露零鶴怨。	惠山酌泉	江妃、丁令威
齊天樂(麴塵猶沁傷心水)	歎霞薄輕綃,汜人重見。傍柳追涼,暫疏懷袖負紈扇。	會江湖諸友泛湖	汜人
還京樂(宴蘭漵)	鳳吹遠,河漢去杳,天風飄冷。	遊湖詠樂	弄玉
沁園春(澄碧西湖)	見華星影裏,仙棋局静,清風行處,瑞玉圭寒。	冰漕鑿方泉,賓客請以名齋,邀賦	爛柯山
霜天曉角(煙林褪葉)	明月雙成歸去,天風裏、鳳笙淚。	題胭脂嶺陶氏門	董雙成
江神子(長安門外)	長安林外小林丘。碧壺秋。浴輕鷗。波面琴高,仙子駕黄虬。	賦洛北碧沼小庵	方壺(壺天)、琴高
一寸金(秋壓更長)	秋壓更長,看見姮娥瘦如束。	秋夜詠懷	姮娥

續 表

詞調	相關詞句	內容	神話
繞佛閣(夜空似水)	瑤鏡匳小。素娥乍起,樓心弄孤照。歎步影歸來,人鬢花老,紫簫天渺。	秋夜詠懷	姮娥、弄玉
玉樓春(闌干獨倚)	霜花强弄春顔色。相弔年光澆太白。海煙沉處倒殘霞,一杼鮫綃和淚織。	秋日詠懷	鮫人
西江月(江上桃花)	一鏡波平鷗去,千林日落鴉還。天風嫋嫋送輕帆。驀過星槎銀漢。	春日詠懷	八月槎
祝英臺近(晚雲開)	舊遊地。素娥城闕年年,新妝趁羅綺。玉練冰輪,無塵涴流水。	上元憶往	嫦娥
探芳新(九街頭)	層梯峭空麝散,擁凌波、縈翠袖。	元日感懷	洛神
應天長(麗花鬥靨)	素娥下,小駐輕鑣,眼亂紅碧。凌波恨,簾户寂。聽怨寫、墮梅哀笛。	吳門元夕	嫦娥、洛神
燭影搖紅(碧澹山姿)	恣遊不怕,素襪塵生,行裙紅濺。楚夢留情未散。素娥愁、天深信遠。	元夕雨	洛神、巫山神女、嫦娥
六醜(漸新鵝映柳)	澄澄素娥宫闕。醉西樓十二,銅漏催徹。恨愁霏潤沁,陌頭塵襪。青鸞杳、鈿車音絶。	壬寅歲吳門元夕風雨	嫦娥、月宫、洛神
瑞龍吟(大溪面)	桃花三十六陂,鮫宫睡起,嬌雷乍轉。東風冷濕蛟腥,澹陰送晝,輕霏弄晚。	清明競渡	鮫人

續 表

詞調	相關詞句	内容	神話
六么令(露蛩初響)	露蛩初響,機杼還催織。婺星為情慵懶,佇立明河側。不見津頭艇子,望絶南飛翼。雲梁千尺。塵緣一點,回首西風又陳跡。那知天上計拙,乞巧樓南北。瓜果幾度淒涼,寂寞羅池客。人事回廊縹緲,誰見金釵擘。今夕何夕。杯殘月墮,但耿銀河漫天碧。	七夕	牽牛織女
荔枝香近(睡輕時聞)	睡輕時聞,晚鵲噪庭樹。又説今夕天津,西畔重歡遇。蛛絲暗鎖紅樓,燕子穿簾處。天上、未比人間更情苦。秋鬢改,妒月姊、長眉嫵。過雨西風,數葉井梧愁舞。夢入藍橋,幾點疏星映朱户。淚濕沙邊凝佇。	七夕	牽牛織女、嫦娥、藍橋雲英
鳳棲梧(開過南枝)	開過南枝花滿院。新月西樓,相約同針線。高樹數聲蟬送晚。歸家夢向斜陽斷。夜色銀河情一片。輕帳偷歡,銀燭羅屏怨。陳跡曉風吹霧散。簾鉤空帶蛛絲捲。	七夕	牽牛織女
秋蕊香(懶浴新涼睡早)	懶浴新涼睡早。雪靨酒紅微笑。倚樓起把繡針小。月冷波光夢覺。怕聞井葉西風到。恨多少。粉河不語墜秋曉。雲雨人間未了。	七夕	牽牛織女、巫山神女

續 表

詞調	相關詞句	内容	神話
訴衷情(西風吹鶴)	西風吹鶴到人間。涼月滿緱山。銀河萬里秋浪,重載客槎還。河漢女,巧雲鬟,夜闌干。釵頭新約,針眼嬌顰,樓上秋寒。	七夕	王子喬、八月槎、織女
惜秋華(露罥蛛絲)	露罥蛛絲,小樓陰墮月,秋華驚鬢。宮漏未央,當時鈿釵遺恨。人間夢隔西風,算天上、年華一瞬。相逢,縱相疏、勝卻巫陽無準。何處動涼訊。聽露井梧桐,楚騷成韻。彩雲斷、翠羽散,此情難問。銀河萬古秋聲,但望中、婺星清潤。輕俊。度金針、漫牽方寸。	七夕	牽牛織女、巫山神女
醉蓬萊(望碧天書斷)	望碧天書斷,寶枕香留,淚痕盈袖。誰識秋娘,比行雲纖瘦。象尺熏罏,翠針金縷,記倚牀同繡。月甽瓊梳,冰綃粉汗,南花薰透。　盡是當時,少年清夢,臂約痕深,帕綃紅皺。憑鵲傳音,恨語多輕漏。潤玉留情,沈郎無奈,向柳陰期候。數曲摧闌,雙鋪深掩,風鐶鳴獸。	七夕	牽牛織女、巫山神女
永遇樂(風拂塵徽)	白凝虛曉,香吹輕燼,倚窗小餅疏桂。問深宮,姮娥正在,妒雲第幾。	乙巳中秋風雨	嫦娥

續 表

詞調	相關詞句	内容	神話
思佳客(丹桂花開)	丹桂花開第二番。東籬展卻宴期寬。人間寶鏡離仍合,海上仙槎去復還。分不盡,半涼天。可憐閑賸此嬋娟。素娥未隔三秋夢,贏得今宵又倚闌。	閏中秋	八月槎、嫦娥
喜遷鶯(冬分人别)	待移杖籬雪後,猶怯蓬萊寒闊。晨起懶,任鴉林催曉,梅窗沉月。	冬至思親	蓬萊
瑞鶴仙(晴絲牽緒亂)	試挑燈欲寫,還依不忍,箋幅偷和淚捲。寄殘雲、剩雨蓬萊,也應夢見。	相思	巫山神女、蓬萊
渡江雲三犯(羞紅顰淺恨)	千絲怨碧,漸路入,仙塢迷津。腸漫回,隔花時見,背面楚腰身。	相思	天台桃源
解連還(暮檐涼薄)	夢遠雙成,鳳笙杳、玉繩西落。掩綀帷倦入,又惹舊愁,汗香闌角。記湘娥,絳綃暗解,褪花墜萼。	相思	董雙成、湘水女神
慶春宫(殘葉翻濃)	近歡成夢,斷雲隔、巫山幾層。偷相憐處,熏盡金篝,消瘦雲英。	相思	巫山神女、藍橋雲英
宴清都(病渴文園久)	題紅汎葉零亂,想夜冷、江楓暗瘦。付與誰、一半悲秋,行雲在否。	相思	巫山神女
齊天樂(芙蓉心上三更露)	當時湖上載酒,翠雲開處共,雪面波鏡。萬感瓊漿,千莖鬢雪,煙鎖藍橋花徑。	相思	藍橋雲英
齊天樂(新煙初試花如夢)	新煙初試花如夢,疑收楚峰殘雨。	相思	巫山神女

續 表

詞調	相關詞句	內容	神話
齊天樂(煙波桃葉西陵路)	清尊未洗。夢不濕行雲,漫沾殘淚。可惜秋宵,亂蛩疏雨裏。	相思	巫山神女
掃花遊(冷空澹碧)	乘蓋爭避處。就解佩旗亭,故人相遇。恨春太妒。	相思	江妃解佩
解蹀躞(醉雲又兼醒雨)	醉雲又兼醒雨,楚夢時來往。	相思	巫山神女
浣溪沙(門隔花深)	落絮無聲春墮淚,行雲有影月含羞。東風臨夜冷於秋。	相思	巫山神女
浣溪沙(秦黛横愁)	綵扇不歌原上酒,青門頻返月中魂。花開空憶倚闌人。	相思	嫦娥
點絳唇(捲盡愁雲)	捲盡愁雲,素娥臨夜新梳洗。暗塵不起。酥潤凌波地。	相思	嫦娥、洛神
西子妝慢(流水麴塵)	笑拈芳草不知名,□凌波、斷橋西堍。	相思	洛神
鶯啼序(殘寒正欺)	遡紅漸、招入仙溪,錦兒偷寄幽素。暗點檢、離痕歡唾,尚染鮫綃,軃鳳迷歸,破鸞慵舞。	相思	天台桃源、鮫人、弄玉、鸞鏡
玉漏遲(雁邊風訊小)	雁邊風訊小,飛瓊望杳,碧雲先晚。秦鏡滿。素娥未肯,分秋一半。孤兔淒涼照水,曉風起、銀河西轉。摩淚眼。瑤臺夢回人遠。	相思	許飛瓊、嫦娥、月兔、瑤臺
絳都春(南樓墜燕)	舊色舊香,閑雨閑雲情終淺。丹青誰畫真真面。便只作、梅花頻看。更愁花變梨雯,又隨夢散。	相思	巫山神女

續 表

詞調	相關詞句	内容	神話
倦尋芳(海霞倒影)	羅襪輕塵花笑語,寶釵爭鬬春心眼。夢雨離雲,點點漏壺清怨。	相思	洛神、巫山神女
晝錦堂(舞影燈前)	舞影燈前,簫聲酒外,獨鶴華表重歸。舊雨殘雲仍在,門巷都非。楚夢秦樓相遇,共歎相違。	相思	丁令威、巫山神女、弄玉
八聲甘州(記行雲夢影)	記行雲夢影,步凌波、仙衣翦芙蓉。人遠雲槎渺,煙海沉蓬。井梧凋、銅鋪低亞,映小眉、瞥見立驚鴻。	相思	巫山神女、洛神、八月槎、蓬萊
新雁過妝樓(夢醒芙蓉)	行雲遠,料澹蛾人在,秋香月中。	相思	巫山神女、嫦娥
尾犯(紺海掣微雲)	江妃冷、冰綃乍洗,素娥忺、菱花再拭。影留人去,忍向夜深,簾户照陳跡。	相思	江妃、嫦娥
夜行船(逗曉闌干)	屏曲巫山和夢倚。行雲重、夢飛不起。	相思	巫山神女
浪淘沙(燈火雨中船)	往事一潸然。莫過西園。凌波香斷綠苔前。燕子不知春事改,時立鞦韆。	相思	洛神
好事近(雁外雨絲絲)	袖香曾枕醉紅腮,依約唾痕碧。花下凌波入夢,引春雛雙鶩。	相思	洛神

試論陳寶箴詩歌創作的宗宋傾向

閔定慶

一

陳寶箴(1831－1900),字右銘,江西義寧(今江西省修水縣竹塅村)人,為著名詩人陳三立之父、著名史學家陳寅恪之祖,咸豐元年恩科舉人,後加入以曾國藩為核心的湘軍集團,官至湖南巡撫,極力推行新政,卓有成效,是近代著名的維新政治家。戊戌政變後罷官歸隱江西西山,於八國聯軍入侵天津、北京之際去世。陳寶箴全力經世,將詩文視為"雕蟲小技",發誓"輟文學,討時事,奮其愚陋,庶幾乎一日之强",[①]故狄葆賢《平等閣詩話》記述道:"義甯陳右銘中丞,志節德業,彰彰在人耳目間,殆所謂'先天下之憂而憂'者。戊戌由湘中罷官歸,貧無居宅,愛南昌西山之勝,因僑寓焉。庚子夏,聞京、津之亂,憂憤而卒。公善詩,生平不自珍惜,脱稿輒棄去,遂致蕩佚。"他傳世的詩文不多,散文以應用性質的策論、書奏和記傳文為主,體現了湖湘學派重儒術、輕文辭、經世致用的取向。他現存的詩作約三十多首,題材頗廣泛,主體風格偏向宋詩一路,其審美趣味遠承以黄庭堅為代表的宋代江西詩派而來,近襲以曾國藩為代表的湖湘派宗宋風氣。關於陳寶箴的文學造詣,時賢頗多褒評,如曾國藩讀陳寶箴書後,肯定其為人為文近於南宋永嘉

① 范當世《故湖南巡撫義甯陳公墓誌銘》,《范伯子集》卷九,上海:上海古籍出版社,2005年版。又,《陳右銘先生遺文》,義寧手鈔本,目錄:《疏廣論》(殘)、《晉謝安淝水戰論》、《擬陳夷務疏》、《上沈中丞書》、《上曾相國書》、《報江味根書》、《答席廉訪書》、《代席廉訪與婁軍門止移軍書》、《與段觀察論辦教匪書》、《與席硯薌書論貴州兵事》、《與田鼎臣書答黃鴻九書》、《與吳贊先書》、《答易笏山書》、《與吳嶰穀書》、《與惲次山方伯書》、《與易笏山書》、《記義甯州牧葉公濟英禦賊死難事》、《義甯同仇錄序》、《答黃鴻九書》、《義甯同仇錄書後》、《書宜黃令傅君培峰死難事》、《送廉訪李公歸玉林序》、《贈張翁序》、《送董小山之官修仁序》、《送嚴雨農南歸序》、《宗母劉孺人六十壽序》、《丁節婦傳》、《祭閔季清文》、《書周貞女》、《書洪山凱旋圖後》、《書塾侄詩卷》、《四覺老人書示隆恪》。《陳右銘先生遺詩》,義寧手鈔本,目錄:《入都過章門李君芋仙出莊少甫畫松見贈並與曾君佑卿宋君萍洲各綴詩為别答題二絶句》、《吳城舟中寄酬李芋仙》、《蠅》、《洛陽女兒行》、《和李芋仙見贈原韻》、《長沙秋興八首用杜韻》、《蕪湖阻風》、《平遠寓舍題壁》、《漢文帝臺》、《尉池縣晚泊》、《自津門還保陽溵池舟中兼呈呂丈庭芷》、《陟廬山頂曠然有高世之想舉酒作歌》、《感事》、《易笏山出都將為從軍之行作長歌以送之》、《題獨坐圖》、《趙州道中》、《僑寓湘中六十初度避客入山詠懷》。《陳右銘寶箴遺詩廿二首》,刊《江西詩詞》1988年第1期,目錄:《入都過章門李君芋仙出莊少甫畫松見贈並與曾君佑卿宋君萍洲各綴詩為别答題二絶句》、《吳城舟中寄酬李芋仙》、《蠅》、《洛陽女兒行》、《和李芋仙見贈原韻》、《長沙秋興八首用杜韻》、《蕪湖阻風》、《平遠寓舍題壁》、《漢文帝臺》、《尉池縣晚泊》、《自津門還保陽溵池舟中兼呈呂丈庭芷》。上述資料皆收入汪叔子等編《陳寶箴集》(北京:中華書局,2005年版)。拙文即依上述各書進行論述,不另注。

學派陳亮、葉適一途,《覆陳寶箴》即言:"閣下志節嶙峋,器識宏達,又能虛懷取善,兼攬衆長……大著粗讀一過,駿快激昂,有陳同甫、葉水心諸人之風。"①郭嵩燾鑒閱過他的所有文章,評道:"右銘十餘年蹤跡與學術、智略略具於斯,其才氣誠不可一世。而論事理曲折,心平氣夷,慮之周而見之深遠,又足見其所學之邃也。"范當世《故湖南巡撫義甯陳公墓誌銘》更說:"公於詩文果不多為,為則精闢有法。"《晚晴簃詩匯》亦云:"右翁負幹略,工詩、古文辭,初見賞於曾文正,以從戎致通顯。"從中不難窺見其文學宗向是明顯偏向宋學一途的,與曾國藩宗尚宋詩、以蘇黄上溯杜甫、陶淵明的詩學門徑同一機杼。而這一詩學宗向明顯地影響了其子三立及孫衡恪、寅恪、隆恪、方恪的詩歌創作和治學道路,從深層次凝定了個性鮮明的家學淵源。

陳寶箴詩歌創作的宗宋傾向,具有深刻的文化基礎,在某種程度上講乃是歷史的必然選擇。關於他自覺宗宋的選擇,可以從兩個方面進行探討:

首先,這一自覺意識來自陳寶箴久植内心的對宋代鄉賢黄庭堅其人其詩的崇高敬意。北宋著名詩人黄庭堅(1045－1105),字魯直,號山谷道人,晚號涪翁,修水人,其家雙井距離陳家竹塅不遠,其詩開江西一派,對後代詩人影響甚巨。陳寶箴久慕黄庭堅之為人,在為政方面也極力效法黄庭堅。黄庭堅於元豐五年(1082)官太和知縣,書後蜀主孟昶"爾俸爾祿,民脂民膏,下民易虐,上天難欺"一語,貼在官舍之中,南宋高宗曾下詔將黄庭堅手書頒示天下郡縣。陳寶箴也曾親筆書寫此語,掛在官舍,以此自勵,並警示同僚和下屬。② 陳寶箴的詩歌創作更接受了山谷的深層影響,追慕山谷詩風,宗風江西詩派,意在由此上溯杜甫、韓愈、陶淵明,因

① 曾國藩《覆陳寶箴》,《曾國藩全集》第30册,書信十,長沙:嶽麓書社,1994年版。

② 陳三立《隆觀易傳》,《散原精舍文集》卷三,沈陽:遼寧教育出版社,1999年。

而,他的詩雅近黄庭堅、杜甫、陶淵明,絶不附庸風雅,特重氣節,可以見出其一生抱負。陳寶箴曾為湖南少年詩人隆觀易(字無譽)的《罘罳草堂詩集》撰序,對山谷詩推揚備至,略云:

讀所著文字,根柢鬱茂,其經世之志略見於斯矣。既而取閱其罘罳草堂詩卷,則逢源杜與韓,語言之妙類大蘇,而似歸宿於吾鄉山谷老人,世之號為能詩者未易而有也……往嘗論今之為詩者,大抵氣矜而辭費,否則病為貌襲焉,而竊喜子瞻稱山谷"御風騎氣,以與造物者遊"之言,謂為得其詩之真,而頗怪世少知之而為之者。蓋鄉先輩聲響歇絶,殆千數百年於茲矣。讀無譽詩,庶幾遇之也。

此序對於杜甫、韓愈、蘇軾和黄庭堅四者之間的淵源關係,辨析得非常清晰。關於這四者之間的淵源關係,桐城派大師多有論述,如姚鼐《荷塘詩集序》説:"古之善為詩者,不自命為詩人者也。其胸中所蓄高矣廣矣遠矣,而偶發之於詩,則詩興之為高廣且遠焉,故曰善為詩也。曹子建、陶淵明、李太白、杜子美、韓退之、蘇子瞻、黄魯直之倫,忠義之氣,高亮之節、道德之養、經濟天下之才,舍而僅謂之一詩人耳,此數君子豈所甘哉!"[①]曾國藩《題彭旭詩集後即送其南歸》説:"杜韓去千年,搖落吾安放。涪叟差可人,風騷通肸蚃。"[②]他們都認為黄庭堅是杜甫和韓愈的後繼者,而陳寶箴的這段話可以看做是對清代中後期宋詩運動領袖人物及桐城派大師所構擬的中國古典詩歌譜系的調整。陳寶箴對山谷詩的傾心和嗜好,直至晚年也未稍稍減退,陳三立《山谷内外集題辭》更透露出一段感人的軼事:

光緒十九年,方侍余父官湖北提刑。其秋攜友遊黄州諸

① 姚鼐《荷塘詩集序》,《惜抱軒文集》卷四,上海:上海古籍出版社,1992年版。

② 曾國藩《求闕齋讀書録·山谷詩集》,《曾國藩全集》第15册,長沙:嶽麓書社,1994年版。

山,遂過楊惺吾廣文書樓,遍覽所藏金石秘笈,中有日本所得宋槧《黃山谷內外集》,為任淵、史容注,據稱不獨中國未經見,於日本亦孤行本也。念余與山谷同里閈,余父又嗜山谷詩,嘗憾無精刻,頗欲廣其流傳,顯於世。當是時,廣文意亦良厚,以為然。乃從假至江夏,解資授刊人,廣文復曰:"吾其任督校。"越七載而工訖,至其淵源識別,略具於廣文昔年所為跋語云。光緒二十六年二月義甯陳三立題。

此文置於覆宋槧《山谷內外集》卷首。楊守敬(1839—1916),字惺吾,湖北宜都人,近代著名學者,曾隨何如璋、黎庶昌出使日本,購回大量東傳古籍,宋刊《山谷內外集》即其中的一種。陳三立於光緒十九年(1893)過訪廣文書樓,借出宋本《山谷內外集》覆刊,分裝二十册。此書光緒十九年開雕,此時,陳寶箴在湖北按察使任上,張之洞任湖廣總督,楊氏正在張之洞幕中,至光緒二十六年(1900)完工,此時,陳寶箴父子則因在湖南推行新政同被革職,已閒居兩年了。而在同年六月,陳寶箴去世,時間僅隔四個月。陳三立這篇在其父去世前不久寫下的題辭,透露出了陳寶箴詩學的宗向,大可以當做陳寶箴本人的"夫子自道"來理解。從中不難看出,陳寶箴嗜山谷詩,仔細閱讀,但為山谷詩無精刻本深感遺憾,一直希望有機會尋找到善本,使之廣泛流傳。這一願望終於在他去世前實現了。

其次,陳寶箴詩歌創作宗向山谷,很大程度上是試圖通過認同曾國藩、郭嵩燾等湖湘詩人的創作實踐,接近並融入清代中後期的詩壇主潮——宋詩運動。清代中期官僚、學者、詩人程恩澤、祁寯藻等人喜言宋詩,與及門弟子一道發起了近世詩歌史上一場聲勢浩大、風格紛呈的宋詩運動。陳衍《石遺室詩話》説:"道(光)、咸(豐)以來,何子貞紹基、祁春圃寯藻、魏默深源、曾滌生國藩、歐陽磵東輅、鄭子尹珍、莫子偲友芝諸老,始喜言宋詩。何、鄭、莫皆出程春海侍郎恩澤門下,湘鄉詩文字皆私淑江西,洞庭以南言聲韻之學者稍改故步。"湖南詩人宗宋之風特别强勁,呈理學與宋詩在深層的合流之勢,幾乎湖南所有的理學實學家都是桐城派古文家兼宋詩派詩人,曾國藩、郭嵩燾作詩,雅近蘇黄,他們的政治地位和社會聲譽反過來又大大促進了宋詩運動的發展,直接影響了陳寶箴的詩學宗向。陳三立《巡撫先府君行狀》稱,乃父寶箴"為學宗張(栻)、朱(熹),兼治永嘉葉氏(適)、姚江王氏(陽明)説,師友交遊多當代賢傑,最服膺曾文正公(國藩)及沈文肅公(葆楨)"。[1] 胡思敬《國聞備乘》"陳右銘服膺曾文正"條下記曰:

> 陳寶箴初以舉人謁曾國藩,國藩曰:"江西人素尚節義,今頹喪至此,陳子鶴不得辭其責。轉移風氣將在公等,其勉圖之。"子鶴者,新城陳孚恩也,附肅黨,官至尚書,日營求入閣,故國藩及之。寶箴以資淺位卑,愕然莫知所對。國藩字而徐解之曰:"右銘疑吾言乎? 人亦貴自立耳。轉移之任,不必達而在上也,但數字君子若羅惺四、許仙屏者,沉潛味道,各各一不求富貴利達之心。一人倡之,百人和之,則風氣轉矣。"寶箴敬佩不忘,對江西人輒傳述其言,且喜且懼,自謂生平未受文正薦達,知己之感倍深於他人。[2]

陳寶箴曾兩度入曾國藩幕府,第一次是在同治二年(1863),即曾國藩任兩江總督、屯軍安慶之時,第二次則是在曾國藩攻克金陵、開府江寧之後不久。曾國藩刻苦自勵,力宗儒學,為人清剛,自招募團練征討太平軍起,就刻意以振興儒家綱常號召天下,盛招天下賢士為幕友,不拘學派成見,誠意相交,吟詠無虚日,隱隱然為"一代儒宗"。陳寶箴往遊,曾國藩大喜過望,待為上賓,許為"海内奇士",多次接見。陳、曾二人從容論道、詩酒諷詠的時間極其短

① 陳三立《巡撫先府君行狀》,《散原精舍文集》卷三,沈陽:遼寧教育出版社,1999年版。

② 胡思敬《國聞備乘》,上海:上海書店出版社,1999年版。

暫,但是,陳寶箴早在入湘軍之初就深受曾國藩人格力量的感召,終其一生無時無刻不懷著神聖的情感與曾國藩進行著心靈的對話。在陳寶箴心目中,執軍政大權、掌當今文衡的曾國藩是崇高的,對曾國藩的感佩也是無比崇高的,終生感激曾國藩的揄揚,服膺曾國藩的學術與為人。如果對他稍稍存有一點請託之意、進身之心,都是莫大的褻瀆,只有付諸踐履纔對得起曾國藩的囑託。

而曾、陳的文字交往,更是充滿了惺惺相惜之情。陳寶箴在曾國藩幕府時恰逢生日,那天,曾國藩集蘇軾詩句為一聯,贈以為壽,聯曰:"萬户春風為子壽,半瓶濁酒待君温。"上聯出自蘇軾《王氏生日致語口號》,下聯出自蘇軾《正月二十日往岐亭,郡人潘、古、郭三人送余於女王城東禪莊院》,這首詩入選《十八家詩鈔》。此聯震動一時,口耳傳誦,經久不衰,甚至一度出現了"半杯旨酒待君温"的訛語。細細品來,此聯確實寓意深厚,雋永悠遠。前一首詩,是蘇軾謫居廣東,侍妾王朝雲隨侍蘇軾南來,以"吾心安處是吾鄉"寬慰主人,使蘇軾那顆落魄的心靈終於得到安頓。王氏生日,蘇軾致語口號曰:

羅浮山下已三春,松筍穿階晝掩門。太白猶逃水仙洞,紫簫來問玉華君。天容水色聊同夜,發澤膚光自鑒人。萬户春風為子壽,坐看滄海起揚塵。

小序言:"人中五日,知織女之暫來;海上三年,喜花枝之未老;事協紫衙之夢,歡傾白髮之兒。好人相逢,一杯徑醉。伏以某人女郎,蒼梧仙裔,南海貢餘,憐謝端之早孤,潛炊相助;歎張鎬之沒興,遇酒輒歡。采楊梅而朝飛,擘青蓮而暮返,長新玉女之年貌,未厭金膏之掃除。萬里乘桴,已慕仲尼而航海;五絲繡鳳,將從老子以俱仙。東坡居士,樽俎千峰,笙簧萬籟,聊設三山之湯餅,共傾九醞之仙醪,尋香而來,苒天風之引步;此興不淺,炯江月之升樓。"將王朝雲視作人生知己。此處"萬户春風",指嶺南酒,《十月二日初到惠州》詩"嶺南萬户皆春色,會有幽人客寓公"下自注:"嶺南萬户酒。"《浣溪沙》小序也説:"紹聖元年十月二十三日,與程鄉令侯晉叔、歸善簿譚汲同遊大雲寺,野飲松下,設松黄湯,作此闋。餘近釀酒,名之曰萬家春,蓋嶺南萬户酒也。"

後一首詩,是蘇軾於元豐三年(1080)作於黄州貶所,蘇軾因罹烏臺詩案謫竄黄州,州人潔身自好,敬而遠之,但潘丙、古耕新、郭遘三人不避嫌疑,多方幫助蘇軾。蘇軾去探訪老友陳慥(季常),潘、古、郭三君遠道送行,並在城東禪院設宴餞别,這一番高義令蘇軾無比感動。曾國藩用這兩句詩彰顯陳寶箴能同舟濟人的品質,更以下句暗含"陳"姓,專送寶箴,表現了他對待幕友的誠摯感情。曾國藩在《復陳寶箴》中評陳寶箴"有陳同甫、葉水心諸人之風"同樣是切合"陳"姓。對曾國藩的這番獎掖,陳寶箴自然是感銘在心的。

曾國藩對宋詩的推崇,尤其是對黄庭堅的推挹,很愜陳寶箴喜愛黄庭堅其人其詩的"私悦"。曾國藩編纂《十八家詩抄》,選黄詩極多,計七古 165 首、七律 286 首,使其得以與曹植、阮籍、陶淵明、謝靈運、鮑照、謝朓、李白、杜甫、白居易、韓愈、蘇軾、陸游等大詩人並列,而有一席之地,充分肯定了黄詩在他所構擬的中國詩歌史上的地位。曾國藩也曾評點黄詩一百四十多首,錄入《求闕齋讀書錄》卷一〇,是入選最多的一位詩人。曾國藩作詩深受黄詩的薰染,錢基博《中國現代文學史》即云:"道光而後,何紹基、祁鈺藻、魏源、曾國藩之徒出,益盛倡宋詩。而國藩地望最顯,其詩自昌黎、山谷入杜,實衍桐城姚鼐一脈……國藩乃昌言:'姚氏詩勁氣盤折,能以古文家之義通於詩。'而用其法,旁參山谷,益恣為生新奥衍。洞庭以南,言聲韻之學者稍改故步","晚清名臣能詩者,首推湘鄉曾國藩,後稱張之洞。國藩詩學韓愈、黄庭堅,一變乾嘉以來風氣,於近時詩學有開新之功……國藩識巨而才大,寓縱横詼詭於規矩之中,含指揮方略於句律之内,大段以氣骨勝,少琢磨之功。"[①]同樣地,陳寶箴作詩也傾向於曾國藩這種作風,具有内在的一致性。顯然,陳寶箴沿著曾國藩指出的理學實學理路及北宋詩和桐城古文方嚮往前發展,其文學創作也體現出鮮明的宗宋特徵。

二

和曾國藩一樣,陳寶箴本著"文以載道"的思想,試圖用詩文創作以系統、全面而簡潔地表述了自己的政治理念、行政措施和為人態度,充溢著兩宋儒家的仁者氣象。陳寶箴的《書塾侄詩卷》,與《罘罳草堂詩集序》一樣,是目前所能見到的義甯陳氏最早的兩篇詩論之一,彌足珍貴,謹撮錄如下:

> 詩言志,志超流俗,詩不求佳。然志高矣,又當俯仰古今,讀書尚友,涵養性情,有悠然自得之致,綿渺悱惻,不能自已,然後感於物而有言,言之又足以感人也。後世飾鞶帨類多無本之言,故曰:"雕蟲篆刻,壯夫莫為。"然即以詩論,亦必浸淫墳籍,含英咀華,以相輸貫。探源漢魏,涉獵唐宋人,於作者骨格神韻具有心得,然後執筆為之,不見陋於大雅之林矣。今侄且無肆力於詩,且先肆力於學。以侄之聰明才能,擺脱一切流俗之見,高著眼孔,開拓心胸,日為古人為徒,即以古人自待,毋自菲薄,毋或怠荒,他日德業事功,皆當卓有成就。以此發為詩文,如萬斛泉源,不擇地而湧矣。況不必以詞章小道與專門名家者爭優劣耶。子夏曰:"雖小道,必有可觀者焉,致遠恐泥。"聞侄漸留意於書畫筆墨之間,而未知向學,故書比以廣所志,勉旃勉旃。

在這篇充滿教諭意味和無限親情的短文中,陳寶箴系統地論述自己的詩學觀和審美趣味。他認為文藝應秉承儒家"詩言志"的

---

① 錢基博《現代中國文學史》,長沙:嶽麓書社,1986年版。

優良傳統。漢代揚雄在其《法言》中把詩歌貶斥為"雕蟲篆刻,壯夫莫為"的末技,陳寶箴《寓感六章》其六也説:"古籍汗牛馬,糟粕非精英。何況挾愛憎,是非汨其情。豐碑既多媿,薄俗尤相傾。文字亦俳優,小技安足程。"意思與揚雄是一致的。陳寶箴引證揚雄此語,强調詩不過是"小道",應是君子務本、情不得已時偶一為之的,不可以詩文為本。他引用子夏之言見於《論語·子張》,原文是:"雖小道,必有可觀者焉,致遠恐泥。君子不為也。"隱去最後一句,實已明確告訴後輩,士人不該成為以"君子不為"的方式博取世俗名聲的詩文專家,因為"後世飾鞶帨類多無本之言",是無足觀的,不能真正擔當起"詩"的社會責任。他認為,如果真的作文談詩,還是應認真對待,求格須高,以期有可觀者。陳寶箴恪守傳統儒家"言志"詩學的"真理性"取向,將其視為詩歌創作的最高準則和有效基礎。

這裏的"志",有著雙重涵義:第一是"情志",即是由社會、政治、人生等等激發出來而不能自已的特定方向的情感,保存了先秦"詩言志"的原始含意。他進而在《雪青閣詩集序》中提出,詩人雖講究"温厚悱惻"的體性,可一旦面對"海内多故"的政治變局,也須抒發"憂深思遠"的"忠愛之誠",詩不即工,畢竟道出了"性情之正",在根本上是符合儒家詩教的。而此文"性情之正"的説法,也從另一個角度説明,他還是給個體的情感世界留下了相應的抒情空間,在遵循儒家詩教和前代詩人範式的同時能夠創造出屬於自己的個性風格來。第二是"志向",即志當存高遠,"高著眼孔","俯仰古今,讀書尚友,涵養性情",方能超越流俗,這裏已明顯融入了後世儒者的道德主體意識。頗能與此映證的是,《湘報》第一號刊登了陳寶箴光緒二十四年二月一日(1898 年 2 月 21 日)在南學會的第一次講演辭,陳寶箴引用儒家聖賢語,連綴成文,以立志作君子、聖賢之徒、明相良輔為本,可以詮釋"志"的要義,他説:"為學必先立志。天下事有有志而不成,未有無志而能成者也。志何以立?

必先有恥。孟子曰:不恥不若人,何若人有?就一身論,恥為小人,則必志在君子。恥為庸人,則必志在聖賢豪傑。就天下國家論,恥其君不如堯舜湯文,其國不如唐虞商周,則必志在禹皋伊旦。知恥近乎勇,即立志之謂","志有大小邪正之辨,公私義利之分。"①

由此可見,陳寶箴是順承曾國藩的理學實學文藝觀向前發展的,堅持儒家傳統詩學的"言志"觀與"體用"觀,强調文學創作應"有為而作"。陳寶箴在其孫陳隆恪的扇面上書寫的一道訓示,極像曾國藩"准格言體"訓示的文風,也可發明這一道德化取向:

> 讀書當先立志,志在學為聖賢。則凡所讀之書,聖賢言語便當奉為師法,立身行事都要依他做去,務求言行無愧為聖賢之徒。經史中所載古人事蹟,善者可以為法,惡者可以為戒,勿徒口頭讀過。如此立志,久暫不移,心中便有一定趨向,如行路者之有指南針,不至誤入旁徑。雖未遽是聖賢,亦不失為坦蕩君子矣。君子之心公,由親親而仁民、而愛物,皆吾學中所應有之事,故隱居求志則積德累行,行義達德則致君澤民,志定則然也。小人之心私,自私自利,雖父母兄弟有不顧,況民物乎?此則宜痛戒也。

陳寶箴以宋儒的"民物胞與"説立論,高屋建瓴,先用近乎格言、警句的"讀書當先立志,志在學為聖賢"定下"聖賢師法"的基調,訓誡子孫信奉聖賢言行作為人生的行為準則和行動指南,再將史傳中的善者、惡者樹立為活生生的正反面教材,效法善者的一言一行,不失為希蹤聖賢的可行途徑,讀書人應成為坦蕩君子,君子的所作所為都出於公心,無論是出仕還是隱居,都體現了聖賢之

① 孟子"不恥不若人,何若人有"一語,見《孟子·盡心上》,原文是:"恥之於人大矣。為機變之巧者,無所用恥焉。不恥不若人,何若人有?"朱熹《四書章句集注》:"但無恥一事不如人,則事事不如人矣。""古之學者為己,今之學者為人"一語,見《論語·憲問》篇,朱子《四書章句集注》:"程子曰:為己,欲得之於己也;為人,欲見知於人也。"程子語見《河南程氏粹言》的《論政篇》。

風。這種“二而一之”的“志”,强調了社會、政治之於心弦的叩擊。先秦儒家就有相關的明晰論述,如《禮記·樂記》:“人心之動,物使之然也,感於物而動,故形於聲。”《詩大序》:“情動於中而形於言。”外在的“物”激起的情感,往往是特定方向的“情志”,“詩言志”説因而具有絶對的方法論意義。為此,他提出應先挺立主體意識,加緊道德修養,入世建功,像古人一樣先“立德”,再“立功”,然後纔是“立言”,“立言”是“立德”、“立功”的正當性延續,不可專意作詩人,詩歌創作不可强自為之,應是“他日德業事功,皆當卓有成就“的自然流露,會像蘇軾形容的那樣”如萬斛泉源,不擇地而湧矣“。這樣的作品纔不會影響達到儒家”致遠“的境界。

同時,陳寶箴强調“學”之於“志”、“詩”的重要性。據周裕鍇《宋代詩學通論》的分析,詩人的内在素質大抵包括“趨向之高下”(即道德修養)、“學問之精粗”(即學術修養)和“器識之賢否”(即藝術修養),古代詩人特别强調這三者的完美統一。唐宋詩人開始不滿劉勰的“江山之助”論,認為作家“讀書不多,故變態少”,故其作品“格體亦不過煙雲、草樹、山川、鷗鳥而已”(《詩話總龜》後集卷一二)。比如,杜甫《奉贈韋左丞丈二十二韻》“讀書破萬卷,下筆如有神”之言,突出了“學”對於文學創作的助益。宋人更是洞徹了“學”的“絶對功效”,大致形成了以下共識:第一、系統學習儒家經典,能夠樹立正確的人生觀,陶冶人的情操,涵養純儒氣質,黄庭堅《與徐甥師川》云:“要須探其根本,本固則世故之風不能漂搖。”《書贈韓瓊秀才》説:“以此心術為文章,無不如意,何況翰墨與世俗之事哉!”《書劉景文詩後》説:“胸中有萬卷書,筆下無一點俗氣。”這樣的心胸和氣質自然放出華彩,蘇軾《和董傳留别》“腹有詩書氣自華”、《送任伋通判黄州兼寄其兄孜》“讀破萬卷詩愈美”之類詩句就是這一境界的絶佳寫照;第二、儒家經術是治學的基本功夫,治學又是文學創作的基本功夫,儒家經典成了文學創作的“本源”,將“學”視為理學入道、詩學進境的必由之路,由此建構“讀書”——

“窮理”——“為詩”的自然秩序，如黄庭堅對外甥洪駒父、徐師川“詞筆縱横，極見日新之效”頗感欣慰，但進而警告説“文章”不過是經術的“粉澤”，勸他們“更須治經，探其淵源，乃可到古人耳”(《答洪駒父書》)；第三，“學”可以提供創作靈感和素材，蘇軾《次韻孔毅甫集古人句見贈五首》言：“不如默誦千萬首，左抽右取談笑足。”黄庭堅《論作詩文》説：“詞意高勝，要從學問中來。”《答洪駒父書》説：“自作語最難，老杜作詩，退之作文，無一字無來處。蓋後人讀書少，故謂杜、韓自作此語而。”形象表達了宋人對於“資書以為詩”的無限嚮往。陳寶箴也是從“學——志”的層面看待“學——文”關係的，早年的《答易笏山書》坦承：“竊謂朱子教人為學，次第節目，至精至詳，何有支離之病?”他後來曾在《答黃鴻九書》中坦率地反躬省思：“僕儐有天下之務，而學與養不足以副之，入都以來，取友讀書，頗有寸進。”他認定，有這樣的“學”，必能涵養性情，沉靜有本，故《雪青閣詩集序》説：“君詩温厚悱惻，如其為人。”《罘罳草堂詩集序》説：“無譽自言：‘向讀朱文公《中庸》注，至靜深而有本之語，恍然悟詩教之宗。’故其詩淡簡以温，志深而味隱。”而《書塾侄詩卷》幾乎通篇强調“讀書”之於詩歌創作的重要性，“探源漢魏，涉獵唐宋人，於作者骨格神韻具有心得，然後執筆為之，不見陋於大雅之林矣”，進而認定“浸淫墳籍，含英咀華”、“日與古人為徒，即以古人自待”兩個層面，都對創作具有直接的“内化”作用，體現了“温柔敦厚”的儒家詩教精神，純然是宋詩派的語調。维新时期，他在湖南南學會的講演中更指出：

> 然非僅空言有志而已，非學不足以副其志。志有大小邪正之辨，公私義利之分，而學即因之。孔子曰：古之學者為己，今之學者為人。程子曰：古之仕者為人，今之仕者為己。故為學真為己，而後仕能為人。否則自其為學時，即存以務外欺人、苟竊祿位之心，出而仕宦，亦無非自私自利，安望其濟人利物，憂國忘家乎?

又説:

學之一事,乃四民公共之事,所以開民智也。大小邪正,視其所志。學成而用之亦然。故同此一智,在君子則為德慧術智,在小人則為機械變詐,公私義利之間而已。

由於"學"會隨著"志"的"大小邪正之辨,公私義利之分"而發生相應的變化,因此,他所謂的"學"即是指傳統儒家聖賢之"學","學"應副其"志",有"體"有"用",否則"志"就流於蹈虛空談。仿效儒家聖賢,日夕與古人為友,是提升道德境界、完善自我的有效途徑。但是,古人往矣,只有精讀古代典籍和漢魏唐宋人作品一途,追源溯流,含英咀華,相互貫通。這樣不僅能沉潛味道,追摩古人之心,樹立正確的志向,而且能於古人行誼中悟透其文心和文法,對作者骨格、神韻有了心得,然後,下筆作詩,纔不會貽笑大方。在他告誡侄子"且無肆力於詩,且先肆力於學"一語當中,寄寓著多重深意,語重心長,可見他始終不能釋懷、孜孜以求的,是宋儒的入世情懷和憂患意識,而非錙銖於字句、技法之間。

三

陳寶箴追摹山谷詩是多方面多方位的,從題材構成、精神境界、審美趣味到典故、韻律和造境,都有可觀之處。他還以學黃為基礎,進而向杜甫詩靠近,略加變化,終成一家之言。

陳寶箴像黃庭堅一樣,是以一個真正的儒家知識份子的身份和眼光看待人生的,通過儒家道德自律,挺立其儒者陽剛的人格風範,行文與為人都呈現出一派粹儒之風。晁補之《書魯直題高求父揚清亭詩後》説:"魯直於怡心養氣,能為人所不為,故用於讀書、為文字,致思高遠,亦似其為人。"洪炎《豫章先生退聽堂錄序》也稱黃詩:"其發源以治心修性為宗本,放而至於遠聲利、薄軒冕,極其致,憂國憂民,忠義之氣,藹然見於筆墨之外。"對此,陳寶箴是心嚮往之的,因此,他的詩歌主要是以儒者的人格風範,反映出知識份子的精神風貌，從而營造出一個知識份子的內在心靈世界，而不是一副以社會批判為主導的外在型創作格局。《入都過章門，李君芋仙出莊少甫畫松見贈，並與曾君佑卿、朱君萍洲各綴詩為別，答題二絕句》頗能道出他赴京師參加會試的干霄豪氣：

妙墨重勞品藻工，濤聲萬壑隱蒼窿。良材揠蹇天應惜，肯作尋常爨下桐。

歲寒不改真吾友，拔地干霄傍碧空。舊雨不來庭宇靜，虬龍日夜起秋風。

就目前所見，這兩首詩大約是他現存最早的作品了，於參加咸豐十年庚申(1861)會試途中，他為答謝友人以水墨青松畫相贈而作。咸豐元年恩科鄉試，他中舉人，成為陳氏一族首位科舉考試成功者，父親陳偉琳斷然決定暫緩進京會考，留在家鄉進一步研讀經典，日夜經史問辯，並投身抗擊太平軍的戰鬥，砥礪出昂揚的意志。咸豐四年，父親病逝，他守制三年，此次前往京師趕考，恰是三十一歲，即孔子所說的"而立"之年，內心依然激蕩著淩雲的豪情，不曾作青雲蹭蹬之想。當友人畫水墨青松相贈，深知友人在畫中寄予的厚誼，便發出了這擲地有聲的心聲。這兩首詩固然是表達了對於科舉會試的必勝信心，但更深的意蘊卻是以《論語》"歲寒，然後知松柏之後凋也"的古訓自勉，立志效法勁松，淩霜傲雪，保持自己的獨立人格，堅信最終會一變而為飛龍，沖霄而去，翱翔九天之上。① 臨近北京，他心中的激情更就不可抑制了，《趙州道中》云："燕市雄心自未休，酒酣含笑把吳鉤。胡笳吹斷邊聲遠，風雪天寒過趙州。"當然，陳寶箴對於從宦一直是持有多重複雜的心理的，絕

① 故老傳說，蒼松逾千年則化而為龍，沖天而去，這一想像蓋因松樹皮酷似龍鱗而產生。歷代詩人頗多吟詠，如唐吳武陵《貢院樓北新栽小松》："拂檻愛貞容，移根自遠峰。已曾經草沒，終不任苔封。葉少初陵雪，鱗生欲化龍。"李紳《新樓詩二十首·琪樹》："不為松老化龍鱗。"

非如這兩首詩所表述的那樣樂觀與順暢。他更多地感受到了一種源自内心深處的道德情感的恐懼,不慕榮利,積極入世,唯恐辜負了聖人的遺訓、父親的叮嚀和朝廷的囑託,如履薄冰,常常不期然而生反躬之思,正如《尉池縣晚泊》所言:"維舟臨淺渚,極望不勝愁。縹渺神州歎,蒼茫水國秋。鵲巢隨漂樹,魚網出斜樓。獨愧臨河駕,無能借一籌。"他一方面非常關心神州國運的昌隆和官場風氣的升潛,猛烈抨擊腐敗無能的官吏,決意整肅吏治,振興國家;另一方面,對於政治能力的展露,地方政績的取得寄予了無比的期許,總是擔心自己沒做好心理準備,又怕沒有足夠的能力,擔起如此繁重而棘手的政治事務,不能為國家排憂解難。

陳寶箴一生心繫國家民瘼,極其憤恨朝政腐敗,痛斥那些貪官污吏干政害民的不法行為,如《蠅》一詩諷刺貪官污吏蠅營狗苟的醜態,寫來惟妙惟肖,入木三分:"爾適從何來?儼然口鼻具。惟知染鼎饞,了無撲殺懼。引繩誇技能,撚鬚習喜怒。遠慕虞舜羶,撲緣同蟻附。豈解點文字,唯足汗練素。燕寢避清香,逐臭健為鶩。雞肋蒙棄餘,哺啜足饜飫。胡為呼其群,營營竊非據。晨雞猶未鳴,夢飛已達曙。驅除得良方,沈檀雀尾炷。庶幾一安枕,酣眠曉無寤。清夢度江關,關卒算錢布。蔽日障陰霾,横江起煙霧。群舟擁鵝鸛,輸徵守程度。色市既未解,算緡豈足顧。木屑與釘頭,吏有大盈庫。乃知天壤間,實繁蠅與蠹。"此詩猶有黄庭堅手書後蜀主孟昶"爾俸爾禄,民脂民膏,下民易虐,上天難欺"一語的遺意,更切近黄庭堅《蟻蝶圖》詩的命意,《蟻蝶圖》詩曰:"蝴蝶雙飛得意,偶然畢命網羅。群蟻爭數墜翼,策勳歸去南柯。"相較而言,陳詩更善於利用五言長篇的鋪排優勢,鋒芒畢露,將官場黑暗作了極其完整的揭露,官場上下到處都是"蠅"、"蠹"的官吏,不學無術,心無是非,尸位素餐,只知一味投機鑽營,居然對正義和死亡沒有一絲恐懼。雖然,他想到了驅除蠅、蠹的良方,燃起"沈檀雀尾炷",可以清靜入睡,但是,對於官場上的"蠅"、"蠹"卻束手無策。最後,他僅能舉出東晉陶侃這樣清官典型,期望官吏通過道德自律以達到官場的清廉。據史載,陶侃清廉剛正,愛民如子,曾將造船時廢棄的木屑、釘頭積攢下來,以備不時之需,傳為佳話,惜乎現實生活中這樣的好官實在太少了。因此,陳寶箴《漢文帝臺》説出了自己黽勉而為的決心:

> 不見歌風泗上臺,北藩重駕起崔嵬。江山兩漢蒙遺業,城闕三秦吊劫灰。村笛晚風楊柳舞,斷垣疏雨草花開。尚奉布澤乘時令,蠲賜頻聞詔旨來。

自古名臣的風流總被雨打風吹去,不留下一絲絲功績的痕跡,相比之下,自己為官一方,顯得異常渺小,但在朝廷的關愛下,依然可以為本地百姓造福。僅這一點就足以令百姓的生活重現生機,有這樣一幅美麗的畫面可以為證:村笛在晚風中悠揚吹起,楊柳為之起舞,斷垣邊的草花在一陣疏雨過後漸次綻開。這一政治理念在給摯友出征而作的《易笏山出都將為從軍之行作長歌以送之》中也有生動的體現。

陳寶箴對於社會上出現任何新氣象都深感欣慰,每當他見到英俊後輩的湧現,總是歡欣滿懷,尤其是他在任湖南巡撫期間,他的《長沙秋興用杜韻八首》賡和杜甫《秋興八首》,其中有若干句子一改杜詩的悲愴基調,詠出"水闊魚龍爭落照,風高鷹隼突曾陰"、"麟閣嵯峨第一功,如雲材武出湘中,喜看金紫蒙殊澤,漸沈衣冠易古風",表達了他欲為湖南造就英才、轉變風氣的豪情。他曾以官資興辦實業,開創湖南近代工商業體系,具體實施西法,分寸掌握恰到妙處,故陳三立《崝廬記》説:"初,吾父為湖南巡撫,痛腐敗無以為國,方深觀三代教育理人之原,頗采泰西富强所已效相表裏者,放行其法。"范當世《故湖南巡撫義甯陳公墓誌銘》也説:"上擢公湖南巡撫,公益若茹痛而之官。以湖南號天下勝兵處,而民智尤塞,遏絶西法,至不通電杆,於是舉李公(鴻章)及湖廣總督張公(之洞)所已償為及為之而實不至、或並不得為者,窮昕夕討論,次第而畢行之。"他以三代學術為吸收西學的根本,不盲目推行西學,仿效李鴻章、張之洞的作法,側重於實施西學中政治思想、制度、學説等"裏"的方面與器物製造工藝等"表"的方面相一致,同時在現實世界裏獲得成功的元素,因而,湖南新政别具一番氣象。《酬蓀畡見貽石山》一詩是欣聞宜陽銀礦順利出礦時寫下的:

匡廬五老饒鄉思,真面何人寫照來?混沌鑿開猶有魄,媧皇煉後未全灰。虎丘夜氣今誰識?魚浦軍屯古所衷。此日濟時須楚寶,看君滿載萬艘回。

關於這首詩的本事,郭則沄《十朝詩乘》説:"陳右銘中丞撫湘日,嘗以官帑創辟宜陽銀礦,任其事者為廖蓀畡學博潤鴻。……右銘《酬蓀畡見貽石山》詩云云。石山即常寧礦廠所獲也。王湘綺贈蓀畡詩有云:'誰知百萬銀鉛湧,盡道中丞計畫寬。'則當時亦頗有異論。"在保守勢力强大的湖南,所謂"異論"自然是所在難免的了,但是,作者將常甯礦廠所獲的"石山"視作一方瑰寶,表達了多重感情:首先,這方石山的形狀就像是家鄉廬山五老峰一般,面目逼真,可愛可親,觸發了人内心的鄉思;其次,這些礦產凝聚了天地初開的精氣,是女媧補天的遺存,古往今來名人都賴以建立不朽的功業,此次湖南首次開礦終於能盡其所用了;第三,這些礦產是"濟世"之寶,湖南在自强運動中能以自己的力量開辦實業,為國家、為民族作出了輝煌貢獻,衷心希望這一良好的開局能保持興旺發達的態勢繼續發展下去。

陳寶箴從宦多年,總也抹不去"倦遊"、"驚鷗"之感。他第一次入曾國藩幕,從家鄉出發,道出吳城,渡過鄱陽湖,前往曾國藩江南幕府求仕。在這一路上,他對於自己的内心進行了深刻的反省,這一心路歷程很值得回味。《吳城舟中寄酬李芋仙》是在途中寫給友人李芋仙的:

執手流連百感生,哪堪相見復長征。感君獨立蒼茫意,繫我江天縹渺情。繾綣陳遵留尺牘,消磨李白在詩名。銀箏玉笛清樽酒,一舸煙波載藿行。

相逢冠劍走風塵,十載論交老更親。詩有仙心宜不死,天生風骨合長貧。本來温飽非吾輩,未必浮沉累此身。官職聲名聊復爾,秋風容易長魚蓴。

同樣是寫給李芋仙的詩,與前引《入都過章門,李君芋仙出莊少甫畫松見贈,並與曾君佑卿、朱君萍洲各綴詩為别,答題二絶句》相比,當年那股豪氣已經消磨殆盡,行走江湖的倦意深深地刻在他的臉上,官職大名聲盛,掩不住家鄉鱸魚、蓴菜之美。顯然,雖尚未入仕,而歸隱田園之志已漸漸萌生心頭了。而《蕪湖阻風》一詩又流露出一絲絲悔意來了:"乾坤何事噫無窮,又往江湖一月中。遲我征帆渾不訝,出山原覺大匆匆。江空夜迥月輪高,濁酒荒涼醉亦豪。酣寢不知風浪險,空勞澎湃作擊濤。"這一首詩是寫在出發一個月後返躬其身,深感此次求仕雖是為了乾坤的安定,但終覺"太匆匆",於自己行止出處考慮欠周詳,因而寢食難安。

在他的詩歌當中,《平遠寓舍題壁》一詩特别值得一提。這首詩吟詠自己在入仕過程,感受到了個性被社會慢慢馴服、漸漸泯滅的具體而微的内心變化,發出身不由己的感歎:

把酒臨秋一愴神,九州鴻雪付風塵。漫言管樂平生志,已負巢由現在身。去日聲華成舊夢,異鄉山水亦前因。莫驚鱗爪拏雲去,龍性如今已漸馴。

儒家"修齊治平"的理想長期被後人奉為不二的行動指南,成為後世儒者的"宏大敘事",甚少有人反省作為個體的人在行動過程中的親身感受。當他清醒地意識到自己此時此刻正經歷著"國家"與"個體"、"出仕"與"歸隱"、"異鄉"與"家鄉"、"煩惱"與"恬適"的心理焦慮時候,已是退行無路,龍性漸馴了。

這一矛盾心理和人格焦慮終其一生未曾停止過,以至他在六十生日那天遁入山中避壽,作《寓感》詩六章,其中第一首曰:

羲和驅急景,六轡無時休。朱明變春暘,欻然驚已秋。人生百年内,㸑㸑欲何求?瑶池宴穆王,蛺蝶為莊周。邯鄲一炊黍,赫赫公與侯。形骸託逆旅,過眼若雲浮。曠攬躡五嶽,渺然小九州。鴻荒復幾時,逝者皆蜉蝣。乘化無盡期,萬世同一漚。

通篇皆是"看透"的冷峻與靜穆,與《尉池縣晚泊》所表達的如履薄冰甚至"百無一用"的道德恐懼感的在内在精神上是高度一致的,因而通觀《寓感》其餘五章,又依稀可以見出其中的儒家入世情懷和尊崇氣節的修養功夫。無疑,陳寶箴的内心世界是豐富的,擁有足夠的精神資源和道德智慧來調適這一人格焦慮。黄庭堅贊賞北宋大儒周敦頤:"人品甚高,胸中灑落如光風霽月,好讀書,雅意林壑。"(《濂溪詩并序》)在陳寶箴的心中,家鄉山水林壑的風物之美,足以移心志,慰心靈,《歸田酬唱》所錄其長篇歌行就有"修江繞城清且漣,月落江空夜放船。有時鄉夢墮江水,振衣脱帽南崖巔"的句子,《梵餘小草》所錄絶句也説:"除耽詩酒都無癖,酷愛松雲别有天。"這些美景正是他聊以消解仕宦之累、澆胸中怏壘的安慰劑,"送君歸去三歎息,宦成至樂還鄉國",最終還是要回歸故鄉的。

他的一組廬山詩最能體現這心中的嚮往,就像黄庭堅將家鄉修水雙井視作心中永遠的懷想一樣,[①]如《陟廬山頂曠然有高世之想舉酒作歌》一詩的題目就足以一新耳目了:

秋風吹客廬山巔,山上白雲垂玉涎。坳堂杯水覆彭蠡,襟袖拂拂生雲煙。乾坤莽蕩不可極,仰視蒼蒼非正色。中有仙人來帝旁,駕鶴驂鸞似相識。招我以翱遊,期我奮羽翼。洪荒未辟豈有君,十二萬年馳瞬息。人與蚊蠅同擈緣,榮悴何曾置胸臆?左挹香爐峰,右把金芙蓉,五老箕踞何龍鍾。此山仙靈

① 黄庭堅詩有以雙井題詠者,如《雙井茶送子瞻》、《又戲為雙井解嘲》、《答黄冕仲索煎雙井並簡揚休》,有以雙井入詩者,如《清心院雙清軒》"潺湲枕底催鄉夢,雙井溪頭有舊廬"之句,《張大同寫予真請自贊》"韜光匿名,將在雙井"之句。

所窟宅,不與七十二君同。俯仰感北極,歌呼動南溟。鯤鵬鳩鷟皆吾群,堯舜事業等浮雲。下山大笑且沉醉,澆我胸中丘壑之嶙峋!

這裏,陳寶箴將自己想像成大詩人李白,在廬山之巔且歌且舞,縱情大笑。天風入懷,濯盡俗念,昔日莊子筆下的鯤鵬曾是李白詩中理想的化身,此時也如同鳩鷟一般,自然也就忘懷人間機心,鄙視堯舜事業了。又如,《實甫有和詩迭韻酬之》更直接道出心中所想:"遠載山泉千里外,勝流高致使人思。罌瓶瀉口沖寒色,壘塊澆胸洗惡詩。三峽遊蹤如昨夢,一瓢陋巷本吾師。芒鞋素便青峰下,始是波瀾不起時。"光緒十八年(1892)春、夏之交,陳寶箴任湖北臬臺,同時,陳三立在湖廣總督張之洞幕中,曾與易順鼎、梁鼎芬、范錯、羅運崍等幕友,遊覽廬山一月,寓於易順鼎建在廬山三峽澗旁的讀書樓——"琴志樓"。易順鼎從廬山捎來清泉,敬獻給陳寶箴。陳寶箴離開故鄉太久了,對故鄉山水的神往似乎成了心靈的安頓之所,在這一瞬間找回了失落已久的儒學精髓和人生樂趣,滌濯久處宦場的惡俗,為日後歸隱西山,吟出"四望渺然人獨立,天風為我洗塵衣"的灑然自得鋪下了基調。陳寶箴品啜著故鄉甘泉,不禁悠然遐想,數度與易順鼎和詩往還,《謝易實甫贈廬山泉》言:

廿年不踐匡廬徑,讀畫因君繫夢思。餉我新泉分瀑布,瀹將春茗助敲詩。清流合讓支笻客,辟地須尋面壁師。安得草堂容設榻,一甌睡足日高起。

陳寶箴的這幾首廬山詩,出於黃庭堅《謝黃從善司業寄惠山泉》一詩的風神,黃詩曰:"錫谷寒泉椭石俱,並得新詩尾書。急呼烹鼎供茗事,晴江急雨看跳珠。是功與世滌膻腴,令我屢空常晏如。安得左轄清潁尾,風爐煮餅卧西湖。"黃詩著意於以山泉烹茗,欣賞煮茶的種種樂趣,洗滌心中的俗世縛縲,皆是眼前所見之景。而陳詩則與世無涉,山泉烹茶充滿了野趣,頗佐詩思,令人悠悠夢回廬山,芒鞋支笻,悠遊自在,既可觀賞飛瀑,又能探訪禪師,全詩儘是想像之辭,風懷畢現。兩者都吟出了意欲遠離官場的嚮往,真令人諷詠入懷,咀嚼再三。

陳寶箴自戊戌政變貶歸江西南昌西山,自築崝廬,自署其門"天恩與松菊,入境擬蓬瀛"對聯一副,並作七律一首,以詠其心境:"西山高處暮煙飛,絶頂蒼茫入翠微。彭蠡連江煙漠漠,匡廬濺瀑雨霏霏。乘鸞仙子今何在?跨鶴王喬去不歸。四望渺然人獨立,天風為我洗塵衣。"關於這首詩,李肖聃《星廬筆記》説:"義甯陳右銘侍郎巡撫湖南,招引英豪,推行新政。及戊戌政變,坐公濫保斥廢,居西山。自築崝廬,自署其門有'天恩與松菊,入境擬蓬瀛'十字。又賦詩云云。其意灑然有以自得者。郭復初謂侍郎於家居時,嘗自悔為諸少年所誤。恐非其實也。"這首詩充分調動了鄰近西山的江西各處景觀及其神話傳説和人文資源,如自然風景的西山、廬山、鄱陽湖、長江、贛江,神話傳説的西山神女、王子喬,歷史上的陶淵明、王勃,等等,共同營造了這一幅人間瀛洲勝景。黄庭堅《和答李子真讀陶庾詩》分别指出了兩種不同的風格成因——"樂易陶彭澤,憂思庾義城"。陳寶箴閒居西山時超脱虚靜、沖澹玄遠、與天地造化神遊的胸襟,自然吟詠出了這樣樂觀和易的詩句。

綜上所述,陳寶箴的詩歌是通過宋代詩人極其熱衷的兩種方式來營造文人化的精神空間的:其一,是以道德性獨白的方式,切近儒家傳統理想和人格模式,無論是靜觀獨處,還是獨自面對某一歷史關頭或政治情勢,都能以個體的自覺挺立主體性;其次,則是通過傳統文人的酬贈方式,在一唱一和之間,進行心靈的對話,相互砥礪,達到高度的默契。這些詩作充分顯示出他作為一個有良知的知識份子善養浩然之氣、"超世而不避世"的志趣,純以"矢詩寫予心,莊語不加綺"(黄庭堅《次韻定國聞子由卧病績溪》語)的筆墨出之,瀟灑俊逸,富有色澤才情,充分展現了濃郁的文人氣質。

四

陳寶箴從多個方面學習前賢詩風,但在詩歌創作的人文精神向度方面,他下了很大的工夫學習黄詩,進而將學黄推進到學杜、學陶的高度,試圖從更高妙的境界和更開闊的視野來體驗儒學的精義和詩學的神髓,其儒者氣象靄然氤氲,望之令人肅然起敬。當然,陳寶箴在轉益多師的同時也漸漸形成了自己的風格,但這將是另一個有趣的論題。這裹,我們重點論述陳寶箴學習前賢詩風的情形。

陳寶箴首先是從詩的形式上入手模仿杜甫和陶淵明的。在任湖南巡撫期間,他寫下了《長沙秋興用杜韻八首》,賡和杜甫《秋興八首》,系統表達了他對於時局、地方吏治和人才培養方面的思考,這組詩的抒情基調繼承了杜甫沈鬱頓挫的風格,側重從時代風雲的變幻在心靈的投影入手抒發情感,表達思考過程。如杜詩"聞道長安似弈棋,百年世事不勝悲。王侯第宅皆新主,文武衣冠異昔時",感慨時局變幻不定,陳詩則出之以"乾坤泡幻局如棋,獨立蒼茫事可悲。蠻觸爭雄矜得地,龍蛇起陸恐傷時",同樣是時局如棋局的比喻,但陳詩除了杜詩吟及的滄海桑田的换更之外,更多是擔憂時局變幻對於社會、個人的消極影響;杜詩"夔府孤城落日斜,每依南斗望京華。聽猿實下三聲淚,奉使虛隨八月查",是"造次必於是,顛沛必於是"(黄庭堅《陳氏五子字説序》語)的真實寫照,而陳詩"舡棱遙望楚江頭,鏡島澄清萬里秋。萬物遠勞重譯貢,宵衣時警九邊愁"更是時時關注時局變化,憂思難忘;杜詩寫故園之思,"叢菊兩開他日淚,孤舟一繫故園心"、"魚龍寂寞秋江冷,故國平居有所思"兩句略顯淒清愁苦,而陳詩"只有黄花陪笑傲,秋風催動故園思"加入了些許的瀟灑風神和人文感觸;杜詩"回首可憐歌舞地,秦中自古帝王州"發思古之幽情,折射安史之亂,陳詩"定王臺下路逶迤,秋草湖邊萬頃陂"、"賈傅祠邊吊夕暉,蕭蕭落葉風晚微"以蒼茫之境詠史,顯得胸襟開闊;杜甫於人事沉浮,"匡衡抗疏功名薄,劉向傳經心事違。同學少年多不賤,五陵衣馬自輕肥",畢竟是文人功名、五陵富家子之事,但陳詩"只覺英才為世累,不圖前席與心違。茫茫絳灌知何限,相者從來但舉肥",則寄慨遙深,尤以"鴻嗷鹿鋌同棲莽,狗盜雞鳴已脱關"謂英雄墜入草莽,雞鳴狗盜之徒反倒春風得意,最為沉痛;杜甫"關塞極天唯鳥道,江湖滿地一漁翁"略有倦遊之意,陳詩"孤懷向闕隨陽雁,薄宦忘機狎海鷗。獨愧尚為温飽累,不偕徐孺往南州"、"翹首黄龍居士宅,更無人問木樨花"則是不敢歸隱。尤其是陳寶箴薦舉少年才俊,倚為湖南新政之主力軍,對於這批青年政治家的成長和精神風貌,心中油然生出幾分喜悦:

> 麟閣嵯峨第一功,如雲材武出湘中。喜看金紫蒙殊澤,漸覺衣冠異古風。亭榭影連銀漢碧,笙歌夜繞綺筵紅。年走馬誇遊俠,陋彼新豐折臂翁。

陳寶箴的曾孫女陳小從在回憶文章《庭聞記述》中也生動地寫道:陳寶箴父子"廣延四方俊傑之士,襄佐新政","相與剖析世界形勢,抨擊腐朽吏治,貢獻新猷,切磋詩文,樂則嘯歌,憤則痛哭,聲聞里巷,時人稱之為義甯陳氏'開名士行'"。[①] 這首詩確是為了突出這些"俊傑之士"的青年政治家們所帶來的"水闊魚龍爭落照,風高鷹隼突層陰"新氣象,而有意識地描寫了其"樂則嘯歌,憤則痛哭"的放誕神態,生動形象,充分表現出了他們不凡的氣度,欣賞關愛之情溢於言表。這一歡欣基調,迥異於杜甫《秋興八首》的悲苦之風,應該説是相當大的突破和提升。

他的《洛陽女兒行》别具丰采,以婀娜多姿的筆調寫出了新嫁娘的嬌羞,略云:"洛陽女兒新嫁娘,淡掃蛾眉眉細長。輕裾薄裳態

① 陳小從《庭聞憶述》十首之一自注,《紀念陳寅恪先生百年誕辰學術論文集》,南昌:江西教育出版社,1994年版。

羞澀,上堂斂衽朝姑嫜。妯娌顧笑婢耦語,較量新人共誰美。低眉四顧心黯傷,不是閨中舊時侶。女兒生小本良家,掌中嬌養顔如花。豪門委禽百不當,親戚喧傳殷麗華。桃葉蓁,春日媚,入門漸漸抛珠翠。窈窕窗前見小姑,感觸心中無限事。小姑盈盈阿母前,青絲覆額花盈顛。嬌癡不識嫁時事,飛瓊萼緑真神仙。願得嫦娥不死藥,服之矯若鴻鵠飛青天,一守廣寒千萬年。"此詩顯然是綜合吸收了杜甫對於女性描寫的優點,在篇章結構上則從杜甫的《麗人行》化出,因而像《麗人行》一樣,起筆便寫女性媚態,然後深入描寫其内心細膩的感情變化及感情歸宿。所不同者,《麗人行》是諷刺楊氏一族,而《洛陽女兒行》則叙述一位小家碧玉嫁入豪門之後的感情波瀾,細膩入微,尖新逼真,富有層次感,可以見出他内心深處的一片柔情。

相對而言,陳寶箴對於陶淵明的追摹,更多的體現在精神氣質上的認同和摹仿。他六十歲生日那天躲進深山避壽,創作《寓感六章》以表明心跡。關於這組詩,狄葆賢《平等閣詩話》説:"公善詩,生平不自珍惜,脱稿輒棄去,遂致蕩佚。兹於寄禪上人處得其《寓感六章》,乃由河北道解組,庚寅歲僑寓湘中,六十初度避客山中,詠懷作也。"無論是五言組詩的外形,還是内在放曠的精神,無論是對於人生出處行藏的思考,還是對於儒釋道三者關係的叩問,這組五言詩都與陶詩極其神似。陳寶箴的詩歌創作努力表現一種"脱俗"的"新自然觀"。關於這種屬於陶淵明特有的"新自然觀",陳寅恪先生《陶淵明之思想與清談之關係》説過這樣的話:"新自然觀之要旨在委運順化。夫運化亦自然也,既隨順自然,與自然混同,則認己身亦自然之一部,而不須更别求騰化之術,如主舊自然觀之所為也。"[①]極具啓發意義。概言之,這種"新自然觀"的思想體現在

① 陳寅恪《陶淵明之思想與清談之關係》,《金明館叢稿初編》,《陳寅恪集》,三聯書店2001年版。

陳寶箴的詩歌創作的兩個層面：

首先,陳寶箴的詩歌創作透出濃郁的"任真自得"之態。陶淵明《五柳先生傳》自謂"不慕榮利"、"忘懷得失,以此自終"、"常著文章自娱,頗示己志",而昭明太子蕭統《陶淵明傳》評價陶淵明"少有高趣,博學,善屬文,穎脱不群,任真自得"。映襯之下,陳寶箴《寓感六章》其六所發出的感慨,分明是一片葆真適性的意趣:"古籍汗牛馬,糟粕非精英。何況挾愛憎,是非汨其情。豐碑既多媿,薄俗尤相傾。文字亦俳優,小技安足程。《太元》覆醬瓶,幸有侯芭生。秦人吏為師,何者是六經?更閲千萬歲,禽鳥亦雙聲。人生本自得,吾心有虧成。幽人葆靈臺,清光耿霄雯。但看天漢上,乃識嚴君平。"這首詩中的"真",近於《莊子·漁父》所説的"真者,所以受於天也,自然不可易也,故聖人法天貴真,不拘於俗"。人生自然不能困於古籍,不可皓首窮經,死守六經,更不能呈文字之雄,"自得"方為人生的本真,在本真映照下自己的德虧之處一覽無遺。這充分展現了陳寶箴超脱世事、崇尚自然、真淳自適的玄遠人格。

其次,陳寶箴的詩歌創作映現出了儒、道、佛三家的深層影響,但顯然是以儒為宗,統攬佛道,融為一體的。陳寶箴在詩中處處感歎人生的無常和奄忽,如《寓感六章》其一:"人生百年内,蹙蹙欲何求。瑶池宴穆王,蛺喋為莊周。邯鄲一炊黍,赫赫公與侯。形骸託逆旅,過眼若雲浮。曠攬躡五嶽,眇然小九州。鴻荒復幾時,逝者皆蜉蝣。乘化無盡期,萬世同一漚。"其四説:"任氏為钜鈎,終以致大物。周人學屠龍,技成鬻無術。技非不難能,龍故不可得。世乏豢龍人,姍笑貽口實。隨世易為巧,儲用終成拙。空持五石瓠,强向世人聒。或言不龜手,曾聞致越客。一戰破吴歸,封賞茅土裂。際遇故偶然,利鈍焉可説。"這些詩句可清晰讀出《莊子》及唐宋傳奇關於人生無常與奄忽體認的痕跡,但是,他最終還是因為"饑寒亦何道,獨復哀黔元"(《寓感六章》其二),放不下黎民百姓、國事維艱,而必然做出出處行藏的選擇,要麽是"蚩嗤守妻子,温飽送日月”(《寓感六章》其四),要麽是“附髀獨高歌,青天行白雲”(《寓感六章》其三),畢竟他是“杖策去燕趙,結交江海岑。怒馬突前陣,意氣驚一軍。乃知大敵勇,不敢賤儒巾。決策虜其渠,歸來掩柴荊”的人物,況且曾從曾國藩軍征戰,“湘鄉駕群材,采幹岩林空”(《寓感六章》其五),深受曾國藩精神的薰染,認定積極入世乃是符合儒家人生道路的不二選擇。

統觀上述詩句,不難發現,陳寶箴由黃庭堅而入杜甫,最後歸於陶淵明,實際上是從内在精神的貫通和詩歌的主體風格這兩個層面來師法前賢的。衆所周知,杜甫和陶淵明是黃庭堅的精神寄託和詩學偶像,就主導思想而言,陶、杜、黃三人都是儒家學説的信奉者和踐履者①,多無疑義,這正是陳寶箴儒學情感的活水源頭;就詩學造詣而言,黃庭堅贊譽杜、陶的言論俯拾皆是,如“拾遺句中有眼,彭澤意在無弦”(《贈高子勉》句)並舉杜、陶,而實際上有所區分,即“尊陶”與“法杜”之别,其大意在於“杜子美到夔州後詩,韓退之自潮州還朝後文章皆不煩繩削而自合”(《與王觀復書》),極天工之妙,但都有“法”的痕跡可循,頗宜初學者。至於陶淵明,雖也是“所謂不煩繩削而自合者”,但最重要的卻是“淵明之詩要當與一丘一壑者共之耳”(《題意可詩後》)。“尊陶”與“法杜”之分,正如劉熙載《藝概》所言,是一個“在鍛煉而歸於自然”的過程,A. A. 里克特《直覺與法則:黃庭堅的詩論》也説:“黃已超越了純形式的界限而在精神因素的基礎上評價詩歌,這反映在他認為陶潛比杜甫更高一著的評價上。”②因此,陳寶箴沒有師法杜甫、黃庭堅瘦硬通神、

① 杜甫曾自述“奉儒守官”的家學淵源,這是自不待言的。黃庭堅以儒學融攝釋道的思想體系,黃寶華《黃庭堅評論》(南京:南京大學出版社,2001 年版)論之甚詳。關於陶淵明的思想取向問題,學界爭論紛紜,徐聲揚先生曾著系列論文證明陶淵明是歸於儒而非釋道,見徐文《也談陶淵明的哲學思考》等,皆刊《九江師專學報》,可參。

② [美]A. A. 里克特《直覺與法則:黃庭堅的詩論》,莫礪鋒譯,《文藝理論研究》1983 年第 2 期。

奥衍生新一路的詩歌風格,反倒從陶、杜、黄三人晚年"鍛煉而歸於自然"一面入手,由此陶冶忠君親民、憂國思家的儒學情感,以及平易從容、藹然和煦的儒者風範,正如狄葆賢《平等閣詩話》所言:"義甯陳右銘中丞,志節德業,彰彰在人耳目間,殆所謂'先天下之憂而憂'者。"將這一内在心象投向詩歌創作,必然是走向陶、杜、黄詩歌平澹和暢一路的了。這一師法過程也就内化並樹立起了陳詩自身的風貌。

綜上所述,我們可以得出以下幾個初步的結論:(一)陳寶箴的思想傾向和詩歌創作是在曾國藩的理學實學路向和家鄉先賢黄庭堅的雙重精神薰染下走向宗宋一途的。這既是内心深處真實情感的驅動,又體現出了清代中後期宋詩運動的時代審美思潮的發展動向。(二)陳寶箴在孔孟原始儒學思想的基礎上,接受了曾國藩的理學實學美學觀,力主繼承和發展儒家温柔敦厚的詩學傳統,要有為而作,文以載道,講究文學的比興寄託,以切近儒家傳統理想和人格模式。(三)陳寶箴詩歌的題材雖不像杜詩和黄詩那樣豐富,但匯流於深切的人文情懷,從"士"的社會角色和歷史使命出發建構詩歌的情感世界,在出處行藏之間折射出時代的風雲之氣和審美之維。(四)陳寶箴詩歌揚棄了杜甫、黄庭堅瘦硬通神、奥衍生新一路的詩歌風格,從陶、杜、黄三人晚年"在鍛煉而歸於自然"一面入手學習陶、杜、黄三家平澹和暢詩風,由此形成了"一以貫之"的風格特徵。

作者單位:華南師範大學文學院

《水經注》引《詩》考論

楊化坤

《水經注》是北魏酈道元為注《水經》而撰寫的一部地理著作。書中詳細記錄了中國大大小小的河流一千二百五十餘條，以及周邊關塞郡縣的歷史遺跡和民俗傳説等，内容極為豐富，歷來以極高的學術價值和文學價值為人稱道。清陳運溶《荊州記序》云："酈注精博，集六朝地志之大成。"[①]錢鍾書在《管錐編》中説："酈書刻畫景物佳處，足幷吳均《與朱元思書》而下啓柳宗元諸遊記。"[②]可見《水經注》在學術史及文學史之地位。

此外，《水經注》還徵引群書，一方面為其論述提供依據，同時也因引書中含有大量的詩賦等文學作品，從而客觀上增强了其文學性。據馬念祖《水經注等八種古籍引用書目彙編》統計，共計三百七十五種，鄭德坤《水經注引書考》錄為四百三十五種。較完備的為陳橋驛《水經注研究二集・文獻錄》，共四百八十種。其中徵引《詩經》部分（以下簡稱引《詩》），《水經注研究二集・文獻錄》收錄二十三條，鮑遠航博士論文《水經注文獻學文學研究》在此基礎上增加十一條，共三十四條。而據筆者統計，明確為徵引《詩經》者共五十一條（四十三首），包括《國風》三十條（二十五首），《小雅》八條（七首），《大雅》十條（七首），《魯頌》三條（二首）。另有兩條今本《毛詩》未錄，是否為《詩經》尚難確定。上述引《詩》中，引出具體

① 王謨《漢唐地理書》，北京：中華書局，1961年版，第379頁。

② 錢鍾書《管錐編》，北京：中華書局，1970年版，第539頁。

《詩經》章句且與今本《毛詩》相同者和只徵引《詩經》篇名者共三十一條,與今本《毛詩》有異及今本《毛詩》未錄者共二十二條。以下筆者從後種情況出發,考校引《詩》異文,分析其成因,并聯繫《水經注》撰寫時《詩經》學的發展特點,探討《詩經》的傳播狀況。文中所列《水經注》原文均出自上海人民出版社一九八四年版王國維《水經注校》(括弧内"王"指王國維),《毛詩》原文出自上海古籍出版社一九九〇年版《毛詩正義》,并參考江蘇古籍出版社一九八九年版楊守敬等人《水經注疏》,具體頁數不一一標注。同時為求引《詩》的完整性和為相關研究提供便利,筆者亦將《水經注》引《詩》與今本《毛詩》相同及只引《詩經》篇名之條目以表格的形式一并列出,附於文後。

一、引《詩》與今本《毛詩》有異條目考校

卷四:

1. 故有莘邑矣,為大姒之國。《詩》云:"在郃之陽,在渭之涘。"又曰:"纘女維莘,長子維行。"謂此也。

按:《大雅·大明》篇。今本《毛詩》作"在洽之陽"。鄭《箋》:"應劭云'在郃之陽'。"[①]《説文解字》"郃"字下亦引作"在郃之陽"[②]。王先謙云:"馬瑞辰云:'郃',古省作'合'。段玉裁云:'合'者,水名,《毛詩》本作'在合之陽',秦漢間乃製'郃'字耳。"[③]

卷六:

2. 故詩人以為激揚之水,言"不能流移束薪"耳。

按:《唐風·揚之水》篇。今本《毛詩》無此句。熊會貞云:"《王

① 孔穎達《毛詩正義》,北京:中華書局,1990年版,第540頁。
② 許慎《説文解字》,北京:中華書局,1963年版,第132頁。
③ 王先謙《詩三家義集疏》,北京:中華書局,1987年版,第829頁。

風》、《唐風》並有《揚之水》篇。《王風・揚之水》，'不流束薪'，鄭《箋》'激揚之水，至湍迅而不能流移束薪'。酈氏本用《唐風》而忽引《王風・箋》説，當是記憶之誤。"[①]筆者按：《鄭風》亦有《揚之水》篇，而此條為《涑水注》所引，涑水在今山西省，"唐"地亦在山西省，而"鄭"地則在今河南省，故引《詩》應為《唐風》，熊會貞説是。

卷七：

3. 濟水又東徑敖山北，《詩》所謂"薄狩於敖"者也。

按：《小雅・車攻》篇。今本《毛詩》作"搏獸於敖"。熊會貞云："《初學記》、《後漢書・安帝紀・注》引《詩》皆作'薄狩'，與此同。又《文選・東京賦》薛注引《詩》'薄獸於敖'，蓋音近通用。"[②]。段玉裁亦云作"薄狩"[③]。

卷八：

4. 濮渠又東徑須城北，《衛詩》云"思須與曹"也。

按：《邶風・泉水》篇。今本《毛詩》作"思須與漕"，《水經注疏》亦作"漕"。毛《傳》曰："須、漕，衛邑也。"[④]《漢書・地理志》："齊桓公帥諸侯伐狄，更封衛於河南曹楚丘。"[⑤]

5. 又東徑景山東，《衛詩》所謂"景山與京"者也。

按：《鄘風・定之方中》篇。今本《毛詩》列於《鄘風》中。

6. 故《春秋》稱邢遷如歸，《衛國志》云即《詩》所謂"升彼墟矣，以望楚矣。望楚與堂，景山與京"。

① 楊守敬《水經注疏》，南京：江蘇古籍出版社，1989 年版，第 579 頁。

② 楊守敬《水經注疏》，南京：江蘇古籍出版社，1989 年版，第 653 頁。

③ 戴震等《清人詩説四種（含《毛鄭詩考證》、《詩經小學》、《詩經補考》、《毛詩鄭箋改字説），武漢：華中師範大學出版社，1986 年版，第 167 頁。

④ 孔穎達《毛詩正義》，北京：中華書局，1990 年版，第 100 頁。

⑤ 班固《漢書》，北京：中華書局，1999 年版，第 1314 頁。

按:《鄘風・定之方中》篇。今本《毛詩》作“升彼虛矣”,《水經注疏》作“虚”。鄭《箋》云:“虛,起居反,本或作‘墟’。”①《説文解字》:墟,篆作“虛。”②

卷九:

7.《竹書紀年》曰:周武王率西矣(王校為“西夷”)諸侯伐殷,敗於坶野。《詩》所謂“坶野洋洋,檀車煌煌”者也。

按:《大雅・大明》篇。今本《毛詩》作“牧野洋洋”。楊守敬云:“《説文》作‘坶’。《玉篇》‘坶’云:古文《尚書》作‘坶’;《詩・大明・箋・釋文》,‘坶’音‘牧’。《疏》云:《牧誓》及《書・序》皆作‘牧’,《禮記》及此作‘坶’,古字耳。是《書》、《詩》、《禮》本皆作‘坶’,至唐初,‘坶’、‘牧’始錯出,今又一概作‘牧’,俱後人改。”③

8.《詩》所謂“徒殆野王道,傾蓋上黨關。”即此山矣。

按:此為五言對句,今本《毛詩》未見,恐非《詩》句。楊守敬云:“不言何人詩,今無考,‘詩’上當有脱字。”④

9.故《衛詩》曰:“我思肥泉,茲之永歎。”

按:《邶風・泉水》篇。今本《毛詩》列於《邶風》中。

10.《博物志》謂之澳水,《詩》云:“瞻彼淇澳,菉(王校為“綠”)竹猗猗”。毛云:“菉,王芻也;竹,編竹也。”

按:《衛風・淇奧》篇。今《毛詩》作“瞻彼淇奧,綠竹猗猗”。毛《傳》:“‘綠’,王芻也;‘竹’,編竹也。”並云:“‘綠竹’並如字,《爾雅》作‘菉’。”⑤《説文解字》“菉”字下引《詩》曰:“菉竹猗猗”。⑥ 戴震

① 孔穎達《毛詩正義》,北京:中華書局,1990年版,第115頁。
② 許慎《説文解字》,北京:中華書局,1963年版,第61頁。
③ 楊守敬《水經注疏》,南京:江蘇古籍出版社,1989年版,第815頁。
④ 楊守敬《水經注疏》,南京:江蘇古籍出版社,1989年版,第830頁。
⑤ 孔穎達《毛詩正義》,北京:中華書局,1990年版,第126頁。
⑥ 許慎《説文解字》,北京:中華書局,1963年版,第26頁。

云:"《禮記·大學》篇引此作'菉'。"①

卷一二:

11. 聖水又東南徑韓城東,《詩·韓奕》章曰:"溥彼韓城,燕師所完,王錫韓侯,其追其貊,奄受北國。"

按:《大雅·韓奕》篇。今本《毛詩》"燕師所完"後有"以先祖受命,因時百蠻"句。

卷一三:

12. 生製猛獸,即《詩》所謂"袒裼暴虎,獻於公所"也。

按:《鄭風·大叔於田》篇。今本《毛詩》作"襢裼暴虎"。鄭《箋》:"'襢'本又作'袒'"②。段玉裁云:"多作'襢',作'袒'非正字。"③又,《説文解字》"膻"字下引作"膻裼暴虎"④。

卷一六:

13. 周太王去邠,度渠逾梁上,止岐下,故《詩》云:"民之初生,自土漆沮(王校為'沮漆')。"又曰:"率西水滸,至於岐下。"

按:《大雅·綿》篇。今本《毛詩》作"自土沮漆",《水經注疏》作"沮漆"。《毛詩正義·小雅·吉日》:"漆沮之從,天子之所。"⑤《文選》卷四九干寶《晋紀總論》引《詩》曰:"帥西水滸,至於岐下。"李善注云:"《毛詩·大雅》文,鄭玄曰:'循西水涯,漆沮側也。謂亶父避

① 戴震等,《清人詩説四種》(含《毛鄭詩考證》、《詩經小學》、《詩經補考》、《毛詩鄭箋改字説》),武漢:華中師範大學出版社,1986年版,第13頁。

② 孔穎達《毛詩正義》,北京:中華書局,1990年版,第162頁。

③ 段玉裁《説文解字注》,上海:上海古籍出版社,1988年版,第171頁。

④ 許慎《説文解字》,北京:中華書局,1963年版,第88頁。

⑤ 孔穎達《毛詩正義》,北京:中華書局,1990年版,第368頁。

狄,循漆沮之水,而至岐下。'"①

卷一七:

14. 其鄉居悉以板蓋屋,《詩》所謂"西戎板屋"也。

按:《秦風·小戎》篇。今本《毛詩》作"在其板屋",《水經注疏》作"毛公所謂'西戎板屋'也"。毛《傳》云:"西戎板屋"②。

卷一八:

15. 舊邰城也,後稷之封邑也,即《詩》所謂"有邰家室"也。

按:《大雅·生民》篇。今本《毛詩》作"即有邰家室",《水經注疏》作"《詩》所謂'即有邰家室'也"。王先謙云:"《呂覽·辯士》篇注:《詩》云:'實穎實栗,有邰家室'。明魯、毛文同,惟無'即'字。《説文》、《史記·周本紀·索引》引,亦無'即'字。"③

卷二二:

16. 今雖不能,然諒亦非謬,《詩》所謂"東有圃草"也。

按:《小雅·車攻》篇。今本《毛詩》作"東有甫草"。熊會貞云:"《文選·東京賦·注》及《後漢書·班固傳·注》并引《韓詩》作'東有圃草',《毛詩》作'甫草','圃'、'甫'古字通。"④戴震云:"'圃'、'甫'通。"⑤王先謙亦云:"三家'甫'作'圃'。"⑥

17. 太姬好祭祀,故《詩》所謂"坎其擊鼓,宛丘之下"。

---

① 蕭統《文選》,北京:中華書局,1977年版,第691頁。

② 孔穎達《毛詩正義》,北京:中華書局,1990年版,第235頁。

③ 王先謙《詩三家義集疏》,北京:中華書局,1987年版,第881頁。

④ 楊守敬《水經注疏》,南京:江蘇古籍出版社,1989年版,第1871頁。

⑤ 戴震等,《清人詩説四種》(含《毛鄭詩考證》、《詩經小學》、《詩經補考》、《毛詩鄭箋改字説》),武漢:華中師範大學出版社,1986年版,第37頁。

⑥ 王先謙《詩三家義集疏》,北京:中華書局,1987年版,第622頁。

按:《陳風·宛丘》篇。今本《毛詩》作"坎其擊鼓",《水經注疏》作"鼓"。《漢石經集存·魯詩》之《小雅·鼓鐘》:"'鼓'作'皷'。"①《康熙字典》:"皷,《正字通》:俗'鼓'字。"②

卷二四:

18. 水又西南流,徑徂徠山西,山多松柏,《詩》所謂"岨崍之松"也。

按:《魯頌·閟宮》篇。今本《毛詩》作"徂來之松",《水經注疏》作"徂徠"。毛《傳》:"徂徠,山也。"③王先謙《詩三家義集疏》亦引作"徂徠",并云:"《唐石經》'來'作'徠'。"④

卷二五:

19. 名曰晝門,《詩》所謂"保其鳧嶧"者也。

按:《魯頌·閟宮》篇。今本《毛詩》作"保有鳧繹",《水經注疏》作"保有鳧嶧"。鄭《箋》云:"'繹'音'羲',一音'夕'字,又作'嶧',同山名也。"⑤熊會貞云:"'嶧'作'繹',《釋文》'繹'又作'嶧',《初學記》八引《詩》作'嶧'。"⑥王先謙云:"魯'繹'作'嶧'。"⑦

卷二六:

20. 訾丘者,山名也。《詩》所謂"子之訾兮,遭我乎猺之間兮"……《毛詩》、《鄭注》,并無"訾"字,瓚以為非,近之。

---

① 馬衡《漢石經集存》,北京:科學出版社,1957年版,第10頁

② 張玉書、陳廷敬等《新修康熙字典》,上海:上海書店,1988年版,第1172頁。

③ 孔穎達《毛詩正義》,北京:中華書局,1990年版,第782頁。

④ 王先謙《詩三家義集疏》,北京:中華書局,1987年版,第1087頁。

⑤ 孔穎達《毛詩正義》,北京:中華書局,1990年版,第781頁。

⑥ 楊守敬《水經注疏》,南京:江蘇古籍出版社,1989年版,第2117頁。

⑦ 王先謙《詩三家義集疏》,北京:中華書局,1987年版,第1086頁。

按:《齊風·還》篇。今本《毛詩》作"子之還兮"。《漢書·地理志》引《齊詩》曰:"子之營兮,遭我乎嶩之間兮。"顔師古注云:"齊《國風·營》詩之辭也。《毛詩》作'還',《齊詩》作'營'。之,往也。'嶩',山名也,字或作'峱',亦作'嶹'。"①王先謙亦云:"齊'還'作'營'字。"②

卷三四:

21. 地險流急,故其性亦隘。《詩》云:"惟嶽降神,生甫及申。"

按:《大雅·嵩高》篇。今本《毛詩》作"維嶽降神"。《漢石經集存·魯詩》:"'維'作'惟'。"③。陳橋樅云:"《釋文》引《韓詩》云:'維,念也。'此順《毛詩》之文。《毛詩》'維'字,三家皆作'惟'。"④

卷三六:

22. 光武時,移至東山之上,遂爾易號。《傳》曰:"止戈為武",《詩》曰:"高平曰陵",於是名焉。

按:今本《毛詩》無此句。《後漢書·郡國志》劉昭注引《武陵先賢傳》曰:"《傳》曰'止戈為武,高平曰陵。'"⑤檢今本《左傳》,並無"高平曰陵",疑為行文之誤。祝穆《方輿勝覽》曰:"《傳》曰'止戈為武',《詩》注'高平曰陵。'"⑥據此可知"高平曰陵"恐非《詩》句,而為後人訓詁《詩經》用語,如《爾雅》之"大陸曰阿"、"大阜曰陵"等,皆同。楊守敬云:"《文選·長楊賦·注》引《韓詩》章句'四平曰

① 班固《漢書》,北京:中華書局,1999年版,第1323頁。
② 王先謙《詩三家義集疏》,北京:中華書局,1987年版,第376頁。
③ 馬衡《漢石經集存》,北京:科學出版社,1957年版,第14頁。
④ 陳橋樅《三家詩遺説考》,上海:上海古籍出版社,2003年版,第717頁。
⑤ 范曄《後漢書》,北京:中華書局,1965年版,第3484頁。
⑥ 祝穆《方輿勝覽》,北京:中國書店,1993年版,第291頁。

陵',當即此所陳,而'四'為'高'之誤。"①,此說恐非是。

二、引《詩》異文成因

引《詩》與今本《毛詩》有異者達二十條之多,其原因是多種多樣的,除歷代傳抄刊刻形成的錯誤之外,歸納起來,主要為以下兩點:

(一)因漢字的特點而致異。

首先,《詩經》產生的年代久遠,且在相當長一段時間裏漢字的使用極不固定,加之數量有限,兩個字通用或一個字被假借為另一個字,抑或在本字基礎上產生新的漢字都是很常見的。此外就《毛詩》而言,由於其為古文經,用篆書寫成,而漢代通行文字為隸書。同一學派之內為了便於傳承,必須由篆書變為隸書,因而勢必導致異體字的產生。這一點,我們可以總稱為因古代漢字的基本特點而致異。而這一方面又包括以下幾種情況:因通假字而致異;因古今字而致異;因異體字和俗體字而致異。

1. 因通假字而致異。此種情況在引《詩》中計有二例:"坶"之於"牧";"郃"之於"洽"。坶,《說文》:"朝歌南七十里也。《周書》:'武王與紂戰於坶野。'"牧,《說文》:"養牛人也。"據此,'坶'應為本字,後'牧'被假借代替'坶'字,正如楊守敬所云:"是《書》、《詩》、《禮》本皆作'坶',至唐初,'坶'、'牧'始錯出,今又一概作'牧',俱後人改。"郃,《說文》:"左馮翊郃陽縣,《詩》曰:'在郃之陽'。"洽,《說文》:"霑也。"可知在表示地名時應為"郃","洽"則為動詞表浸濕,後被借用代替"郃",

2. 因古今字而致異。這種情況在引《詩》中亦有二例:"曹"之於"漕";"墟"之於"虛"。曹,《說文》:"獄之兩曹也,在廷東。"漕,

① 楊守敬《水經注疏》,南京:江蘇古籍出版社,1989年版,第2971頁。

《説文》:“水轉轂也。一曰人之所乘及船也。”“曹”為“漕”之古字,且“曹”本為地名,符合《詩經》原意,而作“漕”則可能為後人的篡改。虛,《説文》:“大丘也。”段玉裁注云:“‘虛’者,今之‘墟’字。”可知“虛”為“墟”古字,因“虛”後引申為空虛,則另造一“墟”字表示“大丘”之意。

3. 因異體字和俗體字而致異。這兩種情況引《詩》中各有一例:“袒”之於“襢”;“皷”之於“鼓”。袒,《説文》:“衣縫解也。”襢,《説文》無此字,而《毛詩》有“襢裼暴虎”句。據上文鄭《箋》及段玉裁所云,可知“襢”為“袒”之異體字。皷,《説文》無此字,《康熙字典》:“皷,《正字通》:俗‘鼓’字。”顔之推認為“‘皷’字至南北朝始出現,并云:“自有訛謬,過成鄙俗,‘亂’旁為‘舌’,‘揖’下無‘耳’……‘鼓’外設‘皮’。”[①]而《漢石經集存・魯詩》“鼓”正作“皷”,據此知“皷”字當在漢代便已出現。

引《詩》異文中,因以上原因而致異的情況佔了相當分量,此類異文共同特點是:讀音及意思相同或相近,在古籍中常通用。如何正確看待此種情況,裘錫圭云:“古本和今本的文字往往有很多不影響文義的細微差別,有些差別看起來似乎無關緊要,實際上却反應了古今語言的變化。”[②]評論頗為中肯。

(二)因徵引三家《詩》而致異。

聯繫酈氏所處時代《詩》學的傳承及引《詩》具體狀況,筆者認為:引《詩》主要來自《毛詩》,但并未為其所囿,而是兼採三家之《詩》。這也是引《詩》與今本《毛詩》有異的一個重要原因。這一原因體現在引《詩》的用字與體例兩個方面。

用字方面,如卷二二“東有圃草”,王先謙《詩三家義集疏》云:“三家‘甫’作‘圃’。”卷二五引《詩》“保其鳧嶧”,今本《毛詩》作“保

① 王利器《顔氏家訓集解》,上海:上海古籍出版社,1980 年版,第 462 頁。

② 裘錫圭《古代文史研究新探》,南京:江蘇古籍出版社,2000 年版,第 16 頁。

有鳧繹”，王先謙《詩三家義集疏》云：“魯‘繹’作‘嶧’。”卷二六“子之營兮，遭我乎猺之間兮。”酈氏於下文云：“《毛詩》、《鄭注》并無‘營’字。”王先謙亦云：“齊‘還’作‘營’字。”可知此處引《詩》確為《齊詩》。又卷三四“惟岳降神，生甫及申”，陳橋樅《三家詩遺説考》云：“《釋文》引《韓詩》云：‘維，念也。’此順《毛詩》之文。《毛詩》‘維’字，三家皆作‘惟’。”

三家《詩》異文的存在，正是引《詩》與今本《毛詩》有異的重要原因之一。秦漢之際，經籍多書寫於簡册之上，繁重難以獲得，各家《詩》派的傳承多賴於口耳相傳，又由於地區方言及用字習慣的不同，從而導致異文的形成，正如鄭玄所云：“(《詩》)受之者非一邦之人，人用其鄉，同言異字，同字異言，於此遂生矣。”[①]准確揭示了異文的成因。

引《詩》中除用字與三家《詩》有所契合外，在體例方面亦是如此，如酈氏分别把《鄘風·定之方中》和《邶風·泉水》一并歸入《衛風》。關於《鄘風》、《邶風》以及《衛風》三者之間的關係，馬瑞辰云：

> 《詩·邶》、《鄘》、《衛》所詠皆衛事，不及邶、鄘……則古蓋合《邶》、《鄘》、《衛》為一篇，至毛公以此《詩》之簡獨多，始分《邶》、《鄘》、《衛》為三。故《漢志》魯、齊、韓《詩》皆二十八卷，惟《毛詩故訓傳》分《邶》、《鄘》為三卷，始為三十卷耳。”[②]

馬瑞辰認為三家《詩》中《邶風》、《鄘風》及《衛風》合為一卷并非一家之言。《左傳·襄公三十一年》記載：“衛北宮文子見楚令尹圍之威儀，言於衛侯曰：《衛詩》曰‘威儀棣棣，不可選也。’”[③]其所引《詩經》章句即在今本《毛詩·邶風·柏舟》中，與酈氏引《詩》不謀而合。馬衡在《漢石經集存·魯詩·説明》中也强調：“以《毛詩》

---

① 陸德明《經典釋文》，北京：中華書局，1983年版，第11頁。
② 馬瑞辰《毛詩傳箋通釋》，北京：中華書局，1989年版，第18頁。
③ 馬瑞辰《毛詩傳箋通釋》，北京：中華書局，1989年版，第1194頁。

校《石經》,不特篇次有異,即章次亦有不同。"[1]另外,班固早在於《漢書・地理志上》中亦認為邶、鄘、衛本為三個諸侯國,後并衛康叔。可見,《邶風》、《鄘風》及《衛風》合為一卷正是三家《詩》體例異於《毛詩》之所在。

除以上兩種主要原因外,引《詩》異文的成因還包括以下方面:因音近而致異,如"薄狩"之於"搏獸";因倒文而致異,如"漆沮"之於"沮漆";因後人篡改或用字的隨意性而致異,如"岨崍"之於"徂來";因酈氏記憶之誤而致異,如"西戎板屋"之於"在其板屋"等。而這只是少數,且極有可能是因傳抄刊刻而導致,主要原因還在於以上兩方面。需要説明的是:上述所列原因僅僅是在一個大的框架之下歸類,非為絶對的對立,而是有可能互相涵蓋。如第一種致異原因中可能有部分就含在下面的情況中,而第二種原因中可能又有部分與第一種重合。但因年代久遠,加之缺乏有效的材料佐證,所以權且如此歸納。

三、引《詩》於《詩經》學研究之價值

引《詩》作為《水經注》的重要組成部分,不僅為行文提供了依據,而且也增加了文字的生動性和形象性,豐富了其文學及文化意蘊。同時,從客觀上説,引《詩》對當今《詩經》學的研究也有一定參考價值,這主要體現在兩個方面:一是校勘《詩經》經文的錯誤以及糾正以往學者的觀點,二是考究《魯詩》和《齊詩》的亡佚時間。

第一、利用引《詩》校勘《詩經》經文的錯誤,這一點已為前代一些學者所注意。如段玉裁在《詩經小學》中對"薄狩於敖"的考證:

《後漢・安帝紀・注》引《詩》:"薄狩於敖。"俗刻今改為"搏",而"狩"字不改。毛刻作"薄狩",《冊府元龜》王氏《詩考》引作"薄狩"。《水經注・濟水》篇:"濟水又東徑敖山,《詩》所

① 馬衡《漢石經集存》,北京:科學出版社,1957年版,第21頁。

謂'薄狩於敖者'也。"作"薄狩"。《東京賦》:"薄狩於敖",作"薄狩"。薛《注》引《詩》"薄獸於敖","薄"字不誤,"獸"字繫妄改。[1]

本條中,段玉裁利用《水經注》引《詩》與《後漢書·安帝紀·注》以及《東京賦》中的"薄狩于敖"共同校正俗刻中的錯誤,正是引《詩》在校勘《詩經》經文方面作用的較好體現。

另外在糾正以往學者觀點方面,如王先謙《詩三家義集疏》中對《衛風·淇奧》篇《詩》派的判別:"'瞻彼淇奧,綠竹猗猗。'齊'奧'亦作'澳',魯'綠'作'菉',毛《傳》曰:'綠',王芻也。"[2]王先謙此處結論的出發點在於《毛詩》作"奧"和"綠",而《水經注》引《詩》則作:"瞻彼淇澳,菉竹猗猗。"並引毛《傳》曰:"菉,王芻也。"且酈氏在後文又道:"澳,隈也,鄭氏亦不以為津源,而張司空專以為水流入於淇,非所究也。"[3]據此我們可以作出如下判斷:一、"瞻彼淇澳"和"菉竹猗猗"為酈氏引《詩》同一句中的前後文,理應出自一家,所以"澳"和"菉"應為同一《詩》派之用字;二、酈氏在引《詩》之後緊接又引出毛《傳》作為其論述的證據,可知所引毛《傳》和上文的引《詩》也應為同一《詩》派,即上文引《詩》亦為《毛詩》。這樣,我們可以得出如下結論:引《詩》中"澳"和"菉"同為《毛詩》用字。那麼上文王先謙的觀點"齊'奧'亦作'澳',魯'綠'作'菉'"便與酈氏相悖。不僅如此,酈氏和王氏所引毛《傳》的同一訓語中,一作"菉",一作"綠"。而酈氏所見毛《傳》遠早於王先謙,其引文自然更加可靠,并且此前其他書籍如《爾雅》、《説文解字》及《禮記·大學》篇等引此皆作"菉",與酈氏引《詩》一致。據此筆者認為:酈氏此處引《詩》應

① 戴震等《清人詩説四種》(含《毛鄭詩考證》、《詩經小學》、《詩經補考》、《毛詩鄭箋改字説》),武漢:華中師範大學出版社,1986年版,第167頁。

② 王先謙《詩三家義集疏》,北京:中華書局,1987年版,第265頁。

③ 王國維《水經注校》,上海:上海人民出版社,1984年版,第322頁。

均為《毛詩》。殆因後人妄改"澳"、"菉"為"奥"、"綠",致使王氏得出上述結論。

再如焦循在《毛詩補疏》中對班固《漢書・地理志上》引《詩》"子之營兮,遭我乎嶩之間兮"所屬《詩》派問題作出的判斷:

其謂"齊詩",謂齊國之詩,非三家齊轅固生之《齊詩》。其引"俟我於著"與"遭我乎嶩之間",見其從容言語,故為舒緩之體。而顔師古則云:"《毛詩》作'還',《齊詩》作'營'。之,往也,言往適營邱而相逢於峱山。"又云:"著,地名,即濟南郡著縣也。""子之營"與"子之茂"、"子之昌"並言,"俟乎著"與"俟乎堂"、"俟乎庭"並言。營、茂為地名,茂、昌、堂、庭,其亦地乎?不足辨也。"嶩"與"峱"之別體,《釋文》言崔靈恩《集注》作"嶩"。靈恩,為《毛詩》者也。作"嶩"者,非轅固生之《詩》也。《齊詩》魏代已亡。師古因班氏表《齊詩》之目,故臆謂《齊詩》作"營",望其文而為之辭也。[①]

焦氏主要從崔靈恩《集注》本的用字和《齊詩》魏代已亡兩個方面出發,對顔師古認為引《詩》為《齊詩》之觀點批駁,認為班固所引乃《毛詩》。然通過細致推尋,筆者以為,他的這兩個證據均靠不住:首先,顔師古已在注文中强調《齊詩》"嶩"與"峱"、"嶩"通用。説明作"嶩"非《毛詩》一家,而焦循顯然忽視了這一點;其次,《齊詩》魏代已亡這一觀點來自《隋書・經籍志》,為唐人撰寫,其觀點的可靠性尚待商榷。《毛詩》"子之還兮",王先謙《詩三家義集疏》云:"齊'還'作'營'","韓'還'作'璇'"。又據《漢石經集存》載,《魯詩》"還"作"旋"。據此,上述齊、魯、韓、毛四家《詩》用字已明,且酈氏引《詩》"子之營兮,遭我乎峱之間兮。"後云:"《毛詩》、《鄭注》并無'營'字。"明確説明作"營"非《毛詩》用字,更是對焦循觀點有力

① 戴震等《清人詩説四種》(含《毛鄭詩考證》、《詩經小學》、《詩經補考》、《毛詩鄭箋改字説》),武漢:華中師範大學出版社,1986年版,第322頁。

的反駁。

第二、在考究《魯詩》和《齊詩》亡佚時間方面，引《詩》也頗具參考價值。漢初傳《詩》者有四家，分别為《魯詩》、《齊詩》、《韓詩》和《毛詩》。其中前三家為今文《詩》，并立官學，《毛詩》為古文《詩》，初始只在民間流傳。但後期情況却發生了很大變化，陸德明《經典釋文・序》云："元始五年，公車徵説《詩》，後漢鄭衆、賈逵傳《毛詩》，馬融作《毛詩注》，鄭玄作《毛詩箋》，申明毛義難三家，於是三家遂廢矣。"[①]至於《魯詩》與《齊詩》的亡佚時間，《經典釋文》又云："《齊詩》久亡，《魯詩》不過江東，《韓詩》雖在，人無傳者。唯《毛詩》鄭箋獨立國學，今所遵用。"[②]《隋書・經籍志》亦云："《齊詩》魏代已亡，《魯詩》亡於西晉，《韓詩》雖存，無傳之者。唯《毛詩》鄭箋，至今獨立。"[③]二者記載時間基本一致，惟《隋書・經籍志》較之《經典釋文》的記載更加詳細，而今人亦多認同此説。

然而通過分析引《詩》尤其是與今本《毛詩》有異條目我們發現：引《詩》分明殘留著《魯詩》和《齊詩》的痕跡。如卷二六"子之營兮，遭我乎猛之間兮。"通過上文所考已知其為《齊詩》無疑。儘管王先謙在《詩三家義集疏》中懷疑此處引《詩》乃酈氏從《漢書》中轉引所得，但筆者認為，酈氏直接徵引《齊詩》的可能性仍是有的。最直接的證據便是對於同一句引《詩》，酈氏作"猛"，《漢書》作"嶩"。雖然在《齊詩》中兩字通用，但若為轉引，何以此處用字又有所不同呢？

此外，引《詩》與《魯詩》一致之處有：卷一八《大雅・生民》："即《詩》所謂'有部家室'也。"王先謙云："魯、毛文同，惟無'即'字。"説明此處引《詩》應為《魯詩》；卷二五《魯頌・閟宫》："保有鳧嶧"，王

① 陸德明《經典釋文》，北京：中華書局，1983年版，第10頁。
② 陸德明《經典釋文》，北京：中華書局，1983年版，第10頁。
③ 魏徵等《隋書》，北京：中華書局，1973年版，第918頁。

先謙云:"魯'繹'作'嶧'。"亦為《魯詩》文。另外卷二二《陳風·宛丘》中"皷"字的用法,也與《魯詩》相符。

除《毛詩》外,酈道元緣何要兼採魯、齊二家之《詩》?筆者認為,酈氏所生活的時代,《毛詩》已為《詩》學之主流,故引《詩》主要來自《毛詩》(這一點從引《詩》大部分與今本《毛詩》相同可以看出),但在《水經注》的撰寫過程中,一些山名、地名又是《毛詩》所沒有的,如"營丘"、"嶧山"等,須徵引魯、齊二家《詩》方能與所述之景一致。此外,由於酈氏的博學多識,其對魯、齊二家《詩》可能也是極為熟悉,故在引《詩》時,用字、體例等方面便會不自覺地與之相契合,如其將《邶風》、《鄘風》均稱為《衛風》便是很明顯的例子。

由此我們得出結論:《魯詩》和《齊詩》在酈道元撰寫《水經注》之時尚且存在是極有可能的,只因所習之人甚少,以致無有記載。當然,我們不能仅凭酈氏引《詩》而判定《魯詩》、《齊詩》在當時一定沒有亡佚,但至少可以為證明二家《詩》於其時尚存提供依據。

附:《水經注》引《詩》與今本《毛詩》相同條目:

卷數	篇名	引《詩》
三	《小雅·出車》	河水又東南進朔方縣故城東北,《詩》所謂"城彼朔方"也。
四	《魏風·十畝之間》	北去首山一十許里,處河山之間,土地迫隘,故《魏風》著《十畝》之詩也。
五	《豳風·七月》	峽石之阿,北陰之中,即《邠詩》"二之日,鑿冰沖沖"矣。而内於井室,所謂"納於淩陰者"也。
五	《邶風·式微》	黎,侯國也。《詩·式微》,黎侯寓於衛是也。
五	《邶風·二子乘舟》	望新臺於河上,感二子於宿齡(王校為"威齡"),詩人《乘舟》,誠可悲矣。

續　表

卷數	篇名	引《詩》
六	《唐風・揚之水》	晉武公自晉陽徙自(王校為"此"),秦改為左邑縣,《詩》所謂"子於鵠者"也。
六	《曹風・下泉》	涑水又西徑郇城,《詩》云"郇伯勞之",蓋其故國也。
九	《衛風・氓》	《詩》所謂"送子涉淇,至於頓丘"者也。
九	《鄘風・桑中》	《詩》云:"爰采唐矣,沬之鄉矣。"
九	《衛風・竹竿》	然斯水即《詩》所謂源泉(王校為'泉源')之水也。故《衛詩》云:"泉源在左,淇水在右。"
十	《衛風・淇奧》	禹著《山經》,淇出沮洳,《淇澳》、《衛詩》列目又遠。
十四	《大雅・靈臺》	《詩》載"經始勿亟",《易》稱"民忘其勞"。
十八	《秦風・黄鳥》	秦人哀之,為之賦《黄鳥》。按:《水經注校》無此條,參《水經注疏》補。
十九	《大雅・文王有聲》	故《詩》云:"考卜維王,宅是鎬京。維龜正之,武王成之。"
二十二	《鄭風・溱洧》	又南注於洧,《詩》所謂"溱與洧"者也。
二十二	《豳風・鴟鴞》	成王幼弱,周公攝政,管叔流言曰:"公將不利於儒子。"公賦《鴟鴞》以伐之。
二十二	《豳風・東山》	即《東山》之詩也。按:《水經注疏》文為"即東山之師也"。
二十二	《陳風・東門之池》	水中有故臺處,《詩》所謂"東門之池"也。
二十二	《鄭風・清人》	東流,即故清人城也,《詩》所謂"清人在彭"。
二十二	《小雅・鴻雁》	春秋文公與鄭伯宴於棐杖,子家賦《鴻雁》者也。
二十四	《邶風・凱風》	城側有寒泉岡,即《詩》所謂"爰有寒泉,在浚之下。"

續　表

卷數	篇名	引《詩》
二十四	《邶風·式微》	昔黎陽侯禹於衛,《詩》所謂"胡為乎泥中。"
二十四	《齊風·載驅》	汶水又西南流,《詩》云"汶水滔滔"矣。
二十四	《小雅·伐木》	鄒馬之客鹹在,《伐木》之歌屢陳。
二十五	《魯頌·泮水》	東西六十步,臺池鹹結石為之,《詩》所謂"思樂泮水"也。
二十六	《邶風·簡兮》	孟獻子曰:《詩》所謂"有力如虎"者也。
二十八	《小雅·蓼莪》	親沒之後,負土成墳,常泣血墓側。人有詠《蓼莪》者,氏為悲涕,悲不自勝。
二十八	《小雅·鹿鳴》	召校官子弟作雅樂,奏《鹿鳴》,上自槼塤篪和之。
二十九	《大雅·嵩高》	二泉微小,至城漸大,城周回側水,《詩》所謂"申伯番番,既入於謝"者也。
三十一	《大雅·下武》	故應鄉也,應侯之國,《詩》所謂"應侯順德"者也。
三十九	《大雅·白駒》	《詩》云:"生芻一束,其人如玉。"

作者單位:河北師範大學文學學院

“時文”考論

李 科

緒 論

“時文”一詞，其出現的時代甚早，在先秦的文獻中就有出現。《周禮・考工記》曰：“時文思索，允臻其極，嘉量既成，以觀四國，永啟厥後，兹器維則。”[①]但是此處之“時文”卻並非我們通常所謂之“時文”，也非唐宋科舉興起以後之“時文”。而自《考工記》中的這則銘文中出現“時文”起，在以後的歷代文獻中均有出現，尤其在宋代及以後的文獻中出現的尤多。但是這些文獻中的“時文”的含義卻並不相同，有其各自特有的意義，即便是某一相同意義，在不同的時代所指的具體對象和内容也不相同。但是，當代大多數的人對“時文”意義的理解甚為狹窄，而且多有誤解。而當代的比較有影響的辭書對“時文”一詞義項的收入和解釋，也不盡詳盡，甚至釋義也不甚準確。

如《漢語大詞典》中對“時文”的解釋：“(1)當代的文明。指禮樂制度等。……(2)當時的文章……(3)時下流行的文體。舊時對科舉應試文體的通稱。1，唐宋時指律賦。……2，明清時特指八股

---

① 《周禮注疏》卷四〇《冬官・考工記》，《十三經注疏》，北京：中華書局，1980 年影印本，上册，第 917 頁上欄。

文。”[①]又《辭源》對“時文”的解釋:“(1)當代的文明。指禮樂制度。……(2)科舉應試之文。對“古文”而言。”[②]又《中文大辭典》中對“時文”的解釋:“(1)謂科舉應試之文字也。别於古文而言……(2)當時之文明。當時之禮樂。……(3)現代通行之文體。(4)字號。①唐蕭瑀之字。②宋吳可當之字。”[③]《漢語大詞典》作為目前中國大陸最詳盡的漢語詞典,但是對“時文”的解釋卻並不是詳盡完整。而《辭源》對“時文”的解釋較《漢語大詞典》更略。臺灣的《中文大辭典》對“時文”詞條的解釋相對要詳盡一點,但是與《漢語大詞典》亦是大同小異。

總的來説,這些辭書對“時文”的釋義是不夠詳盡的。而一般人對“時文”的理解也基本上局限於“時下流行之文”或“時下流行的文體”這一意思,有的甚至僅僅理解為“八股文”。這無疑都大大使“時文”的意義狹隘化。鑒於此,本文將通過對中國歷代文獻的考察,結合特定的歷史時期的現實和文化背景,對“時文”進行比較詳盡的考察。而在對“時文”進行考論之前,先需要説明的是,本文對“時文”的考論,主要是從文化的角度去考察“時文”的文化義,而非單純從語言學的角度對“時文”進行考論。因為歷代對“時文”的理解,都是在特定的文化背景之下進行的,而所理解的也主要是“時文”的文化義,而非單純的語言義。即便是上述的各種辭書對“時文”的解釋,也多是文化義。總的説來,不管從文化的角度,還是從語言學的角度,對一個問題的考察,都有利於對此問題的正確認識和對文化的傳承與損益。

① 漢語大詞典編委會《漢語大詞典》,上海:漢語大詞典出版社,1990 年版,第 5 卷,第 693—694 頁。

② 廣東、廣西、湖南、河南辭源修訂組,商務印書館編輯部《辭源》,北京:商務印書館,1979 年版,第 2 册,第 1431 頁。

③ 臺灣中文大詞典編纂委員會《中文大辭典》,臺北:中華文史研究所,1968 年版,第 16 册,第 6524 頁上欄。

一、作為道德意義上的"時文"

"時文"一開始並不是指"文章""文體"而言,而是指的一種道德意義。在目前能看到的出現"時文"一詞的最早的文獻是《周禮·冬官·考工記第六》所載的《嘉量銘》:

> 桌氏為量,改煎金、錫則不耗,不耗然後權之,權之然後准之,准之然後量之。量之然後以為鬴,深尺,内方尺而圜其外,其實一鬴,其臂一寸,其實一豆,其耳三寸。其實一升,重一鈞,其聲中黄鐘之宫,概而不悦。其銘曰:時文思索,允臻其極,嘉量既成,以觀四國,永啟厥後,茲器維則。①

關於此處之"時文",一般認為是指"文明禮樂"。如羅時進和劉鵬在《唐宋時文考論》中就指出"這段勒於青銅器上面的贊美性文字中的'時文'意指當時的文明。"②筆者以為此處之"時文"並不能解作"當時之禮樂文明",當然更不能像一般的解作"時下流行之文"或"時下流行的文體"。對於這則銘文,鄭玄注:

> 銘,刻之也;時,是也;臻,至也;極,中也。言是文德之君,思求可以為民立法者,而做此量,信至於道之中。③

按鄭玄所注,此處之"時文"當解作"是文德之君","是"即"此",以今天的話言之,則可解作"此文德之君"。"此文德之君"在這則銘文中指的是特定的人,即"做此量,為民立法","信至於道之中"之君,並非普遍意義上之"文德之君"。後人對此則銘文的解釋,則將其特指的"時文"之君的意義,向一般化擴展,即舉凡有德有位得其時之"文德之君"皆可稱作"時文"之君。如《古今圖書集成·考工典》卷一二《度量衡部匯考一》:

---

① 《周禮注疏》卷四〇《冬官考工記》,第917頁上欄。
② 羅時進,劉鵬《唐宋時文考論》,《文藝理論研究》2004年第4期,第64頁。
③ 《周禮注疏》卷四〇《冬官考工記》,第917頁上欄。

易氏曰:"聖人製量本乎黃鐘之龠,五權五度六律六呂,皆始於此。而禮樂寓焉,非時文之君,何足以探製作之理?"《中庸》曰:"有其位而無其德,不敢做禮樂;有其德而無其位,不敢做禮樂",德與位兼者,非時文而何? 惟時文之君,内忠於心,外索於物,信臻乎是理之極。①

此處即將銘文中特指的"時文",即"是文德之君",擴展為具有普遍性的"時文"。舉凡"内忠於心,外索於物,信臻乎是理之極"之君,皆可稱作"時文"之君。故而,此處之"時文"不可再解釋作"是文德之君",即製此量的特指的"文德之君"。上述引文所言的"有其德"兼"有其位",即可以是"文德之君",但尚不可以制禮作樂,"非時文而何"? 此處之關鍵即在"時"將作何解? 如果解作"是",即含有特指之義,在此處已是不通了。

"時",其本義為"四時",《説文・日部》:"時,四時也。從日,寺得聲。旹,古文字,從之、日。"②但是,在漢及以前"時"字就有作為"得其時""當其可"之義的用例。

《詩・大雅・生民》"胡臭亶時",朱熹集傳:"時,言得其時。"③

《荀子・大略》"不時宜"楊倞注:"時,謂得時。"④

《禮記・學記》"大學之法,禁於未發之謂豫,當其可之謂時。"⑤

---

① 陳夢雷等《古今圖書集成》,《經濟彙編》,《考工典》卷一二,北京:中華書局,,成都:巴蜀書社,1985年影印本,第79册,第95396上欄。

② 段玉裁《説文解字注》,上海:上海古籍出版社,1981年影印,第302上、下欄。

③ 朱熹《詩集傳》卷一七,上海:上海古籍出版社,1980年版,第192頁。

④ 王先謙《荀子集解》卷一九,《諸子集成》,上海:世界書局,1935年版,第2册,第322頁。

⑤ 《禮記注疏》卷三六《學記》,《十三經注疏》,北京:中華書局,1980年影印本,下册,第1523頁。

《説苑·建本》"時禁於未發之曰預,因其可之曰時。"①

按,由上引諸條可知,"時"有作"得其時"、"當其可"等義的用例。而"文"用作"文德""聖德"的意思,在先秦秦漢文獻中用作此義已數見而不鮮矣。

《國語·周語下》"文之恭也",韋昭注:"文者,德之總名也。"②

《詩·周頌·思文》"思文後稷",陳奐傳疏:"文,文德也。"③

《國語·晉語七》"公以趙文子為文也",韋昭注:"文,有文德也。"④

《國語·晉語九》"文祖襄公"韋昭注:"文,言有文德也。"⑤

《説苑·修文》"文,德之至也,德不至則不能文。"⑥

《逸周書·謚法》:"經天緯地曰文""道德博厚曰文""慈惠愛民曰文"⑦

按,此處的"時文"作為一個複合詞,由上述引文對"時"和"文"的解釋可知,其當解作"得其時之文德"或"當其可之文德"。如果,用以解"有其德"兼"有其位","非時文而何",則可暢然而明也。即其文德應"當其可"或"得其時"。

當然,以上僅就字面上而言。而在中國歷史早期,尤其是在先

---

① 趙善詒《説苑疏證》卷三,上海:華東師範大學出版社,1985 年版,第 67 頁。

② 《國語》卷三,《周語下》上海:上海古籍出版社,1978 年,上册,第 96 頁。

③ 陳奐《詩毛氏傳疏》,《皇清經解續編》卷八〇三,上海:上海書店,1988 年影印本,第 3 册,第 1193 頁下欄。

④ 《國語》卷一三,《晉語七》,下册,第 436—437 頁。

⑤ 《國語》卷一五,《晉語九》,第 495 頁。

⑥ 趙善詒《説苑疏證》卷一九,第 559 頁。

⑦ 黃懷信,張懋鎔,田旭東《逸周書彙校集注》卷六,《謚法》,上海:上海古籍出版社,1995 年,下册,第 678—679 頁。

秦時期,“文德”是一種含有“道德博厚”之完整道德境界的意義。如《左傳·昭公二十八年》:

昔武王克商,光有天下。其兄弟之國者十有五人,姬姓之國者四十人,皆舉親也。夫舉無他,唯善所在親疏一也。《詩》曰:“唯此文王,帝度其心。莫其德音,其德克明。克明克類,克長克君。王此大國,克順克比。比于文王,其德靡悔。既受帝祉,施于孫子。”心能制義曰度,德正應和曰莫,照臨四方曰明,勤施無私曰類,教誨不倦曰長,賞慶刑威曰君,慈和遍服曰順,擇善而從之曰比,經緯天地曰文。九德不愆,作事無悔,故襲天祿,子孫賴之。主之舉也,近文德矣,所及其遠哉。①

以上所言之“心能制義曰度,德正應和曰莫,照臨四方曰明,勤施無私曰類,教誨不倦曰長,賞慶刑威曰君,慈和遍服曰順,擇善而從之曰比,經緯天地曰文”的九德,皆涵於“文德”之中。由此,亦足見“文德”所含“道德博厚”之義。又《國語·周語下》:

晉孫談之子周適周,事單襄公,立無跛,視無還,聽無聳,言無遠;言敬必及天,言信必及身,言仁必及人,言義必及利,言智必及事,言勇必及制,言孝必及神,言惠必及和,言讓必及敵;晉國有憂未嘗不戚,有慶未嘗不怡。

公有疾,召頃公而告之,曰:“必善晉周,將得晉國。其行也文,能文則得天地。天地所胙,小而後國。夫敬,文之恭也;忠,文之實也;信,文之孚也;仁,文之愛也;義,文之制也;智,文之輿也;勇,文之帥也;教,文之施也;孝,文之本也;惠,文之慈也;讓,文之材也。象天能敬,帥意能忠,思身能信,愛人能仁,利制能義,事建能智,帥意能勇,施辯能教,昭神能孝,慈和能惠,推敵能讓。此十一者,夫子皆有焉。天六地五,數之常

① 《春秋左傳正義》卷五二《昭公二十八年》,《十三經注疏》,北京:中華書局,1980年影印本,下册,第2119頁上、中欄。

也。經之以天,緯之以地。經緯不爽,文之象也。文王質文,故天祚之外天下。夫子被文矣,其昭穆又近,可以得國。且夫立無跛,正也;視無還,端也;聽無聳,成也;言無遠,慎也。夫正,德之道也;端,德之信也;成,德之終也;慎,德之守也。守終純固,道成事信,明令德矣。慎成端正,德之相也。為晉休戚,不違本也。被文相德,非國何取?"①

上引材料中之"文"乃"德之總名",即"文德"。此段文字,即在言晉周之德之盛,亦即在盛稱晉周之"文德"。由此,亦可進一步證明"文德"即是指的一種"道德博厚"之完整境界。然"時文",由上述可知,即"得其時之文德",其實亦是表達一種"道德博厚"之意,只是其程度較"文德"更重,需要"得其時"、"當期可",以應於時之需,其文德方可"光被四表",其道德之博厚的境界方更大。又如《藝文類聚》卷二〇《人部四》引陸機《祖德賦》:

咨時文之懿祖,膺降神之靈曜。棲九德以弘道,振風烈以增劭……戢靈武於即曜,恢時文於未煥。騰絶風似逸鶩,庶遐蹤於公旦。②

按,此處若"時文"直解作"得其時之文德",則這句話就成了"咨有得其時之文德之懿祖",則顯得很不通。由上面論述可知,此處其實就是表達的一種"道德博厚"之意。蓋"文德"當其時,是其"文德"之功效勳績更大,道德博厚之意更盛,故合而言之為"文德""聖德"亦可,唯其語氣加重耳!又陸雲《贈汲郡太守》:

我有好爵,既成爾服。入贊崇華,遂登帷幄。時文聖宰,天祚方穀。朔風徽止,鴻漸雲嶽。③

① 《國語》卷三,《周語下》,上册,第94-98頁。

② 歐陽詢《藝文類聚》卷二〇《人部四》引《祖德賦》,上海:上海古籍出版社,1982年版,第1册,第372-373頁。

③ 逯欽立《先秦漢魏晉南北朝詩》,《晉詩》卷六,北京:中華書局,1983年,上册,第701頁。

此處之"時文"亦同上述,即贊頌汲郡太守之"文德""聖德"也。

二、作為文字的"時文"

筆者在考察文獻中發現,"時文"還有指"當時或時下之文字"。此義中之"時",乃"當時""今時""時下"之義,而"文"當訓作"文字"。對二字如此解亦是古已有之,非後生臆造。

《詩·大雅·召旻》"維昔之富,不如時。"鄭玄箋:"時,今時也。"①

《尹文子·大道下》"心不畏時之禁,行不軌時之法。此大亂之道也。"②

按,此處對"時"訓作"當時""時下""今時",其例甚多,其用例亦甚廣且久,直至今日亦在沿用。而"文",是否在當時有"文字"之義的用例,見以下諸例,即可明矣。

《書·序》"由是文籍生焉"陸德明《釋文》:"文,字也。"③

《左傳·宣公十二年》"夫文,止戈為武"杜預注:"文,字也。"④

《左傳·宣公十五年》"故文,反正為乏"杜預注:"文,字也。"⑤

《左傳·昭公元年》"于文,皿蟲為蠱"杜預注:"文,字也。"⑥

① 《毛詩正義》卷一八,《十三經注疏》,北京:中華書局,1980年影印本,上册,第579頁下欄。

② 《尹文子》,《四部叢刊初編》,上海:商務印書館,縮印江南圖書館藏明覆宋刊本,子部,全第94册,第6頁下欄。

③ 陸德明《經典釋文》卷三,《尚書音義》上,北京:中華書局,1983年影印本,第36頁上欄。

④ 《春秋左傳正義》卷二三《宣公十二年》,第1882頁中欄。

⑤ 《春秋左傳正義》卷二四《宣公十五年》,第1888頁上欄。

⑥ 《春秋左傳正義》卷四一《昭公元年》,第2025頁中欄。

《論語·衛靈公》"吾猶及史之闕文也"邢昺疏:"文,字也。"①

《孟子·萬章上》"不以文害辭"朱熹集注:"文,字也。"②

由上可知,"文"訓作"字",亦其源甚早,其用亦甚廣。當然,"時"可訓作"今時""時下""當時","文"可訓作"文字",但是這並不能證明"時文"即可訓作"當時或時下的文字"。但是在緯書《尚書·中候》即有必須將"時文"解作"今時或時下之文字"的用例。

周公旦即攝七年,鸑鳳見,蓂莢生,青龍銜甲,元龜背書。周公歸政於成王,太平制禮,鸑鳳見,有元龜負圖出,周公援筆以時文寫之。③

此處之"時文"是否即是指"當時或時下的文字"呢?關於"時文"的這一用法的資料甚少,筆者淺陋,唯此一條。然《晉書·束皙傳》:"武帝以其書付秘書校綴次第,尋考指歸,而以今文寫之。"④又孔穎達《春秋經傳集解後序正義》注引王隱《晉書·束皙傳》:"汲郡初得此書,表藏秘府,召荀勖和嶠以隸字寫之,勖等於時即已不能盡識其書。"⑤由此三者相比可知,三者句式結構相類,所行之事相似,故可推定,《尚書·中候》中的"時文"即指"當時的文字"。故此"周公援筆以時文寫之",即周公以當時之文字將元龜所附之圖文寫下。雖然關於"時文"此義,可以用來證明的資料甚少。但是,不管是資料多還是少,既然在歷史文獻中出現過,那麽它在歷史時期存在過,故此義亦不可遺。

---

① 《論語注疏》卷一五《衛靈公》,《十三經注疏》,北京:中華書局,1980年影印本,下册,第2518頁上欄。

② 朱熹《四書章句集注》,《孟子集注》卷九,北京:中華書局,1983年版,第306頁。

③ 《尚書中候》,《古微書》卷四,《緯書集成》,上海:上海古籍出版社,1994年影印本,上册,第169頁下欄。

④ 《晉書》卷五一《束皙傳》,北京:中華書局,1974年版,第3册,第1433頁。

⑤ 《春秋左傳正義》卷六〇《春秋經傳集解後序正義》,第2188頁上欄。

三、作為文明禮樂的"時文"

"時文"作為"當時之文明,禮樂制度"解,其起較晚,大略在東漢三國時,方有文獻中出現"時文"作"禮樂制度"解。但是"文"作"禮樂"之義的用例卻是出現很早。

《論語·述而》"文行忠信"劉寶楠正義:"文,謂《詩》、《書》、禮、樂也。凡博學、審問、慎思、明辨,皆文之教也。"①

《論語·顏淵》"君子以文會友"劉寶楠正義:"文,謂《詩》《書》禮樂也。"②

《論語·子罕》"文不在茲乎"朱熹章句:"道之顯者謂之文,蓋禮樂制度之謂。"③

《詩·大雅·大明》"文定厥祥"朱熹集傳:"文,禮。"④

按,在先秦文獻,"文"既有作為"禮樂制度"之義的用例。而"時文"連用,指當時之禮樂制度,則是自晉始。如《藝文類聚》卷三九《禮部》中引陸機《侍皇太子宣猷堂詩》:"時文惟晉,世篤其聖。明明隆晉,茂德有赫。"⑤又,陸雲《大安二年夏四月大將軍出祖五羊公於城南堂皇被命作此詩》云:"時文惟晉,天祚有祥。聖宰作弼,受言既臧。有赫斯庸,勳格昊蒼。景物臺暉,棟隆玉常。"⑥按,此兩處之"時文"皆是指當時之禮樂制度。此二條引文之大意皆是頌晉世禮樂文明之盛。又"群氓反素,時文載鬱。耕父推畔,魚豎讓陸。樵夫恥危冠之飾,輿臺笑短後之服。"此處之"時文",《文選

---

① 劉寶楠《論語正義》卷八《述而》,北京:中華書局,1990年,上册,第274頁。
② 劉寶楠《論語正義》卷一五《顏淵》,下册,第513頁。
③ 朱熹《四書章句集注》,《論語集注》卷五《子罕》,第110頁。
④ 朱熹《詩集傳》卷一六《大明》,第178頁。
⑤ 歐陽詢《藝文類聚》卷三九《禮部中》引陸機《侍皇太子宣猷堂詩》,第2册,第714—715頁。
⑥ 逯欽立《先秦漢魏晉南北朝詩》,《晉詩》卷六,上册,第699頁。

六臣注》卷三五中呂向注曰:"時文,謂禮樂也。"①又郭茂倩《樂府詩集·郊廟歌辭六》之《豫和》:

> 於昭上穹,臨下有光。羽翼五佐,周流八荒。誰其饗之,時文對揚。虞經夏典,茲禮未遑。②

按,上引之郊廟歌辭中之"時文",其指"當時之禮樂制度"甚明。又如《全唐文》卷二四八李嶠《宣州大雲寺碑》:

> 立最上之乘,不棄於聲聞小道;用無為之理,猶存乎禮樂常教。辟四果之門闌,訓三雍之典業,然後遠心近行,俱得所聞,傾樽酌蠡,各滿其量。憲章乎法寶,而度律既周;經緯乎時文,而綱羅畢備;登一世於解脱,躋群生於仁壽。③

按,上引之碑文前以"聲聞小道"與"禮樂常教"相對而言,故可知後與"法寶"相對之"時文",即指"當時之禮樂制度"而言,言要以"法寶"為憲章,以"當今之禮樂制度"為經緯。又《全唐文》卷五〇四權德輿《朝議大夫洋州刺史王君夫人博陵縣君崔氏祔葬墓誌銘》:

> 先是洋州猶子興平尉源長,受夫人之理命,曰:"吾與爾二門,積德奕代。銘表必咨時文。先舅之碑,吏部趙郡李公實為之,先君之志,從翁大傅文貞公實為之。"④

按,上條引文中之"銘表"關乎喪葬祭祀之大禮,故必咨"時文"。由此可知此處之"時文"亦當是"當今之禮樂制度",謂"銘表"之制,必定咨於禮制。又鄭絪《享太廟樂章》:

> 於穆時文,受天明命。允恭玄默,化成理定。出震嗣德,

---

① 《文選六臣注》卷三五張協《七命》,北京:人民文學出版社,2008 年影印,第 546 頁右上欄。

② 郭茂倩《樂府詩集》卷六《郊廟哥辭六》,北京:中華書局,1979 年版,第 1 册,第 82 頁。

③ 《全唐文》卷二四八,北京:中華書局,1983 年影印,第 3 册,第 2509 頁下欄。

④ 《全唐文》卷五〇四,第 5 册,第 5131 頁下欄。

應乾傳聖。猗歟緝熙,千億流慶。①

按,此中之"時文",即是"當時之禮樂制度",謂當今之禮樂制度,受自天命。此處以"禮樂"代指大唐,蓋有言大唐禮樂繁盛、文明隆興之義。又《全唐文》卷四〇九崔祐甫《齊昭公崔府君集序》:

公嗣子宗之,學通古訓,詞高典册,才氣聲華,邁時獨步。仕於開元中為起居郎,再為尚書吏部員外郎,遷本司郎中。時文國禮,十年三月,終於右司郎中,年位不充,海内歎息。②

按,此處"時文"與"國禮"並列,其義蓋相近,"時文"即指當時之禮樂制度。又《全唐文》卷七八九劉蜕《上禮部裴侍郎書》:

及今年冬,見乙酉詔書,用閤下以古道正時文,以平律校郡士,懷才負藝者踴躍至公。蜕也不度入春明門,請與八百之列,負階待試。③

按,此處"以古道正時文",此"古道"即是"古之禮樂",而"時文"即"當時之禮樂制度",謂"以古之禮樂"以正"今之禮樂",始合於古聖先王之道。

四、文章意義上的"時文"

在文章意義上的"時文"一般作為"時下流行之文"解,但是在一般的辭書上,其後往往會多加上一句"舊時對科舉應試文體的通稱"。當然,這個解釋本身是沒有什麽太大的問題,但是卻容易讓人誤解,以為"時文"在"舊時"就只是對"科舉應試之文的通稱"。但是,將"時文"認為是舊時對科舉舉業應試文體的通稱,則是甚為不妥。然而,這一認識卻並不少見,除上所説的幾部有影響的辭書外,持此説者尚有不少著名學者。如程千帆先生的《唐代進士行卷

① 《全唐詩》卷三一八,北京:中華書局,1960年版,第10册,第3582頁。
② 《全唐文》卷四〇九,第5册,第4191頁下欄。
③ 《全唐文》卷七八九,第8册,第8256頁下欄。

與文學》中談到《行卷對推動古文運動所起的作用》中說:“古文家應舉時,雖然遵守功令,必須以時文——甲賦、律詩應試,卻往往以古文行卷。”[①]程千帆先生之稱唐時科舉之文為時文,未知所據。又,朱瑞熙在《宋元的時文——八股文的雛形》一文中說:“宋元時期的時文,是專供貢舉和學校考試使用的一種特定的文體。”[②]但是,在考察了宋元的文獻發現這一說法並不符合實際。就筆者所知,在“時文”有“時下流行之文”的意思之初,並非指“科考舉業之文”,也非一種專供貢舉和學校考試使用的特定的文體。更非“八股文”,而只是一般意義上的“時下流行之文”。即便是在科舉考試這一制度確立以後,因科舉考試的影響而使科舉舉業之文盛行,成為“時下流行之文”,而使科舉制藝與“時下流行之文”合二為一。但是在這層意義上,“時文”也是隨不同的時代而變,遠不止《漢語大詞典》和《中文大辭典》等辭書所列的“唐宋律賦”、“明清八股”。

(一)科舉考試確立之前的“時文”

在科舉考試這一制度正式確立以前,“時文”一詞與“文章”相關的解釋即是一般意義上的“時下流行之文”。就目前的文獻可知,這一層意義主要是在漢魏以下至唐前期,而唐武則天以後,隨科舉制度的完善,科舉的影響加大,“時文”一詞指“科舉舉業之文”的意思逐漸掩蓋了“時文”早期一般意義上的“時下流行之文”的意思,但是這並不是說科舉完善後“時文”的意義就不再指一般意義上的“時下流行之文”,而是出現的情況漸少而已。一般意義上的“時下流行之文”,如江淹《傷友人賦》:“既思遊兮百説,亦窮精兮萬里。愛時文之綺發,賞賦豔兮錦起。磬古今之寶贍,彈竹素之琛奇。”[③]此中的“時文”與“賦豔”相對,又此文前部分多懷友人之才,

---

① 程千帆《唐代進士行卷與文學》,上海:上海古籍出版社,1980 年版,第 68—69 頁。

② 朱瑞熙《宋元的時文——八股文的雛形》,《歷史研究》,1990 年第 3 期。

③ 俞紹初,張亞新《江淹集校注》,鄭州:中州古籍出版社,1994 年版,第 142 頁。

盛贊友人之文,故由此可推知,此處指“時文”,蓋指“時下流行之文”,亦即當時所流行之浮豔華麗之駢文。又劉勰《文心雕龍·時序》:“觀其時文,雅好慷慨,良由世積亂離,風衰俗怨,並志深而筆長,故梗概而多氣也。”①其中的“時文”即純指“當時之文章”而言。此處即以建安“當時之文章”,而觀出其時“雅好慷慨”之風格。又《全唐文》卷五一八梁肅《丞相鄴侯李泌文集序》:

既薨之來載,皇上負扆之暇,思索時文,徵公遺編,藏之御府。於是公之文辭,光大一門。近歲肅以監察御史徵謁京師,始得集錄於公子繁,且以序述見託。公之摯友諫議大夫北平陽城亦謂子曰:“鄴侯經邦緯俗之謨,立言垂世之譽,獨善兼濟之略。藏在册牘,載於碑表。唯斯言不可以不傳於後。”嘗謂肅曰:“吾子辭直,盍存乎篇序?”既詠歎之不足,因著其所以然,貽諸好事者。凡詩三百篇,表、志、碑、贊、序、議、述又百有二十。其五十篇缺,獨著其目云。②

由上引材料可知,文中盡言李泌之詩文,又“思索時文”句後緊接“徵公遺編,藏之御府”,故亦可推知,其中之“時文”亦即指當時之文。

當然,“時下流行之文”之一意思的稱呼,在唐及其以前多有“今文”“今體”之稱。如梁簡文帝蕭綱《與湘東王書》:“吾既拙於為文,不敢輕有擠摭。但以當世之作,歷方古之才人,遠則揚、馬、曹、王,近則潘、陸、顏、謝,而觀其遣詞用心,了不相似。若以今文為是,則古文為非;若昔賢可稱,則今體宜棄。”③李商隱《樊南甲集序》:“樊南生十六,能著《才論》《聖論》,以古文出諸公間。後聯為

① 范文瀾《文心雕龍注》卷九,北京:人民文學出版社,1958年,上册,第673—674頁。
② 《全唐文》卷五一八,第6册,第5259頁下欄。
③ 《全梁文》卷一一,《全上古三代秦漢三國六朝文》,北京:中華書局,1958年影印本,第3册,第3011頁上欄。

鄆相國、華太守所憐,居門下時,敕定奏紀,始通今體。"[1]但是,將其稱作"時文"的亦是有的。

(二)科舉考試舉業之文

"時文"由作為一般意義上的"時下流行之文"進而指科舉考試的舉業之文,大概出現在唐代。在唐代,科舉制度得以完善,科考大興,科舉制度為寒門士子打開了仕途之門,故而大量的讀書之士趨之若鶩。既然如此,針對科考應試的各種文體,莫不成為士子所傾心的對象。故,當時的讀書人對這些應試文體的大量寫作流傳,而流行於世。故而"時文"由一般意義上的"時下流行之文"而受科舉舉業之文的影響,遂轉為"科舉舉業之文"。在唐代的孟郊《擢第後東歸抒懷,獻座主呂侍御》:

> 昔歲辭親淚,今為戀恩泣。去住情難並,別離景易戢。天矯大空鱗,曾為小泉蟄。幽意獨沉時,震雷忽相及。神行既不宰,直致非所執。至運本遺功,輕生各自立。大君思此化,良佐自然集。寶鏡無私光,時文有新習。慈親誠志就,賤子歸情急。擢第謝靈臺,牽衣出皇邑。行襟海日曙,逸抱江風入。蒹葭得波浪,芙蓉紅岸濕。雲寺勢動搖,山鐘韻噓吸。舊遊期再踐,懸水得重挹。松蘿雖可居,青紫終當拾。[2]

按,孟郊及第後獻主座,此處之"時文"即是指的唐時科舉之文。唐代科舉進士科考試多用詩賦,但是此處之"時文"是確指何種科舉文體則不詳,若就後來明清之時文指"八股"而言,即推唐宋為"律賦"則甚為不妥。

在宋代,進一步完善科舉制度,增加取士人數,科舉更盛,且宋代因"偃武修文",對文人優待,故而使士子對科舉更是趨之若鶩。

---

① 劉學鍇,余恕誠《李商隱文編年校注》,.北京:中華書局,2002年版,第4册,第1713頁。

② 孟郊《孟東野詩集》卷六,北京:人民文學出版社,1959年版,第107頁。

故而,在宋代的"時文"很多時候是就科舉舉業之文而言。而在宋代,"時文"所具體的指的對象也不盡相同。在宋初,"時文"最開始是就"西崑體"而言。歐陽修《記舊本韓文後》:

是時天下學者,楊劉之作,號為時文,能者取科第,擅名聲,以誇榮當世,未嘗有道韓文者。①

按,此處之"時文"是與作為"古文"的韓文相對的,但同時因其"能者取科第,擅名聲,以誇榮當世",故而亦有"科舉應試之文"的意思在內。但是此處之"時文"還並非完全指科舉考試之文。在某種意義上説,其還是側重在"時下流行之文"。歐陽修《與荊南樂秀才書》:

僕少孤貧,貪祿仕以養親,不暇就師窮經,以學聖人之遺業,而涉獵書史。姑隨世俗作所謂時文者,皆穿蠹經傳,移此麗彼,以為浮薄,惟恐不悦於世人,非有卓然自立之言如古人者。然有司過采,屢以先多士。及得第以來,自以前所為不足以稱有司之舉而當長者之知,始大改其為,庶幾有立。然言出而罪至,學成而身辱,為彼則獲譽,為此則受禍,此明效也。夫時文雖曰浮巧,然其為功,亦不易也。②

由材料可見,此處之"時文"不僅流行很盛,而且對科舉也產生很大影響,且在此,"時下流行"與"科舉舉業之文"開始合二為一。但是需要指出,這裏的"時文"所指的"西崑體"並不是一種文體,而是一種行文的風格,一種"雕章麗句"的文風。如楊億在《西崑酬唱集序》中所言:

予景德中,忝佐修書之任,得接群公之遊。時金紫薇錢君希聖、秘閣劉君子儀,並負懿文,尤精雅道,雕章麗句,膾炙人

① 歐陽修《歐陽修全集》,《居士外集》卷二三,北京:中國書店,1986 年據世界書局 1936 年版影印,上册,第 536 頁。

② 歐陽修《歐陽修全集》,《居士集》卷四七,上册,第 321 頁。

口。予得以遊其牆藩而咨其楷模，不我遐棄，博約誘掖，寘之同聲。因以歷覽遺編，研味前作，挹其芳潤，發於希慕，更迭唱和，互相切劘。[1]

按，由上之序中可知，西崑體只是一種行文的風格和方式，是以一種"歷覽遺編，研味前作，挹其芳潤"的寫作方式，寫出一種"雕章麗句"風格之文，即以李商隱為宗，而專取其豔麗雕鏤、駢麗等的一種文風。又如石介《徂徠石先生文集》卷一五《與君貺學士書》：

復自翰林楊公唱淫詞哇聲，變天下正音四十年，眩迷盲惑，天下瞶瞶晦晦，不聞有雅聲。嘗謂流俗益弊，斯文遂喪。[2]

又同書卷一三《上蔡副樞書》：

今夫文者以風雲為之體花木為之象，辭華為之質，韻句為之數，聲律為之本，雕鏤為之飾，組繡為之美，浮淺為之容，華丹為之明，對偶為之綱，鄭衛為之聲，浮薄相扇，風流忘返。[3]

穆修《河南穆公文集》卷二《答喬適書》：

蓋古道息絶不行，於時已久。今士子習尚淺近，非章句聲偶之辭，不置耳目，浮軌濫轍，相跡而奔，靡有異途焉。其間獨敢以古文語者，則與語怪者同也。衆又排詬之罪毀之，不目以為迂，則指以為惑，謂之背時遠名，闊於富貴。先進則莫有譽之者，同儕則莫有附之者，其人苟無自知之明，守之不以固，持之不以堅，則莫不驚而疑，悔而思，忽焉且復去此而即彼矣。噫！仁義中正之士，豈獨多出於古而鮮出於今哉？亦由時風衆勢，驅遷溺染之，使不得從乎道也。[4]

---

① 楊億《西崑酬唱集序》，王仲犖《西崑酬唱集注》，北京：中華書局，1980年版，第1—2頁。

② 石介《徂徠石先生文集》卷一五，北京：中華書局，1984年版，第180頁。

③ 石介《徂徠石先生文集》卷一三，第144頁。

④ 穆修《河南穆公文集》卷二，《四部叢刊初編》，上海：商務印書館，縮印杭州葉氏藏述古堂影宋本，集部，全第176册，第10頁上欄。

又《四庫全書總目·集部·總集類一》:

其詩宗法唐李商隱,詞取妍華,而不乏新象。效之者漸失本真,惟工組織,於是有伶優撏撦之戲,石介至作《怪説》以刺之,而祥符中遂下詔禁文體浮豔。①

由上述的文字可知,"西崑體"其實一言以蔽之,即一種浮靡之文風。因合於當時士林的風尚,故稱"西崑"為"時文",而此之"時文"則不可言"時下流行之文體",亦不可言"科舉應試之文體"。此時為宋初,其科舉考試承唐制,進士科試詩、賦、論各一道,策五道,帖《論語》十帖,《春秋》或《禮記》墨義十條,仁宗時增加試經史,罷帖經墨義、大義、帖經、時務策等;諸經主要試帖經、墨義。故此時科考之文體大體亦是詩、賦、策、論等。而"西崑"能"取科第",此乃是以"西崑體"之"歷覽遺編,研味前作,挹其芳潤","雕章麗句"的方式和風格做舉業之詩、賦、策、論。故而,此時之"時文"並非"科舉應試之文體"或"時下流行之文體",而是"時下流行之文"影響及科舉,而成為"科舉舉業之文"。尤其應該注意的是,此"時文"並不指文體言。

而當石介、穆修等對"西崑體"時風的批判,宋真宗大中祥符年間對浮靡文風的禁止,矯枉過正,由此而興起苦澀、桀裂的"太學體"。《宋史·蘇軾傳》:

嘉祐二年,試禮部。方時文桀裂詭異之弊勝,主司歐陽修思有以救之,得軾《刑賞忠厚論》,驚喜,欲擢冠多士,猶疑其客曾鞏所為,但置第二,復以《春秋對義》居第一,殿試中乙科。②

又《宋史·選舉志一》:

嘉祐二年,親試舉人,凡與殿試者始免黜落。時進士益相

① 《四庫全書總目》卷一八六《總集類一》,北京:中華書局,1965年影印本,第1693頁上欄。

② 《宋史》卷三三七《蘇軾傳》,北京:中華書局,1977年版,第31册,第10801頁。

習為奇僻,鉤章棘句,寖失渾醇。歐陽修知貢舉,尤以為患,痛裁抑之,仍嚴禁挾書者。既而試榜出,時所推譽,皆不在選。①

又《宋史·歐陽修傳》:

知嘉祐二年貢舉。時士子尚為險怪奇澀之文,號“太學體”,修痛排抑之,凡如是者輒黜。畢事,向之囂薄者伺修出,聚噪於馬首,街邏不能制;然場屋之習,從是遂變。②

考宋代文學發展之現實和上述材料可知,此處歐陽修所痛抑之“時文”,正是在當時石介、穆修對“西崑體”矯枉過正後所形成的“太學體”。但是“太學體”和“西崑體”一樣,也只是一種文風和行文方式而已,只是文風和行文方式不同罷了。

但是不管“時文”是就“西崑體”而言,還是就“太學體”而言,都是指的一種文風和行文方式,而並不是文體,是一種先由士林再擴展影響到科舉的舉業之文的文風和行文方式。而當“時文”作為科舉舉業之文而言,亦並非一種文體,即“時文”之義所表示的並非文體類別之義,而是兼綜多種文體,同時涉及到它的內容和文風。所以,就很多辭書解作“時下流行之文體”或“科舉應試文體的通稱”是不妥當的。而像《中文大辭典》解作“時下流行之文”或“科舉應試之文字”比較妥當。

在熙寧之際,王安石與其子王雱以及呂惠卿在等撰定《三經新義》,神宗親准頒行,而為州縣府學與太學之必讀書目,從而涉及到舉業之文的內容。同時,王安石又親撰經義之文,以為範式,於形式上規定舉業之文,即奠定了八股文的體式,即所為的“八比”。如《宋史·選舉志一》:

於是改法,罷詩賦、帖經、墨義,士各占治《易》、《詩》、《書》、《周禮》、《禮記》一經,兼《論語》《孟子》。每試四場,初大

① 《宋史》卷一五五《選舉一》,第11册,第3614—3615頁。

② 《宋史》卷三一九《歐陽修傳》,第30册,第10378頁。

經,次兼經,大經凡十道(自注:後改《論語》《孟子》義各三道),次論一首,次策三道,禮部試即增二道。中書撰大義式頒行。①

而其中所謂的"中書撰大義式頒行",即頒行經義的文體格式,以立範式,如《王文公文集》卷二八之《非禮之禮》、《可以與》即是。於此可看出,在"熙寧變法"中,經義在科舉中的地位漸重,呈現出取代詩賦的趨勢,當然,這一趨勢在慶曆年間即已萌其端。之後,雖然在北宋後期及南宋,科舉時有變化,經義的地位卻未有大的變動,相反有越來越重的趨勢。由此,隨經義在科舉中的地位的漸重,經義相對於其他文體,受士子的重視程度自然有勝於其他文體。因此,在北宋末及南宋即有所謂專指經義的"時文"的稱呼。如《古今源流至論》前集卷四:"國朝自熙甯之間,黄茅白葦,幾遍天下(引《東坡文集·王氏新學行》云:"黄茅白葦,幾遍天下"),牽合虛無,名曰時學,荒唐誕怪,名曰時文(引《聞見錄》:"荊公用事,以穿鑿不經入於虛無,牽和勝説作為字解者,謂之時學。而春秋百王之法,獨廢而不用。又以荒唐誕怪,非昔是今,無所統紀者,謂之時文。")。王氏作之於前,呂氏述之於後,雖當時能文之士,亦靡然丕變也。"②此中之"時文"即是指的經義之文。但是,宋代更多的時候還是將時文作為科舉各類文體的通稱。如秦觀《與蘇公先生簡(其四)》:

家叔自會稽得替,便道取疾入京改官,令某侍大父還高郵,又安厝亡嬸靈柩在揚州,且買地,趁今冬舉葬。入夏又為諸弟輩學時文應舉。……得公書,重以親老之命,頗自摧折,不復如向來簡慢。盡取今人所謂時文者讀之,意謂亦不甚難

① 《宋史》卷一五五《選舉一》,第11册,第3618頁。

② 林駉《古今源流至論》前集卷四,文淵閣《四庫全書》,臺北:商務印書館,1974年影印本,子部類書類,全第942册,第56頁上欄。

及,試就其體作數首,輒有見推可者。因以應書,遂亦蒙見錄。今復加工,如求應舉時矣。但恐南省所取又不同。[1]

又《朱子語類》卷一〇九《論取士》:

先生言時文之謬,云:"如科舉後便下詔,今番科舉第一場出題目在甚經内;論題出在甚史内,如《史記》、《漢書》等,廣説二書;策只出一二件事。庶幾三年之間,專心去看得一書。得底固是好,不得底也逐番看得一般書子細。"[2]

由此可知,在王安石變法以後,雖然出現有將時文作為經義之文的代稱,但是一直到南宋,在大多數情況下"時文"仍然不是指某種"文體"而言。從《朱子語類》可知,是包括各種應試文體和應試的文風及行文方式和内容,所以不能簡單的就將"時文"理解成科舉考試的應試文體,而是應試之文。渾而言之,應舉之文即包括文體、文風、内容而言。

而"時文"指作八股文,則是在明朝。雖説王安石的"八比"是奠定了"八股文"的體式,但是"八股文"的真正形成則是在明太祖時確定《明史·選舉志》:

科目者,沿唐宋之舊而稍變其試士之法,專取四子書及《易》、《詩》、《書》、《春秋》、《禮記》五經命題試士,蓋太祖與劉基所定。其文略仿宋經義,然代古人語氣為之,體用排偶,謂之八股,通謂之制義。[3]

關於"時文"如何演變至"八股文",對此袁枚《隨園隨筆》卷一〇"時文八股"條有詳盡的記載:

時文二字,初見《考工記》量銘,曰:"時文思索,允臻其

---

① 徐培均《淮海集箋注》卷三〇,上海:上海古籍出版社,1994 年,中册,第 991 頁。

② 黎靖德《朱子語類》卷一〇九《論取士》,. 北京:中華書局,1986 年版,第 7 册,第 2699 頁。

③ 《明史》卷七〇《選舉二》,北京:中華書局,1974 年版,第 6 册,第 1693 頁。

極"。此二字斷章取義,實始於此。《宋文鑒》有張庭堅《經義》二篇,皆是《尚書》題,其文又似乎論,即當日王荊公所定格式也。歐公云:"天聖間,予舉進士,見學者務以言語聲偶摘裂號曰時文。"是時文者,乃指進士詩賦也。元仁宗皇慶三年,定考試程式。蒙古色目人第一場,經問五條,《大學》《論語》《孟子》《中庸》用朱子章句,漢人第一場與蒙古人同,惟於卷尾作一大結。以己意結之,限三百字。第二、三場,增古賦詔誥等賦樣。蒙古人能漢試者加一等用。明太祖與劉基,又酌定四子書,文仿宋經義,方古人語氣而為之,體用排偶,謂之八股。考兩朝《選舉志》,則是時文之體,濫觴於宋,行於元,而大定於明。①

雖然説"八股"濫觴於宋,行於元,但是在王安石變法後的"時文"並非指八股,而是一般廣義上所指的"科舉應試之文",只少數情況下指經義之文,如上所述。又如南宋末文天祥的《跋李龍庚殿策》:"士雖有聖賢之資,倘非俯首時文,無自奮之路。"此處的"時文"即是明確的"科舉應試之文",但是尚不是八股,亦非某一種科舉應試之"文體",而是當時科考之文。在元代,科舉廢止多年,到元末,科舉亦是時斷時續,科舉舉業之文相對較少,在元代文獻中對"時文"之稱極其少見。但是到了明代,關於時文的稱呼則較多見,尤其是在明成化年間以後,隨著八股文體式的完全確定和完善,時文則漸漸成為"八股文"的專稱。顧炎武《日知錄》卷一六"試文格式":

經義之文,流俗謂之八股,蓋始於成化以後。股者,對偶之名也。天順以前,經義之文不過敷衍傳注,或對或散,初無定式,其單句題亦甚少。成化二十三年會試《樂天者保天下》文。起講先提三句,即講樂天。四股中間,過接四句,復講保

① 袁枚《隨園隨筆》卷一〇,《袁枚全集》,南京:江蘇古籍出版社,1993年版,第5册,第153頁。

天下四股，復收四句，再作大結。弘治九年，會試《責難於君謂之恭》文，起講先提三句，即講責難於君，四股中間過接二句，復講謂之恭四股，復收二句，再作大結。每四股之中，一正一反，一虛一實，一淺一深，亦有聯屬，二句四句為對，排比十數對成篇，而不止於八股者。其兩扇立格謂題本兩對，文亦兩大對，則每扇之中，各有四股，其次第之法，亦復如之。故今人相傳謂之八股，若長題則不拘此。嘉靖以後，文體日變，而問之儒生，皆不知八股之何謂矣。《孟子》曰："大匠誨人必以規矩"。今之為時文者，豈必裂規偭矩乎?①

上述材料即對"八股文"的完全定型説得比較詳盡，而此處之"時文"，很明顯是指的八股文而言。自此以後，對"時文"的稱呼則基本上是指"八股文"，且有時"八股"與"時文"連稱。如沈復《浮生六記》卷二"閒情記趣"："蕭爽樓有四忌：'談官宦升遷，公廨時事，八股時文，看牌鄭色，有犯必罰酒五斤。"②而在清代，科舉制依然延續明代舊制，偏重以八股取試。《清史稿》志八十三：

二年，頒《科場條例》。禮部議覆，給事中龔鼎孳疏言："故明舊制，首場試時文七篇，二場論、表各一篇，判五條，三場策五道。應如各科臣請，減時文二篇，於論、表、判外增詩，去策改奏疏。"帝不允。命仍舊例。……乾隆間，改會試三月，殿試四月，遂為永制。③

《清史稿》志八十四：

道光以後，科舉偏重時文。沿習既久，庸濫浮偽，浸失精意。④

---

① 黄汝成《日知錄集釋》卷一六，上海：世界書局，1936年版，第389頁。
② 傅昌澤《浮生六記注》卷二，北京：北京師範學院出版社，1992年版，第40頁。
③ 《清史稿》卷一〇八《選舉三》，北京：中華書局，1976年版，第12册，第3148頁。
④ 《清史稿》卷一〇九《選舉四》，第12册，第3178頁。

故而在清代的時候“時文”亦基本上是指的“八股文”言。而八股文則是一種文體，它是一種近於傳統文體中“論”、“説”、“解”、“原”等一類論説文體。故而，在“時文”特指八股文的明清，可以解作“時下流行之文體”。但是在此時，“時文”已經是作為“八股文”的别稱，所以也沒有將其解作“時下流行之文體”。

結　論

通過上述對“時文”的考察，可以比較明晰地了解“時文”在民國以前之歷史時期所指的意義，大略可分為如下幾個方面：一是道德意義上的“時文”，二是作為文字的“時文”，三是作為文明禮樂的“時文”，四是文章意義上的“時文”。其中前三類的具體的意思依次即是“適時(得其時)之文德”、“當時(時下)的文字”、“當時(時下)之文明、禮樂制度”。其中“適時(得其時)之文德”基本上是出現在儒家的一些典籍和經書及其相關的論著中，反應的是一種和儒家的道德理想和政治理想有關的，且其時代一般都在唐以前。而“當時(時下)的文字”這一意思，到目前為止只在緯書《尚書·中候》出現過一次，其他的文獻均無出現，大概在古代這一意思用得較少。“當時(時下)之文明、禮樂制度”這一義，則出現的時間在漢以後，基本上是在出現在一些詩、頌、郊廟歌辭等文中，基本上是和國家的禮樂文明有關。而文章意義上的“時文”，其出現的時間比較晚，到魏晉的文獻中纔有出現。這一方面的“時文”可以解作“時下流行之文”，但是卻不能具體解作“時下流行之文體”，雖然當“時文”在八股文興盛以後逐漸成為其别稱，可以解作“時下流行之文體”，但是就整個歷史時期而言，解作“時下流行之文”則比較妥當。作為文章意義上的“時文”，其具體的所指還是隨著時間的發展也出現了一些具體的變化。在科舉制度確立以前，其所表示的只是單純的“時下流行之文”，而當科舉制確立並完善以後，科舉應試之文受到科舉制的推動，而逐漸流行，漸與“時下流行之文”合流，這一過程大概在北宋熙寧之前完成。在北宋熙寧變法後直到南宋末,時文就幾乎成為了科舉舉業之文的代稱。當然在熙寧變法後,隨著經義之文格式的定型和地位在科舉中漸重,有少數情況下將"時文"作為經義之文的代稱,但是在大多數情況下,"時文"仍然是籠統作為科舉各類文體的代稱,直至八股文的興起。在宋代偶有將"時文"作為經義之文的代稱,可能是後來作為明清八股文代稱的一種前奏。到明清,隨著"八股文"的定型和受到科場的重視,而迅速興盛流行,在科場中佔有舉足輕重的地位,由此"時文"則轉而成了"八股文"的代稱。

作者單位:四川大學文學與新聞學院

蘇門子嗣編纂蘇軾文集考

(日本)原田愛

時至宋代中期,文集刊刻漸趨風行。其中,去世文人之子孫刊刻先人之文集,使其聞名於世,亦宛然成為時俗。北宋大文豪蘇軾(字子瞻、號東坡居士)的文集就存在着兩種形態:一種是其生前自己所編纂的,而另一種則是其死後由子嗣所編纂。蘇門子弟中主要承擔蘇軾文集之編纂工作的是其幼子蘇過(字叔黨)。本文主要聚焦於蘇過在蘇軾晚年的文學活動中所發揮的作用,以及蘇軾死後,經歷了元祐黨禍的蘇過及其子嗣又是如何來保存刊刻蘇軾文集這一問題上,力圖通過事實之考證,勾示出現在不甚明瞭的兩宋時期蘇軾文集成書與傳承的經緯。

一、蘇過與晚年蘇東坡的文學活動

從紹聖元年(1094)被貶惠州到元符元年(1098)再貶海南島,晚年的蘇軾在嶺南渡過了七年的流放生活。直到元符三年(1100)纔迎來了久違的恩赦,卻又因精瘅力竭,在第二年建中靖國元年(1101)七月二十八日,不幸逝世於常州,享年六十六歲。為了彰顯兄長的英名,蘇轍(字子由)所作墓誌銘中,還特意對蘇軾所留下的煌煌大著作了詳細的敘錄,其文如下:

先君晚歲讀《易》……作《易傳》,未完。疾革,命公述其志。公泣受命,卒以成書。然後千載之微言,煥然可知也。復作《論語説》,時發孔氏之秘。最後居海南,作《書傳》,推明上古之絶學,多先儒所未達。既成三書,撫之嘆曰:"今世要未能信，後有君子，當知我矣。”至其遇事，所為詩、騷、銘、記、書、檄、論、譔，率皆過人。有《東坡集》四十卷，《後集》二十卷，《奏議》十五卷，《内制》十卷，《外制》三卷。公詩本似李杜，晚年喜陶淵明，追和之者幾遍，凡四卷。[①]

蘇轍叙錄的書名有解釋經典的《易傳》、《論語説》、《書傳》和詩文集《東坡集》四十卷、《後集》二十卷、《奏議》十五卷、《内制》十卷、《外制》三卷、《和陶詩》四卷等等。其中一部分為蘇軾晚年所作，大致為草稿，其時並未成書。如元符三年（1100）七月，蘇軾在北歸之途叙其“所撰《書》《易》《論語》皆以自隨，而世未有别本”[②]，同年八月又云：“《志林》竟未成，但草得《書傳》十三卷”[③]。由知蘇軾晚年的這些文稿都沒有公諸於衆。毫無疑問，這些文集不得及時刊刻乃緣於朝廷禁令[④]，因此纔會有蘇軾撫摩草稿嘆云：“今世要未能信，後有君子，當知我矣。”不求今世，唯願死後這些書籍能重見天日，流傳人世。

在上文中蘇軾雖沒有明確其所託之人，但從現存文獻記錄來看，當是指其幼子蘇過[⑤]。紹聖元年（1094）蘇軾被貶惠州之際，特地從三個兒子中挑選了最年幼的蘇過隨行。紹聖二年（1095）八月一日，蘇軾在惠州回顧此事云：

---

① 蘇轍《亡兄子瞻端明墓誌銘》，《欒城後集》卷二二。本文所引蘇轍詩文均用《蘇轍集》，北京：中華書局，1990 年版，下同。

② 蘇軾《東坡志林》卷一《記過合浦》，北京：中華書局，1981 年版。

③ 蘇軾《與鄭靖老》第三簡，《蘇軾文集》卷五六，北京：中華書局，1982 年版，下同。

④ 何薳《春渚紀聞》卷五《張山人謔》云：“紹聖間，朝廷貶責元祐大臣，及禁毁元祐學術文字。有言《司馬温公神道碑》乃蘇軾撰述，合行除毁。於是州牒巡尉，毁折碑樓及碎碑。”北京：中華書局，1983 年版，下同。

⑤ 關於蘇過的先行研究；有曾棗莊《三蘇後代考略》、《蘇叔黨與他的〈斜川集〉》（《三蘇研究曾棗莊文存之一》收錄，成都：巴蜀書社，1999 年版），舒大剛《三蘇後代研究》（成都：巴蜀書社，1995 年版），楊景琦《蘇過斜川集研究》（北京：文津出版社，2007 年版）等等。

> 軾之幼子過,其母同安郡君王氏,諱閏之,字季章,享年四十有六。以元祐八年八月一日,卒於京師,殯於城西惠濟院。過未免喪而從軾遷於惠州,日以遠去其母之殯為恨也。念將祥除,無以申罔極之痛,故親書《金光明經》四卷,手自裝治,送虔州崇慶禪院新經藏中,欲以資其母之往生也。①

從上引蘇軾文章中可知,元祐八年(1093)八月一日,蘇軾的繼室王閏之在開封去世,蘇軾被貶之時,蘇過正和其兄長一起為母親服喪。蘇過隨同父親一起去惠州,在表期將滿時,還特意書寫了《金光明經》四卷"手自裝治",由此亦知蘇過還擅長裝裱書卷。

那麽蘇過又是如何來具體協助蘇軾的呢?對於此,晁説之談到:

> 惟是叔黨,於先生飲食服用,凡生理晝夜寒暑之所須者,一身百為,而不知其難。翁板則兒築之,翁樵則兒薪之,翁賦詩著書則兒更端起拜之,為能須臾樂乎先生者也。②

可見蘇軾在嶺南的生活,無論大事小事都是由蘇過來打理的。甚至連蘇軾"賦詩著書則兒更端起拜之"。不僅如此,蘇軾所要閱讀的書籍也多由蘇過抄寫:

> 兒子到此,抄得《唐書》一部,又借得《前漢》欲抄。若了此二書,便是窮兒暴富也。呵呵。老拙亦欲為此,而目昏心疲,不能自苦,故樂以此告壯者爾。③

蘇軾被貶海南島時已經年過六十了,所以文中自稱"目昏心疲"。抄寫這種相對辛苦的事,就全部交給了蘇過。其時,蘇過對蘇軾文學活動的幫助還不僅抄書,蘇軾作詩撰文後,其文中用典的

① 蘇軾《書金光明經後》,《蘇軾文集》卷六六。

② 晁説之《宋故通直郎眉山蘇叔黨墓誌銘》,《嵩山文集》卷二〇,《四部叢刊續編》本,下同。

③ 蘇軾《與程秀才》第三簡,《蘇軾文集》卷五五

確認也無疑需要得到蘇過的協助。蘇軾對於自己詩文中所引用的詩文典故非常謹慎,對於此,何薳在《春渚紀聞》中談道:

秦少章言,公嘗言:"觀書之樂,夜常以三鼓為率。雖大醉歸,亦必披展,至倦而寢。"然自出詔獄之後,不復觀一字矣。某於錢塘從公學二年,未嘗見公特觀一書也。然每有賦詠及著譔,所用故實,雖目前爛熟事,必令秦與叔黨諸人檢視而後出。①

秦覯(字少章)是蘇門四學士之一秦觀(字少游)的弟弟,也是蘇軾的弟子。元豐二年(1079)的烏臺詩案以後,蘇軾雖變得"不復觀一字",但寫作詩文時,其"所用故實,雖目前爛熟事,必令秦與叔黨諸人檢視而後出"。蘇軾被貶嶺南之後,其他子弟均未隨行,這個工作也就自然而然地落到了蘇過頭上。

正是對晚年蘇軾的詩文寫作有過直接的參與,蘇過纔有可能展開對《東坡後集》二十卷的編纂工作。對於蘇軾文集,南宋胡仔云:"世傳《前集》乃東坡手自編者,隨其出處,古律詩相間,謬誤絶少。……《後集》乃後人所編,惜乎,不載和陶諸詩,大為闕文也。"②認為《東坡集》是蘇軾自編的文集,所以誤謬很少,但對《東坡後集》稍有微言,認為其"不載和陶諸詩,大為闕文也"。其實這是一個誤解。據現有資料可知,《東坡後集》編纂於海南島。同時期與蘇軾同年及第的好友劉庠的孫子劉沔編輯了蘇軾文集二十卷,蘇軾曾明言如下:

軾頓首都曹劉君足下。蒙示書教,及所編錄拙詩文二十卷。……今足下所示二十卷,無一篇僞者,又少謬誤。及所示書詞,清婉雅奧,有作者風氣。知足下致力於斯文久矣。軾窮困本坐文字。蓋願刳形去智,而不可得者。然幼子過文益奇,

① 何薳《春渚紀聞》卷六《著述詳攷故實》。

② 胡仔《苕溪漁隱叢話後集》卷二八,上海:商務印書館 1937 年版。

在海外孤寂無聊,過時出一篇見娱,則為數日喜,寢食有味。以此知文章如金玉珠貝,未易鄙棄也。見足下詞學如此,又喜吾同年兄龍圖公之有後也。①

考慮到在嶺南時蘇軾的身體狀況,極有可能蘇過就是文集再編工作的具體承擔者。而且從上文可知,對於蘇過的文學素養,蘇軾也有過不菲的評價。將自己的晚年文集編纂工作託付給自己最信任的兒子,可以推測出,蘇軾之所以在三個兒子中唯獨挑選了蘇過隨行,並不單單是因為蘇過年輕而已,其中確有一番良苦之用心。再回到胡仔批判"後人所編"《後集》的這個問題上。很顯然,其批判乃是源於對蘇軾晚年生活不甚明瞭的誤解之上。其實,並非蘇過故意將這組詩落於《東坡後集》之外。《和陶詩》一直到蘇軾死之前都沒有定稿,最後是由同樣參與了這組詩創作的蘇轍編纂成書②。《東坡後集》未收其詩乃是事出有因的。

二、蘇東坡去世後的蘇過

建中靖國元年(1101)七月,蘇軾病故後,蘇過和侄子蘇符(蘇邁次子)在葬地汝州小峨眉山為其服喪。崇寧二年(1103)七月服滿以後,蘇過沒有立即仕宦,而是去了叔父蘇轍所居住的潁昌府(今河南許昌),一直到政和二年(1112)六月,蘇過在潁昌府住了將近九個年頭。

蘇過服滿之後一直賦閑於蘇轍處,需要整理亡父蘇軾的筆墨遺稿是一個原因,據大觀二年(1108)蘇轍所云"及自龍川還潁川,侄過出子瞻遺墨"③,可知蘇過之處保存了許多蘇軾的遺澤。但更

① 蘇軾《答劉沔都曹書》,《蘇軾文集》卷四九。

② 張耒《和歸去來詞》題自注云:"子由先生示東坡公所和陶靖節歸去來詞及侍郎先生之作,命之同賦。耒輒自憫其仕之不偶,又以弔東坡先生之亡,終有以自廣也。"《柯山集》卷五,《張耒集》上下册,北京:中華書局,1999 年版。

③ 蘇轍《追和張安道贈別絶句并引》引,《欒城三集》卷一。

重要的還是因為受到了元祐黨禍的牽連,無法立即出版蘇軾文集。崇寧元年(1102)五月,蘇軾等元祐黨人開始遭到貶責。八月,宋徽宗下旨禁止黨人子弟任官京師。九月,修建了有一百一十七位元祐黨人姓名的"元祐黨籍碑",以示天下。元祐黨禍大約延續了二十來年,其間屬於元祐黨人的詩文都被禁止公開流行。其中尤以蘇軾詩文為最,當時曾再三下詔嚴令蘇軾詩文流傳於世,將《東坡集》歸為禁書。但事情往往是適得其反,如朱弁《曲洧舊聞》所言:"崇寧、大觀間,海外詩盛行……是時朝廷雖嘗禁止,賞錢增至八十萬,禁愈嚴而傳愈多,往往以多相夸。"[1]民間之人願出重金購買蘇軾詩文,還往往以此為榮。作為蘇軾的兒子,蘇過就更有必要保存先父的遺稿了。

由現存資料來看,蘇過主要負責的是蘇軾的經書類以及《東坡後集》校正與編纂。蘇過首先和其兄蘇迨一起編輯了一部《先公手澤》,也就是《東坡志林》的原型[2]。據蘇轍"政和元年冬,得姪邁等所編《先公手澤》"之語[3],蘇過的編纂活動大約結束於政和元年(1111)。蘇轍雖然沒有提到蘇過,只言及了蘇軾長子蘇邁之名,但蘇邁從大觀元年(1107)至政和二年(1112)一直在嘉禾赴任,不太可能直接參與編纂活動。

另外,蘇過自己也非常注重對先人遺著的保存與流傳,如開封的藏書家蔡氏所藏[4]。在《夷門蔡氏藏書目叙》一文中,蘇過寫道:

> 嗚呼,讀其書,論其事,想見其人,凜然於千載之上,修身

① 朱弁《曲洧舊聞》卷八《東坡詩文盛行》,北京:中華書局,2002年版。

② 陳振孫《直齋書錄解題》卷一一云:"《東坡手澤》三卷,蘇軾撰,今俗本大全集中所謂《志林》者也。"上海:上海古籍出版社,1987年版。

③ 蘇轍《老子解》卷末《再題老子道德經後》,《四庫全書》本。

④ 李之儀《仇池翁南浮集序》云:"蔡君家世輦轂之下,軒輊無所系,而能以退為進,父子之間,自為知己。獨於(東坡)先生南遷已後,所見於抑揚者,博訪兼收,所較他日之得為備。"《姑溪居士後集》卷一五,上海:商務印書館1935年版。

立言,可以垂訓百世之後。……予惟古之逸民,未嘗以一藝自名於世,雖不求人知而人自知之,以其所踐履者絶乎流俗故也。龐德公隱於鹿門,妻子躬耕。或疑其不仕,以為何以遺子孫也。龐公曰:"我遺子孫以安,不為無所遺也。"今居士口不談世之爵禄,身不問家之有無,所付子孫者獨書耳。龐公之意,殆無以過此。①

蘇軾也"所付子孫者獨書耳",蘇過尊重先父的遺志。而且,因為當時蘇軾詩文被高價買賣,所以僞作横行,魚目混珠。蘇過在《書先公字後》一文中云:

昔之人有欲擠之於淵,則此書隱。今之人以此書為進取資,則風俗靡然,爭以多藏為誇。而逐利之夫,臨摸百出,朱紫相亂十七八矣。嗚呼,此皆書之不幸也。……過侍先君居夷七年,所得遺編斷簡皆老年字,落其華而成其實。……公昔為《藏經記》,初傳於世,或以為非公作,其後知之者以為神奇。在惠州作《梅花詩》,有以為非,至有以為笑。此皆士大夫間以文鳴者,其説能使人必信,其謬妄如此。乃知識《古戰場文》者鮮矣。可為流俗痛哭。過謹書藏於家。②

蘇過在蘇軾的身邊受教七年,對當時"爭以多藏為誇""臨摹百出,朱紫相亂"的世情非常不滿,"謹書藏於家"。對於保存蘇軾遺稿,蘇轍也作出了很大的貢獻。對於此事,蘇轍曾賦詩如下:

少年喜為文,兄弟俱有名。世人不妄言,知我不如兄。篇章散人間,墮地皆瓊英。凜然自一家,豈與餘人爭。多難晚流落,歸來分死生。晨光迫殘月,回顧失長庚。展卷得遺草,流涕濕冠纓。斯文久衰弊,涇流自為清。科斗藏壁中,見者空嘆

① 蘇過《夷門蔡氏藏書目叙》,《斜川集》卷九,舒大剛等《斜川集校注》,成都:巴蜀書社,1996年版,下同。

② 蘇過《書先公字後》,《斜川集》卷八。

驚。廢興自有時，詩書付西京。①

元祐黨禍之後，蘇轍把蘇軾的草稿隱藏在家中。當蘇轍次子蘇适到西京(洛陽)赴任時，蘇轍令蘇适將蘇軾“詩書”轉移至西京保管。正是由於蘇氏一族的努力，蘇軾的詩文纔能被保全至今。

另一方面，直接參與了蘇軾文學活動的蘇過，還為後人留下了一些對蘇軾詩文的講釋。譬如，後來為蘇軾詩作注的趙夔，就曾請教過蘇過。趙夔在《注東坡詩集序》中云：

頃者赴調京師，繼復守官，累與小坡叔黨遊從至熟。叩其所未知者，叔黨亦能為僕言之。僕既慕先生甚切，精誠感通。②

對於這段話之真僞雖然還有些爭論③，但毫無疑問的是可以從這則材料推測出，在時人的心目中，蘇過纔是對蘇軾詩文最熟悉最有解釋權的第一人。晁説之在為蘇過所撰的墓誌銘裏也大筆特書：“則(東坡)先生之立言者，叔黨之功業也。惜乎，不及使人有見於此”。對蘇過在傳承蘇軾詩文中所作出的巨大貢獻予以了非常高的評價。

三、蘇過的孫子——蘇嶠與蘇峴

繼承蘇過的“功業”，為蘇軾文集流傳於世而作出貢獻的人還有蘇過的孫子蘇嶠與蘇峴(蘇過長子蘇籥的兒子)。蘇嶠的生卒年不明，蘇峴則生於政和七年(1117)，但兩兄弟的年紀不會相差很

---

① 蘇轍《題東坡遺墨卷後》，《欒城三集》卷二

② 趙夔《注東坡詩集序》，《王狀元集百家注分類東坡先生詩》卷首，《四部叢刊初編》本。

③ 《四庫提要》云，鑒於趙夔及蘇過的生死年代、經歷，這篇序文是書肆假託的。西野貞治《關於東坡詩王狀元集注本》(《人文研究》第十五號卷第六號，大阪市立大學文學部，1964 年版)認為，如果解釋“頃者”不是“近來”，而是“以前”的意思的話，他們還是有會見的可能性。

大。蘇峴出生時蘇過四十六歲,正在郾城上任。宣和二年(1120)後,蘇過學晚年蘇轍自號"斜川居士"隱居潁昌府,和當地朋友們互贈詩文,以教兒孫家學為樂。宣和五年(1123),蘇過重新被朝廷任命為中山府通判,同年十二月暴死於赴任途中,終年五十二歲。對於其子孫,晁説之《宋故通直郎眉山蘇叔黨墓誌銘》云:

(叔黨)娶范氏,蜀忠文公之孫,承事郎百嘉之女。男七人:籥、籍、節、笈、箪、篴、笠。女四人,長適將仕郎常任俠。孫男二人:嶠、峴。①

從文中記載可知蘇過有七個兒子,當然不可能只有蘇嶠、蘇峴兩個孫子,蘇過死後應該還有幾個孫子出生。但史料中無名字記載,則除蘇嶠、蘇峴以外的孫子,均極有可能亡命於靖康元年(1126)所發生的"靖康之變"中。蘇符的兒子蘇山曾云:"方先公在秦亭,家留潁昌,遇靖康兵禍,先夫人與七子俱沒虜中。山獨後死,得忍死以奉薨葬。"②由知蘇家大部分家人都葬身於兵亂之中。蘇軾次子蘇迨一房也慘遭不幸。韓元吉所作蘇峴的墓誌銘記到:"其還自北方,而文忠仲嗣無後,以諸父之命後之"③,蘇峴過繼給了蘇迨,乃是不讓蘇迨一房後繼無人。總之,蘇軾一族由於"靖康之變"而死傷過半,凋零慘重(參照下圖)。

---

① 晁説之《宋故通直郎眉山蘇叔黨墓誌銘》《嵩山文集》卷二〇,《嵩山文集》原闕這部分,從《永樂大典》補錄。

② 蘇山《先公行狀》,從轉引自舒大剛《三蘇後代研究》(成都:巴蜀書社,1995年版)。

③ 韓元吉《朝散郎秘閣修撰江南西路轉運副使蘇公墓誌銘》,《南澗甲乙稿》卷二一,清乾隆敕刻武英殿聚珍版叢書,臺北:藝文印書館1969年版,下同。

〈蘇氏家系略圖〉(---- 是過繼的關系)

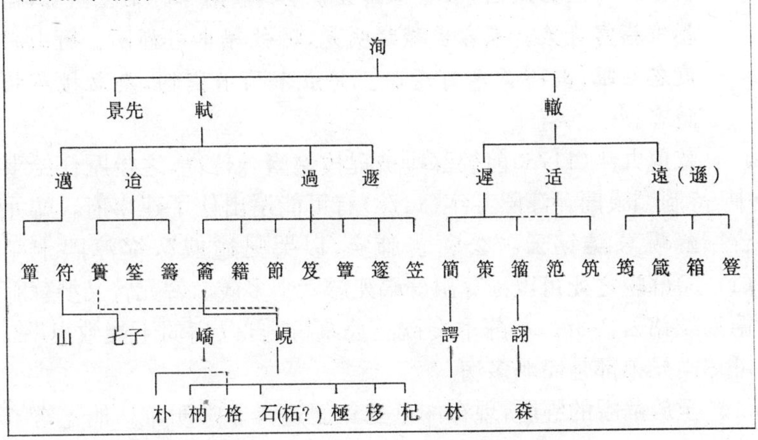

之後的十多年間,蘇氏一族被分斷於南北兩地。留在北方的家人居住在潁昌府生活。南方的家人蘇符、蘇籍等則繼續在南宋朝廷為官。紹興九年(1139)八月,蘇符被派遣到金朝,路過潁昌府,纔終於救出了蘇嶠等家人。蘇峴的墓誌銘記到:

蘇文忠公以文章冠天下,士大夫稱曰"東坡先生",而不姓也。中興渡江始,諸孫有顯者。其二曾孫,隔在許昌,相繼來歸。才望表表著見,天子識而用之,一曰嶠,字季真,歷諫省,給事黃扉,待制顯謨閣。次則公也,諱峴,字叔子。兄弟一時馳名。①

當時二十多歲的蘇嶠、蘇峴"隔在許昌,相繼來歸"之後,兄蘇嶠先擔任了江東從事、湖北憲司屬官等。韓元吉賦詩如下:

憶昔聞君未相識,春雨繫船吳市側。逆風白浪不成行,坐聽親朋談歷歷。豈意飄零晚相見,俱捧江東從事檄。拙鳩未省厭榆枌,威鳳誰令安枳棘。今年喜君若有遇,去我還為遠行

① 韓元吉《朝散郎秘閣修撰江南西路轉運副使蘇公墓誌銘》,《南澗甲乙稿》卷二一。

> 役。一樽忍話故園事,童稚巔嗟發今白。君家聲名塞宇宙,翰墨縱横富奇策。未容世職踐明光,聊佐輶車司郡國。衡山洞庭忽在眼,禹牒黄車有遺跡。詩成不用弔靈均,為訪桃花招隱客。①

乾道九年(1173)前後蘇嶠被提拔為臺諫侍從,之後歷任給事中、待制顯謨閣。淳熙五年(1178)有可能還出仕了建寧府。韓元吉撰蘇峴墓誌銘云:"公舊苦肺疾,以哭兄逾戚",從淳熙十年(1183)蘇峴之死可以推算出蘇嶠死於六十多歲。韓元吉又撰蘇師德墓誌銘云:"始吾友蘇季真欲誌公墓,而自以病弱不能致思"②,可知兩兄弟都是體弱多病。

至於蘇峴的經歷,現存的墓誌銘記述得非常明確。他先當了一個鹽城縣小官,後被調任海陵縣丞。其後因參知政事錢端禮之推舉當上了太常寺主簿,乾道三年(1167)轉任太府寺丞。周必大曾有文如下:

> 辛丑晚,臨訖釋服而歸,邂逅新太府寺丞蘇峴叔子。東坡曾孫而過之孫,居潁昌陷敵,尚書符奉待時絜以歸。今為駕部迨之後。昔東坡買田陽羡凡九百斛,三子之裔共享之,故峴居此。嘗與武義兄同班改官,以錢端禮薦,除太常簿,令代太府。③

從周必大文又知,乾道九年(1173)由於嶽父右丞相曾懷之推舉,蘇峴當上了民部監丞,不久知邠州,幾個月後又被調到了福建市舶。淳熙六年(1179)前後,因右丞相趙雄的推薦被召回中央,之後歷任吏部侍郎、太府卿。晚年又轉任福建路轉運使、江南西路轉運副使。孝宗贊其"東坡之孫,唯峴有家法在,宜與職名",授蘇峴

① 韓元吉《送蘇季真赴任湖北憲司屬官》,《南澗甲乙稿》卷二。

② 韓元吉《故中散大夫致仕蘇公墓誌銘》,《南澗甲乙稿》卷二〇。蘇師德是蘇頌的子孫。

③ 周必大《泛舟遊錄》起乾道丁亥七月盡是年九月,《文忠集》卷一六八,臺北:臺灣商務印書館1971年版。

秘閣修撰。對於蘇峴的性格,韓元吉談到:"公為人清澹寡欲,氣正而言直。"又云:"公學有家法,喜詩賦,自童稚出語已警拔,晚淳淡不事雕飾。"蘇峴因患肺病,"疾旬餘,卻醫藥不肯視",終於淳熙十年(1183)十二月七日。很巧的是蘇峴跟蘇軾同樣死於六十六歲,臨終時還説道:"東坡之年止此,吾何德似之。"(據《墓誌銘》)這無疑是蘇峴發自内心的感嘆。作為蘇軾的曾孫,蘇嶠、蘇峴兄弟注定一輩子要生活在這位偉大的先人的光影之下。

四、《東坡别集》與南宋初期的出版潮流

經過兩宋之交的戰禍,蘇軾詩文散佚甚多。韓維的外孫沈晦曾云:"俄金賊犯闕,外家殲於潁昌,羣從散亡,書籍煨燼。"[1]毫無疑問,居住潁昌府的蘇家之境遇亦與韓家大致相同。但是蘇嶠等蘇家子嗣還是歷經艱難將大部分家藏蘇軾詩文保存下來了。這在南宋文人的詩文之中亦有所記載[2]。譬如,淳熙十五年(1188),周必大給由蘇嶠保存下來的蘇軾墨跡寫題跋三篇,其一云:

> 文忠公在翰林,兩因答臣僚,辭免有所論奏其乞許安燾辭轉官。見《内制集》,當時真蹟未知存否,兹其一也。蘇氏宜世寶之。淳熙戊申四月六日,東里周某書而歸之公玄孫朴。[3]

此時蘇嶠、蘇峴兄弟都已去世。轉由蘇軾玄孫蘇朴繼承蘇嶠家業。周必大云"當時真蹟""蘇氏宜世寶之",可知蘇家子弟代代都將蘇軾真跡作為家寶珍藏。

從現有資料來看,最先嘗試將蘇軾部分詩文校勘整理公開的是蘇峴。施元之注蘇軾《和陶歸園田居六首》云:

---

① 沈晦寫作的韓維《南陽集》跋文,臺北:臺灣商務印書館1971年版。

② 例如何薳《春渚紀聞》卷六《翰墨之富》説:又於(東坡)先生諸孫處見海外五賦,字皆如《醉翁亭記》而加老放。

③ 周必大《題蘇季真家所藏東坡墨蹟》,《益公題跋》卷一一,臺北:藝文印書館1966年版。

東坡曾孫叔子,名峴。刻所藏真跡於泉南舶司,間與集本不同。所作類多晚歲,當是集本有誤。今從石本。①

施元之以注釋蘇軾詩聞名,從上引文可知蘇峴在知泉南市舶司時曾將《和陶歸園田居六首》刻成石碑。蘇峴於乾道九年(1173)左右調任福建市舶,其刻石也當在這段時間。施元之看過蘇峴的石刻,還指出其中文字"間與集本不同","當是集本有誤。今從石本"。認為石本的文字比較可信。

但是,將蘇軾詩文集成大集公佈於世的還是蘇嶠。據記載可知蘇嶠在建安編纂過一部四十六卷本的《東坡別集》,不幸的是這個本子現在已經散佚。蘇嶠是於其晚年之淳熙五年(1178)纔調知建寧府,《東坡別集》極有可能就是此時編纂刊行的。考淳熙八年(1181)前後蘇峴調任福建路轉運使,也有可能是蘇嶠將手上編纂的《東坡別集》之出版刊行託付給了蘇峴。對於此,陳振孫云:

《東坡先生別集》四十六卷。坡之曾孫給事嶠季真,刊家集於建安,大畧與杭本同。蓋杭本當坡公無恙時已行於世矣。……有張某,為吉州,取建安本所遺,盡刊之,而不加考訂。中載應詔策論。蓋建安本亦無《應詔集》也。②

蘇嶠刊行的《東坡別集》是以蘇軾生前於杭州刊行的《東坡集》四十卷、《東坡後集》二十卷作為底本再編而成的。周必大《東坡上薛向樞密書》題跋云:"官本不載此書於集,惟麻沙本及《別集》有之。"③可知《東坡別集》收錄了官本上不記載的詩文。但由於這個集子已經散佚,因此我們無法推知蘇嶠的具體的編輯體例。此後,淳熙六年(1179)蘇轍曾孫蘇詡再刊合計八十四卷的《欒城集》、《欒

① 《施顧注東坡先生詩》卷四一《和陶歸園田居六首》題注,《增補足本施顧注蘇詩》,施元之、顧景蕃合注,臺北:藝文印書館1987年版。

② 陳振孫《直齋書錄解題》卷一七。

③ 周必大《題東坡上薛向樞密書》,《益公題跋》卷三。

城後集》、《欒城三集》,孝宗曾問其有無《欒城集》之善本,蘇詡上奏云:"臣假守筠陽日,以家藏及筠、蜀本三考是正,鏤板公帑,字畫差太粗,亦可觀,容臣進呈。"①或許可以推知蘇嶠在編輯《東坡別集》時也參校了一些通行本。這裏還有要引起我們注意的是,與權知筠州軍州事蘇詡用"公帑"出版一樣,經知建寧府的蘇嶠或福建路轉運使的蘇峴手出版的這部也極有可能是官刻本。

另外,蘇嶠與蘇詡不一樣的是,蘇詡再刊的是蘇轍文集之全卷,而蘇嶠則是選集。趙希弁云:

> 《東坡先生別集》三十二卷,《續別集》八卷。右《東坡先生別集》、《續別集》乃蘇公嶠刊於置建安。而刪略者,淳熙甲辰廬陵郡庠刊。②

總之,可知《東坡別集》的體例不同於出版情況。也正因此,洪邁纔對蘇嶠及其編纂的《東坡別集》評價不高:

> 東坡在翰林作《擒鬼章奏告永裕陵祝文》云……今蘇氏眉山功德寺所刻大小二本及季真給事在臨安所刻幷江州本、麻沙書坊大全集,皆只自"耘耔"句下,便接"憬彼西戎,古稱右臂"。正是好處,却芟去之,豈不可惜。唯成都石本法帖真跡,獨得其全。坡集《奏議》中《登州上殿三箚》,皆非是。司馬季思知泉州刻《温公集》,有作中丞日《彈王安石章》,尤可笑。温公以治平四年解中丞還翰林,而此章乃熙寧三年者。二集皆出本家子孫,而為妄人所誤,季真、季思不能察耳。③

洪邁是淳熙七年(1180)作為蘇嶠的後任當知建寧府,因知刊刻《東坡別集》之來龍去脈。司馬季思是司馬光的族曾孫司馬伋,

---

① 關於蘇轍的子孫,孫子蘇籀撰《欒城遺言》,其子孫蘇詡及蘇森各自展開編纂活動。現在殘存蘇詡及蘇森的序文,收錄在《蘇轍集》第四册中。此從蘇森的序文引用蘇詡的話。

② 趙希弁《郡齋讀書志附志》上海:上海古籍出版社,1990 年版。

③ 洪邁《容齋五筆》卷九《擒鬼章祝文》,上海:上海古籍出版社,1978 年版。

從淳熙九年(1182)到淳熙十二年(1185)當知泉州。衆所周知,泉州是一個出版業發達的地區,司馬伋與蘇嶠、蘇詡一樣致力出版了先祖司馬光的文集《司馬溫公集》[①],但洪邁對這兩本由本家子孫出版的文集卻予以了非評,甚至將其稱為"不能察"[②]。

另一方面,從洪邁的批評也可看出時人對《東坡別集》的關注。由此可以推知《東坡別集》曾被廣泛流傳。洪邁所見的當是臨安刻本的《東坡別集》。陳振孫還談到蘇嶠死後張某當知吉州,曾補《東坡別集》之遺漏再刊行了一本新集子。也就是上文趙希弁云"刪略者,淳熙甲辰(淳熙十一年、1184)廬陵(吉州)郡庠刊"。有關《東坡別集》在吉州的刊行,或許亦有蘇峴的影響,因為蘇峴晚年曾在江西擔任過轉運副使。

蘇峴也為先人編纂過文集。如淳熙二年(1175),和韓元吉一起出版過《許昌唱和集》。這是伯祖蘇迨、祖父蘇過等潁昌府文人寫作的唱和集子,現也已散佚,僅存韓元吉之跋文:

> 葉公為許昌時,先大父貳府事,相得歡甚。……中更亂離,家藏無復有者。紹興甲子歲,某見葉公於福唐,首問詩集在亡,抵掌慨嘆,且曰"昔與許昌諸公唱酬甚多。許人類以成編。他日當授子。"其後見公石林,得之以歸,又三十餘年矣。今年某叨守建安,蘇峴叔子為市舶使者,會於郡齋,相與道鄉閭人物之偉,因出此集披玩,始議刻之。蓋叔子父祖諸詩亦多

① 司馬伋當知泉州時,建立石刻。周必大説:"淳熙癸卯,公曾孫吏部侍郎季思刻石泉南"(《跋司馬文正公手抄富文忠公使北錄》,《益公題跋》卷三)。

② 劉尚榮《蘇軾著作版本論叢》(成都:巴蜀書社,1988 年版,第 118—120 頁)也說:"關於蘇嶠家集本。陳振孫只説它"大畧與杭本同"。未説到二本的區別。今據余嘉錫的考證,蘇嶠家集本'則是取前、後集及《内制》、《外制》、《奏議》、《和陶》諸集中詩文編次為一,以別於"六集"之各自為書。……然不收"六集"及《志林》、《雜説》之類,故與《大全集》不同'(見《四庫提要辨證》)。另據洪邁《容齋五筆》卷九……可見此集並非善本,亦非足本。"

在也。……淳熙二年九月具位韓某謹書。[①]

韓元吉之高祖父韓維與蘇軾一樣,被歸為元祐黨人斷罪之後,韓氏一族就回到了故鄉潁昌府避難。重和元年(1118),葉夢得(字少蘊)當知潁昌府時,韓元吉祖父韓瑨(字公表)任潁昌府通判府事,韓氏一族和葉夢得關係非常親密。此時,蘇軾、蘇轍的兒子們也住在潁昌府,與當地的官僚文人們時有唱和來往[②]。紹興十四年(1144),韓元吉再會葉夢得,葉夢得把《許昌唱和集》託附給了韓元吉。淳熙二年(1175),韓元吉知建寧府,與福建市舶蘇峴一同出版了《許昌唱和集》。

從時代背景來看,蘇嶠、蘇峴的出版活動無疑受到了南宋初期的為蘇軾平反之大潮流的影響。北宋末期蘇軾成為黨禍的犧牲品,連詩文都被禁售。但時過境遷,到南宋時皇帝再三表彰蘇軾之偉業,為蘇軾等元祐黨人恢復了名譽:

光堯太上皇帝朝,盡復軾官職,擢其孫符自小官至尚書。今上皇帝尤愛其文。梁丞相叔子,乾道初,任掖垣兼講席。一日,内中宿直召對,上因論文問曰:"近有趙夔等注軾詩甚詳,卿見之否?"梁奏曰:"臣未之見。"上曰:"朕有之。"命内侍取以示之。至乾道末,上遂為軾御製文集敘贊,命有司與集同刊之。因贈太師,謚"文忠",又賜其曾孫嶠出身,擢為臺諫侍從。[③]

"光堯太上皇帝"是指南宋高宗,"今上皇帝"則是孝宗。二帝都非常恩寵蘇軾子孫,蘇軾的孫子蘇符甚至還被提升為禮部尚書,曾孫蘇嶠也擔任過臺諫侍從。尤其是孝宗,特别喜愛蘇軾,乾道六年(1170)謚其為"文忠",乾道九年(1173)二月又追授其"太師"。

---

① 韓元吉《書許昌唱和集後》,《南澗甲乙稿》卷一六

② 蘇過《斜川集》卷五有《次韻和韓君表讀淵明詩,餽曾存之置酒唱酬之什》、《次韻韓文若展江六詠》、《次韻少蘊二首》等等。葉夢得從重和元年(1118)到宣和二年(1120)知潁昌府。

③ 陳巖肖《庚溪詩話》卷上,上海:商務印書館1936年版。

孝宗又親賜序文給蘇嶠,末尾跋云:"乾道九年閏正月望,選德殿書賜蘇嶠"[①]。正是在這種政治背景之下,元祐黨人的子孫們纔會積極地去編纂刊刻其父祖的文集(參照下圖)。其中特别是蘇軾,因為其詩文中常常表現出一種為保全大局而忍辱負重的精神,常常引起南宋文人們的共鳴。

刊行年代	子孫名	文集名	父祖名	刊刻名
淳熙元年(1174)	韓元吉	《南陽集》[②]	韓維	東陽
淳熙二年(1175)前後	韓元吉、蘇峴	《許昌唱和集》	韓瑨、蘇過、蘇迨	建安
淳熙五年(1178)前後	蘇嶠	《東坡别集》	蘇軾	建安
淳熙五年(1178)	(劉孝騫)	《盡言集》[③]	劉安世	括蒼
淳熙六年(1179)	蘇詡	《欒城集》《後集》《三集》	蘇轍	筠州
淳熙九年(1182)之後	司馬伋	《司馬温公集》	司馬光	泉州
淳熙九年(1182)	黄螢	《豫章黄先生别集》[④]	黄庭堅	?

南宋時代出版業發達的地方是浙江(臨安、紹興、明州、東陽、括蒼等)、福建(建安、福州、泉州等)、四川(成都、眉州等)、江西(吉州、筠州等)。蘇嶠和蘇峴的活動甚至還影響到了南宋的蘇詩注釋

① 孝宗的序文被收錄在《經進東坡文集事略》中,《四部叢刊》本。

② 韩元吉《高祖宫师文编序》,《南涧甲乙稿》卷一四。

③ 劉孝騫是劉安世的曾孫,他把家藏本《盡言集》十三卷提供給括蒼太守梁安世。梁安世於郡齋刊行《盡言集》(據梁安世《盡言集》跋文,《四部叢刊續編》本)。

④ 現存《豫章黄先生别集》二十卷,還存黄螢寫作的序文。關於黄螢,可參考淺見洋二《黄庭堅詩注的形成與黄螢《山谷年譜》——以真蹟及石刻的利用為中心》,《集刊東洋学》第100号,中国文史哲研究会,2008年,页182—205。

以及福建的出版業。蘇嶠出版蘇軾文集之前的乾道(1165－1173)初期就有"趙夔等注軾詩"之類的注釋書,可能就是所謂的《王狀元集注東坡先生詩》一類書籍的前身。《王狀元集注東坡先生詩》一般被認為是福建書肆假託狀元王十朋而出版的。王十朋曾從乾道四年(1167)到乾道六年(1170)當知泉州,因此書肆冒其名出版了《王狀元集注東坡先生詩》,其出版時期大概在淳熙(1174－1189)之後①。總之蘇嶠、蘇峴的出版活動和王十朋的泉州赴任、《王狀元集注東坡先生詩》的出版大致同時期,可能會有一些相互影響的關係。關於這個問題,還有待於今後作進一步的研究。

結　論

蘇軾晚年被貶,最小的兒子蘇過隨其到嶺南,直接參與了蘇軾這段時期的文學活動。蘇軾死後,蘇過儘力搜集和保存蘇軾遺留下來的詩文。此後,蘇過的孫子蘇嶠和蘇峴繼承蘇過的遺志,在兩宋之交混亂時代努力將父祖的詩文保留下來帶到南方,晚年在福建開始將其編纂成集出版。蘇嶠編纂了《東坡別集》四十六卷,蘇峴也立了一些蘇軾詩石刻,還與韓元吉一起出版了《許昌唱和集》。蘇嶠和蘇峴的出版活動還影響到了南宋的蘇詩注釋,例如《王狀元集注東坡先生詩》、《施顧注東坡先生詩》等。南宋時代很多人都很愛好蘇軾詩文,此後又陸續出版了很多蘇軾文集。因此,可以說蘇軾的兒子蘇過及其子孫對蘇軾詩文的保存編纂活動,對蘇軾詩文流傳後世起到了非常重要的作用。

作者單位:日本九州大學大學院人文科學府

---

① 有關這個問題,可參考甲斐雄一《"王狀元"與福建——南宋文人王十朋與〈王狀元集百家注東坡先生詩〉之注釋者們》,《中國文學論集》第 37 號,九州大學中國文學會,2008 年版,第 61－75 頁。

宋本《唐先生文集》校讀劄記*

張霞

唐庚是蘇軾的同鄉，生年略晚，因同為文采風流，仕途中亦有謫貶惠州的經歷，故有“小東坡”之稱。唐庚的詩文集流傳版本甚多，情況也較為複雜，其中最為重要的四種是宋三十卷本《眉山唐先生文集》、二十卷本《唐先生文集》、明人任佃編七卷本《唐先生集》(下稱任本)與清代汪亮采南陵草堂雍正三年活字本《唐眉山詩集》十卷《文集》十四卷(下稱汪本，文淵閣《四庫全書》本即以此本為底本)，其各自源流、相互關係，祝尚書與王嵐有專文論述。

四本中三十卷本有抄本流傳，《四部叢刊三編·眉山唐先生文集》(下稱《叢刊》本)即據龔氏大通樓藏舊抄本影印，是流傳較廣的本子。此本在一定程度上保留了宋本原貌，但抄寫間有訛脱，多俗字、異體。卷末附有張元濟《校勘記》一卷。

二十卷本存宋槧，有十五頁抄配[①]，今藏國家圖書館，收入《北京圖書館古籍珍本叢刊》第90册，近年又收入中華再造善本，以宋刻原貌化身千百。此本與三十卷本系出同源，篇目的收錄、排列均與之相同[②]，但分卷更為合理，且部分文字有修改痕跡，編訂當在

* 本文在寫作過程中，得到季忠平老師的悉心指導，特此致謝。

① 抄配部分十五頁係卷一四之第八、九、十、十一左半頁、十二、十四右半頁，卷一五之第一、二、五、六、七、八頁，卷一七之第一、六、七，卷一九之第七。此外，卷二〇之第九頁為殘頁。

② 僅《宿審田鋪附三陳書嚴》一詩《叢刊》本無，而在宋本有目無篇。

其後。此外還保留大量作者自注,是《叢刊》本所無。如宋本卷一九《直箴異與直,吾平生窮困正坐此二字耳》,《叢刊》本題下無小字注。

今人對唐庚詩文的整理成果主要是《全宋文》、《全宋詩》的相關部分,皆以宋二十卷本為底本,是知其優善。其中《全宋文》據《叢刊》本及其他他校材料訂正了宋刻尤其抄配部分的不少訛誤。《全宋詩》則參校了任本、汪本和文淵閣《四庫全書》本(下稱《四庫》本),凡有異文皆隨文注出。但二者限於體例,不得一一詳辨正誤,對揭示宋本唐集的校勘價值,似仍有未盡之憾。

今試取再造善本宋刻《唐先生文集》(下稱宋本)為底本,以《叢刊》本校之,不計異體、通假,得異文五百多處。本文將着力考辨其中具有代表性的條目,冀有資於對宋本《唐先生文集》版本的深入研究。

【例一】過叔子之舊邦,登峴山而痛哭。方關右之放賈,蓋眼中之拔鏃。獨何心而表留,卒養癰而潰肉。儻遺靈之猶在,當舉白而相沃。(宋本卷一《南征賦》)

舉,《叢刊》本卷一作"衆",誤。賦文曰:"始攝提之孟冬,余負罪而南馳",又曰:"蓋明年之正月矣,始稅駕於羅浮"。且觀全賦皆涉瀟湘一帶景致與相關人物,知此賦作於唐庚貶官至惠州途中在長沙逗留時。上文描繪其時氣候惡劣,其地偏僻荒涼,而後發出不能見用、負罪南馳的悲歎。"過叔子之舊邦"至"卒養癰而潰肉",用羊祜"湮沒無聞"之嘆與賈誼忠而被謗之事,寫自己試圖表明報效之心,非但不得,反而徒增禍患。羊祜字叔子,事見《晉書·羊祜傳》。賈誼事見《史記·屈原賈生列傳》。自己的壯志和遭遇與古人何其相似,故而有"倘遺靈之猶在,當舉白而相沃"的感嘆,即舉酒相澆,惺惺相惜。"舉白"即舉酒,"沃"則以酒相澆。《叢刊》本作"衆白"與上下文無涉,且"沃"字無從落實。《叢刊》本張元濟《校勘記》(下稱校勘記)曰:"衆,傅校舉。"文淵閣《四庫全書》本(下稱《四庫》本)亦作“舉”。

【例二】眷武溪之毒淫,弔文淵之矍鑠。射參狼於隴阪,觀跕鳶於浪泊。奮身出於萬死,謄口喧於百惡。(宋本卷一《南征賦》)

武溪,《叢刊》本卷一作“炎溪”,誤。上文先述不能見用、負罪南征的境遇,再用屈原不得世人理解的淒涼,寫自己因持同道,故而亦至此僻壤。然後又以地勢益偏,山水益奇渲染了這一情緒。行至“客至此兮返顧,雁至此兮北飛”的蠻荒之地,正是當年馬援出征之地。“眷武溪之毒淫”六句皆寫馬援歷盡艱難,為國出生入死,死後卻遭誹謗。事詳《後漢書·馬援列傳》。此亦借以抒發自己不能見用的悲懷。傳載:“馬援,字文淵……(建武)二十四年,武威將軍劉尚擊武陵五溪蠻夷,深入,軍沒,援因復請行。”李賢注云:“酈元注《水經》云:‘武陵有五溪,謂雄溪、樠溪、酉溪、潕溪、辰溪,悉是蠻夷所居,故謂五溪蠻。’皆槃瓠之子孫也。土俗‘雄’作‘熊’,‘樠’作‘朗’,‘潕’作‘武’,在今辰州界。”[①]唐庚獨舉“武溪”,當是與“文淵”對仗。《校勘記》曰“炎,傅校武。”《四庫》本亦作“武溪”。

【例三】陂行白漭漭,山宿青攢攢。人煙小歲後,草木深冬完。(宋本卷一《長沙示甥郭聖俞》)

陂,《叢刊》本卷一作“阪”,誤。詩寫於往惠州途中與郭聖俞相見時。“我昔官閬中”至“眼前惟木蘭”,回憶在閬中舅甥過從甚密。“舅甥一分背”至“子顏非渥丹”寫一別十年,於長沙相見。“陂行白漭漭,山宿青攢攢。人煙小歲後,草木深冬完”四句,寫逗留時所見景致,江水漭漭,青山攢攢。“陂”有堤岸之意,而“阪”是山坡。作“阪行”與“山宿”重複,而與所見“漭漭”之境不符。下“昨日次長沙,扁舟掠湘灘”至“嚮非鬼神助,幾作蛟龍飡”,寫船行而來時遭遇風浪,且知所逗留之處正在湘水邊,則詩涉湘水景致合情合理。故此處當從宋本作“陂”,“阪”係形近之訛。《四庫》本亦作“陂”。

① 《後漢書》,北京:中華書局,1982年8月第1版,下同,第842、843頁。

【例四】今年諸峒十分熟，東江不下龍川米。南翁北客兩欣然，孰與忍飢飡荔子。（宋本卷一《大熟行》）

熟，《叢刊》本卷一作“熱”，誤。東江、龍川在嶺南，知詩作於子西謫居嶺南時。前四句寫去年遭遇罕見大雪，荔枝凍死，百姓嗔怪北客帶寒而來。宋袁文《甕牖閑評》卷八曰：“嶺南無雪，大觀庚寅歲，忽有之。”[①]後四句寫今年收成極好，東江一帶不必龍川開倉放米便能自足（《廣東通志》卷四云“龍川處東江上游”），百姓皆歡欣鼓舞，不復顧及荔枝。宋本作“熟”表示十分收成，正和詩意。若作“熱”則不能解釋下句，且不知“南翁北客”為何事欣然，當係形近致誤。《校勘記》云：“熱，瞿本熟。”《四庫》本亦作“熟”。

【例五】武王嗜鮑魚，幾諫仗老成。蒭蕘復何有，葵藿但自傾。（宋本卷一《蜜果》）

仗，《叢刊》本卷一作“伏”，誤。這是一首諷諫嶺南進貢蜜果之事的詩。首四句表明自己如失旦雞鳴，途窮而猶盡本職，執意進諫。“嶺南貢蜜果”至“所出非和平”寫嶺南進貢蜜果，忠勤可嘉而思慮未精。一則瘴癘之鄉的區區野果不足以供奉聖明，一則食之無益。“上林寧少此”四句言皇宮内並不缺少美味，宜深思此事於百姓利害，並以神農親嘗百草予以諷諫。“武王嗜鮑魚”四句以姜太公勸誡武王事結尾，以葵性嚮日喻自己一片忠誠。賈誼《新書》卷六：“昔周文王使太公望傅太子發，（太子發）嗜鮑魚而公弗與。太公曰：‘《禮》鮑魚不登於俎，豈有非禮而可以養太子哉！’”[②]宋本作“仗”，有憑藉之意，憑著年邁老成，方能對君王幾諫隱諷。若作“伏”則不知何謂，當係形近之誤。《四庫》本亦作“仗”。

【例六】物生元氣中，小大各異趣。蛙質黃牛鳴，持此欲誰附。（宋本卷一《圓蛤》）

---

① 李偉國點校《甕牖閑評》，北京：中華書局，2007 年 10 月第 1 版，第 124 頁。

② 閻振益、鍾夏《新書校注》，北京：中華書局，2000 年 7 月第 1 版，第 214 頁。

質,《叢刊》本卷一作"賓",誤。詩寫圓蛤,先聞其聲,以為黃牛。再寫其形,循聲探尋看到"有蛙僅如錢"。這圓蛤形如蛙,聲如牛,不知當屬何類。"質"有形體、外貌之義,詩正是寫圓蛤的外形與叫聲形成對比。而"賓"有事物之名意,和"實"相對,在此與詩意不符,疑為形近之誤。《校勘記》云"賓,汪本質。"《四庫》本亦作"質"。

【例七】明年夏旱江水低,此鍾居然水中坻。奔走往視空城陴,挽以巨纜牛百蹏。牛喘纜絶鍾不移,度不可得乃去之。(宋本卷一《鍾潭行》)

牛喘纜絶,《叢刊》本卷一作"牛喘挽絶",誤。詩寫惠州城西永福寺有古鐘見於江,一時引為奇觀。然而一夕徑去不復再見,衆人皆為歎惋。次年夏旱,鐘見江坻,衆人爭相觀看,並欲以巨纜縛鐘上,以牛拉之出,奈何繩斷而鐘不移。這裏上句言"巨纜、牛百蹏",下句言"牛喘纜絶",是歌行體詩中常見的手法。若作"挽"則不合章法,疑為音近之誤。《四庫》本亦作"纜"。

【例八】里人觀者如堵墻,相與築室臨滄浪。荷蓋荃壁辛夷梁,三日屋成小而香。野草江花薦芬芳,爐煙晝清(一作青)夜燈光。乃知實相無互鄉,人人性中普照王。(宋本卷一《取水行》)

《叢刊》本卷二題作"秋水行"。觀全詩寫僕夫取水古龍堂,得木佛一尊,置之道旁,遂有里人相與拜祭,為之筑室之事。作"秋水行"則與詩意無涉,誤。

互鄉,《叢刊》本作"立鄉",亦誤。實相是佛家語,乃指一切萬法真實不虛之體相。《論語·述而》云:"互鄉難與言,童子見,門人惑。"鄭注曰:"互鄉,鄉名也,其鄉人言語自專,不達時宜。"①詩中寫道僕夫取水而得木佛,便為之衲衣著帽,而鄉人爭相觀看,為之

① 《論語注疏》,北京:中華書局影印《十三經注疏》本,2008年1月初版8印,第2483頁。

筑室。都是不自覺而合乎佛家教義的行為。於是詩人感歎談佛論道並無“難與言”的互鄉之人,凡人皆有普度衆生之性。若作“立鄉”,是不知互鄉之典,形近致誤。《校勘記》云:“立,傅校互。”

【例九】又種羅浮一熟田,江陽未得返耕廛。書来似見眉間印,别後新增鬢上年。下澤有車人誤矣,上林無報雁徒然。去歲引赦自陳無報。(宋本卷二《寄潮陽尉鄭太玉》)

小字注“去歲引赦自陳無報”之“赦”,《叢刊》本卷三作“敢”,誤。鄭總(字太玉)《眉山唐先生文集序》云:“眉山唐先生名庚,字子西。政和中謫官嶺南,余邂逅識之。”知此詩是唐庚謫貶惠州時所作。詩云“又種羅浮一熟田,江陽未得返耕廛”,是子西自述在惠州又一年光景,仍未能回到江北舊所。“下澤有車”句用馬援典,《後漢書·馬援列傳》云:“(馬援)從容謂官屬曰:‘吾從弟少游常哀吾慷慨多大志,曰:士生一世,但取衣食裁足,乘下澤車,御款段馬,為郡掾史,守墳墓,鄉里稱善人,斯可矣。……’”[①]這裏指人謂平凡生活可得,實非如此。“上林無報”句用使者謂蘇武以信縛雁足寄昭帝之典,此言上書後未得回音。根據小注可知唐庚寓惠時,曾以徽宗有赦令下而上書請求寬免,未果。“引赦”即謂根據赦令。《續資治通鑒長編》卷三六四云:“(韓)永式以罪連坐……其母復引赦乞原放,特從之。”[②]《宋史·李浩傳》云:“邕管所隸安平州,其酋恃險謀聚兵為邊患,(李)浩遣單使諭以禍福,且許其引赦自新。”[③]均作此意。若作“敢”則語意不通。《四庫》本作“病”,亦誤。“引病”多於以疾患辭官時所稱。據《宋史》本傳載:“商英罷相,庚亦坐貶,安置惠州。”[④]身為帶罪之人,引病還鄉似不合情理。

---

① 《後漢書》,第838頁。

② 《續資治通鑒長編附拾補》上海:上海古籍出版社,1986年2月第1版,第3352頁。

③ 《宋史》,北京:中華書局,1977年11月第1版,下同,第11905頁。

④ 《宋史》,第13100頁。

【例十】白竹連閩越,黃雲入夜郎。何時返棲息,誰為問姚娘。(宋本卷三《雜詩》)

姚娘,《叢刊》本卷四作"桃娘",誤。惠州有姚娘廟。據《廣東通志》卷五三、《明一統志》卷八〇載:"宋陳堯佐權守惠州,攜潮士許申偕行,艤舟於岸,俄頃有介胄百輩,指呼甚嚴,云:'今夕丞相、漕使會宿於此,少有疎虞不宥。'堯佐異之,明日行訪其地,有姚娘廟。後堯佐拜相,申任本路轉運使,一如其言。"[1]《廣東通志》卷五〇所記略同。[2] 此詩前四句寫詩人謫居之後深有流離失所的惆悵。"白竹"、"黃雲"句寫惠州地勢偏遠,故而更令他有思歸故里、再入仕林的嚮往,同時也更有求而不得的傷感。正因為姚娘廟有這樣的傳説,纔令詩人發出"誰為問姚娘"的感歎。"桃娘"當是形近之誤。

【例十一】無復更殘暑,夜深清欲飢。葉飛魂夢數,露重語音知。月色到秋苦,更聲臨曉遲。平生憎墨翟,老去亦悲絲。(宋本卷三《夜久睡覺不復能寐淒然有感》)

復,《叢刊》本卷四作"伏",誤。詩寫秋夜無寐、愁懷難遣的心境。黃葉飄落,更深露重,秋月淒清。悲絲,即悲染絲。《墨子·所染》云:"子墨子言見染絲者而歎,曰:'染於蒼則蒼,染於黃則黃……故染不可不慎也!'"[3]清秋景象引起詩人感歎,自己已漸漸被身處的環境同化,壯志不再。下文言"月到秋色苦",知於時為秋,故起首言"無復更殘暑"。"無復"意為不再。若作"無伏",則似寫暑天將盡,與下文矛盾。《四庫》本亦作"無復"。

【例十二】鄒況之説其友也,其言甚甘,而君子不以為險;其友

① 《明一統志》,臺灣商務印書館影印文淵閣《四庫全書》本,第473冊,第694頁。
② 清雍正《廣東通志》,臺灣商務印書館影印文淵閣《四庫全書》本,第564冊,第503頁。
③ 吳毓江撰、孫啓治點校《墨子校注》,北京:中華書局,1993年10月第1版,第16頁。

為之隳肱隕首,覆宗絶祀,而君子不以為忍。(宋本卷四《正友論》)

隳肱,《叢刊》本卷七作"隳肌",誤。觀全文知為世人以忠於君臣之道為由輕朋友之義而作。文章舉庾亮、酈況賣交事為例,論事君之節與朋友之義矛盾時,以事之輕重緩急選擇對待,並非不忠不義。此處言酈況事,以其處於諸吕擅權未及宗廟之時,其父又被劫質,故不得已而誘騙吕禄交出將印,使吕氏一一被誅,幾近絶嗣。"其友"指吕禄,案《史記・吕太后本紀》載,因酈況之計,吕禄亦被捕殺,諸吕逐為夷滅,故文稱"隳肱隕首,覆宗絶祀",言吕禄被殺,吕氏盡滅。"覆宗絶祀"並指夷族,"隳肱隕首"均代喪命,以肱、首皆身體要害。而"隳肌"似不能與"隕首"並列,當係形近之誤。

【例十三】天下既平,謀臣宿將以侯就第,杜門卻掃,無所用其奇,則瞋目扼腕,爭為用兵之説,庶幾有以騁其智勇而舒其意氣。(宋本卷四《察言論》)

瞋目,《叢刊》本卷七作"瞑目",誤。唐庚此文意在提醒人主分辨那些非為國計而實為身謀的用兵之説。這句寫一些"謀臣宿將"在安平之世仍以用兵之説來顯示才能。"瞋目扼腕"指瞪大眼睛緊握手腕,是用白描的手法寫出這些人為一己私利爭説用兵時慷慨激昂唯恐不得所用的面目,非常形象傳神。而"瞑目"是閉眼之意,與唐庚所不齒的這些人憤慨陳詞的形象不符,亦與"扼腕"所傳達的激憤之情矛盾。

【例十四】故當世之所謂畫法、寶鼎、仙人跡之屬,大抵皆詐。(宋本卷五《佛跡記》)

畫法,《叢刊》本卷八作"晝法",誤。唐庚寓居嶺南時,聞有佛跡現於湯泉之東。唐庚認為世人常借這類見聞獲取利益,即此處所言"畫法、寶鼎、仙人跡之屬"。"寶鼎"是煉丹煮藥的爐子;"畫法"之説見於《史記・孝武本紀》"神君所言,上使人受書其言,命之曰‘畫法’”①。當與“寶鼎”、“仙人跡”同為人借以言神人佛道之物。若作“畫法”則不達文意,當係形近之誤。《四庫》本亦作“畫法”。

【例十五】枇杷、盧橘一也,而《上林賦》曰:“盧橘夏熟,黄甘橙楱,枇杷橪柿,亭柰厚朴。”則一物為二物矣。(宋本卷五《李氏山園記》)

楱,《叢刊》本卷九作“榛”,誤。《史記·司馬相如列傳》引《上林賦》即作“黄甘橙楱”,《集解》徐廣曰:“音湊,橘屬。”②《文選》,司馬相如《上林賦》亦作“黄甘橙楱”,李善注引張揖曰:“楱,小橘也,出武陵。”③而“榛”則是一種灌木的果實,非橘之屬,當係形近之誤。

【例十六】吾欲訪其故居而弔其墓,識其子孫,以求其遺風餘烈。(宋本卷六《張曲江畫像贊并序》)

求,《叢刊》本卷一〇作“永”,誤。張曲江即張九齡。序稱南遷至曲江時,故老為言張九齡請誅安禄山而不見用之事,使唐庚有“公平生論事至多,而斯言不用,尤可痛恨”之嘆,故心生訪求其遺風之念。此處言“訪其故居”、“吊其墓”、“識其子孫”,皆是求其“遺風餘烈”之行為。《叢刊》本作“永”則有傳播其遺風餘烈之意。然訪問故居、憑吊墓地、識其子孫,並不是使其遺風流波傳佈之舉,亦非唐庚身處以罪南遷之境時的本意。《四庫》本亦作“求”。

【例十七】吾觀此橋,日度萬履。積而計之,巧歷莫數。(宋本卷六《益橋銘》。)

萬,《叢刊》本卷一〇作“方”,誤。銘序中稱“益橋”之名出自對益卦繫辭“益以興利”的理解,唐庚認為即君子處於窘困猶思利人。

① 《史記》,北京:中華書局,1975年3月第1版,下同,第460頁。

② 《史記》,第3028頁。

③ 《文選》,上海:上海古籍出版社,1986年6月第1版,下同,第368頁。

銘稱觀此橋"日度萬履"而知其困中猶當"有益之義",即每日為人踩踏,可謂處於困厄,卻仍有利人往來之功。"萬履"極言其為人踩踏之多,故下文稱"積而計之,巧歷莫數"。作"方"則不達文意,且下不能稱"積而計之,巧歷莫數",疑因"萬"之俗字作"万"而致此形近之訛。《四庫》本亦作"萬"。

【例十八】里人子,喪所怙。尸在地,貧不舉。公聞之,時方食。棄匕箸,起太息。立解衣,易緡錢。稅其孤,衆翕然。調棺衾,具飯含。賻畢集,尸乃斂。(宋本卷六《史南壽墓銘》)

調,《叢刊》本卷一〇作"賙",誤。墓銘中這一段回憶了史南壽聽説里人喪父貧不能葬而予以救助之事。"立解衣"四句言公解衣換錢贈其遺孤。"調棺衾"四句寫如何為之置辦喪事。棺衾、飯含皆喪禮之物,"調"、"具"均有置辦意。而"賙"意為周濟,用在此處不達文意,且前四句已述周濟遺孤,此處無由重複,疑為形近之訛。

【例十九】先公奉議有子五人。(宋本卷六《亡兄墓銘》)

五人,《叢刊》本卷一〇作"三人",誤。《宋史》本傳載"庚兄弟五人"①。《四庫》本亦作"五人"。

【例二十】魏晉之世稱備為蜀,猶五代稱李璟為吳,稱劉崇為晉矣,今《五代史》作南唐、東漢世家,未嘗以吳、晉稱之,獨陳壽如此,初無義例,直徇好惡耳。(宋本卷七《三國雜事序》)

東漢,《叢刊》本卷一一作"北漢",誤。從序文看,唐庚認為陳壽作正史依魏晉之俗稱劉備為蜀,是違背正史義例,以個人好惡予以褒貶的作法。根據《史記》以來正史的體例,劉備政權在魏晉之世俗稱為蜀,寫入正史當為漢之正統。正如李璟、劉崇政權在五代俗稱吳、晉,《舊五代史》列入《僭僞列傳》,《新五代史》則稱《南唐世家》、《東漢世家》。按,劉崇政權稱"北漢"係後世為免與劉秀建立的東漢政權混淆而約定俗成,此處當據《新五代史》作"東漢",宋本

---

① 《宋史》,第 13100 頁。

之説是。《四庫》本亦作“東漢”。

【例二十一】《六韜》述兵權奇計;《管子》貴輕重,慎權衡;《申子》覈名實;《韓子》引繩墨,切事情。施之後主,正中其病矣。(宋本卷七《三國雜事篇上》)

慎權衡,《叢刊》本卷一一作“任權衡”,誤。《史記·管晏列傳》載“(管子)其為政也,善因禍而為福,轉敗而為功。貴輕重,慎權衡。”《正義》云:“輕重謂恥辱也,權衡謂得失也。有恥辱甚貴重之,有得失甚戒慎之。”[①]則“貴”、“慎”皆謹慎、看重之意。這一條是對“諸葛丞相為後主寫《申》、《韓》、《管子》、《六韜》各一通”,卻不以經術輔導少主而發的議論。子西認為諸葛亮針對後主短於“權略智謀”因材施教,寫《管子》是取其“貴輕重,慎權衡”的精妙。《叢刊》本作“任權衡”則出離諸葛亮教導之意,亦非子西所稱贊。且觀管仲為人,能幽囚受辱而求功名顯於天下,為政又善因禍為福,轉敗為勝,想必不會“任權衡”。疑為音近致誤。《校勘記》亦云:“任,汪本慎。”

【例二十二】青龍三年張掖出石圓,廣一丈六尺,高一丈七尺一寸,圍五丈八寸。(宋本卷八《三國雜事篇下》)

八寸,《叢刊》本卷一三作“八尺”,誤。《三國志·魏書·明帝紀》裴松之注引《魏氏春秋》曰:“是岁(青龍三年)張掖郡刪丹縣金山玄川溢湧,寶石負圖,狀象靈龜,廣一丈六尺,長一丈七尺一寸,圍五丈八寸,立於川西。”[②]《四庫》本亦作“八寸”。

【例二十三】今觀此圖與《河圖》、《洛書》亦何以異,惜乎時無伏羲、神禹,故莫能通其義。(宋本卷八《三國雜事篇下》)

神禹,《叢刊》本卷一三作“神農”,誤。青龍三年張掖郡出圓石,上有字“讀而不可曉,時人以為魏晉之符”。唐庚認為這可能是

① 《史記》,第2133頁。

② 《三國志》,北京:中華書局,1975年4月第1版,下同,第106頁。

“八卦九疇之類”，故以《河圖》、《洛書》比之。按，《書・顧命》曰：“大玉、夷玉、天球、河圖，在東序。”孔傳謂：“伏羲王天下，龍馬出河，遂則其文以畫八卦，謂之‘河圖’。”[①]《書・洪範》曰：“天乃錫禹洪範九疇，彝倫攸叙。”孔傳謂：“天與禹，洛出書。神龜負文而出，列於背，有數至於九。禹遂因而第之以成九類常道。”[②]即《洛書》。《叢刊》本誤“神禹”為“神農”，當因伏羲、神農時常並稱，卻不曉“神禹”之典而擅改之。校勘記曰：“農，汪本禹。”《四庫》本亦作“神禹”。

【例二十四】蘇則為金城守，聞魏氏代漢，發服悲哭。孫盛評曰：“士不非其所事，不事其所非。既已策名新朝，復懷貳志，豈大雅君子出處之分哉。”（宋本卷八《三國雜事篇下》）

士不非其所事，不事其所非，《叢刊》本卷一三作“士不非其所是，不是其所非”。蘇則在金城聞漢帝禪位，以為帝崩，乃為其發喪。事詳《三國志・魏書》本傳裴注引《魏略》。注又引孫盛曰：“夫士不事其所非，不非其所事，趣舍出處，而豈徒哉！則既策名新朝，委質異代，而方懷二心生忿，欲奮爽言，豈大雅君子去就之分哉？”[③]唐庚並不認同孫盛的評論，此條下句舉箕子過殷墟欲哭、季札哭王僚而事闔閭、晏子哭莊公而事景公三事説“哀死事生”是“人臣之分”，“何得謂之非其所事而事其所非”。《叢刊》本下文亦作“何得謂之非其所事而事其所非”，而此段作“士不非其所是，不是其所非”，顯誤。《校勘記》云：“二是字，汪本事。”《四庫》本亦作“士不非其所事，不事其所非”。

【例二十五】九月間送女到丹稜，因放腳一到峨眉、瓦屋、霧中、

① 《尚書正義》，北京：中華書局影印《十三經注疏》本，2008年1月初版8印，下同，第239頁。

② 《尚書正義》，第187頁。

③ 《三國志》，第493頁。

青城諸山,至春末可歸。(宋本卷九《答合守程元老手書》)

霧中,《叢刊》本卷一四作"霧申"。唐庚在信中敘述近況,因送女到丹稜,順道遊歷四川的幾座名山。據《宋史·地理志》載,眉州有丹稜縣。《蜀中廣記》卷五十二稱大邑縣有霧中山。《四川通志》卷二五云霧中山"在(大邑)縣北五十里,一名霧山,以多雲霧,故名"①。峨眉、瓦屋、青城亦在四川境内,而相距頗遠,故九月出行,"至春末可歸"。"霧申"則史籍未載,疑為形近之誤。

【例二十六】《送趙元思司法》(宋本卷一二)

趙元思,《叢刊》本卷一八作"趙元恩",誤。趙元思史傳未載。然《四庫全書》收錄宋人李新《跨鼇集》三十卷,卷一一有《送牡丹與趙元思》詩。按《全宋文》卷二八八一小傳,李新生於嘉祐七年(1062),元祐五年(1090)登進士第。② 唐庚生於熙寧三年(1070)(據卷六《亡兄墓銘》載"吾少兄十有五年……兄以崇寧五年(1106)……卒於家……五十二年卒歸"可推知),是紹聖元年(1094)進士。兩人生活年代相近,又皆為蘇軾後學,詩中"趙元思"當是同一人。《校勘記》云:"恩,汪本思。"《四庫》本亦作"趙元思"。

【例二十七】自稱霹靂手,作縣真癖疥。鮑宣雖强項,臨事中實騃。(宋本卷一二《送趙元思司法》)

騃,《叢刊》本卷一八作"駭"。觀上文謂趙元思勤於王事,諳熟法令,又工於書法。"自稱霹靂手,作縣真癖疥",言其精明幹練,處理公務雷厲風行。按《漢書·息夫躬傳》:"左將軍公孫禄、司隸鮑宣皆外有直項之名,内實騃不曉政事。"③這兩句是恭維趙元思,不似鮑宣之流,徒有虛名而實際不通政務。《廣韻》卷三曰:"騃,癡

① 清乾隆《四川通志》,臺灣商務印書館影印文淵閣《四庫全書》本,第 560 册,第 413 頁。

② 《全宋文》,上海:上海辭書出版社,2006 年 9 月第 1 版,第 315 册,第 133 頁。

③ 《漢書》,北京:中華書局,1983 年 6 月第 1 版,下同,第 2181 頁。

也”。又曰:“駭,驚也。”作“駭”顯然不合文意,應為形近之誤。《全宋詩》亦作“駭”而未出校,又據任本、汪本改“鮑宣”為“董宣”,未免武斷[①]。

【例二十八】黄金轉手盡,郊居掩清晝。山容涼肺腑,竹意淨懷袖。入門編簡香,無復更銅臭。君看道南阮,豈識元德秀。(宋本卷一二《題史廷直郊居》)

阮,《叢刊》本卷一八作“院”,誤。詩寫史廷直散財郊居。“山容涼肺腑,竹意淨懷袖”言所隱之處環境清幽,主人清心寡欲。“入門簡編香,無復更銅臭”寫居所有書香墨蹟而無世俗之氣。道南阮指阮籍、阮咸。《世説新語·任誕》載:“阮仲容、步兵居道南,諸阮居道北;北阮皆富,南阮貧。”[②]元德秀,《舊唐書·文苑傳》謂其“結廬山阿,歲屬饑歉,庖厨不爨,而彈琴讀書,怡然自得。好事者載酒餚過之,不擇賢不肖,與之對酌,陶陶然遺身物外。琴觴之餘,間以文詠,率情而書,語無雕刻”[③]。“君看道南阮,豈識元德秀”,是詩人將史廷直比作元德秀,謂二阮雖名士風流,放達不拘,卻不免與士林、貴戚多有牽連,終究不如元德秀遠離仕途歸隱山林更為高潔。若作“院”則“豈識”句上無所承,當是形近之誤。《校勘記》曰“院,傅校阮。”

【例二十九】閬中勝事不妨奇,舊來僻左人誰知。只緣乃祖腸斷句,名與江水東南馳。閬人德之不敢忘,遺祠今在南山上。壁間畫得太瘦生,想是當年苦吟様。寄將模本博新詩,為我落筆揮珠璣。君家自是個中脚,會道春從沙際歸。(宋本卷一三《寄杜蓬州》)

僻左,《叢刊》本卷一八作“僻佐”,誤。詩先寫閬中勝事奇絶,

① 《全宋詩》,北京:北京大學出版社,1998年12月初版2印,下同,第15028頁。

② 徐震堮《世説新語校箋》,北京:中華書局,2001年8月初版7印,第393頁。

③ 《舊唐書》,北京:中華書局,1975年7月第1版,第5051頁。

但由來地勢偏僻,不為人知。杜甫有《閬水歌》云"閬中勝事可腸斷",知"乃祖"即指杜甫。"只緣"二句寫閬中因杜甫詩句而名傳天下。偏僻之地謂之"僻左"。曹丕《與朝歌令吳質書》云:"足下所治僻左,書問致簡,益用增勞。"[①]程子《伊川易傳》云:"人之手足皆以右為用,世謂僻所為僻左,是左者隱僻之所也。"[②]"僻佐"則失其本意,誤。《四庫》本此處亦作"僻左"。

"閬人"四句寫閬人感念杜甫,立祠紀念,壁間猶有杜甫畫像。末四句是向杜蓬州求取題詩,先直言其事,寄上畫像模本請其題詩,再以家學淵源稱贊杜蓬州工於詩歌。《閬水歌》有"正憐日破浪花出,更復春從沙際歸"之句。寄將,《叢刊》本作"寄時",亦誤。"將"字往往用在動作之後,表示行為的進行或趨向。白居易《長恨歌》云:"唯將舊物表深情,鈿合金釵寄將去。"[③]宋人吳芾《北山席上見梅偶成再和二首》云:"一枝昨夜雪中開,報道江南春信回。自與東君私有約,不須驛使寄將來。"[④]都是同一用法。"寄時"當是形近之誤。《四庫》本亦作"寄將"。

【例三十】西州書生學穿執,揭來東遊為絲粒。十分折腰敢長揖,欲吐壯懷還自吸。(宋本卷一三《通判蘇君俞見和復次韻答之》)

絲,《叢刊》本卷一八作"祿",誤。觀全詩知乃是記錄唐庚與通判蘇君俞一番唱和的經過。首四句贊蘇公才氣過人,富於典藏,工於詩詞。然後是唐庚自述,一介書生宦遊東來。"穿執"即穿靴執笏,指政事;"絲粒"即衣食,指俸祿,與上句呼應。正因這為俸祿而來的形象,纔有下文實有壯志在胸而欲語還休,終在調笑間"狂言

① 《文選》,第1895頁。
② 《伊川易傳》,臺灣商務印書館影印文淵閣《四庫全書》本,第9册,第43頁。
③ 朱金城《白居易集箋校》上海:上海古籍出版社,2003年10月初版2印,第661頁。
④ 《全宋詩》,第21931頁。

偶發”，為蘇公所得，並有所唱和之事。《叢刊》本以“絲”為“祿”，是不知絲、粒皆祿，呼應上句之“穿執”，當是形近之訛。

【例三十一】手彈《醉翁操》，目覩《廬陵編》。牀頭《五代史》，屏間《七交篇》。詩常諷《思潁》，曲每歌《歸田》。（宋本卷一三《六一堂並序》）

潁，《叢刊》本卷一九作“穎”，誤。據詩序，譚望仰慕歐陽修，即其出生之所而葺一室，唐庚作詩贈之。詩先自述對歐公的仰慕，再對譚望此行表示贊賞。“我思”四句以甘為歐公僕役的深慕之情起始。“手彈”六句以平日生活不離歐公著述承接。“醉翁操”、“廬陵編”、“五代史”、“七交篇”、“歸田”均指歐公之作，則“思潁”亦然。歐陽修知潁州，愛其“民淳訟簡”，有思歸之意，與梅堯臣相約買田於潁。其事詳《思潁詩後序》、《續思潁詩序》。《續思潁詩序》又云：“初陸子履以余自南都至在中書所作十有三篇為思潁詩，以刻於石；今又得在亳及青十有七篇，以附之。”[①]“歸田”當指《歸田四時樂》，歐陽修《與梅聖俞書簡》云：“何似閒作《歸田樂》四首，只作得二篇，後遂無意，思欲告聖俞續成之。”[②]其詩云“田家此樂知者誰，吾獨知之胡不歸”，又云“吾已買田清潁上”，由此可知“思潁”、“歸田”均有思歸之意。“思潁”之“潁”乃指潁州，且“諷《思潁》”對“歌《歸田》”，極為工整。作“穎”顯是形近之誤。《四庫》本亦作“潁”。

【例三十二】嗟子又晚輩，讀書慕先賢。即彼生處所，館之與周旋。（宋本卷一三《六一堂並序》）

子，《叢刊》本卷一九作“予”，誤。詩序云譚望（字勉翁）在歐陽修出生之所，“葺一室於廳事之東偏，號曰‘六一堂’”，唐庚“聞而嘉之，為賦此篇”。詩從首句“我思六一翁”至“到今已華顛”，是唐庚自述對歐公仰慕之情與不得侍奉之憾。此情此志自弱冠有之，及

① 李逸安點校《歐陽修全集》，北京：中華書局，2001年3月第1版，下同，第605頁。
② 《歐陽修全集》，第2463頁。

至白髮已生之年。情志已述,無由重複。下文"嗟子又晚輩"起,是從回顧自己對歐公的仰慕之情,轉到對譚望"即彼生處所,館之與周旋"的贊許。若依《叢刊》本作"予",則"即彼生處所"而筑六一堂的便是唐庚,且通篇未及譚望其事,與詩序不符。《全宋詩》亦誤改作"予"。[1]《四庫》本作"余"則訛謬更甚。按同卷《受代有日呈譚勉翁謝與權》詩云:"只緣二子日相從,便覺一瓢窮可忍。"卷一四又有《譚勉翁詩章老夫所畏而以能問於不能此殊不可曉也媿而作詩》,可知譚望師從唐庚,此處稱其"又晚輩",合情合理。

【例三十三】錦囊琭琭奇,經笥便便腹。幾擬問天公,如何飯不足。鳴鴞變好音,璞石琢良玉。為報採詩人,文翁能化蜀。(宋本卷一三《古風贈謝與權行》)

變,《叢刊》本卷二〇作"愛",誤。《古風贈謝與權行》有三首,其一寫謝與權感念唐庚的教化之功;其二將謝引為知己;其三勉力謝此行要積極用世。此其一。前四句自嘆空有滿腹經綸而志不能伸,後四句寫謝與權謂其功在教化,堪比文翁。文翁修起學官、傳播教令,事在《漢書·循吏傳》,且傳謂"巴蜀好文雅,文翁之化也"[2]。"鳴鴞變好音,璞石琢良玉"正喻人經教化而成材的過程,下句舉璞石經雕琢而為良玉,則上句言鳴鴞經調教而變樂音,"鳴鴞"對"璞石","變好音"對"琢良玉",殊為工整。《叢刊》本作"愛"既失對又與詩意不符,疑為形近之訛。《四庫》本亦作"變"。

【例三十四】門户金張貴,規摹鄒魯儒。平生冰玉姿,不受紈綺紆。肯顧博餅印,甘為小兒呼。舊來便劇邑,下車成袴襦。暮年賦《從軍》,隻箸安邊隅。不識墓中人,永懷屋上烏。(宋本卷一三《程義父挽詩》)

"不識墓中人"之"不",《叢刊》本卷二〇作"子",誤。這是一首

① 《全宋詩》,第15035頁。
② 《漢書》,第3627頁。

挽詩,以敘述逝者生平與功績為内容。故而先言其家世顯赫,知書達禮。然而程義父為人貞潔,不染紈絝習氣。"舊來"四句寫程義父的政績,治繁冗政務能使百姓富庶;隨軍出征能以才智安邊。袴襦即襦袴,典出《後漢書·廉範傳》,稱其惠政。又,"只箸縱橫"典出自《三國志·吳志》卷一八趙達事,贊其用思精密。正因程義父之高風亮節,惠澤後世,故即便"不識墓中人",亦敬慕其人有愛屋及烏之深切。且"不識"與"永懷"相對,"墓中人"與"屋上烏"相對,殊為工整。《叢刊》本作"子",一則失對,一則相識而懷念,實不足道其不朽,是形近之誤。《四庫》本亦作"不"。

【例三十五】人間爭以智相高,底事紛紛只自勞。頓覺朱愚真有味,莫將佳處語兒曹。(宋本卷一四《蘇君俞通判愚齋二首》其一)

朱愚,《叢刊》本卷二一作"宋愚",誤。卷一五《愚齋記》云"蘇公通守南隆,治書室於廳事之東偏,名之曰愚齋",囑唐庚為記。詩亦記蘇公愚齋,謂衆人鬥智自勞,而蘇公獨得"愚"之佳妙。《記》稱蘇公諸子皆"卓然有立",而"公猶以愚自處,此真有意於所謂盛德者歟!"其意與詩同。朱愚即愚,語出《莊子庚桑楚》:"南榮趎曰:'不知乎?人謂我朱愚。知乎?反愁我軀。……'"。[①] 若作"宋愚"則不知"宋"字何謂,當係形近致誤。

【例三十六】悠悠功業老堪怜,舊事憑誰可共論。直欲酒中賒快樂,尚能花裏覓寒温。詩書誤我成何事,歲月侵人不見痕。汾水年年秋雁到,庾郎何處不銷魂。(宋本卷一四《寓精道齋有感懷家山二首》其二)

誤,《叢刊》本卷二一作"娛"。《寓精道齋有感懷家山》二首是感歎功業不成、抒發思鄉情懷之作。這首前四句寫老去功業不成,欲以飲酒賞花寄託情怀。後四句寫歲月流逝,潛心詩書而一事無

① 郭慶藩《莊子集釋》,北京:中華書局,2004 年 1 月初版 2 印,第 781 頁。

成,每當收到家信時,不免黯然神傷。"詩書誤我成何事"是唐庚作為讀書人自嘲被詩書所誤的慨歎,與感歎歲月悄無聲息地催人老去的下句形式相對,語意相關。"誤"與"侵"皆含傷感情緒,《叢刊》本作"娛"則不符合詩人的心境,且詩書既能娛人,又何言欲向酒中求取寬慰。疑是形近之誤,《四庫》本亦作"誤"。

【例三十七】使今世人親見漢時何並、董宣輩行事,當作何等駭怪耶?(宋本卷一五《上監司書》)

何並,《叢刊》本卷二三作"何益",誤。何並、董宣,皆清廉剛正之吏。《漢書・何並傳》載其治邛成太后外戚王林卿罪事甚詳。又徙治潁川,"郡中清靜,表善好士,見紀潁川,名次黄霸。性清廉,妻子不至官舍"①。作者上文叙道"今姦人大姓敗群亂法,刺史縣令不敢迕視。稍繩以法,便起異論……噫!此特職所當為,不得不然爾,責之賞之皆過也"。言貴戚亂法,懲治無赦,此官吏理所應當之職,漢人習以為常,於今則不然。故今人視漢吏行事,必以為怪。而檢史書,無何益其人。

【例三十八】世人徒見嘗讀醫書而不能為醫,便以醫書為不足學,而一切從其臆決,此其殺人嘗毒於梃刃矣。自頃,學者多以紙上語為聖人芻狗,務欲超然自得於不可言傳之際。(宋本卷一五《答陳聖從書》)

聖人芻狗,《叢刊》本卷二四作"殺人芻狗",誤。唐庚致書答陳聖從,為之釋讀書之疑。觀書知陳聖從之疑與其所見多不欲讀書而好空想的士風有關。唐庚以孔子批評子路"何必讀書,然後為學"之說勸勉之,並舉"讀醫書"之例。世人見"讀醫書而不能為醫,便以醫書為不足學",行醫以其"臆決",其害甚於殺人以刀。舉此例意在説明世人讀書未得其髓,便以為聖人先賢亦視書為無用,棄之不學,而欲以冥悟得其道。云"聖人芻狗"是指有人誤以為聖人

① 《漢書》,第3268頁。

即將書視為無用,若作"殺人芻狗",則"芻狗"既不能殺人,又無由與"殺人"並舉,疑是涉上文"殺人嘗毒於梃刃"而誤。

【例三十九】部封七邑,歲薦二人,首及庸虚,良深感愧。(宋本卷一七《謝陳使君啟》)

部封,《叢刊》本卷二七作"剖封",誤。觀全文知陳使君舉薦唐庚,而唐庚欲作推卻,故而啟中亦先言其功績,以表敬意。這四句寫陳使君所轄地域廣闊,而每年只能舉薦兩人,首先就想到了自己,對此深覺有愧。下文再以自己才力之疏辭而不就。"部封"意為轄境。范仲淹《依韻和并州鄭宣徽見寄》詩云:"名品久參卿士月,部封全屬斗牛星。"①晁補之《與淮南提刑賈殿院啟》云:"敢圖官守,遂在部封"。即此用法。作"剖封"則不知何意,亦形近之誤。《四庫》本亦作"部"。

【例四十】《書宋尚書集後》(宋本卷一八)

宋,《叢刊》本卷二八作"朱",誤。作者稱贊其文道:"東坡所謂'字字照縑素',渠不信哉!"案蘇軾《密州宋國博以詩見紀在郡雜詠次韻答之》詩云"吾觀二宋文,字字照縑素"②,"二宋"乃指宋庠、宋祁兄弟。《宋史》本傳載:"宋庠,字公序……弟祁,祁字子京……人呼曰'二宋'。"③又,據本傳知祁曾任尚書工部員外郎,庠封鄭國公。故其文道"仁廟初號……尚書與其兄鄭公以文章擅天下。其後鄭公作宰相,以事業顯於時,而尚書獨不至大用,徘徊掖垣十數年間,故其文特多特奇。"與二宋事跡俱符。其文又稱"其子衮臣",而卷一四有《送宋衮臣赴任浙憲》詩。可知此處當作"宋",作"朱"乃形近之誤。

① 清范能濬編集、薛正興校點《范仲淹全集》,南京:鳳凰出版社,2004 年 11 月第 1 版,第 114 頁。

② 清馮應榴輯注、黃任軻、朱懷春校點《蘇軾詩集合注》,上海:上海古籍出版社,2001 年 6 月第 1 版,第 820、821 頁。

③ 《宋史》,第 9590 至 9593 頁。

【例四十一】入握省蘭,出持使斧,有煒其光(宋本卷一九《祭宋承之文》)

蘭,《叢刊》本卷二九作"闌",誤。這是一篇祭文,主要寫宋承之的功績。這兩句稱其擔任中央、地方長官,均功績卓著。省蘭指代蘭臺,唐宋時秘書省的别稱。"入握省蘭"是形象地表達執掌權柄的意思。"入握省蘭"、"省蘭"的表述在唐庚其他詩文中亦可見。卷一七《賀楊運判啓》云:"恭惟某官才猷强濟,術略疏通,入握省蘭,已振望郎之譽。"卷一四《張嘉父生日》云:"行看星使動,已覺省蘭香。"此二篇《叢刊》本亦作"省蘭"。宋人詩文中如李曾伯《可齋雜藁》卷六《通廣西豐憲》云:"入握省蘭,諸曹斂袵;出分符竹,三輔屬心。"[①]陳造《江湖長翁集》卷三十七《迎提刑趙殿撰啓》云:"省蘭卿月,能稱屢徹於九重。使節郡符,課最特優於諸彦。"[②]也屬常見。若作"省闌",則無論泛指宫中,或稱科考,皆不可用"握"搭配,疑為形近之誤。《四庫》本亦作"省蘭"。

唐庚的集子中有大量的詩歌,詩中有些異文從語義上都説得通,但其中一本的文字卻不合詩歌的對仗、格律,下舉幾例為證,有宋本合律而《叢刊》本未合,亦有《叢刊》本合律而宋本未合。

【例四十二】崎嶇走上方,浩蕩取秋光。臺土經樛女,江天入夜郎。(宋本卷二《遊廣州悟性寺寺有越王臺蓋尉佗時所築有井甘甚號達磨井云》)

臺土,《叢刊》本卷三作"臺上",誤。樛女即樛氏女。南越王嬰齊為太子時取邯鄲樛氏女,太史公謂為亡國之徵。事詳《史記·南越尉佗列傳》。故詩云"臺土經樛女"。"經樛女"與"入夜郎"對仗,"臺土"與"江天"對仗,兩句均以偏僻小國寫地勢之遠。作"臺上"

① 《可齋雜藁》,臺灣商務印書館影印文淵閣《四庫全書》本,第1179册,第228頁。
② 《江湖長翁集》,臺灣商務印書館影印文淵閣《四庫全書》本,第1166册,第468頁。

則失對矣,是形近致誤。《全宋詩》亦誤作"臺上"[①]。

【例四十三】項王喑嗚,亞父謀謨。信來不呼,信去不拘。坐視信逋,反噬其軀。匹婦區區,而知信乎!(宋本卷一〇《淮陰賢婦墓誌銘》)

謀謨,《叢刊》本卷一五作"謨謀",誤。謀、謨皆謀劃之意。這篇銘文全篇押韻,按《廣韻》所載,嗚、謨、呼、逋、乎同在十一模韻,拘、軀、區同在十虞韻,鄰近的韻部可以通押。而"謀"在十八尤韻,"謨謀"似不合律。《四庫》本亦作"謀謨"。

【例四十四】文章已逼《三都賦》,輩行猶推四海兄。細看劉侯詩自好,不應便伏老彌明。(宋本卷一四《譚勉翁詩章老夫所畏而以能問於不能此殊不可曉也媿而作詩》)

輩行,《叢刊》本卷二〇作"行輩",當從。這是一首近體詩,《叢刊》本作"行輩"合律,宋本作"輩行"則誤。《四庫》本亦作"行輩"。《全宋詩》徑改而未出校[②]。

【例四十五】狼虎猶知父子仁,人生安有不親親。武皇況是聰明王,卻恨初無一諫臣。(宋本卷一四《過湖縣》)

王,《叢刊》本卷二一作"主",是。《過湖縣》是一首七言絶句,第三句當以仄聲收,"王"意作君主時屬十王韻,是下平聲,宋本之説不合格律,當從《叢刊》本。《全宋詩》徑改為"主"而未出校[③]。

《叢刊》本是唯一可借以略窺三十卷本原貌的本子,在文字校勘上仍具有相當價值,其中可據以訂正宋本訛誤之處,不宜輕視,茲再舉數例,以見一斑。

【例四十六】擊柝秋江夜,開瓶曉霧初。佗鄉仗神理,瀝膽奠扶胥。(宋本卷二《送舍弟幹事廣州》)

---

① 《全宋詩》,第 15006 頁。
② 《全宋詩》,第 15039 頁。
③ 《全宋詩》,第 15039 頁。

瓶,《叢刊》本卷三作“帆”。《叢刊》本之説是。詩為送弟唐庚赴廣州而作。前四句弟庚將往之處偏遠冷清,時有旱災、颶風。後四句寫江邊送行,叮囑弟庚竭盡忠誠全力以赴。據《元豐九域志》卷九所載,廣州有扶胥鎮。擊柝乃是敲梆子巡夜之謂,而開帆則指開船,二句營造了秋江靜夜等待離别、曉霧迷蒙江邊送别的氛圍。宋本作“瓶”則語意不通。《四庫》本亦作“帆”。

【例四十七】一出湟關五見梅,愚忠幾欲伴黄能。弟兄手足窮孤竹,母子肝腸泣老萊。(宋本卷二《有感示舍弟端孺外甥郭聖俞》)

能,《叢刊》本卷三作“埃”,是。前四句寫獲罪南遷經已五年,以為永無歸日,親人俱窮途末路心灰意冷。卷五《水東廟記》云:“竄伏於五嶺之南、羅浮之東,披黄茅而居者五年而後歸。”知唐庚在嶺南五年。後四句言忽然獲赦,恩同再生,惟有努力稼穡報效國家。“愚忠幾欲伴黄埃”句寫困於嶺南時的絶望心境,一片忠心幾乎要隨自己埋骨黄土。“黄能”則不知何謂。《四庫》本亦作“埃”。《全宋詩》徑改而未出校①。

【例四十八】前時雲起雨欲落,夜半風來還一掃。明朝引首望霄漢,屋上晨暾仍杲杲。(宋本卷一三《喜雨呈趙世澤》)

霄漢,《叢刊》本作“雲漢”。詩寫得雨之喜,故為喜雨之來做了很長的鋪墊。先言因縣政失和而致使時潦時旱。“前時”四句描繪了雨遲遲不下的景象,以為雲起雨將落,卻被來風一掃而去,抬頭望天,只見朝陽。下文再寫縣官自劾不成,向山神求雨的經過,頗為離奇。此處“霄漢”、“雲漢”均可指天空,然“雲漢”出自《詩·大雅·雲漢》:“倬彼雲漢,昭回於天”②,指大旱。鄭玄箋云:“雲漢,

① 《全宋詩》,第15006頁。

② 《毛詩正義》,北京:中華書局影印《十三經注疏》本,2008年1月初版8印,第293頁。

謂天河也。……時旱,渴雨,故宣王夜仰視天河,望其候焉。”唐庚詩寫久旱得雨,顯用此典,故當從《叢刊》本作“雲漢”。《四庫》本亦作“雲漢”。

作者單位:復旦大學古籍所

編 後 記

五月的蓉城，過早地進入高温的季節。而昨夜的大雨，一洗數日的悶熱，伴隨著剛編完《新國學》第九卷的輕鬆愉快，真給人“一涼恩到骨”的感覺。檢點第八卷的編後記，正好寫於去年五月，這個不定期出版的刊物，第一次在“編後記”方面做到了“年刊”的定期，真值得高興。

在中國大陸的學術評估體系内，集刊的檔次似乎向來不如期刊。但集刊的優勢在於可以刊登數萬字的文章，縱横捭闔，旁徵博引，其學術含量往往可觀。當然，文章的優劣並不在於篇幅的長短，但若要探討一個有深度的學術問題，符合學術徵引的慣例，提供足夠的資訊論據，長文無疑更能夠施展身手。就此而言，《新國學》是幸運的，自建刊以來，每一卷都有作者惠賜字數和質量皆優的大作，其中有些正是一般期刊所不能採納的。

編輯的過程雖然有幾分辛苦，但面對一篇篇佳作所擁有的“先睹為快”的享受，所謂“可為知者道，難為俗人言也”。本卷收錄了四篇第六屆宋代文學國際研討會的會議論文，作者是日本學者加納留美子、原田愛和臺灣學者謝佩芬、李文鈺。這幾篇文章展示了各自新的研究視角，或者就唐宋詩中“夜雨對牀”這一常見場景，結合蘇軾兄弟一生經歷反復比較分析，探討出這一場景對於蘇軾兄弟的獨特意義；或者就宋代流行的自贊文，借用西方的“鏡像理論”，討論了宋人如何反躬自省、自我定位的諸多問題；或者通過女神意象和樂園意象的統計和分析，揭示出神話思維在吳文英詞中的運用以及對其朦朧奇幻風格的影響。這些研究思路，正是《新國學》所推崇的。

文學研究是本卷的主要内容。侯體健關於劉克莊的個案研究,其實涉及到古代詠史詩及其用典的普遍問題,頗有啟示性。閔定慶關於陳寶箴的個案研究,則不僅首次全面分析了陳氏其人創作經歷及其詩宗宋的藝術特色,而且澄清了晚清宋詩派領袖之一陳三立詩的家學淵源,頗有文學史方面的價值。王永關於王若虛散文理論的關注,亦有一得之見。李科對"時文"一詞的考察,補充了詞典和學界認識的不足,考證細密,思路清晰,作為大學本科生能寫出這樣的文章,令人稱道。

更值得欣慰的是,本卷的幾篇文學研究論文體現了跨學科的特色,如呂肖奐比照《金史》中的《交聘表》、《高麗傳》與《中州集》等文獻中所收詩詞,討論歷史事件的詩性表達,由此揭櫫出外交詩詞的種種史學價值和文化價值。楊挺運用傳播學理論,重新探討了印本媒介取代口傳媒介和書寫媒介對於宋人維護"斯文"文統所起的作用。尤為值得推薦的是何劍平的文章,由唐詩人宋之問《浣紗篇贈陸上人》一詩的文本分析出發,不僅展現出宋之問一生經歷及其佛學修養,而且探討了女身攝化主試修行者的宗教傳説與唐代僧侶的社會生活,更指出此詩西施浣紗主題與文人僧侶交遊主題融為一體在中國文學史上的意義。

如果説何劍平從文學研究出發擴展到文化研究的話,那麼,姚永輝、賴鈺匀則從史學角度分別探討了中國古代一頭一尾先秦和晚清的兩種文化現象,而黄陽興關於侯圭《東山觀音記》的考察,則涉及唐代密宗流傳四川的諸多佛教文化問題。

在古代哲學研究方面,李瑄對《莊子》"懸解"這一概念諸家解釋的評議,展現了儒、釋、道思想在不同時代士大夫生死觀上的投影;伍曉蔓則分析了東晉名僧支遁"即色空"這一佛教般若理論與莊子"逍遙新義"的關係。

本卷照例刊登了文獻考證的論文,楊化坤將《水經注》引《詩》與今本《毛詩》逐一對照,發現若干異文,由此推測酈道元時代尚有《魯詩》、《齊詩》存在的可能,其結論信而有徵。此外,原田愛關於蘇氏子嗣編纂蘇軾文集的考察,張霞關於唐庚文集的校讀,都用力甚勤,足資參考。

《新國學》第九卷即將付梓,而第十卷卻出現稿件之荒。我們希望今後能有更多的學界朋友關心支持,惠賜大作,使本刊得以繼續進行下去。

感謝四川大學"985 工程"文化遺產與文化互動創新基地、四川大學"211 工程"中外文學與俗文化建設項目對本刊的資助,同時要感謝責任編輯王大厚先生為本刊付出的辛勤勞動。

斯文永繼,國學日新!

四川大學中國俗文化研究所

《新國學》編輯委員會

2011 年 5 月 10 日

圖書在版編目(CIP)數據

新國學(第9卷)/項楚,周裕鍇主編.一成都:巴蜀書社,2012.6

ISBN 978-7-5531-0055-5

Ⅰ.①新… Ⅱ.①項… ②周… Ⅲ.①社會科學-中國-叢刊 Ⅳ.①C55

中國版本圖書館CIP數據覈字(2012)第110920號

新國學(第九卷)　　項　楚　周裕鍇主編

責任編輯　謝正强　王大厚
責任校對　李　嘉
出　　版　四川出版集團·巴蜀書社
　　　　　地址:成都市槐樹街2號
　　　　　郵政編碼:610031
　　　　　總編室電話:(028)86259397
　　　　　網址:www.bsbook.com
發　　行　巴蜀書社
　　　　　發行科電話:(028)86259422　86259423
印　　刷　成都蜀通印務有限責任公司
　　　　　電話:(028)84122206
版　　本　2012年6月第一版
版　　次　2012年6月第一次印刷
開　　本　203mm×140mm
印　　張　12.75
字　　數　320千
書　　號　ISBN 978-7-5531-0055-5
定　　價　30.00圓
